증여론

마르셀 모스 선집 ❷
증여론

발행일 2025년 3월 14일 초판 1쇄

지은이 마르셀 모스
옮긴이 박세진
펴낸이 김일수
펴낸곳 파이돈
출판등록 제406-2018-000042호
주소 03035 서울시 종로구 자하문로17길 12-10 2층
전자우편 phaidonbook@gmail.com
전화 070-8983-7652
팩스 0504-053-5433

ISBN 979-11-985619-8-5 (94300)
        979-11-981092-3-1 (세트)

Essai sur le don
Marcel Mauss

마르셀 모스 선집 ❷

마르셀 모스 선집 ❷

증여론

태고사회의 교환 형태와 이유

마르셀 모스 지음
박세진 옮김

파이돈

제2장

체계의 확산: 후한 베풂, 명예, 화폐

제3장

고대의 법과 경제에 남아 있는 교환-증여의 원리

마르셀 모스 선집을 펴내며

프랑스 사회학의 창시자 에밀 뒤르켐의 조카이자 후계자, 프랑스 민족학의 아버지, 종교사학과 민족지학의 위대한 스승, 인류학의 필독서로 꼽히는 『증여론』의 저자 등등, 마르셀 모스라는 이름에는 여러 수식어가 뒤따른다. 잘 알려졌듯이 모스의 사회학과 인류학은 지난 20세기 후반기를 수놓은 여러 걸출한 사상의 비밀스러운 본거지로서 끊임없이 혁신적 발상을 불러일으켰다. 클로드 레비스트로스, 루이 뒤몽, 조르주 뒤메질, 미셸 레리스, 조르주 바타이유, 로저 카이유와를 비롯해 피에르 부르디외와 장 보드리야르에 이르기까지, 각자 자기 방식으로 모스의 가르침을 숙고했기에 오늘날 내로라하는 사유의 대가로 인정받게 된 인물들은 어렵지 않게 열거할 수 있다.

그러나 오늘날 모스는 후계자들의 탁월함에 가려져 오직 그들에 의해 인용되었을 때만 주목받는 학자 정도로 남아 있다. 모스가 남긴 사유의 성과는 낡고 빛바랜 고전 목록에서 당장 필요치 않은 저작으로 과소평가되고 있다. 흔히 모스의 분석은 흥미롭지만, 오늘날의 학문적 기준으로 볼 때 실효성을 상실한 것으로 여겨지며,

모스의 사상이 사회학과 인류학의 발전에 끼친 중대한 영향은 다분히 형식적인 몇 마디 언급만으로 기술될 뿐이다. 한편 모스의 학문적 업적과 정치적 참여 사이의 긴밀한 연관을 간과하는 바람에 그의 사상에서 중요한 몫을 차지하는 정치철학적 사유는 부당하리만큼 소홀히 다루어지고 있다. 또한 모스의 저작을 낯선 민족지들의 게토로 점철된 불모지로 취급함으로써 '지금 여기'의 사회를 이해하기 위한 수단으로서 모스의 가능성은 이미 소진됐다고 간주하기도 한다.

오늘날 모스 연구의 최고 권위자 중 한 사람인 까미유 타로가 말했듯이 모스는 유명한 무명인, 즉 그 명성에도 불구하고 아니 오히려 그 명성 때문에 무명이 된 인물이다. 모스가 제대로 인식되지 않는 사정은 우리도 마찬가지다. 마르셀 푸르니에가 집필한 모스의 방대한 평전(『프랑스 인류학의 아버지, 마르셀 모스』)이 번역되어 그가 어떤 사람이었고 무슨 활동을 했는지 어느 정도 알 수 있게 되었지만, 모스가 남긴 지적 유산에 관한 체계적이고 다층적인 탐구는 여전히 이루어지지 않고 있다. 모스의 사상이 재평가되고 높은 관심의 대상으로 부상했을 때도 그것은 『증여론』처럼 널리 회자되는 걸작을 두고 촉발된 반응이었을 뿐, 그의 전체적인 학문적 성과와 뛰어난 독창성의 근거, 풍요로운 사유의 원천에 관해서는 알려진 바가 거의 없다.

모스 선집은 이러한 역설을 해소하려고 한다. 우리는 모스의 사유로 사회적 삶의 역사적 전개를 서사하고 현실의 문제에 대한 인식과 관심을 구체화하고 좋은 미래를 상상하는 방법을 모색하고자한다. 모스는 새로운 착상과 방법을 지녔던 독창적인 사회학자이자 민족학자로서, 그의 저작은 우리가 살아가는 역동적 현실에 관한 많은 성찰과 논의를 불러일으킬 영감과 소재로 가득 차 있다. 이번에 기획된 모스 선집은 그의 지적 성과와 궤적에 관한 총체적 전망을 제시함으로써 모스의 사상을 더욱 심층적으로 이해할 수 있는 토대를 마련하고자 한다.

우리는 모스 선집 기획의 의도를 다음의 세 가지 방향에서 정리할 수 있다.

첫째, 사회와 인간을 '총체성'의 견지에서 탐색하려는 모스 특유의 사회학 방법론을 제시한다. 모스의 저작에는 경제적·통계적으로 유의미한 행동 모형을 통해 일시적으로 나타났다가 금세 휘발되고 마는 사회와 인간이 아니라, 특정한 시공간과 촘촘한 역사적 맥락 속에서 의미를 얻고 살아 숨 쉬는 구체적 사회와 인간이 존재한다. 모스에게 총체성은 실현 불가능한 형이상학적 이념이 아니라, 구체적인 것이 완전한 것이라는 연구이념이자 집단과 개인 어느 쪽으로 기울지 않고 둘을 복잡한 다차원성에서 고려하게 해주는 방법론적 원리였다. 사회의 총체성과 인간의 총체성에 대한 모스의 균형 잡힌 고찰은 구체적 시공간에서 반복되어온 과거의 행위들(희생, 주술, 증여 등)이 어떻게 줄기처럼 연결되고 확장되어 지금의 행위로 이어졌는가에 대한 이해를 촉구하는바, 이는 사회의 본질, 인간들 사이의 감정적 인식, 인간 행위의 근원적 동기들을 횡적으로 확대하고 종적으로 파고들어 이해하려는 시도로서 매우 중요한 의의를 지닌다.

둘째, 모스의 사상은 그가 겪었던 드레퓌스 사건, 러시아 혁명, 1차 세계대전이 낳은 거대한 파급 효과에 대한 사회학적 성찰을 빠뜨리고 접근할 수 없다. 모스는 협동조합 운동에 열정적인 사회주의자였으며 전체주의의 대두와 그 폭력성을 냉혹하게 비판했던 정치평론가였다. 이러한 정치적 이력은 모스의 사회학을 특정 정치 이데올로기로 일탈시키기는커녕, 반대로 「볼셰비즘에 대한 사회학적 평가」, 「폭력에 대한 성찰」, 「파시즘과 볼셰비즘」 등 정치사회학적으로 의미 있는 비판적 고찰을 길러 왔다. 모스는 당시 유럽을 파국으로 몰고 간 집단적 폭력의 원천을 탐지했고 온갖 정치적 이상의 난망을 예견했으며, 그것을 막기 위한 인간 사회의 역동적 호혜성이 국제적 수준에서 실현되길 꿈꿨다. 선집은 모스의 이러한 정치적 사유를 드러냄으로써 우리 공통의 미래를 어떻게 창조할 것인지 깊이 고민할 수 있는 계기를 마련하고자 한다.

셋째, 모스 선집을 기획하는 것은 우리 시대가 겪는 여러 위기를 탐문하고 대안을 모색하는 실천적 시도와 맞물려 있다. 모스의 사상은 죽은 활자와 범주로 이루어진 고전이 아니라 현대 사회학과 인류학의 패러다임을 전환시킬 수 있는 지적 에너지의 보고이다. 인간을 호모 에코노미쿠스로 정의한 근대 경제학의 태동 이래 경쟁, 축적, 투자, 이익 등 시장사회의 가치는 사회과학의 주류 개념으로 재포장되었다. 또한 자연을 약탈하면서 생태학적 위기를 초래한 성장중심주의는 제 책임을 소거한 채, 성장과 분배의 선순환을 내세우며 사회의 상식으로 군림하게 되었다. 우리는 경제적 논리로 세계를 난폭하게 횡단하고 재편하는 공리주의와 성장지상주의에 맞설 수 있는 사상적·실천적 대안을 모스의 저작, 특히 『증여론』에서 발견할 수 있다. 선물의 호혜성과 공생공락의 가치, 나눔의 윤리, 자연에 대한 존중의 세계관 등 모스의 사상과 궤를 같이하는 사회적·생태적 가치들을 발굴하는 일, 그리고 인간과 비인간의 확고한 경계 대신 둘 사이의 깊은 상호연관을 찾아내 궁극적으로 자연이 준 생명의 선물에 답례하기 위한 생태학적 부채를 상상하고 실체화하는 일이 필요하다. 모스의 저작은 우리 사회의 총체적 위기에 대한 온건한 종교적·철학적 구제책이 아니라 실천적이고 도발적인 지침이 될 수 있을 것이다.

이러한 기획 의도를 바탕으로 모스 선집은 모스가 단독으로 출간했거나 앙리 위베르, 폴 포코네, 앙리 뵈샤 등 뒤르켐 학파의 동료들과 함께 구축한 연구 성과를 소개하고, 사회학사에서 공백기로 남아 있는 20세기 전반부 프랑스 사회학의 다채로운 주제와 논점을 살펴볼 것이다. 여기에는 '희생제의'와 '주술', '기도' 등 일련의 종교사회학 주제에서 사회적 삶의 '리듬'을 다루는 사회형태학, '몸 테크닉'처럼 미시적인 인간 활동에서 '문명'과 '국민'과 같은 거대한 관찰 대상에 이르는 모스의 연구 성과가 포함될 것이다.

긴 호흡으로 난해한 문헌을 파헤쳐 가야 할 모스 선집 번역 작업을 통해 21세기의 사회학과 인류학에 활력을 불어넣는 견고한 주춧돌이 놓이길 기대한다.

역자들을 대표해서

박정호 씀

서론

증여, 특히
선물에 보답할 의무에 대하여

제사(題詞)

　　다음은 스칸디나비아의 에다(Edda)[*]에 전하는 옛 시 「높으신 분의 말씀(Hávamál)」의 일부다.[1] 이 시절(詩節)들은 제사로 사용하기에 알맞다. 독자를 본고의 논증이 전개될 관념과 사실들의 세계 한가운데로 자연스럽게 이끌어주기 때문이다.[2]

39　　손님을 대접하는 데 아주 후하고 넉넉해서

　　　'초대하는 것이 초대받는 것이 아닌' 사람,

　　　자기 재산에

　　　아주 … 해서(형용사 누락)

　　　보답을 불쾌하게 여기는 사람은

　　　이제껏 본 적이 없다.[3]

41　　친구 사이에는 무기와 옷으로

　　　서로를 기쁘게 해야 한다는 것을

　　　모두는 (자기 경험을 통해) 알고 있다.

---

[*]　북유럽 신화와 전설을 기록한 핵심 문헌 중 하나로, 13세기 아이슬랜드에서 작성되었다. 에다는 서사시집인 『고 에다(Poetic Edda)』와 산문 형식의 신화 해설서 『신 에다(Prose Edda)』를 아우르는 명칭이다. 본문에 인용된 「높으신 분의 말씀」은 『고 에다』에 수록된 총 164절의 시가로, 북유럽 신화의 최고신인 오딘(Odin)이 전하는 삶의 지혜와 교훈, 주술적 힘을 지닌 룬 문자의 발견과 사용법 등의 내용을 담고 있다. 에다는 바이킹 시대 스칸디나비아인의 삶과 세계를 엿볼 수 있는 중요한 자료로 평가된다.

서로 선물을 주고받는 이들은
모든 일이 순조롭게 진행된다면
가장 오랜 친구로 남는다.

42   친구에게는
친구로 있어야 하며
선물에는 선물로 보답해야 한다.
웃음에는 웃음으로
거짓에는 기만으로 응수해야 한다.

44   너도 잘 알다시피
네게 신뢰하는 친구가 있고
그와 좋은 결과를 얻고 싶다면,
네 영혼을 그의 영혼과 섞고
선물을 교환하고
자주 방문해야 한다.

45   그러나 네가 신뢰하지 않는
다른 친구가 있고
그와 좋은 결과를 얻고 싶다면,
겉으로는 듣기 좋은 말을 하되
속으로는 다른 생각을 품어야 하며

거짓에는 기만으로 응수해야 한다.

46　신뢰할 수 없는 사람,

속마음을 알 수 없는

사람에 대해서도 마찬가지다.

그를 향해 웃되

마음과는 다른 말을 해야 하며

보답은 받은 선물과 비슷해야 한다.

48　너그럽고 대범한 사람은

최고의 삶을 살며

조금도 걱정할 일이 없다.

반면 겁쟁이는 모든 것을 두려워하며

인색한 자는 언제나 선물을 겁낸다.

[시를 번역해 준] 카엔은 145절도 알려주었다.

145　(신에게) 지나치게 많은 제물을 바치느니

차라리 기도(요구)를 하지 않는 편이 낫다.

주어진 선물은 언제나 돌아올 선물을 기다린다.

제물에 지나치게 많은 지출을 하느니

차라리 바치지 않는 편이 낫다.

연구계획

이로써 주제가 명확해진다. 스칸디나비아 문명과 그 밖의 많은 문명에서, 교환과 계약은 이론상 자발적이만 실제로는 의무적으로 제공되고 보답되는 선물로 이뤄진다.

이 작업은 보다 광범위한 연구의 일부를 이룬다. 원시사회로 칭해지는 사회와 태고사회로 부를 수 있는 사회는 다양한 부분(sections) 또는 하위집단들로 구성되어 있는데, 우리가 오랫동안 주목해 온 것은 이들 집단 사이에 존재하는 계약법 체제와 경제적 급부 체계였다. 이와 관련된 사실들은 그 양이 실로 방대할 뿐 아니라 그 자체로 매우 복잡하기도 하다. 모든 것이 그 속에 뒤섞여 있다. 우리 사회에 앞서 존재했던 사회, 멀게는 원사시대(protohistoire)로까지 거슬러 올라가는 사회들에서 진정한 의미의 사회생활을 구성하는 모든 요소는 서로 뒤섞여 있다. 우리가 '총체적인' 사회적 현상으로 부르고자 하는 이러한 현상을 통해 온갖 종류의 제도가 동시에 그리고 일거에 표현된다. 여기에는 종교적·법적·도덕적 제도가 포함되는데, 이들 제도는 정치제도이자 가족제도이기도 하다. 경제적 제도 또한 포함되는데, 그것은 생산과 소비의 특정 형태, 더 정확히는 급부와 분배의 특정 형태를 전제로 하는 것이다. 이와 같은 사실들에서 비롯되는 심미적 현상과 이 제도들이 드러내는 형태학적 현상*도 물론 함께 고려되어야 한다.

---

* 모스의 대표적인 사회형태학(morphologie sociale) 연구인 「에스키모 사회의 계절

우리는 이러한 복잡한 주제들과 끊임없이 변화하는 다채로운 사회적 사물들*의 심층적인 특징 하나만 따로 떼어 살펴보고자 한다. 자발적으로, 다시 말해 대가를 바라지 않고 자유롭게 행해지는 것처럼 보이는 급부가 강제된 것이자 이해관계에 얽혀 있는 것이기도 하다는 특징이 그것이다. 급부는 거의 항상 관대한 선물의 형식을 취한다. 거래(transaction)**를 수반하는 행위 속에 단지 거짓, 허례, 사교적 기만만이 존재하는 경우, 그리하여 실제로는 의무와 경제적 이해관계만이 있는 경우에조차 그렇다. 아래에서 우리는 사회

적 변이에 관한 시론(Essai sur les variations saisonnières des sociétés eskimo)」은 에스키모 사회가 계절 변화에 따라 사회적·공간적 조직을 어떻게 변화시키는지 분석하며, 그 결과 겨울에는 특정 장소에 대규모로 모여 공동체적 삶을 영위하고 여름에는 소규모 집단으로 분산되어 생활하는 "이중적 형태학"이 확인된다. 이 연구가 예시하듯 뒤르켐 사회학 전통에서 사회형태학은 전체 사회가 어떤 성격의 하위집단들로 구성되는지, 이러한 부분들이 어떤 요인의 영향을 받아 어떤 방식으로 조합되는지를 연구하는 분야라고 할 수 있다. 뒤르켐은 『사회학적 방법의 규칙들』 4장에서 사회형태학의 임무가 사회의 여러 유형들(types sociaux)을 구성하고 분류하는 데 있다고 밝힌 바 있다. 『증여론』에서는 형태학에 대한 본격적인 검토가 이뤄지지는 않지만, 집단 간 '총체적 급부 체계'라는 핵심 개념과 이를 둘러싼 논의 전체는 '사회의 하위집단들로의 분절화'라는 매우 일반적인 형태학적 특징을 전제하고 있다. 『증여론』의 문제의식과 연결되는 모스의 사회형태학적 논고로는 「다분절사회에서의 사회적 결속(La cohésion sociale dans les sociétés polysegmentaires)」이 있다.

* '사회적 사물(chose sociale)'은 뒤르켐 사회학의 핵심 개념 중 하나로, 사회학이 연구하는 사실이 물리적 사물처럼 객관적으로 관찰하고 연구할 수 있는 대상을 이룬다는 존재론적·인식론적 주장을 함축하고 있다. 이 주장을 보충하면서 확장하는 명제는 "사회적 사실이 사물이자 표상(représentation)"이라는 것인데, 사회적 사실의 표상적 차원에 주목할 때 전면에 등장하는 것은 사람들이 특정 현상을 집단적으로 인지하고, 해석하며, 사고하고, 느끼는 방식, 다시 말해 상징과 공유된 의미, 믿음, 가치의 지평이다.

** 물품이 '오간다'는 넓은 의미에서의 거래(去來), 즉 상업적 의미에 국한되지 않는 거래.

적 분업 자체의 필수적 형식인 교환에 이 같은 모습을 부여하는 모든 원리를 정확히 짚으려고 노력하겠지만, 그럼에도 그중 하나만을 철저하게 탐구할 것이다. **후진적이거나 태고 유형의 사회에서 받은 선물에 대한 보답이 의무적으로 이뤄지게끔 하는 법과 이해관계의 규칙은 무엇인가? 주어진 물건에는 어떤 힘이 있기에 수증자는 선물에 보답하게 되는 것일까?**[*] 바로 이것이 앞으로 살펴볼 여러 문제 가운데 우리가 특별히 천착할 문제다. 우리는 충분히 많은 사실에 근거해 이 질문에 답하고자 하며, 연관된 문제들의 연구가 어떤 방향에서 이뤄질 수 있는지도 함께 보여주고자 한다. 독자들은 우리가 어떤 새로운 문제들에 가닿게 되는지도 보게 될 것이다. 예컨대 계약 도덕의 항구적 형식에 관한 문제, 즉 오늘날에도 여전히 확인되는 물건에 관한 법(droit réel)과 사람에 관한 법(droit

---

[*] 본문에서 '보답하다'로 옮긴 rendre는 상황에 따라 미묘한 뉘앙스 차이를 지니는 동사다. 기본 의미는 '돌려주다'로, 받은 것을 그대로 반환하는 경우("Je dois rendre ce livre à la bibliothèque[이 책을 도서관에 반납해야 한다]")와 받은 것에 상당하는 다른 것을 돌려주는 경우("Quand on reçoit quelque chose, il faut rendre en retour[무언가를 받았으면 무언가 되돌려줘야 한다]")를 두루 가리킨다. 받은 것이 선물이나 도움인 경우에는 '보답하다', '답례하다'로 옮길 수도 있으며(Il m'a aidé, je dois lui rendre la pareille[그가 나를 도와줬으니 나도 보답을 해야 한다]), 경제적 셈이 뚜렷하게 작용하는 경우에는 '보상하다'로 번역하는 것이 보다 적절할 수 있다("L'entreprise rendra vos frais de déplacement[회사가 출장 비용을 보상해 줄 것이다]"). 우리말 '갚다'는 보답과 보상의 의미를 두루 아우른다는 점에서("은혜를 갚다", "빚을 갚다") 번역어로 유용하게 쓰일 수 있다.
이하에서는 문맥과 상황에 따라 rendre를 '(되)갚다', '(되)돌려주다', '보답하다', '보상하다' 등으로 다양하게 번역하되, 이 책의 핵심 주제어인 obligation de rendre는 '갚을 의무'로 번역을 통일한다.

personnel)의 결합이라는 문제가 있다. 또 언제나 최소한 부분적으로 교환을 주재해 왔으며 지금도 여전히 개인적 이익이라는 개념을 부분적으로 보완하고 있는 형식 및 관념에 관한 문제도 제기될 것이다.

이렇게 하면 이중의 목표가 달성될 것이다. 먼저 여전히 우리 사회 주변에 존재하거나 우리 사회에 바로 앞서 존재했던 사회들에서 이뤄지는 거래의 형태를 고찰할 것이며, 이로부터 인간 사이의 거래가 지니는 본성에 관한 일종의 고고학적 결론을 이끌어낼 것이다. 흔히 주장되는 것과는 달리 이들 사회에도 경제적 시장은 존재하지만(시장은 알려진 어떤 사회에도 낯설지 않은 인간현상일 것이다), 그럼에도 그곳의 교환 체제는 우리의 것과 다르다. 우리는 이러한 교환과 계약의 현상들을 살펴볼 것인바, 독자들은 상인 제도와 상인들의 주요 발명품인 엄밀한 의미의 화폐가 출현하기 이전의 시장, 즉 근대적이라고 부를 수 있을 계약 및 판매 형태(셈족, 그리스, 헬레니즘 시대, 로마의 형태)와 품위 검정을 거친 화폐가 통용되기 전의 시장이 어떻게 기능했는지 보게 될 것이다. 우리는 이 같은 거래 속에서 작용하는 도덕과 경제를 검토할 것이다.

나아가 이러한 도덕과 경제가 여전히 우리 사회에서 변함없이, 말하자면 암암리에 기능하고 있다는 사실도 확인될 것이다. 여기에 우리 사회를 떠받치는 인간 반석 가운데 하나가 있다는 확신에 따라, 우리는 오늘날의 법적·경제적 위기가 제기하는 문제들에 관한 몇 가지 도덕적 결론을 도출할 것이며 거기서 연구가 멈출 것이다.

사회사, 이론사회학, 도덕적 귀결, 정치적·경제적 실천과 관련된 이 논의를 통해 오래되었지만 여전히 유효한 질문들이 새로운 방식으로 다시 한 번 제기될 것이다.[4]

적용된 방법

우리는 명확히 한정된 비교 방법을 따랐다. 먼저, 항상 그랬던 것처럼 범위를 정해 해당 주제에 대한 연구를 진행했다. 폴리네시아, 멜라네시아, 북서아메리카 지역 및 몇몇 주요 법체계가 그것이다. 법체계의 경우 당연히 자료가 남아 있고 문헌학적 연구가 이뤄진 덕분에 해당 사회 자체의 의식을 드러내주는 것들만 선택했는데, 이는 우리가 다룰 것이 용어와 개념이기 때문이다. 이 조건이 비교 범위를 더욱 한정시켰다. 마지막으로, 우리는 여러 체계를 각각 온전히 기술한다는 목표를 가지고 차례차례 연구했다. 이렇게 함으로써 모든 것을 뒤섞어 제도들은 지역적 색채를 상실하고 자료들은 풍미를 잃게 되는 부단한 비교를 피할 수 있었다.

급부: 증여와 포틀래치

이 작업은 조르주 다비[*]와 내가 계약의 태곳적 형태를 주제로

---

[*] 조르주 다비(Georges Davy, 1883~1976)는 뒤르켐 학파에 속하는 프랑스 사회학자로 법사회학 전통에서 여러 업적을 남겼다. 특히 이 글에서 모스가 여러 차례 인용하는

오랫동안 진행해 온 연구의 일부다.[5] 이에 대해 간단히 소개할 필요가 있다.

*

이른바 '자연경제'라는 것은 결코 존재한 적이 없는 듯하다. 지금과 상당히 가까운 시대는 물론, '원시' 혹은 '하등'이라는 표지 아래 그릇되게 한데 묶여 있는 사회들에서도 말이다.[6] 심지어 사람들은 폴리네시아인의 교환과 물물교환에 대한 쿡 선장의 글에서 이 경제의 원형을 찾는 기이하면서도 전형적인 착오를 범하기도 했다.[7] 사실 본 연구의 대상 가운데 하나가 폴리네시아인인데, 독자들은 법과 경제의 소위 '자연 상태'로부터 그들이 얼마나 멀리 떨어져 있는지 곧 보게 될 것이다.

개인들 사이의 거래(marché)*를 통해 재화 · 부 · 생산물을 간단하게 교환하는 일이 우리의 것에 선행하는 경제와 법에서 확인되는 경우는 거의 없다고 할 수 있다. 첫째, 교환하고 계약을 맺으면서 상호 의무를 지는 것은 개인들이 아니라 집단들이다.[8] 계약 당사자는 씨족, 부족, 가족과 같은 법인격(personnes morales)이다. 이러한

『맹세한 서약(La foi jurée)』은 맹세를 법과 사회적 계약의 기초로서 조명하는 중요한 연구다. 모스는 자신의 지도하에 작성된 박사학위 논문이기도 한 이 저서의 주장에 근본적인 동의를 표하면서도, 포틀래치에 관한 "피상적인 분석, 혼동, 정보의 부족"에 대해 비판을 제기한 바 있다.

* 이번에는 상업적 의미의 거래(혹은 계약).

집단들은 전체로서 현장에서 마주하거나 아니면 각자의 수장을 통해, 또는 이 두 방식에 동시에 의존하면서 서로 충돌하고 대립한다.[9] 둘째, 그들이 교환하는 것은 단순히 재화와 부, 동산과 부동산, 경제적으로 유용한 물건들에 국한되지 않는다. 재산의 순환은 예의, 연회, 의례, 군사적 지원, 여자, 아이, 춤, 축제, 장터(foire)의 교환을 포함하는 훨씬 더 일반적이고 지속적인 계약 항목 중 하나일 뿐이며, 시장은 단지 그 계기 중 하나일 뿐이다. 셋째, 급부와 반대급부는 어느 정도 자발적인 선물의 형태로 제공되지만 실제로는 엄격하게 의무적인 것으로, 그 불이행은 사적 · 공적 전쟁을 불러일으킨다. 우리는 이를 총체적 급부 체계(le système des prestations totales)로 부르자고 제안한 바 있는데, 호주나 북아메리카의 부족 내에서 두 포족*이 맺는 동맹이 그 가장 순수한 유형을 이루는 것 같다. 의례와 결혼, 재산상속, 법적 유대와 이해타산적 유대, 군사적 · 종교적 서열 등 모든 것이 상호 보완적이어서 부족의 두 반족** 사이의 협력

---

* 포족(胞族, phratrie)은 고대 그리스어 φρατρία(phratría)에서 유래한 용어로, 과거 인류학에서는 혈연, 혼인, 의례적 · 경제적 협력 등을 통해 형성된 특정 씨족들 사이의 우호적인 연합을 가리켰다. 즉 포족은 씨족과 부족 사이에 위치하는 중간적인 사회집단이다.

** 반족(半族, moitiés)은 부족의 절반을 이루는 두 하위집단을 가리킨다(프랑스어 moitié는 일상어에서 '절반' 또는 '반쪽'을 뜻한다). 가족, 혈족, 씨족, 포족, 부족 등의 용어가 "어떤 단위들이 합쳐져서 어떤 더 큰 단위를 이루는가"라는 견지에서 현실을 관찰한다면, 반족 개념은 부족 생활의 전체적인 운용이 상호 배타적인 동시에 보완적인 두 개의 집단의 존재에 의존하는지 아닌지, 다시 말해 해당 사회가 인류학적 용어로 이원적 조직 혹은 구조를 가지고 있는지의 여부에 주목한다. 반족들은 각자 나름의 경제적 · 종교적 · 의례적 기능을 수행하면서 서로를 보완하는데, 사회의 이원적 조직화는 한 반족의

을 필요로 한다. 놀이도 반족들 사이에서 규제된다.[10] 북서아메리카의 클링깃족(Tlingit)*과 하이다족(Haïda)은 "두 포족이 서로에게 존경을 표한다"는 말로 이러한 관행의 본질을 뚜렷하게 표현한다.[11]

클링깃족과 하이다족이 사는 북서아메리카 전 지역에서는 총체적 급부의 전형적 형태인 동시에 비교적 드물고 진화된 형태이기도 한 것이 나타난다. 북아메리카 학자들의 선례를 따라 우리는 이를 포틀래치(*potlatch*)라고 부르자고 제안한 바 있다. 본래 '먹이다' 또는 '소비하다'라는 뜻의 치누크족(Chinook) 말인 포틀래치는 이후 밴쿠버에서 알래스카에 걸친 지역에 사는 백인과 원주민의 일상 언어의 일부가 되었다.[12] 섬이나 해안, 또는 로키산맥과 해안 사이에 사는 대단히 부유한 이 부족들은 끝없이 이어지는 축제(연회, 장터, 시장)와 더불어 겨울을 난다. 축제는 격식을 갖춘 회합의 장이기도 하다. 부족은 위계적인 의례결사들(confréries)과 비밀결사들 — 이것은 흔히 전자와 혼동되며, 때로는 씨족과 혼동되기도 한다 — 로 나뉘어 정렬한다. 씨족, 혼인, 입문식, 샤머니즘적 강신, 위대한 신 · 토템이나 씨족의 집단적 · 개인적 조상에 대한 제식 등 모든 것이 의례와 법적 · 경제적 급부, 정치적 서열 배정(남성결사 · 부족 · 부족 연맹 내부의 서열, 나아가 국제적인 서열 배정)의 극히 복잡한 그물망 속에 뒤섞여 있다.[13] 특히 주목해야 할 것은 이 모든 관행을 지배

성원이 다른 반족의 성원과만 결혼할 수 있게끔 하는 혼인 규칙과 밀접한 관련이 있다.

* 알파벳 철자가 시사하는 것과 달리, 원주민 발음은 '틀링깃'보다 '클링깃'(혹은 '클링킷')에 가깝다.

하는 경쟁과 적대의 원리다. 때로는 물리적 충돌이 벌어지고, 서로 맞서던 수장이나 귀족이 죽음에 이르기도 한다. 경쟁자이자 파트너인 상대편 수장(대개 할아버지나 장인, 사위)을 압도하기 위해 모아둔 재산을 사치스럽게 파괴해 버리는 일도 벌어진다.[14] 수장의 중개 아래 씨족 전체가 가진 것 전부와 행하는 것 전부를 걸고 모두를 위한 계약을 맺는다는 점에서 여기에는 총체적 급부가 있다.[15] 그러나 수장을 통함으로써 이 급부는 두드러지게 투기적(鬪技的; agonistique)인 성격, 본질적으로 고리대적이고 낭비적인 성격을 띠게 된다. 이제 급부는 위계를 놓고 벌어지는 귀족들 간 투쟁의 일환이 되지만, 이로부터 장차 씨족이 득을 보게 될 것이다.

우리는 포틀래치라는 명칭을 이러한 종류의 제도에 한정해 사용하고자 한다. 보다 신중하게 정확성을 기하고자 한다면 **투기적 유형의 총체적 급부**로 길게 표현해도 무방할 것이다.

지금까지는 북서아메리카 부족과 아메리카 북부 일부 지역의 부족,[16] 그리고 멜라네시아와 파푸아섬[17]에서만 이러한 제도의 예를 찾을 수 있었다. 그 밖의 모든 곳, 즉 아프리카, 폴리네시아, 말레이시아, 남아메리카, 그리고 북아메리카의 나머지 지역에서는 보다 기본적인 유형의 총체적 급부가 씨족들과 가족들 간 교환의 기초를 이루는 것으로 보였다. 하지만 한층 심도 있는 연구의 결과, 한편으로는 극단적인 경쟁과 부의 파괴를 동반하는 북서아메리카나 멜라네시아의 교환 형태와 다른 한편으로는 독일인들이 말하듯 대갚음해야(*revanchieren*)[18]* 한다고 느끼면서 연말연시 선물과 연회, 결혼 피로연이나 단순한 초대를 놓고 경쟁하는 우리의 경우 사이에 상당수의 중간 형태가 존재한다는 사실이 드러났다. 우리는 트라키아 (Thrace)를 비롯한 고대 인도유럽 민족의 세계에서 그러한 형태를 확인한 바 있다.[19]

상술한 것과 같은 유형의 법과 경제는 다양한 주제(규칙과 관념)를 포함하고 있다. 가장 중요한 것은 선물에 대한 의무적 보답을 만들어내는 영적(spirituels) 메커니즘인데, 이러한 강제의 도덕적·종교적 이치가 폴리네시아에서보다 더 분명하게 드러나는 곳은 없다. 이 지역의 사례를 연구하면 받은 것에 대한 보답을 추동하는 힘, 보다 일반적으로는 요물계약(contrats réel)** 의 실행을 추동하는 힘이 무엇인지 명확하게 알게 될 것이다.

---

* 원문의 표기법을 부분적으로 따라, 프랑스어와 영어 외 다른 언어의 어휘(고유명사 제외)를 로마자로 표기할 때는 이탤릭체를 사용한다.
** 당사자 간 합의가 효력 발생의 충분조건을 이루는 낙성(諾成)계약과 달리(여기서 諾은 승낙, 대답, 동의를 뜻하며 成은 물론 성립을 뜻한다), 요물(要物)계약은 그 효력 발생이 물건(物)의 인도나 기타 급부를 요(要)하는 계약을 뜻한다. 현실적 급부 행위가 있어야 성립한다는 점에서 실천계약, 천성(踐成)계약이라고도 부른다.

제1장

교환된 선물과 갚을 의무
(폴리네시아)

1. 총체적 급부: 모계적 재화와 남성적 재화(사모아 제도)

계약적 선물 체계의 확산에 대한 연구는 오랫동안 엄밀한 의미의 포틀래치가 폴리네시아에 존재하지 않는다고 간주해 왔다. 가장 유사한 제도를 지닌 사회도 씨족들이 여자, 남자, 아이, 의례 등을 함께 내걸고 맺는 항구적인 계약 체계인 '총체적 급부' 체계를 넘어서지 못하는 것처럼 보였다. 결혼식 때 수장들이 문장(紋章)을 짜 넣은 돗자리를 교환하는 사모아섬의 특기할 만한 관행을 비롯해 과거 우리가 연구했던 사실들은 이러한 수준 이상의 것으로 보이지 않았다.[1] 멜라네시아와는 달리 폴리네시아의 교환 관행은 경쟁, 파괴, 투쟁의 요소가 결여된 듯 보였으며, 수집된 사실 자체가 너무 적기도 했다. 하지만 이제는 다르게 생각해도 될 것 같다.

첫째, 사모아의 계약적 선물 체계는 결혼을 훨씬 넘어 확장된다. 아이의 출산[2], 할례[3], 병문안[4], 초경[5], 장례식[6], 교역[7]과 같은 대소사에도 선물이 수반된다.

둘째, 엄격한 의미의 포틀래치가 지닌 본질적 요소 두 가지가 사모아에서도 분명하게 확인된다. 부로부터 비롯되는 명예, 위신, '마나*'라는 요소와[8] 선물에 보답해야 할 절대적 의무라는 요소가

---

* 마나는 1891년 코드링턴(R. H. Codrington)의 저서 『멜라네시아인(*The Melanesians*)』에서 처음 소개된 용어로, 영적 존재의 매개 가운데 수장이나 주술사, 신성한 사물이나 장소에 들러붙는 힘 또는 효력을 가리키는 멜라네시아 · 폴리네시아 개념이다. 마나는 의례나 행위를 통해 획득하거나 증대시킬 수 있는 이로운 것으로 여겨지기도 하고, 일반인들은 피해야 하는 위험한 힘으로 이해되기도 한다. 마나는 사회적 · 영적 권위의

그것이다. 이 의무를 다하지 않으면 '마나', 권위, 탈리스만*을 잃게 된다. 권위는 부의 원천이기 때문에, 권위를 잃으면 부도 함께 잃게 된다.[9]

첫 번째 요소와 관련해 터너(George Turner)는 다음과 같은 사실을 보고한다. "출산 축하연에서 남성적 재화인 올로아(*oloa*)와 여성적 재화인 통가(*tonga*)를 주고받았다고 해서, 남편과 아내가 전보다 더 부유해지지는 않는다.** 대신 그들은 큰 명예로 여기는 것, 즉 아들의 출생을 기념하여 모아진 커다란 재물 더미를 본 데서 만족을 얻는다."[10] 두 번째 요소에 관해 말하자면, 증여는 그것을 유발하는 법적 상태가 당사자들 사이에 존재하기 때문에 의무적이고 지속적으로 행해진다. 반대급부를 강제하는 다른 압력이 없더라도 말이다. 예를 들어 여성이 자기 형제의 아이를 맡아 기르는 경우, 바꿔 말해 여성의 남편(아이의 입장에서는 외삼촌***)이 자기 처남의 아

차별적 분배 구조와 밀접하게 연관된 것으로, 그러한 권위의 원천으로서 높은 지위에 있는 사람들에게 더 많이 존재하는 것으로 간주된다.

* 탈리스만(talisman)은 행운을 가져다주거나 악운을 막아주는 주술적 힘이 깃든 물건을 가리킨다. 마나와 연결되는 맥락에서는 권위와 부의 원천이자 상징으로도 이해할 수 있다. 모스는 「화폐 개념의 기원에 관한 노트(Note sur l'origine de la notion de monnaie)」라는 논문에서 탈리스만을 "모든 사람이 탐내며 그것의 소유가 소유자에게 권능을 가져다주는 대상"으로 파악한다.

** 남편의 지인들이 가져온 올로아는 전부 아내의 지인들에게 분배되고, 반대로 아내의 지인들이 마련한 통가는 전부 남편의 지인들이 가져가기 때문이다.

*** 우리에게 익숙한 친족 개념에 따르면 고모의 남편은 당연히 외삼촌이 아니라 고모부지만, 모스가 주석 11에서 언급하듯 사모아에서는 고모의 남편과 어머니의 형제를 동일한 범주로 묶는 유별적(classificatoire) 친족명칭체계(구체적으로 세분화할 수 있는 친

이를 맡는 경우가 있다. 이 아이는 통가, 즉 모계 쪽 재화로 불린다.[11] 아이는 "토착(native) 재화 또는 통가가 아이의 친부모로부터 해당 가족으로 계속 흘러 들어가는 수로가 된다. 반대로 친부모에게 아이는 그를 양자로 데려간 쪽으로부터 외래(foreign) 재화 또는 올로아를 얻어내는 수단이 되는데, 이는 아이가 살아있는 한 계속 그렇다."(자연적 유대의) 이러한 희생은 토착 재화와 외래 재화의 체계적 교류를 원활하게 해 준다."[12] 요컨대 아이는 모계의 재산이며, 아이를 매개로 여자 쪽 가족의 재화가 남자 쪽 가족의 재화와 교환된다. 사모아의 '수양 제도' 아래에서 관철되는 조카의 권리(외삼촌의 집에서 살 권리, 나아가 외삼촌의 재산에 대한 일반적 권리)는 멜라네시아 지역에서 폭넓게 인정되는 외삼촌의 재산에 대한 조카의 권리와 매우 유사한 것이다.[13] 이제 포틀래치를 확인하기 위해 더 필요한 것은 경쟁과 투쟁, 파괴의 요소뿐이다.

그러나 우선은 올로아와 통가라는 용어에 주목해 보자(특히 후자를 잘 기억해야 한다). 통가는 아내의 영구적 소유물(parapharnalia)을 가리키는데, 딸이 상속받는 결혼식 돗자리를 비롯해[14] 장식품이나 탈리스만이 여기에 해당한다. 여자를 통해 새 가족 안으로 들어오며 반환의 의무가 따르기도 하는[15] 통가는 일종의 '용처에 따른 부동산'이라고 할 수 있다.* 반면 본질적으로 동산인 올로아는 대개

족관계들을 구별하지 않고 하나의 범주로 통합하여 명명하는 체계)를 따른다. 그곳에서는 고모의 남편이 곧 외삼촌이다.
* 프랑스 민법은 토지 소유자가 해당 토지의 활용을 위해 배치한 물건이나 동물을 용처

도구로 구성된 남편의 소유물을 가리킨다.[16] 현재는 이 용어가 백인에게서 온 물건에도 적용되는데,[17] 이는 물론 최근에 의미가 확장된 것이다. 따라서 '올로아=외래 재화', '통가=토착 재화'라는 터너의 번역은 부정확하고 불충분한 것이지만, 그럼에도 통가로 불리는 재산이 올로아로 일컬어지는 재산보다 땅, 씨족, 가족, 사람과 더 끈끈하게 결합되어 있음을 드러낸다는 점에서 나름의 의의를 지닌다.

관찰 범위를 확대하면 통가라는 범주의 외연도 확장된다. 마오리어, 타히티어, 통가어, 망가레바어에서 통가는 재산으로 간주하는 모든 것을 뜻한다. 누군가를 부유하고 유력하고 영향력 있게 만들어주는 모든 것, 교환되거나 보상물로 사용될 수 있는 모든 것이 통가다.[18] 무엇보다 재물, 탈리스만, 문장, 돗자리와 신성한 우상이 통가이며, 때로는 전승, 제식, 주술 의례까지도 통가로 간주된다. 이렇게 우리는 말레이-폴리네시아 세계는 물론 태평양 전역에 널리 퍼져 있다고 확신할 수 있는 '탈리스만으로서의 재산(propriété-talisman)'이라는 관념에 도달하게 된다.[19]

2. 주어진 사물의 영(마오리족)

에 따른 부동산(immeuble par destination)으로 규정한다. 예를 들어 농기구나 가축은 본래 동산이지만 그 용처가 특정 토지로 고정되어 있다는 점에서, 다시 말해 그것이 해당 토지에 묶여 있는 부속물이라는 점에서 법적으로는 '움직일 수 없는 재산'으로 간주된다. 모스는 이러한 관념을 빌려와 특정 여성과 분리될 수 없는 통가를 부동산과 같은 것으로 본다.

이상의 관찰은 매우 중요한 사실로 우리를 이끈다. 적어도 마오리족의 법과 종교 이론에서 타옹가(*taonga*)는 사람, 씨족, 땅과 밀접하게 결부되어 있다. 타옹가는 이들의 '마나', 즉 주술적 · 종교적 · 영적 힘(force)을 운반하는 매체다. 그레이(George Grey) 경[20]과 데이비스(C. O. Davis)[21]가 용케 수집한 속담을 보면, 사람들은 타옹가에게 그것을 받은 이를 파멸시켜 달라고 간청한다. 이처럼 타옹가는 법, 특히 갚을 의무가 준수되지 않을 경우 발휘되는 힘을 자기 안에 지니고 있다.

고인이 된 친구 에르츠[*]는 이 사실의 중요성을 이미 알아차리고 있었다. 에르츠는 "다비와 모스를 위해"라는 감동적일 만큼 사심 없는 문구와 함께, 다음과 같은 사실을 한 파일에 기재해 두었다. 콜렌소(William Colenso)에 따를 때[22] "그들[마오리족]은 일종의 교환체계, 더 정확히 말해 훗날 교환되거나 보답되어야 하는 선물을 제공하는 관습을 가지고 있었다." 예를 들면 말린 생선이 절인 새고기나 돗자리와 교환된다.[23] 모든 것은 부족이나 "친한 가족" 사이에서 "어떠한 약정도 없이" 교환된다.

---

[*] 로베르 에르츠(Robert Hertz, 1881~1915)는 프랑스의 사회학자로, 뒤르켐과 모스의 지적 영향 아래에서 「죽음의 집합표상 연구를 위한 기고(Contribution à une étude sur la représentation collective de la mort)」, 「오른손의 우월성: 종교적 양극성에 관한 연구(La prééminence de la main droite. Étude sur la polarité religieuse)」, 「원시사회의 죄와 속죄(Le péché et l'expiation dans les sociétés primitives)」 등의 논문을 썼다(앞의 두 논문은 『죽음과 오른손』으로 국역 출간되었다). 제1차 세계대전 중 33세의 나이로 전사했으며, 모스는 1928년 에르츠의 대표 논문 네 편을 모아 『종교사회학과 민속학 논문집(Mélanges de sociologie religieuse et de folklore)』을 펴냈다.

에르츠는 파일에 또 다른 원문도 기록해 뒀다. 이미 알고 있던 텍스트였지만, 나와 다비 모두 중요성을 미처 알아차리지 못했던 것이다.

그것은 하우(*hau*), 즉 사물의 영(靈)에 관한 이야기로, 특히 숲의 영과 숲속 사냥감의 영에 대한 것이다. 이 문제와 관련된 핵심 단서를 아주 우연히, 또 어떤 선입견도 없이 제공해 준 것은[24] 엘스던 베스트(Elsdon Best)*의 가장 뛰어난 마오리족 정보제공자 중 한 사람인 타마티 라나이피리(Tamati Ranaipiri)**였다. "하우에 대해 이야기하겠습니다… 하우는 불어오는 바람이 아닙니다. 전혀 아닙니다. 예를 들어 당신이 특정한 물품(타옹가)을 가지고 있고, 그것을 나에게 준다고 해 봅시다. 당신은 가격을 매기지 않고 그것을 줍니다.[25] 우리는 거래(marché)를 하는 게 아닙니다. 다음에 내가 이 물품을 제삼자에게 주면, 얼마간 시간이 지난 후 그는 나에게 보상(*utu*)[26]을 하기로 결정하고 무언가(타옹가)를 선물합니다. 그가 내게 주는 타옹가는 내가 당신에게서 받았고 또 그에게 넘겨준 타옹가의 영(하우)입니다. 나는 당신이 준 타옹가로 인해 얻게 된 이 타옹가를 당신에게 돌려줘야만 합니다. 그것이 탐나는(*rawe*) 것이건 불쾌한(*kino*) 것이건, 이 타옹가를 내가 간직하는 일은 옳지(*tika*)

---

* 엘스던 베스트(Elsdon Best, 1856~1931)는 마오리족의 전통, 신화, 사회구조에 대한 선구적 연구를 남긴 뉴질랜드의 민족학자다. 주요 저서로는 『마오리 종교와 신화(*Maori Religion and Mythology*)』, 『숲에 대한 마오리족의 지식(*Forest Lore of the Maori*)』 등이 있다

** 엘스던 베스트의 원문에는 라나이피리가 아니라 라나피리(Ranapiri)로 표기되어 있다.

않습니다. 나는 그것을 당신에게 건네지 않으면 안 됩니다. 그것은 당신이 내게 준 타옹가의 하우이기[27] 때문입니다. 만약 내가 이 두 번째 타옹가를 간직한다면 심각한 재앙이 닥치거나 심지어 죽음에 이를 수도 있습니다. 이러한 것이 바로 하우, 개인 소유물의 하우, 타옹가의 하우, 숲의 하우입니다. *Kati ena*(이 주제에 관해서는 이것으로 충분합니다)."

극히 중요한 이 텍스트는 약간의 해설을 요한다. 이 순전히 마오리적인 텍스트는 불명확한 신학적·법적 정신과 '비밀의 집'의 교리에 여전히 젖어 있지만, 그럼에도 순간순간 놀랍도록 명료하다. 난해한 것은 제삼자의 개입이라는 지점뿐인데, 마오리족 법학자의 설명을 제대로 이해하기 위해서는 다음과 같이 말하는 것으로 충분하다. "타옹가와 엄밀하게 사람에게 속한다고 할 수 있는 모든 소유물은 하우, 즉 영적인 권능(pouvoir)을 지닌다. 당신이 그중 하나를 내게 주면, 나는 그것을 제삼자에게 준다. 그러면 그가 내게 다른 물건을 돌려주는데, 내가 준 선물의 하우가 그렇게 하도록 그를 떠밀기 때문이다. 그리고 나 역시 이 물건을 당신에게 주어야만 한다. 그것은 사실 당신이 준 타옹가의 하우가 만들어낸 산물이기에, 나는 그것을 당신에게 돌려주지 않으면 안 된다."

이렇게 해석하면 착상이 명료해질 뿐만 아니라, 그것이 마오리법의 핵심을 이루는 관념 중 하나라는 사실도 드러난다. 받거나 교환된 선물이 의무를 부과하는 이유는 받은 물건에 생기가 없지(inerte) 않기 때문이다. 증여자가 내어준 것일지라도 물건은 여전히 그의 일부로 남는다. 도난당한 물건을 통해 원소유자가 도둑에게 영향을 미치는 것처럼,[28] 증여자는 준 물건을 통해 수혜자에게 영향력을 행사한다. 왜냐하면 타옹가는 그것이 비롯된 숲, 산지(産地), 땅의 하우로 인해 생명력을 지니기 때문이다. 타옹가는 진정 '토착적인' 것이다.[29] 하우는 타옹가를 손에 쥔 모든 이를 따라다닌다.

하우는 최초의 수증자와 때로는 제삼자만이 아니라, 단순히 타옹가를 건네받은 사람 모두를 따라다닌다.[30] 결국 하우는 자신이 태어난 장소로, 숲과 씨족의 성소로, 자신의 원소유자에게로 돌아가기를 원하는 것이다. 그 자체로 일종의 개체(individu)인 타옹가[31]와 그것의 하우는 일련의 사용자들이 받은 것과 동등하거나 그 이상의 가치를 돌려줄 때까지 그들에게 들러붙어 있다. 그들은 자신의 재산, 타옹가, 소유물이나 노동과 거래를 통해 획득한 것을 연회, 축제, 선물의 형태로 돌려줘야 한다. 그러고 나면 최초의 증여자가 최종적 수증자가 되며, 이제는 선물을 돌려준 사람들이 그에 대해 권위와 권능을 가지게 된다. 바로 이것이 사모아섬과 뉴질랜드에서 부, 공물, 선물의 의무적 순환을 주재하는 지배적 관념이다.

이러한 사실은 폴리네시아는 물론 다른 곳에도 존재하는 두 가지 중요한 사회현상의 체계를 조명해 준다. 첫째, 사물의 양도가 만들어내는 법적 유대의 본성이 드러난다. 나중에 우리는 이 문제로 돌아와 관련 사실들이 어떻게 의무[또는 채무; obligation]에 관한 일반 이론을 구축하는 데 기여할 수 있는지 보여줄 것이다. 다만 지금 명확히 할 수 있는 것은 마오리법에서 사물의 매개로 형성되는 법적 유대는 영혼 사이의 유대라는 점이다. 사물 자체가 영혼을 지니고 있으며, 영혼의 일부이기 때문이다. 따라서 누군가에게 무언가를 내놓는 것은 곧 자기 자신의 일부를 내놓는 것과 같다. 둘째, 선물을 통해 이뤄지는 교환, '포틀래치'를 비롯해 우리가 총체적 급부라고 부르는 현상의 본성을 더 잘 이해할 수 있다. 누군가로부터 무언가를 받는 것은 그의 영적 본질, 즉 영혼의 일부를 받아들이는 일이므로, 실제로 돌려줘야 하는 것 역시 그 사람의 본성과 실체의 단편이라는 점은 해당 관념체계에서 논리적으로 자명하다. 타인이 준 것을 간직하는 일은 목숨을 앗아갈 수도 있는 위험한 일이다. 그저 불법이라서가 아니라, 도덕적일 뿐만 아니라 물리적이고 영적으로 타인으로부터 비롯된 것—그의 본질, 음식,[32] 재화(동산이나 부동산), 여자나 자손, 의례와 공동식사—이 당신에게 주술적 · 종교적 영향력을 행사하기 때문이다. 끝으로 주어진 사물은 스스로 움직일 수 없는(inerte) 것이 아니다. 생명력을 지니며 종종 개체화된 것으로서, 사물은 에르츠가 '출생지'라고 부른 곳으로 돌아가려 하거나 자신이 비롯된 씨족과 땅을 위해 자기의 등가물을 만들어내고자 한다.

3. 그 밖의 주제: 줄 의무와 받을 의무

총체적 급부는 갚을 의무뿐만 아니라 마찬가지로 중요한 두 가지 다른 의무를 전제한다. 선물을 줄 의무와 받을 의무가 그것이다.

총체적 급부와 포틀래치 제도를 완전히 이해하려면 갚을 의무를 보완하는 이 두 계기 역시 설명되어야 한다. 하나의 복합체를 이루는 세 가지 주제에 대한 완전한 이론은 폴리네시아의 씨족 간 계약 형식에 대한 근본적이고 만족할 만한 설명을 제공해 줄 것이다. 여기서는 이 주제를 어떻게 다뤄야 할지 언급만 해 두기로 한다.

받을 의무와 관련된 사례는 쉽게 찾을 수 있다. 씨족, 가구, 동료 집단, 손님은 환대를 청하지 않거나[33] 선물을 받지 않으며, 거래를 하지 않거나[34] 여자와 피를 통한 동맹을 맺지 않을 수 없기 때문이다. 보르네오섬의 다약족(Dayaks)은 식사 자리에 있거나 준비 과정을 지켜본 사람과는 반드시 식사를 함께해야 한다는 의무에 기초해 법과 도덕 체계 일체를 발전시키기까지 했다.[35]

줄 의무 역시 못지않게 중요하다. 이를 연구하면 사람들이 어떻게 교환에 전념하게 되었는지 이해할 수 있을 것이다. 몇 가지 사실만 지적해 두자면, 우선 주기를 거부하고[36] 초대를 소홀히 하는 것은 받기를 거부하는 것과 마찬가지로[37] 전쟁을 선포하는 것과 같다. 그것은 동맹과 일체성을 거부하는 것이다.[38] 다른 한편, 사람들은 주도록 강제되기 때문에 준다. 수증자는 증여자에게 속하는 모든 것에 대해 일종의 소유권을 가지고 있는데,[39] 이 소유관계는 영적 유대로 표현되고 이해된다. 호주에서 남자는 사냥으로 잡은 것 전부를 장인과 장모에게 줘야 하며, 장인·장모의 숨이 음식을 오염시킬까 두려워하면서 그들 앞에서는 아무것도 먹지 않는다.[40] 앞서 언급한 것처럼 사모아에서는 타옹가인 누이의 아들이 이런 종류의 권리를 가지고 있는데, 이는 피지(Fiji)에서 생질(*vasu*)이 누리는 권리와 비교될 수 있다.[41]

이 모든 사례에서 소비하고 갚아야 할 일련의 권리 및 의무는 제공하고 받아야 할 권리 및 의무와 연결되어 있다. 이처럼 대칭적이면서 상반되는 권리와 의무들이 긴밀하게 뒤얽히는 것이 모순적으로 보일 수도 있다. 하지만 그에 앞서 어느 정도는 영혼을 지닌 사물과 어느 정도는 사물처럼 취급되는 개인·집단 사이에 영적 유대의 뒤얽힘이 존재한다는 사실을 깨닫는다면, 모순처럼 보였던 것이 실제로는 그렇지 않음을 이해할 수 있을 것이다.

이러한 제도 전부는 하나의 사실, 하나의 사회체제(régime social), 하나의 규정된 망탈리테를 표현한다. 즉 음식, 여자, 아이, 재화, 탈리스만, 땅, 노동, 서비스, 종교적 직무, 그리고 서열까지도 모두 양도되고 반환되는 대상이라는 것이다. 마치 사물과 사람을 포함하는 영적 물질의 끊임없는 교환이 있는 것처럼, 모든 것이 서열, 성별, 세대로 나뉜 씨족들과 개인들 사이에서 오간다.

4. 비교: 인간에게 주는 선물과 신에게 바치는 선물

신과 자연을 위해 인간에게 하는 선물이라는 네 번째 주제는 선물의 경제와 도덕에서 일정한 역할을 수행한다. 하지만 주제의 중요성을 부각하는 데 필요한 전반적 연구를 진행하지는 못했다. 게다가 가용한 사실 모두가 앞서 한정한 지역에 속하는 것도 아니며,

무시하고 넘어가기에는 우리가 아직 충분히 이해하지 못한 신화적 요소가 너무 두드러지기도 한다. 따라서 몇 가지 사항을 지적하는 데 만족하려고 한다.

시베리아 동북부의 모든 사회[42]와 알래스카 서부[43] 및 베링 해협 아시아 연안 쪽 에스키모 사회에서, 포틀래치[44]는 관대함을 경쟁하는 사람들과 그들이 교환하고 소비하는 사물들에 국한된 현상이 아니다. 포틀래치는 거기에 참석하고 관여하는 망자들의 정령에도 효과를 끼치며, 나아가 자연에까지 영향을 미친다. 망자들의 이름을 따서 명명되는 산 사람들 간의 선물교환은 그들과 동명인 망자들의 정령은 물론 신과 사물, 동물, 그리고 자연이 "그들에게 관대하게" 되게끔 자극한다.[45] 사람들은 선물교환이 많은 부를 가져다준다고 말한다. 넬슨(Edward W. Nelson)[46]과 포터(Robert P. Porter)[47]는 에스키모의 축제와 그것이 망자들과 사냥감, 고래, 물고기에 미치는 영향에 대해 훌륭하게 설명한 바 있다. 영국인 모피 사냥꾼들이 '요구 축제(Asking Festival)'[48] 또는 '초청 축제(Inviting-in festival)'라는 생생한 이름을 붙인 이 축제는 보통 겨울철 마을의 범위를 넘어서 펼쳐진다. 축제가 자연에 미치는 영향은 에스키모에 관한 최근 연구 중 하나에서 매우 분명히 드러난다.[49]

아시아 에스키모인 유이트족(Yuit)은 일종의 기계 장치를 발명하기도 했다. 그들은 꼭대기에 바다코끼리 머리가 달린 일종의 축제용 기둥 위에 갖가지 식량으로 장식된 바퀴를 설치한다. 기둥은 의식용 천막의 중앙에 자리한다. 기둥 윗부분은 천막 밖으로 튀어

나와 있으며, 태양의 움직임을 따라 회전하도록 또 다른 바퀴를 통해 천막 내부에서 조작된다.[50] 위에서 언급한 주제들을 이보다 더 멋지게 결합해서 표현하기는 쉽지 않을 것이다.

시베리아 동북쪽 끝의 축치인(Chukchee)[51]과 코랴크인(Koryaks) 사이에서도 이러한 결합이 분명하게 확인된다. 이들 모두 포틀래치 제도를 가지고 있지만, 특히 해안의 축치인이 이웃한 유이트족처럼 의무적이고 자발적인 선물교환을 활발하게 실천한다. 겨울철 집집마다 돌아가며 열리는 긴 '감사제'[52]는 이러한 선물교환의 계기를 이룬다. 사람들은 축제의 제물로 쓰고 남은 것을 바다에 던지거나 바람에 날려 보내는데, 그것은 그해 죽임을 당한 사냥감을 데리고 고향으로 돌아간다. 그렇게 해서 이듬해 다시 사냥감이 돌아올 것이다. 요헬손(Vladimir Jochelson)은 코랴크인이 행하는 같은 종류의 축제를 언급하고 있지만, 고래 축제를 제외하고는 실제로 참석하지는 못했다.[53] 코랴크인에게는 매우 발달된 희생(sacrifice) 제도가 있는 듯하다.[54]

보고라스(Vladimir Bogoras)[55]가 이러한 풍습을 러시아의 '콜리아다(Koliada)*'와 비교한 것은 적절하다. 콜리아다 때면 가면을 쓴 아이들이 집집마다 돌아다니면서 달걀과 밀가루를 달라고 하는데, 아무도 이를 거절하지 못한다. 이 관습은 물론 유럽적인 것이다.[56]

인간들 사이의 계약·교환과 인간과 신 사이의 계약·교환의

---

* 성탄절에서 공현절까지 이어지는 슬라브 축제.

관계는 희생제의 이론의 한 측면에 빛을 비춰준다. 이 관계는 계약적이고 경제적인 의례가 인간들에 의해 행해지되, 정령의 이름을 이어받고 정령의 가면을 쓴 화신인 인간들이 정령에 사로잡혀 종종 샤머니즘적 특성을 드러내는 사회에서 특히 분명하게 이해될 수 있다.[57] 인간은 결국 정령의 대리인으로서 행동하는 것에 불과한데, 이는 교환과 계약이 인간과 사물은 물론 그들과 어느 정도 연관된 신성한 존재들까지도 소용돌이 속에 끌어들이기 때문이다.[58] 클링깃족의 포틀래치와 하이다족의 두 가지 포틀래치 중 한 유형, 그리고 에스키모의 포틀래치가 명백히 이런 경우에 해당한다.

이러한 진화는 자연스러운 것이었다. 망자의 정령과 신은 인간이 가장 먼저 계약을 맺어야 했던 존재자의 범주에 해당한다. 그들은 정의상 처음부터 인간과 계약을 맺기 위해 존재했다. 그들이 세상 만물의 진정한 소유자인바, 그들과의 교환이 가장 필요한 일이었으며 그들과 교환하지 않는 것이 가장 위험한 일이었다.[59] 동시에 그들과의 교환은 가장 쉽고 확실한 일이기도 했다. 희생제물을 바치는 일은 반드시 보답이 뒤따르는 증여 행위를 하는 것이다. 아메리카 북서부와 아시아 북동부 포틀래치의 모든 형태는 파괴라는 주제를 포함한다.[60] 노예를 죽이고, 귀중한 기름에 불을 붙이고, 구리판을 바다에 던지거나 호화로운 집을 불태우는 일은 단지 권력과 부, 무사무욕함을 과시하기 위한 것만이 아니다. 이는 정령과 신들에게 희생제물을 바치는 일이기도 한데, 이들 존재는 그들의 칭호를 계승하며 입문식 과정에서 그들과 결연을 맺은 살아있는 인간

화신들과 하나를 이룬다.

그러나 이러한 인간적 매개를 더는 필요치 않는 또 하나의 주제, 포틀래치만큼이나 오래되었을 수도 있는 주제가 이미 나타나고 있다. 사람들은 신으로부터 사야 하고, 신은 사람들이 치른 값에 보답할 줄 안다고 믿는다. 셀베레스섬의 토라자족(Toradja)이 이런 생각을 전형적으로 표현한다. 크라우트(Albert Christian Kruyt)[61]에 따를 때, "그곳에서 소유자는 정령들로부터 '자기' 재산(실제로는 '정령들의 재산')에 어떤 행위를 가할 권리를 '구매'하지 않으면 안 된다." 가령 '자기' 나무를 베기 전이나 '자기' 땅을 갈기 전에, '자기' 집의 말뚝을 박기 전에 신에게 값을 치러야 한다. 토라자족의 민간·상업 관습에서는 구매라는 관념이 거의 발달하지 않은 것처럼 보이지만,[62] 정령과 신으로부터의 구매라는 관념은 완전히 정착되어 있다.

말리노프스키는 우리가 곧 살펴볼 트로브리안드(Trobriand) 군도의 교환에도 이와 유사한 종류의 사실이 존재함을 지적한다. 타우바우(*tauvau*), 즉 악령의 주검(뱀이나 참게의 시체)을 발견했을 때 사람들은 바이구아(*vaygu'a*)를 바침으로써 액막이를 하는데, 바이구아는 쿨라(*kula*) 교환에서 사용되는 귀중품인 동시에 장식품, 탈리스만, 재산이다. 이러한 증여는 타우바우의 영에 즉각적인 영향력을 행사한다.[63] 또 망자를 추념하는 포틀래치인 밀라밀라(*mila-mila*) 축제[64] 때에는 두 가지 종류의 바이구아—쿨라에 쓰이는 바이구아와 말리노프스키가 '항구적 바이구아'[65]라고 처음 부른 것—가 수장이 자리한 단상에 전시되어 정령에게 바쳐진다. 정령은 이를 통해 선량해진다. 정령은 사람들이 바친 귀중품의 그림자를 망자의 나라로 가져가,[66] 마치 격식을 갖춘 쿨라를 마치고 돌아온 사람들이 하는 것처럼 부를 놓고 다른 정령들과 경쟁한다.[67]

뛰어난 관찰자이자 이론가인 반 오센브루겐(F.D.E. van Ossen-bruggen)은 현지에서 생활하면서 이 제도의 또 다른 특징을 포착했다.[68] 인간에게 주는 선물과 신에게 바치는 선물은 모두 상대방으로부터 평화를 사는 것을 목적으로 한다. 누군가의 저주는 악한 영향력이 작용하게 하고, 시샘 많은 정령이 당신의 몸속에 들어가 당신을 죽이도록 한다. 다른 사람에게 잘못을 저지른 당사자는 사악한 영과 사물로부터 영향받기 쉬운 상태가 된다. 선물은 악령이나 보다 일반적으로는 개별화되지 않은 것을 포함한 사악한 영향력으로부터 벗어날 수 있게 해 준다. 반 오센부르겐은 결혼 행진 때 돈을 던지는 중국의 풍습은 물론 심지어 신부대도 이와 같은 견지에서 해석하는데, 이 흥미로운 제안에 입각해 일련의 사실들을 조명해 볼 수 있을 것이다.[69]

여기서 우리는 희생 계약의 역사와 이론을 어떻게 구상할 수 있을지 엿보게 된다. 희생 계약은 우리가 기술하고 있는 유형의 제도를 전제하는 동시에 그것을 최고도로 실현시키는데, 신들은 작은 것을 받고 큰 것을 돌려주기 위해 존재하기 때문이다.

그렇다면 라틴어 *do ut des*와 산스크리트어 *dadāmi se, dehi me*[70]라는 두 개의 엄숙한 계약 문구가 종교 경전을 통해 보존돼 온 것은 순전한 우연이 아닐 것이다.*

   희사(喜捨, aumône)에 관한 부기. 하지만 법과 종교의 진화 과
정에서 인간은 다시 한번 신과 망자의 대리인이 되어 나타난다(사
실 인간이 그러한 존재이길 멈춘 적이 없었을 수도 있다). 수단의 하우사
족(Haoussa) 사이에서는 팥수수가 익을 무렵 열병이 퍼지곤 하는
데, 이를 면하는 유일한 방법은 가난한 이들에게 팥수수를 선물로
주는 것이다.[71] 또 트리폴리의 하우사족 사이에는 대(大)기도 시기
가 찾아오면 아이들이 "들어갈까요, 돌아갈까요?"라고 물으면서 집
집마다 돌아다니는 풍습(지중해와 유럽식 풍습)이 있다. 그러면 사람
들은 이렇게 답한다. "오 귀가 쫑긋한 산토끼야, 일을 도와주면 뼈
하나를 줄게." (가난한 이는 부자를 위해 기꺼이 일한다.) 아이들과 가난
한 이들에 대한 증여는 망자들을 흡족하게 한다.[72] 하우사족의 이러
한 풍습은 무슬림으로부터[73] 전해졌거나, 아니면 무슬림, 흑인, 유
럽인, 그리고 베르베르족으로부터 동시에 영향을 받았을 것이다.
   이 사례들은 희사에 관한 사상의 체계화가 어떻게 시작되었는
지에 대해 시사하는 바가 있다. 희사는 한편으로는 증여와 재산이
라는 도덕적 관념의 산물이자,[74] 다른 한편으로는 희생 관념의 산물

---

* 두 표현 모두 "내가 주므로 네가 준다"는 뜻이다. 고대 로마 종교에서 *do ut des*는 인간
   이 신에게 제물을 바치고 신은 인간에게 복을 주는 형태의 계약을 의미했고, *dadāmi se*,
   *dehi me*는 고대 인도 문헌에서 인간과 신, 인간과 인간 사이의 상호작용을 규정하는 중
   요한 원칙으로 자주 언급된다.

이다. 후하게 베푸는 것은 의무다. 네메시스(Némésis)*는 넘쳐나는 행복과 부를 누리면서도 가난한 사람과 신을 위해 베풀지 않는 이들에게 복수한다. 오래된 증여의 도덕이 정의의 원칙으로 변모하며, 신들과 정령들은 과거 자신들에게 바쳐졌던 몫, 무의미한 희생제의를 위해 소모되었던 몫을 가난한 자들과 아이들에게 돌리는 데 동의한다.[75] 이것은 셈족의 도덕 사상의 역사에 관한 이야기이기도 하다. 원래 히브리어 제다카(zedaqa)와 아랍어 사다카(sadaqa)[76]는 단지 정의를 뜻하는 말이었지만, 나중에는 희사를 가리키는 말이 되었다. 자선과 희사의 교의가 출현한 시기를 미슈나** 시대 예루살렘에서 '빈민파(Pauvres)'***가 승리를 거뒀을 때로 추정해 볼 수도 있다. 성경에서는 희사를 뜻하지 않았던 제다카의 의미가 변한 것이 바로 이때이기 때문이다. 이후 자선과 희사의 가르침은 기독교·이슬람교와 함께 전 세계로 퍼져나갔다.

이쯤에서 다시 본론으로 돌아가 이 글의 중심 주제인 증여와 갚을 의무에 대한 논의를 이어가 보자.

앞서 언급한 문헌 자료와 그에 대한 논평이 지닌 민족지학적 함의는 특정 지역에 국한된 것이 아니다. 비교 연구를 통해 자료를 확장하고 심화시킬 수 있다.

---

* 그리스 신화에 나오는 인과응보와 복수의 여신.
** 미슈나(Mishnah)는 유대인의 구전 율법을 집대성한 책으로 2세기 말에서 3세기 초에 편찬되었다.
*** 상호부조와 사회 정의를 적극 옹호한 신도 집단을 가리킨다.

이상에서 살펴본 것처럼 폴리네시아에서도 포틀래치를 구성하는 근본 요소들이 발견된다.[77] 물론 포틀래치 제도의 완전한 형태가 그곳에 존재하는 것은 아니지만,[78] 적어도 교환–증여(échange-don)가 규범으로 자리 잡고 있다. 그러나 이러한 법적 주제가 마오리족만의 것이거나 기껏해야 폴리네시아 지역에 국한되는 것이라면 이를 강조하는 일은 단순한 현학에 지나지 않을 것이다. 다음 장에서는 고찰 대상을 폴리네시아 외부로 확장해 적어도 **갚을 의무**의 경우 훨씬 더 넓은 적용 범위를 가진다는 점을 밝히고자 한다. 또 그 밖의 의무들의 범위도 제시하면서 이러한 해석이 폴리네시아 외의 사회에도 유효함을 증명할 것이다.

제2장

체계의 확산:
후한 베풂, 명예, 화폐

1. 관대함의 규칙(안다만 제도)[1]

우선 이러한 관습은 슈미트 신부(Père Schmidt)에 따르면 가장 원시적인 인간[2]인 피그미족(Pygmées)* 사이에서도 찾아볼 수 있다. 래드클리프브라운은 1906년부터 안다만 제도 북부 섬에서 관련 사실들을 관찰했으며, 지역 집단 간의 환대와 방문, 축제나 장터에서 이뤄지는 자발적-의무적 교환(예컨대 황토나 해산물과 숲에서 나는 것의 거래)을 훌륭하게 묘사한 바 있다. "교환이 중요하긴 하지만, 지역 집단과 가족은 대개 도구나 기타 물품을 자체적으로 충당할 수 있다. 따라서 이러한 선물의 목적은 보다 발전된 사회에서 거래나 교환이 추구하는 것과는 다르다. 목적은 무엇보다 도덕적인 것으로, 만일 두 사람 사이에 우호적인 감정을 형성하지 못한다면 작업은 실패한 것이다."[3]

"누구도 제공된 선물을 마음대로 거절할 수 없다. 모든 남녀가 관대함으로 서로를 능가하려고 애쓴다. 누가 더 값진 물건을 더 많이 줄 수 있는지를 놓고 일종의 경쟁이 벌어진다."[4] 선물은 결혼을 성립시키고 양가 친족 사이에 관계를 만든다. 선물은 양 '측'에 동

---

* 피그미족('주먹만 한 크기', '작은 사람'을 뜻하는 고대 그리스어 πυγμαῖος[*pygmaios*]에서 유래)은 통상 중앙 아프리카의 열대 우림에서 살아가는 여러 유동 수렵채집 민족(아카족, 바카족, 음부티족, 바봉고족 등)을 가리키지만, 여기서 모스는 안다만 제도의 원주민을 포함해 이들과 유사한 신체적 특징과 생활양식을 가진 동남아시아 민족(자라와족, 옹게족, 센티널족 등)을 피그미족에 포함시키고 있다. 보통은 네그리토(Negrito)라고 부른다.

일한 본성을 부여하며, 이 동일성은 두 집단이 지켜야 할 금기를 통해 드러난다. 약혼이 이뤄진 때부터 일생이 끝날 때까지, 두 집단의 친족들은 서로 다시 봐서도, 말을 섞어서도 안 된다는 금기를 지키는 동시에 끊임없이 선물을 교환한다.[5] 이러한 금지는 서로의 채권자이자 채무자인 사람들이 서로에게 느끼는 친밀함과 두려움을 표현한다. 다음 사실을 통해서도 이 원리가 증명된다. '거북이 먹기와 돼지 먹기' 의례[6]에 참여했던 젊은 남녀 사이에는 친밀함과 소원함을 동시에 드러내는 금기가 확립되며, 그들 역시 평생 선물을 교환할 의무를 진다. 호주에서도 유사한 사실이 관찰된다.[7] 래드클리프브라운은 긴 이별 뒤 다시 만난 이들이 포옹과 눈물의 인사를 나누는 의례를 언급하면서, 어떻게 이것이 선물교환과 동등한 것일 수 있는지,[8] 또 어떻게 사람들이 거기에 감정과 인격을 뒤섞고 있는지 보여준다.[9]

결국에는 혼합이 있다. 사람들은 사물에 영혼을 섞고, 영혼에 사물을 섞는다. 사람들은 다양한 생명을 뒤섞고, 그렇게 인격과 사물은 저마다의 영역을 벗어나 서로 섞이게 된다. 이것이 바로 계약과 교환이다.

2. 선물교환의 원리, 이유, 강도(멜라네시아)

멜라네시아인들은 폴리네시아인들보다 포틀래치를 더 잘 보존하고 발전시켜 왔다.[10] 이 자체가 본론의 주요 주제는 아니지만, 어쨌든 이러한 교환 형태와 증여의 체계 전체가 멜라네시아에서 더 잘 유지되고 발전되었다는 점은 분명하다. 폴리네시아에 비해 멜라네시아에서는 화폐 개념이 훨씬 더 뚜렷하게 나타나기 때문에,[11] 체계는 부분적으로 복잡해지는 동시에 더 명확해진다.

누벨칼레도니. 누벨칼레도니 사람들의 생활에 관한 렌아르트[*]의 대표적 문서들은 우리가 드러내고자 하는 관념을 생생한 표현과 함께 제공한다. 먼저 렌아르트는 필루필루(*pilou-pilou*)[**]와 축제, 선물, 급부(화폐 포함[12])의 체계를 기술했는데, 이는 주저 없이 포틀래치라고 부를 만한 것이다. 의전관의 격식을 갖춘 연설은 매우 전형적인 법적 언어로 구성된다. 연회에 쓰일 얌을 공개하는 의식에서[13] 그는 이렇게 말한다. "위족(Wi)의 필루처럼 우리가 참석하지 못했던 옛 필루가 있다면, 이 얌은 서둘러 그곳으로 달려갈 것입니다. 같은 얌이 과거 그들로부터 우리에게 왔던 것처럼 말입니다."[14] 돌아가는 것은 물건 자체. 연설의 뒷부분에는 조상들의 정령이 "이 음식에 그들의 활동과 힘의 효과를 내려보낸다"는 내용이 나온다.

---

[*] 모리스 렌아르트(Maurice Leenhardt, 1878~1954)는 프랑스의 개신교 선교사이자 민족학자로, 누벨칼레도니의 카나크족(Kanak) 사이에서 20년 이상 활동하면서 그들의 전통과 신화를 꾸준히 수집·기록했다. 주저로는 『도 카모: 멜라네시아 세계의 사람과 신화(*Do Kamo. La personne et le mythe dans le monde mélanésien*)』가 있으며, 모스의 후임으로 고등연구실습원(EPHE)의 종교학분과 교수를 지냈다.

[**] 좁게는 카나크족의 전통 춤, 넓게는 이 춤과 함께하는 의식(종교적 제의, 축제, 전쟁 의식 등) 전체를 가리킨다.

"당신들이 행하신 일의 결과가 오늘 이렇게 드러나고 있습니다. 대대로 이어진 모든 세대들이 그의 입에서 나타났습니다." 다음 표현도 법적 유대를 생생하게 그려낸다. "우리의 축제는 바늘의 움직임과 같습니다. 지푸라기로 만든 부분들을 한데 이어 단 하나의 지붕, 단 하나의 말(parole)을 만들어냅니다."[15] 돌아오는 것은 똑같은 물건이며, 꿰는 것은 똑같은 실이다.[16] 다른 저자들도 같은 사실을 보고한다.[17]

트로브리안드 군도. 누벨칼레도니의 것만큼이나 발달된 체계가 멜라네시아 세계의 다른 쪽 끝에서도 관찰된다. 트로브리안드 군도의 주민들은 멜라네시아의 여러 민족 가운데 가장 문명화된 이들에 속한다. 오늘날에는 부유한 진주잡이로 유명하며, 유럽인이 오기 전에는 도자기, 조개 화폐, 돌도끼나 그 밖의 귀중품을 제작하며 부를 이루었다. 그들은 언제나 유능한 교역자이자 대담한 항해자였다. 말리노프스키는 그들을 이아손의 일행*에 빗대 "서태평양의 항해자들"이라고 부르는데, 이는 실로 적절한 이름이 아닐 수 없다. 가장 뛰어난 기술(記述)사회학 연구에 속하는 동명의 저서에서, 말리노프스키는 부족 안팎을 넘나드는 쿨라라는 이름의 교역 체

---

* 이아손(Jason, 고대 그리스어 Ἰάσων)은 그리스 신화의 영웅으로, 50여 명의 동료와 함께 아르고(Ἀργώ)라는 이름의 배를 타고 황금 양털을 찾아 항해를 떠났다. 아르고호의 원정대를 아르고나우타이(Ἀργοναύται)라고 부르는데, 말리노프스키는 이 표현을 자신의 저서 제목(*Argonauts of the Western Pacific*)에 사용한다.

계에 대해 기술하며 본 연구의 주제와 접속한다.[18] 반면 동일한 법적·경제적 원리에 의해 관장되는 결혼, 망자를 위한 축제, 입문식 등의 제도에 대한 기술은 아직 이뤄지지 않은바, 아래에서 시도될 설명은 잠정적인 것일 수밖에 없다. 그럼에도 이미 우리는 매우 중요하고 명백한 사실들을 알고 있다.[19]

쿨라는 일종의 대규모 포틀래치다. 부족 사이에서 행해지는 광범위한 교역의 매체인 쿨라는 트로브리안드 군도 전체와 당트르카스토(D'entrecasteaux) 제도 및 앰플렛(Amphlett) 제도 일부에 걸쳐 있다. 간접적으로는 이 지역의 모든 부족이 쿨라에 관여하며, 직접적으로는 앰플렛 제도의 도부섬(Dobu), 트로브리안드 군도의 키리위나섬(Kiriwina), 시나케타(Sinaketa) 지역, 키타바섬(Kitava), 바쿠타섬(Vakuta)과 거기서 좀 떨어진 우들라크섬(Woodlark)에 사는 몇몇 큰 부족들이 참여한다.* 말리노프스키는 쿨라의 번역어를 제시하지 않았지만, 이 단어는 분명 '원'을 뜻할 것이다. 부족들과 해상 원정대, 귀중품과 일용품, 음식과 축제, 성적이고 의례적인 것을 포함한 온갖 종류의 서비스와 남녀의 사람들이 하나의 원[20] 속에 휘말린다. 만사는 마치 이 모두가 원을 따라 규칙적인 시공간 운동을 하는 것처럼 진행된다.

쿨라 교역은 귀족적이다.[21] 쿨라는 수장들만의 일인 듯하다. 그

---

* '쿨라 고리(kula ring)'를 형성하는 섬들과 그 간접적 영향권은 『서태평양의 항해자들』(브로니스라브 말리노브스키 지음, 최협 옮김, 전남대학교출판부) 667쪽의 〈지도 VI〉에서 확인할 수 있다.

들은 선단의 지휘자이자 교역자이며, 아랫사람들로부터 선물을 받는 수혜자이기도 하다. 수장은 자식들이나 처남들로부터 선물을 받는데, 이들은 그의 가신이거나 그에게 종속된 여러 마을의 지도자들이다. 쿨라는 겉으로는 전혀 사심이 없고 겸손한 귀족적 태도로 행해진다.[22] 쿨라는 실용적인 상품의 단순한 경제적 교환인 김왈리(*gimwali*)와 철저하게 구분된다.[23] 김왈리는 부족 간 쿨라가 있을 때 형성되는 대규모의 원시적 장터나 부족 내 쿨라의 보다 작은 시장에서 쿨라와는 별도로 행해진다. 김왈리는 당사자들 간의 집요한 흥정에 의해 특징되는데, 이는 쿨라에서는 있을 수 없는 일이다. 마땅히 요구되는 고귀함 없이 쿨라에 임하는 이는 쿨라를 "김왈리하듯 한다"는 비난을 듣는다. 북서아메리카의 포틀래치와 마찬가지로 쿨라도 겉보기에는 한쪽에서 주고 다른 쪽에서는 받는 행위로 이뤄져 있으며,[24] 특정 시점의 수증자는 다음 기회에 증여자가 된다. 가장 완전하고 장엄하며 고귀하고 경쟁적인 형태의 쿨라,[25] 대규모 해상 원정을 동반하는 우바라쿠(*Uvalaku*)에서는 교환할 물품을 전혀 챙기지 않고 떠나는 것이 규칙이다. 심지어 대접받을 음식 대신 줄 것도 챙겨가지 않으며, 가서도 음식을 달라는 요청 자체를 하지 않는다. 사람들은 단지 받기만 하는 척한다. 하지만 이듬해 상대 부족의 선단을 맞이할 때 선물은 이자와 함께 되갚아진다.

반면 규모가 더 작은 쿨라의 경우에는 다양한 교환 물품을 카누에 싣고 원정을 떠난다. 귀족들 스스로가 교역에 나서며, 이에 관한 현지인들 나름의 여러 논리가 존재한다. 많은 물건이 청해지고,[26]

요구되고, 교환되며, 쿨라 외에도 온갖 종류의 관계가 형성된다. 그럼에도 쿨라가 이러한 관계들의 결정적 계기이자 항해의 목적이라는 점은 변함이 없다.

증여 행위 자체는 의례적 격식을 갖춰 이뤄지며, 받은 물건은 경시와 경계의 눈길을 받는다. 수증자는 자기 발치에 던져진 물건을 곧바로 집어 드는 법이 없다. 증여자는 과도한 겸손을 가장한다.[27] 소라 나팔 소리에 맞춰 공손하게 선물을 가져온 증여자는 찌꺼기에 불과한 것을 준다며 사과한 뒤 물건을 파트너이자 경쟁자인 상대방의 발치에 던진다.[28] 그러면 다시 소라 나팔이 울리고 의전관은 양도가 엄숙하게 완료되었음을 모두에게 알린다. 이러한 의식의 전 과정을 통해 당사자들은 관대함과 자유, 자율성, 그리고 위대함을 보여주고자 한다.[29] 그러나 심층에서 작동하고 있는 것은 의무의 메커니즘, 심지어 물건 자체를 통한 의무의 메커니즘이다.

이러한 교환-증여(échanges-donations)의 핵심 대상은 바이구아라는 일종의 화폐다.[30] 바이구아는 므와리(mwali)와 소우라바(soulava) 두 종류로 나뉜다. 므와리는 조개껍질을 가공하고 연마해 만든 아름다운 팔찌로, 소유자나 그의 친척이 특별한 행사 때 착용한다.* 소우라바는 시나케타[키리위나섬의 지역]의 숙련된 장인이 붉은 국화조개 껍질로 만든 목걸이다. 소우라바는 여성들이 중요한

---

* 『서태평양의 항해자들』에 수록된 〈사진 XVII〉에는 팔목이 아니라 팔꿈치 위쪽에 므와리를 두르고 있는 사람들의 모습이 나온다 .

의례에서 착용하는 것이지만,[31]* 사경을 헤맬 때처럼 예외적인 경우에는 남자들도 목에 건다.[32] 그러나 므와리든 소우라바든 보통은 사용하지 않고 집안에 소중히 보관된다. 그것은 소유 자체의 기쁨을 위해 소유되는 물건이다. 조개를 채취하고 세공해 팔찌와 목걸이로 만드는 일, 교환의 대상이자 위신재(威信財)인 바이구아를 교역하는 일은 보다 세속적이고 통속적인 여타의 교역과 함께 트로브리안드인들의 부의 원천을 이룬다.

말리노프스키에 따르면 바이구아는 일종의 원환을 그리면서 이동한다. 팔찌인 므와리는 서쪽에서 동쪽으로 규칙적으로 전달되고, 목걸이인 소우라바는 항상 동쪽에서 서쪽으로 이동한다.[33] 이 두 역방향 운동은 트로브리안드 군도, 당트르카스토 제도, 앰플렛 제도의 모든 섬들과 우드라크섬, 마셜 베넷(Marshall Bennett) 제도, 투베투베섬(Tube-tube) 등 흩어져 있는 여러 섬들, 그리고 뉴기니 본섬의 남동쪽 끝 해안—가공되지 않은 팔찌가 여기서 온다—을 포괄한다. 그곳에서 이 교역은 뉴기니의 남부 마심(Massim) 지역에서 올라오는 동일한 성격의 대규모 원정대와 만나는데, 이에 대해서는 셀리그만이 기술한 바 있다.[34]

원칙적으로, 부의 표징(signes)인 이러한 재화들의 순환은 끊임없고 틀림없이 계속된다. 바이구아를 너무 오래 간직해서는 안 되며, 넘겨주기까지 시간을 질질 끌거나 넘겨주는 것을 주저해도[35] 안

---

* 이는 착오다. 소우라바는 대개 남성이 특별한 의례적 상황에서 착용한다. 반면 므와리는 (주로 남성들 간의 교환을 통해 순환하기는 하지만) 여성의 상징으로 간주된다.

된다. "팔찌 방향"이든 "목걸이 방향"[36]이든 정해진 방향에 있는 정해진 파트너 외의 다른 사람에게 넘겨서도 안 된다. 하지만 한 쿨라와 다음 쿨라 사이에는 바이구아를 간직할 수 있으며 또 간직해야만 한다. 이 기간 동안 공동체 전체는 그들의 수장 중 하나가 획득한 바이구아를 한껏 자랑스러워한다. 대규모 장례 축제인 소이(*soi*)를 준비할 때처럼 답례 없이 받기만 해도 되는 경우도 있지만,[37] 이는 축제 때 모든 것을 남김없이 돌려주고 소비하기 때문이다. 따라서 받은 선물에 대한 소유권은 분명 존재한다. 하지만 그것은 특수한 종류의 소유권, 말하자면 현대인들이 주의 깊게 구별하는 온갖 법적 원칙들을 포괄하는 소유권이다. 받은 물건은 소유물이자 점유물이며, 담보물이자 임대물이기도 하다. 그것은 판매되고 구매된 것인 동시에 위탁, 위임, 신탁된 물건이다. 왜냐하면 그것은 다른 사람을 위해 사용하거나 제삼자, 즉 "멀리 있는 파트너(*murimuri*)"[38]에게 전달한다는 조건하에서 증여된 것이기 때문이다. 이것이 말리노프스키가 발견하고, 목격하고, 관찰하고, 기술한 경제적·법적·도덕적 복합체로, 참으로 전형적인 사례를 이룬다.

이 제도에는 신화적·종교적·주술적 측면도 있다. 바이구아는 대수롭지 않은 물건, 단지 화폐 조각에 불과한 것이 아니다. 적어도 가장 귀하고 희구되는 바이구아들은 저마다 이름,[39] 개성, 내력, 심지어 전설을 가지고 있다(동일한 위신을 지닌 다른 종류의 물품도 존재한다).[40] 그리하여 어떤 이들은 자신의 이름을 바이구아에서 따오기도 한다. 트로브리안드인들은 나름의 실증주의자이기에 바이구아가 실제로 숭배의 대상이 된다고 말할 수는 없다. 그럼에도 바이구아가 지닌 탁월하고 신성한 성격을 인정하지 않을 수 없다. 바이구아를 소유하면 "활기가 돌고, 힘이 생기며, 마음이 평온해진다."[41] 소유자는 몇 시간이고 바이구아를 이리저리 만지고 바라보곤 한다. 단순히 접촉하기만 해도 효력이 전해진다.[42] 사람들은 바이구아를 위독한 병자의 이마와 가슴에 올려두고, 배를 문지르거나 코앞에서 흔들기도 한다. 이는 병자에게 최고의 위안을 준다.

이뿐만이 아니다. 계약 자체에도 바이구아의 속성이 반영된다. 팔찌와 목걸이만이 아니라 다른 장신구나 무기 등 파트너에게 속한 모든 것은 비록 개인적 영혼까지는 아니더라도 적어도 감정으로 충만해 있다. 그리하여 물건 자체가 계약에 참여한다.[43] 선물을 손에 넣고자 하는 이는 상대방에게 요청해서 받아내야 할 물건들을 언급한 다음, "소라의 주문(呪文)"[44]이라는 아주 멋진 주문으로 그것들에 주술을 걸어 자기 쪽으로 움직이도록[45] 부추긴다.

(흥분 상태[46]가 나의 파트너를 사로잡는다,[47])
흥분 상태가 그의 개를 사로잡는다,
흥분 상태가 그의 허리띠를 사로잡는다…

주문은 "흥분 상태가 그의 그와라(gwara, 야자수 열매와 빈랑나무 열매에 관한 금기[48])를…, 그의 바기도우(bagido'u) 목걸이를…, 그의 바기리쿠(bagiriku) 목걸이를…, 그의 바기두두(bagidudu) 목걸이를 사로잡는다"[49]는 식으로 계속 이어진다.

보다 신화적이고[50] 기묘하지만 더 일반적인 유형에 속하는 다른 주문도 동일한 사고방식을 표현한다. 거기서 쿨라 파트너는 보좌 동물로 데리고 있는 악어를 소환해 목걸이(키타바섬에서는 팔찌인 므와리)를 가져오게 한다.

> 덮쳐라 악어야, 너의 사람을 붙잡아서 게보보(gebobo, 카누의 화물창) 아래로 밀어 넣어라.
> 악어야 목걸이를 가져와다오, 내게 바기도우 목걸이를 가져와다오, 내게 바기리쿠 목걸이를 가져와다오…

같은 의례에서 더 먼저 쓰이는 주문은 어떤 맹금류를 소환한다.[51]

파트너-계약자들이 사용하는 주문 중 마지막으로 살펴볼 것(키리위나 사람들이 도부섬이나 키타바섬에서 쓰는 주문)은 두 가지 방식으로 해석되는 대구(對句)를 포함하고 있다.[52] 아주 길고 여러 번 반복되는 이 주문 의례의 목적은 쿨라가 금지하는 모든 것, 즉 증오와 전쟁과 관련된 모든 것을 남김없이 열거하는 데 있다. 우호적으로 쿨라를 시작하기 위해서는 이것들을 쫓아내야만 한다.

> 너의 격렬한 분노, 개가 킁킁 냄새를 맡는다,
> 너의 전투 위장 안료, 개가 킁킁 냄새를 맡는다…

다른 버전은 이렇다.[53]

너의 분노, 개는 유순하다…

또는,

너의 격렬한 분노가 썰물처럼 사라진다, 개는 장난친다,
너의 노여움이 썰물처럼 사라진다, 개는 장난친다…

이는 다음과 같이 해석해야 한다. "너의 격렬한 분노가 장난치는 개와 같아진다." 핵심은 자리에서 일어나 주인의 손을 핥으러 오는 개의 은유에 있다. 도부섬 여자는 어떨지 모르겠지만, 그곳 남자는 이렇게 행동해야 한다. 두 번째 해석은 또 다른 설명을 제시한다. 말리노프스키는 복잡하고 현학적인 면이 없지 않다고 평가하지만, 이 해석은 분명 현지인들의 것이며 알려진 다른 사실들과 더 잘 부합한다. "개들은 코를 맞대고 장난칩니다. 예로부터의 관례에 따라 당신이 '개'라는 말을 입밖에 내면, 귀중품도 똑같이 장난치기 위해 올 것입니다. 우리가 팔찌를 주었으므로 목걸이가 우리에게 올 것입니다. 팔찌와 목걸이는 (서로 쿵쿵거리며 냄새를 맡는 개들처럼) 서로 만나게 될 것입니다." 실로 멋진 표현, 우화가 아닐 수 없다. 파트너들 간 증오의 가능성, 주술을 통해 해소되는 바이구아의 고립,

부름을 듣고 달려와 장난치는 개들처럼 함께 모이는 사람들과 귀중품들 등, 집합적 감정의 복합체 전체가 여기서 단번에 모습을 드러낸다.

여성의 상징인 므와리(팔찌)와 남성의 상징인 소우라바(목걸이) 사이의 결혼이라는 상징적 표현도 있다. 남자와 여자가 서로 끌리듯, 소우라바와 므와리는 서로에게 이끌린다.[54]

이러한 다양한 은유는 마오리족의 신화적 법학이 그 나름의 방식으로 표현하는 것과 똑같은 것을 의미한다. 사회학적으로 말하자면, 다시 한 번 사물, 가치, 계약, 인간 사이의 뒤섞임이 표현되고 있는 것이다.[55]

유감스럽게도 우리는 이러한 거래를 지배하는 법적 규칙에 대해 잘 알지 못한다. 규칙이 무의식적인 것이어서 말리노프스키의 키리위나섬 정보 제공자들이 제대로 설명하지 못했기 때문일 수도 있고, 아니면 트로브리안드인들에게는 자명한 것임에도 아직 제대로 조사가 이뤄지지 않았기 때문일 수도 있다. 어쨌든 우리는 세부적인 것밖에 알지 못한다. 예를 들어 첫 번째 바이구아 선물은 바가(*vaga*), 즉 "시작 선물(opening gift)"[56]이라 불린다. 그것은 거래를 트고, 수증자에게 요틸레(*yotile*)[57]로 보답할 의무를 부과한다. 말리노프스키는 요틸레를 "매듭짓는 선물(clinching gift)"이라고 멋지게 번역한다. 그것은 거래를 "걸어 잠그는 선물"이다. 이 선물은 쿠두(*kudu*)라고 불리기도 하는데, 쿠두는 물어뜯는 이빨, 끊고 잘라서 자유롭게 하는 이빨을 뜻한다.[58] 요틸레는 반드시 제공되어야 한다. 사람들은 그것을 기다리며, 바가와 대등한 가치를 지닌 것이길 기대한다. 사정이 여의치 않을 경우에는 억지로 빼앗거나 기습적으로 탈취할 수도 있다.[59] 기대에 못 미치는 요틸레를 받았을 때는 주술을 걸어 복수하거나[60] 욕설과 원망[61]을 퍼붓기도 한다. 부득이한 경우에는 바시(*basi*)라는 선물을 대신 보낼 수 있는데, 바시는 그저 피부를 "뚫을" 뿐 물어뜯지는 못하는 것, 즉 거래를 매듭짓지는 못하는 것이다. 바시는 말하자면 기다림에 대한 선물, 연체 이자와 같은 선물이다. 그것은 채권자(이전의 증여자)를 달래줄 뿐, 채무자(미래의 증여자)를 의무에서 해방시켜 주지는 못한다.[62] 이 모든 세부사항은 흥미로우며 그 표현 또한 인상적이다. 그러나 제재에 관해서는 알려진 것이 없다. 제재는 순전히 도덕적이고[63] 주술적인 것뿐일까? "쿨라에 악착스러운" 개인은 경멸받고 경우에 따라서는 주술에 걸릴 뿐일까? 신뢰를 저버린 파트너는 귀족의 지위나 수장들 사이에서의 위상 같은 다른 중요한 것을 잃게 되지 않을까? 이는 앞으로 더 알아나가야 할 문제다.

그러나 다른 측면에서 볼 때 이 체계는 전형적인 것이다. 뒤에서 검토할 과거의 게르만법을 논외로 한다면, 역사적·법적·경제적 지식과 연구의 현 상태에 비춰볼 때 말리노프스키가 트로브리안드 군도에서 발견한 것만큼 명확하고 완전하며 의식적으로 행해지는 증여-교환(don-échange)의 관행을 만나기는 어려울 것이다. 관찰자가 그토록 깊이 관행을 이해하고 기록을 남긴 사례를 찾기도 쉽지 않을 것이다.[64]

급부와 반대급부의 거대한 체계가 트로브리안드인들의 경제적·세속적 삶 전반을 아우르며, 그 본질적 형태하의 쿨라는 이 체계의 가장 엄숙하고 장엄한 계기일 뿐이다. 쿨라는 토착민들의 경제적·세속적 삶의 정점을 이루는 것으로, 특히 민족과 부족의 경계를 넘어서 행해지는 경우가 그렇다. 분명 쿨라는 트로브리안드인들의 삶의 목적 중 하나이자 대규모 항해의 목표를 이룬다. 하지만 따지고 보면 거기에 참여하는 것은 결국 수장들, 더 정확히는 일부 해안 부족의 수장들뿐이다. 쿨라는 다른 많은 제도들을 한데 결집시키고 구체화하는 역할을 할 따름이다.

우선 바이구아의 교환 자체가 일련의 다른 교환들로 둘러싸여 있다. 흥정에서 보수 지불, 진심 어린 간청에서 단순한 인사치레, 전적인 환대에서 머뭇거림과 사양에 이르는 다양한 행위나 태도를 포함하는 여러 형태의 교환이 있다. 첫째, 완전히 의례적이고 경쟁적인[65] 성격을 지닌 장엄한 원정 쿨라인 우바라쿠를 제외하면, 모든 쿨라가 파트너 관계를 반드시 요구하지 않는 일상적 교환인 김왈리의 기회가 된다.[66] 긴밀한 연합 관계에서뿐 아니라 동맹 부족의 나머지 사람들 사이에서도 자유로운 거래가 이뤄진다. 둘째, 쿨라 파트너 사이에서는 고리들이 사슬을 이루듯 추가적인 선물이 오가며, 의무적인 거래도 행해진다. 쿨라는 이러한 것을 전제로 한다. 쿨라를 통해 형성되는 것이자 쿨라의 원칙이기도 한[67] 파트너 간의 연합 관계는 첫 번째 선물인 바가와 함께 시작되는데, 이 선물은 저절로 주어지는 것이 아니라 '간청 선물'을 통해 힘껏 부추겨야 하는 것이기 때문이다. 아직은 독립적인 미래의 파트너로부터 바가를 얻기 위해, 사람들은 일련의 예비적 선물을 보내 그의 환심을 사려 한다.[68] 일단 바가가 주어지면 보답의 바이구아인 요틸레(걸어 잠그는 선물)가 반환되리라는 점은 확실하다. 반면 바가가 과연 주어질지 아닐지, 나아가 간청 선물이 과연 받아들여질지 아닐지는 불확실한 문제로 머문다. 아무튼 이러한 방식으로 선물을 간청하고 얻어내는 것이 규칙이다. 제공되는 선물 각각에는 특별한 이름이 있다. 선물이 주어지기 전에 전시될 경우에는 '파리(*pari*)'라고 불린다.[69] 어떤 선물은 물건의 고귀하고 주술적인 성질을 가리키는 명칭으로 일컬어진다.[70] 이러한 선물 중 하나를 받아들이는 것은 게임을 시작할 의향—비록 그 안에 계속 머무를 의도까지는 아닐지라도— 을 표명하는 것이다. 선물의 이름 중 일부는 그 수락이 초래하는 법적 상태를 표현하는데,[71] 이를 받아들였을 경우는 파트너 관계가 성립된 것으로 간주된다. 이러한 선물은 연마된 돌로 만든 커다란 도끼나 고래 뼈로 만든 숟가락처럼 대개 상당히 귀중한 것이며, 수락은 희구되는 첫 번째 선물인 바가를 주겠다는 약속과 같다. 그러나 아직 두 사람은 절반의 파트너일 뿐이다. 오직 바가의 엄숙한 인도만이 완전한 관계를 만든다. 상술한 선물들의 중요성과 성질은 파트너를 놓고 벌어지는 비상한 경쟁에서 비롯된다. 바다를 건너 섬에 도착한 원정대의 성원들은 상대 부족에서 가능한 최고의 파트너를 찾고자 한다. 구축하려는 연합 관계가 거의 씨족적인 유대를 함축하기에 이는 실로 중차대한 문제가 아닐 수 없다.[72] 최선의 선택을 위해서는 상대를 유혹하고 홀릴 줄 알아야 한다.[73] 지위를 충분히 고려하되,[74] 경쟁자들보다 더 빨리 그리고 더 잘 목표에 도달해야 한다. 그렇게 가장 부유한 이들의 소유인 가장 귀중한 물건들을 숱하게 교환할 수 있는 길을 터야 한다. 경쟁, 적대, 과시, 그리고 위대함과 이익의 추구라는 동기가 이 모든 행위의 근저에 자리하고 있다.[75]

이 같은 도착 선물은 (시나케타에서는 탈로이[talo'i]로 불리는) 출발 선물[76] 혹은 작별 선물로 응답된다. 작별 선물의 가치는 언제나 도착 선물을 상회한다. 이처럼 급부와 이자를 더한 반대급부 사이의 순환이 이미 쿨라와 병행해 이뤄지고 있다.

거래가 지속되는 동안에는 당연히 환대와 음식 제공도 이어진다. 시나케타 지역에서는 여자가 제공되기도 한다.[77] 어김없이 보답되는 여타의 추가적 증여도 중간중간 이뤄진다. 이 코로툼나(korotumna)의 교환은 돌도끼[78]와 돼지 엄니[79] 교환을 포함했던 쿨라의 원초적 형태를 보여주는 것일지도 모른다.

우리가 보기에 부족 간 쿨라는 보다 일반적인 체계의 극단적 사례, 가장 높은 수준으로 의례화되고 가장 극적으로 전개되는 사례에 불과하다. 그것은 해당 부족 전체를 한정된 물리적 경계 밖에 위치시킨다. 부족은 이해관계와 권리의 좁은 범위에서 벗어난다. 부족 내부의 씨족들과 마을들도 보통은 같은 종류의 유대로 묶여 있지만, 이 경우에는 단지 지역 집단과 가족 집단, 그리고 그 우두머리들이 서로 방문하고, 교역하며, 통혼할 따름이다. 어쩌면 이것은 더 이상 쿨라로 불리지 않는 것일지도 모른다. 하지만 말리노프스키는

"해양 쿨라"와 대비해 이것을 "내륙 쿨라"로 정당하게 명명하고 있으며, 수장에게 교환 물품들을 제공하는 "쿨라 공동체"에 대해서도 언급한다. 이를 두고 본래적 의미의 포틀래치라고 말한다고 해도 과장이 아닐 것이다. 예를 들어 장례 축제인 소이[80]에 참석하기 위해 키타바섬을 방문한 키리위나섬 사람들은 바이구아 교환만 하는 게 아니다. 일종의 모의 공격(youlawada),[81] 돼지와 얌의 과시적 전시를 동반한 음식 분배도 관찰할 수 있다.

한편 바이구아를 비롯한 물품들이 언제나 수장 자신에 의해 획득·제작·교환되는 것은 아니다.[82] 나아가 수장이 자기 자신을 위해 그것들을 제작하거나[83] 교환하는 것도 아니라고 할 수 있다. 대부분은 낮은 지위의 친척들, 특히 가신이기도 한 처남들이나[84] 자기 영지를 따로 가지고 있는 아들들이 수장에게 증여한 것이다. 이에 대한 보답으로 쿨라 원정대가 가지고 돌아온 바이구아 대부분은 마을과 씨족의 우두머리들에게 엄숙한 의례를 거쳐 양도되며, 심지어 연합 씨족의 보통 사람들에게도 몫이 돌아간다. 이처럼 직간접적으로 원정에 참여한 모든 이들, 대개는 아주 간접적인 방식으로 관여했을 뿐인[85] 모든 이들이 보상을 얻는다.

마지막으로, 선물교환 체계(système des dons échangés)가 이러한 내륙 쿨라 체계 옆에서, 혹은 원한다면 그 위아래나 주위에서, 우리가 보기에는 무엇보다 그 밑바탕에서 트로브리안드 사람들의 경제적·부족적·도덕적 삶 전체를 장악하고 있다. 말리노프스키의 표현대로 이 체계는 그들의 삶 깊숙이 "스며들어 있다." 부단한 "주고받기"가 그들의 삶이다.[86] 온갖 방향으로 끊임없이 이어지는 선물의 흐름이 그들의 삶을 관통한다. 선물은 의무와 이해관심을 따라 행해지며, 위대함을 위해서나 봉사에 대한 대가로, 또 도전이자 담보로서 주어지고, 받아들여지고, 되갚아진다. 말리노프스키 자신이 미처 발표하지 못한 것을 포함해 관련 사실 전부를 여기서 다룰 수는 없으므로, 일단 두 가지 주요 사실만 소개해 둔다.

먼저 쿨라와 아주 유사한 관계인 와시가 있다.[87] 와시는 농경 부족과 해양 부족 사이에 이뤄지는 규칙적이고 의무적인 교환이다. 농사를 짓는 쪽이 자신의 노동 산물을 어부 파트너의 집 앞에 놓아두면, 이후 큰 수확을 거둔 어부가 상대방 마을을 찾아가 이자를 더한 어획물로 되갚는다.[88] 이는 뉴질랜드에서 확인된 분업 체계와 동일한 것이다.

또 다른 주요 교환 형태인 사갈리(sagali)[89]는 전시의 양상을 띠고 있다.[90] 사갈리는 농작물 수확이나 수장의 오두막 건축, 새 카누 건조, 장례식[91] 등이 있을 때 행해지는 대규모 음식 분배로, 예를 들어 농작물을 재배한 이들, 큰 나무통을 카누나 대들보를 제작하는 곳으로 운반한 이들, 장례식에서 한몫을 담당한 망자의 씨족 성원들처럼 수장과 그의 씨족에게 서비스를 제공한 집단을 대상으로 행해진다.[92] 이러한 분배는 클링깃족의 포틀래치와 전적으로 동등한 것으로, 투쟁과 경쟁의 요소마저 가지고 있다. 씨족과 포족, 동맹관계에 있는 가족이 서로 맞선다. 일반적으로 수장의 개성이 크게 드러나지 않는다는 점에서 이 분배는 집단의 일로 간주할 수 있다.

이러한 집단 간 법적 관계와 집단에 기반을 둔 경제는 이미 쿨라와 다소 거리가 있다. 개인 간에 맺어지는 다양한 교환관계도 동일한 유형에 속하는 것으로 보인다. 몇몇 경우는 순수한 물물교환에 해당할 지도 모르지만, 대부분은 친인척 사이나 쿨라 또는 와시 파트너 사이에서 이뤄지기에 진정 자유로운 교환으로 보기는 어렵다. 나아가 다른 이로부터 받아서 일정한 점유권을 갖게 된 물건조차도 꼭 필요한 경우가 아니라면 자신을 위해 간직하지 않는 것이 일반적이다. 대개는 처남과 같은 다른 사람에게 넘겨준다.[93] 때로는 획득해서 누군가에게 준 것이 같은 날 되돌아오는 일이 벌어지기도 한다.

온갖 재화와 서비스 급부에 대한 보상이 이 틀 안에 들어간다. 특정한 순서 없이 가장 중요한 것들을 소개하자면 다음과 같다.

앞서 살펴본 쿨라의 '간청 선물'인 포카라(*pokala*)[94]와 카리부투 (*kaributu*)[95]는 우리가 보수(salaire)라고 부르는 것에 상당히 부합하는 더 넓은 범주의 일부다. 신과 정령에게도 이러한 것을 바친다. 바카푸라(*vakapula*)[96]와 마푸라(*mapula*)[97]는 보수의 또 다른 총칭이다. 그것은 감사와 환대를 표시하는 것으로, 반드시 보답되어야 한다. 이와 관련해 말리노프스키는 결혼한 남녀 사이의 경제적·법적 관계 일체를 밝혀주는 중요한 발견을 했다.[98] 남편이 아내에게 제공하는 온갖 종류의 서비스는 아내가 행하는 서비스, 즉 쿠란이 "경작지"라고 칭하는 것을 아내가 남편에게 제공하는 일에 대한 보수-증여(salaire-don)로 간주된다.

트로브리안드인들의 다소 유치한 법적 언어는 각종 반대급부를 세밀하게 구분하는 독특한 이름들을 만들어냈다. 보답되는 급부의 명칭이나[99] 주어진 물건의 이름에 따라,[100] 그도 아니면 어떤 상황에서 행위가 이뤄지는지에 따라[101] 반대급부의 이름이 달라지며, 심지어 고려사항 전부를 반영하는 이름도 있다. 예컨대 주술사에게 주는 선물이나 칭호를 얻은 대가로 제공되는 선물은 라가(*laga*)라고 불린다.[102] 분류 및 정의 능력의 기이한 결여가 명명법의 기묘한 정교함과 만나, 보상을 뜻하는 어휘가 믿기 어려운 수준으로까지 복잡해졌다.

그 밖의 멜라네시아 사회

멜라네시아의 다른 지역들과의 비교를 계속해 나갈 필요는 없다. 하지만 여기저기서 수집한 세부사항들을 참조하면 논의의 신뢰성이 더욱 강화될 것이며, 트로브리안드인과 누벨칼레도니인이 계통적으로 연관된 다른 민족들에게서는 관찰되지 않는 원칙을 비정상적으로 발전시킨 것이 아니라는 점이 입증될 것이다.

멜라네시아 최남단의 피지에서는 포틀래치 외에도 증여 체계에 속하는 주목할 만한 다른 제도들이 시행되고 있다. 예를 들어 케레케레(*kere-kere*)라고 불리는 시기가 있는데, 이 시기 동안에는 어떤 것이든 누구에게도 거절할 수 없다.[103] 혼인 시 양가는 선물을 교환한다.[104] 피지에는 향유고래 이빨로 만든 화폐가 존재하며, 그 성격은 트로브리안드 제도의 화폐와 완전히 동일하다. 탐부아(*tambua*)[105]*라는 이름의 이 화폐는 부족의 '마스코트', 탈리스만, '행운의 상징'으로 여겨지는 다른 장식물들과 돌(일명 '이빨의 어머니**')로과 다른 장식으로 꾸며진다. 피지인들이 탐부아에 대해 갖는 감정은 우리가 앞서 기술과 것과 정확히 일치한다. "탐부아는 인형처럼 소중히 다뤄진다. 사람들은 바구니에서 그것을 꺼내 감탄하며 아름다움을 논한다. 그들은 탐부아의 '어머니'에 기름칠을 하고 광을 낸다.[106] 탐부아를 선물하는 것은 요청의 뜻을 담고 있으며, 그것을 받아들이는 것은 약속을 의미한다.[107]

뉴기니의 멜라네시아인과 그들로부터 영향을 받은 일부 파푸아인은 화폐를 타우타우(*tau-tau*)[108]라고 부른다. 이 역시 트로브리안드의 화폐와 같은 종류이며 같은 믿음의 대상이 된다.[109] 타우타우라는 이름은 모투족(Motu)과 코이타족(Koita)족에서 '돼지 빌려주기'를 뜻하는 타후아후(*tahu-'ahu*)[110]와 연결지을 수 있다. 우리는 이 이름[111]에 익숙한데, 사모아와 뉴질랜드에서 가족과 일체를 이루는 보물 · 소유물을 가리키는 단어 타옹가(*taonga*)의 어근이 바로 이 폴리네시아 용어이기 때문이다. 물건과 마찬가지로 이들 단어도 폴리네시아계에 속한다.[112]

뉴기니의 멜라네시아인과 파푸아인이 포틀래치를 가지고 있다

---

* 탐부아는 지금도 피지의 화폐 도안으로 사용된다.
** 사람들은 혼자 두면 탐부아가 외로움을 타고, 특히 밤이면 울기 때문에 달래줄 어머니가 필요하다고 말한다.

는 사실은 잘 알려져 있다.[113]

부건빌섬의 부인(Buin) 지역 부족들[114]과 바나로(Banaro) 사람들[115]에 관한 투른발트[*]의 뛰어난 문헌은 이미 많은 비교 지점을 제공해 준다. 교환되는 물건의 종교적 성격은 특히 화폐 자체와 그것이 노래, 여자, 사랑, 서비스에 대한 보상으로 사용되는 방식에서 명확히 드러난다. 화폐는 트로브리안드 군도에서처럼 일종의 담보 역할을 한다. 또 투른발트는 훌륭한 사례 연구를 통해 이러한 호수적(réciproque)[**] 증여 체계의 특성은 물론, 부적절하게 구매혼(mariage par achat)이라고 불리곤 하는 제도의 실상을 잘 보여준 바 있다.[116] 실제로 급부는 단일 방향이 아니라 여러 방향으로 행해지며, 여기에는 신부 측의 급부도 포함된다. 만약 신부의 부모가 충분한 보답을 제공하지 않을 경우, 신랑 측은 신부를 집으로 돌려보낸다.

요컨대 멜라네시아 지역의 섬 전체와 아마도 같은 계통에 속하는 일부 남아시아 지역에서도 동일한 법적·경제적 체계가 작동하고 있을 것이다.

따라서 멜라네시아의 여러 부족들에 대한 통상적 인식은 수정

---

[*]   리하르트 투른발트(Richard Thurnwald, 1869~1954)는 오스트리아 태생의 독일 민족학자로, 사회구조와 제도에 대한 사회학적 관심을 바탕으로 솔로몬 제도 등지에서 현지 조사를 수행했다. 주요 저작으로는 이 책의 주요 참고문헌 중 하나인 『솔로몬 제도와 비스마르크 군도 연구(Forschungen auf den Salomo-Inseln und dem Bismarck-Archipel)』(전 3권)가 있다.

[**]   réciproque, réciprocité의 번역에 관해서는 107쪽의 옮긴이 주 참조.

되어야 마땅하다. 그들은 폴리네시아 부족들보다 더 부유하고 교역에도 더 능숙하다. 그들의 경제는 부족 외부로 확장되어 있으며, 고도로 발달한 교환 체계는 불과 한 세기 전 프랑스 농어촌의 주민들이 경험했던 것보다 더 강렬하고 긴박한 리듬으로 고동치고 있다. 그들은 섬과 언어의 경계를 넘어 광범위한 경제생활과 대규모 교역을 전개하는 동시에, 주어지고 보답되는 선물을 통해 구매와 판매의 체계를 강력히 대체하고 있다.

그러나 이러한 법은 나중에 검토할 게르만법과 마찬가지로 경제적·법적 개념들을 추상화하고 분류하는 데 있어 무능함을 드러내고 있었다. 사실은 이런 능력 자체가 애초에 필요하지 않았다. 이들 사회에서 씨족과 가족은 자신을 타자와 분리하는 법도, 자신이 행하는 일들을 서로 구분하는 법도 알지 못한다. 개인의 경우도 마찬가지다. 제아무리 영향력 있고 자각력을 갖춘 사람이라 할지라도, 자기를 타자와 대립적으로 사고하거나 자신의 다양한 행위들을 구분해야 할 필요성을 깨닫지 못한다. 수장은 씨족과 일체를 이루며, 씨족 역시 수장과 하나로 여겨진다. 개인들은 단 하나의 방식으로 행동한다고 느낀다. 홈즈(John Henry Holmes)의 예리한 지적에 따르면, 핀크강(Finke) 하구의 두 부족인 토아리피족(Toaripi)과 나마우족(Namau)이 각기 사용하는 파푸아어와 멜라네시아어는 "구매와 판매, 대여와 차용을 단 하나의 단어로 지시한다." "상반되는" 작용이 "동일한 단어로 표현된다."[117] "엄밀히 말해 원주민들은 우리가 말하는 의미에서 빌리고 빌려주는 법을 모른다. 그러나 대여의 대가로 항상 무언가가 주어졌으며, 대여된 것이 반환될 때 이에 상응하는 보답이 이뤄졌다."[118] 그들에게는 판매나 대여 개념이 없었지만, 그럼에도 동일한 기능을 가진 법적·경제적 행위가 존재했다.

물물교환 개념 역시 폴리네시아 사람들에게 그렇듯 멜라네시아 사람들에게도 자명한 것이 아니다.

가장 뛰어난 민족지학자 중 한 명인 크라우트*는 '판매'라는 용어를 사용하면서도, 인도네시아 셀레베스섬 중부의 토라자족(Toradja)이 지닌 동일한 사고방식을 정확히 묘사하고 있다.[119] 능숙한 상인인 말레이인들과 이들 사이의 오랜 접촉을 고려할 때, 이는 매우 의미심장한 일이 아닐 수 없다.

이처럼 비교적 부유하고 근면하며, 큰 잉여를 창출할 줄 알았던 인류의 일부가 우리와는 다른 이유와 방식으로 상당한 물품들을 교환해 왔으며, 지금도 여전히 그렇게 하고 있다.

---

* 알베르트 크리스티안 크라우트(Albert Christian Kruyt, 1869~1949)는 네덜란드 출신의 선교사이자 민족지학자로, 인도네시아 셀레베스섬에서 약 40년간 활동하며 토라자족과 부기족의 전통 신앙과 생활 방식을 기록으로 남겼다. 모스가 여러 차례 참조하는 『중부 셀레베스섬의 거래(Koopen in Midden Celebes)』는 이들 부족의 사회적 교환 체계에 대한 세밀한 관찰과 분석을 담고 있다.

3. 북서아메리카

명예와 신용

멜라네시아와 폴리네시아의 몇몇 민족에 관한 이상의 고찰을 통해 이미 증여 체제의 명확한 윤곽이 드러난다. 물질적·도덕적 생활과 교환은 무사무욕하면서도 의무적인 형태로 작동한다. 의무는 신화적이고 상상적인 방식으로, 혹은 상징적이고 집단적이라 불러도 좋을 방식으로 표현되며, 교환되는 사물에 결부된 이해관계의 성격을 드러낸다. 교환물은 교환자로부터 결코 완전히 분리되지 않는다. 사물을 통해 형성된 일체감과 동맹은 쉽게 해소될 수 없는 것이다. 사회생활의 상징인 교환된 사물과 그 지속적인 영향력은 태고 유형의 분절사회 내부의 하위집단들이 서로 부단히 뒤얽히는 가운데 서로에게 모든 것을 빚지고 있다고 느끼는 방식을 꽤 직접적으로 표현하는 것일 뿐이다.

북서아메리카의 인디언 사회에서는 동일한 제도가 더욱 급진적이고 두드러진 모습으로 나타난다. 일단 그곳에는 물물교환이 존재하지 않는 것 같다. 유럽인과의 오랜 접촉[120]에도 불구하고, 그곳에서 한결같이 행해지고 있는 중대한 부의 이전은 의례적 포틀래치[121] 외의 다른 방식으로 이뤄지지 않는 것 같다.[122] 지금부터 포틀래치라는 제도를 우리 나름의 관점에서 기술해 보고자 한다.

참고. 그 전에 해당 사회에 대한 간략한 소개가 필요하다. 우리가 이야기할 여러 부족과 민족(더 정확히 말하자면 부족들의 집합)은 모두 아메리카의 북서부 해안에 거주한다.[123] 알래스카에는 클링깃족과 하이다족이 있고, 브리티시컬럼비아에는 하이다족, 심시안족, 콰키우틀족* 등이 살고 있다.[124] 그들도 바닷가나 강가에서 수렵보다는 어로에 더 의존해서 살아가지만, 멜라네시아인이나 폴리네시아인과는 달리 농사를 짓지는 않는다. 그럼에도 그들은 매우 부유하다. 오늘날에도 어장, 사냥터, 그리고 모피 무역으로부터 상당한 잉여가 발생하는데, 유럽의 가치 기준으로 환산해 보면 그 규모가 더욱 두드러진다. 그들은 모든 아메리카 부족 가운데 가장 견고한 집을 지으며, 삼나무를 다루는 고도의 기술을 보유하고 있다. 비록 바다 한가운데로는 거의 나가지 않지만, 훌륭한 카누를 타고 섬 사이와 해안 사이를 항해한다. 물질문화는 실로 탁월하다. 특히 철이 도입된 18세기 이전에도 구리를 채굴해 제련, 주조, 세공하는 법을 알고 있었다(구리는 심시안족과 클링깃족의 땅에서 난다). 문장이 새겨진 방패 모양의 구리판은 일종의 화폐로 쓰였다. 칠캇(Chilkat)이라고 불리는 아름다운 담요[125] 역시 화폐로 기능했음이 분명한데, 훌륭하게 수놓아진 칠캇은 지금도 장식용으로 사용되며 그중 어떤 것은 상당한 가치를 지닌다. 이들 민족은 뛰어난 조각가이자 전문적인

---

* 오늘날에는 콰콰케와크족(Kwakwaka'wakw)으로 불린다. 콰키우틀(Kwakiutl)은 밴쿠버섬의 포트 루퍼트(Fort Rupert) 인근에 사는 콰콰케와크족 집단의 이름인 콰구울(Kwagu'ł)이 변형된 것이다.

도안가이기도 하다. 그들의 파이프, 방망이, 지팡이, 조각된 뿔 숟가락 등은 우리의 민족학 박물관들의 자랑이 되었다. 북서 해안 문명은 상당히 넓은 범위에 걸쳐 있음에도 불구하고 놀라울 정도로 균질적이다. 이들 사회가 먼 옛날부터 서로 깊이 영향을 주고받았음은 분명하지만, 언어상으로는 최소한 세 개의 상이한 민족 계통으로 나뉜다.[126] 최남단의 부족들을 포함해, 그들의 겨울 생활은 여름 생활과는 매우 다르다. 부족의 형태(morphologie)는 이중적이다. 봄이 끝나갈 무렵이면 사람들은 사방으로 흩어져 수렵과 채집(산에서 나는 뿌리와 과육이 많은 열매), 그리고 강가에서의 연어 잡이에 전념한다. 겨울이 오면 부족은 이른바 '타운(ville)'에 다시 집결해 끊임없는 흥분 상태에 빠진다. 사회생활은 여름에 열리는 부족 회합 때보다도 더 강렬한 것, 일종의 끝없는 소란으로 변모한다. 부족들과 씨족들, 가족들이 쉼 없이 서로를 방문한다. 잔치가 열리고 또 열릴 뿐만 아니라, 매 잔치가 대개 길게 지속된다. 사람들은 여름과 가을 동안 세상에서 가장 풍요로운 해안 중 한곳에서 뛰어난 기술을 발휘해 잡아두었던 것 모두를 결혼식, 각종 의례, 승급식 등의 행사를 위해 아낌없이 써버린다. 사적인 생활도 마찬가지 방식으로 흘러간다. 바다표범을 잡거나 저장해둔 야생 열매와 뿌리채소 상자를 열 때면 씨족 사람들을 초대한다. 고래가 해안에 밀려올 때면 모든 사람이 초대받는다.

그들의 정신문명 역시 아주 일관적이다. 클링깃족과 하이다족의 모계 포족 체제에서 콰키우틀족의 절충적 부계 씨족에 이르는 변이의 폭에도 불구하고, 토테미즘을 비롯한 사회조직의 일반적 특징은 모든 부족에서 거의 동일하게 나타난다. 멜라네시아의 뱅크스 제도와 마찬가지로 이곳에도 의례결사가 존재한다. 종종 비밀결사로 잘못 불리는[*] 이 조직은 다부족적인 구성을 갖기도 하지만, 남성 의례결사는 씨족 조직과 서로 겹친다(콰키우틀족에서는 여성 의례결사도 분명 그럴 것이다).[**] 곧 논의할 선물과 반대급부의 일부는 멜라네시아에서와 마찬가지로[127] 의례결사 내 서열과 승급[128]의 값을 치르는 데 사용된다. 수장의 결혼식, '구리판의 판매', 입문식, 샤머니즘 의식, (하이다족과 클링깃족에서 특히 발달한) 장례식 등의 행사 뒤에 의례결사와 씨족이 주관하는 의례가 행해지며, 이 모두는 끝없이 되돌려지는 일련의 '포틀래치' 속에서 완수된다. 사방에서 열리는 포틀래치가 사방의 포틀래치에 응답한다. 멜라네시아에서와 마찬가지로 이는 끊임없는 기브 앤 테이크, '주고받기'다.

포틀래치는 아주 전형적인 현상인 동시에 북서아메리카 부족의 특징이기도 하다. 포틀래치는 결국 선물교환 체계의 하나일 뿐이지만,[129] 한편으로는 폭력과 과장, 반목을 조장한다는 점에서, 다른 한

---

[*] 의례결사(confréries)의 활동은 대개 공공연하게 이뤄진다. 의례결사는 결혼식, 장례식, 성인식 등 다양한 의례에서 중요한 역할을 담당하며, 전통 지식과 기예를 다음 세대에 전수하는 기능도 가진다.

[**] 많은 경우 의례결사는 성별에 따라 구분되며, 구성원은 주로 동일 씨족에서 충원된다. 다부족적 성격을 가진 결사의 경우, 각 부족의 특정 씨족 출신이 해당 결사에 참여하게 된다.

편으로는 멜라네시아에 비해 더 단순하고 거친 구조와 상대적으로 빈약한 법적 개념을 가진다는 점에서(특히 북쪽에 사는 클링깃족과 하이다족[130]의 경우) 다른 것과 구별된다. 계약의 집단적 성격[131]은 멜라네시아와 폴리네시아에서보다 북서아메리카에서 더 뚜렷하게 드러난다. 실상 이들 사회는 겉보기보다 우리가 '단순한 총체적 급부'라고 부르는 것에 더 가깝다. 법적·경제적 개념들은 덜 명료하고 의식적으로 정밀하게 다듬어지지도 않았지만, 그럼에도 실천적으로는 충분히 명확한 원칙들이 존재한다.

하지만 적어도 두 가지 개념은 멜라네시아의 포틀래치나 더 진화 혹은 파편화된 폴리네시아의 제도에 비해 북서아메리카의 포틀래치에서 훨씬 더 뚜렷하게 나타난다. 신용 및 기한 개념과 명예 개념이 그것이다.[132]

앞서 살펴본 것처럼 멜라네시아와 폴리네시아에서 선물은 반드시 보답될 것이라는 확신과 함께 순환한다. 이를 보장하는 것은 주어진 사물이 지닌 효력(vertu)인바, 선물 자체가 보답의 '보증'이다. 하지만 어떤 사회에서건 증여의 본질적 특성은 반환의 기한을 부과하는 데 있다. 공동식사, 카바(kaba)*의 분배, 몸에 지니는 탈리스만 등은 정의상 즉각 보답할 수 없는 것이다. 반대급부를 행하기 위해서는 '시간'이 필요하다. 상대를 방문하거나, 혼인과 동맹을 맺고 평화를 확립하거나, 시합이나 모의 전투에 참가하거나, 번갈아 잔치

---

* 후추과에 속하는 동명의 작물 뿌리를 갈아 만든 경미한 향정신성 음료.

를 열거나, 명예로운 의례상의 서비스를 제공하거나, 서로간에 "존경을 표현하는"[133] 일은 논리적으로 기한 개념을 함축한다. 사회가 부유해짐에 따라 점점 더 많아지고 귀중해지는 모든 물건들의 교환이 이런 식으로 진행된다.

이 점에 있어 현재의 경제 · 법제사는 큰 오류를 범하고 있다. 근대적 관념에 흠뻑 젖어 있는 그것은 소위 필연적인 논리를 좇아 진화의 선험적 경로를 상정하지만,[134] 실제로는 낡은 전통을 고수하고 있을 뿐이다. 시미앙이 이름 붙인 이 "무의식적 사회학"보다 더 위험한 것은 없다. 예를 들어 퀴크(Edouard Cuq)는 여전히 다음과 같이 주장한다. "원시사회에는 물물교환 체제만 존재하고, 보다 발전된 사회에서는 즉석에서 지불이 이뤄지는 판매(vente au comptant)가 행해지기 시작한다. 일정 기한 후 지불이 이뤄지는 판매(vente à crédit)는 고등 단계에 진입한 문명의 특징으로, 지불이 즉시 이뤄지는 판매를 대여와 간접적으로 조합한 형태로 처음 출현했다."[135] 그러나 사실 출발점은 다른 곳에, 법학자와 경제학자들이 관심을 갖지 않고 제쳐둔 법적 범주인 증여에 있다. 증여라는 복합적 현상, 특히 그 가장 오래된 형태(우리가 이 글에서 연구하지 못한 총체적 급부 형태)가 모든 것의 출발점이다. 증여는 필연적으로 신용 개념을 수반하므로, 경제는 물물교환에서 판매로, 판매는 지불이 즉각 요구되는 것에서 기한을 허용하는 것으로 진화한 것이 아니다. 우선 한쪽이 선물을 주고 일정 기한 내에 상대가 보답을 제공하는 체계가 먼저 존재했다. 바로 이 체계 위에 한편으로는 분리되어 있던 증여의 시간과 보답의 시간을 근접시키고 과정을 단순화한 물물교환이 성립하며, 다른 한편으로는 판매와 구매(즉시 결제를 요하는 것이든 기한을 두는 것이든), 그리고 대여가 자리 잡았다. 우리 주변에 남아 있는 태고사회 모두는 신용 개념을 알고 있으며, 우리가 여기서 설명하고 있는 단계를 넘어선 모든 법(특히 바빌로니아법) 또한 그렇다는 충분한 증거가 있다. 여기에 다비가 이미 연구했던 문제—두 "시간적 계기"[물건을 주는 순간과 보상이 제공되는 순간]를 계약이 통합시키는 문제—를 해결하는 간단하면서도 현실적인 방안이 있다.[136]

명예 개념도 인디언들의 거래에서 못지않게 중요한 역할을 수행한다.

수장의 개인적 위신과 씨족의 위신이 재화를 지출하고, 받은 선물은 꼭 높은 이자를 더해 갚는 일—이렇게 하면 의무를 지웠던 상대편이 의무를 지게 된다—과 더 깊이 결부된 곳은 어디에도 없다. 진정 소비와 파괴에는 한계가 없다. 어떤 포틀래치에서는 아무것도 남기지 않고 가진 것 모두를 다 써야 한다.[137] 관건은 누가 가장 부자이며 가장 미친 듯이 낭비하는지를 확인하는 데 있다. 모든 것은 반목과 경쟁의 원리에 기반을 둔다. 개인이 의례결사와 씨족 내에서 차지하는 정치적 지위를 비롯한 온갖 종류의 서열은 (실제 전쟁만큼이나) "재산 전쟁"[138]을 통해 결정된다. 운이나 상속, 동맹, 결혼도 중요하지만, 이 역시 "부의 투쟁"[139]처럼 구상된다. 자식의 결혼이나 의례결사 내에서 갖는 자리의 향방은 포틀래치를 교환하고 되갚는 과정에서 결정된다. 전쟁, 내기, 경주, 격투기와 마찬가지로 포틀래치를 통해서도 이러한 것들을 잃어버릴 수 있다.[140] 어떤 포틀래치는 주고받는 것이 아니라 파괴를 목적으로 하는데,[141] 이는 상대방으로부터 되돌려받을 의도가 없다는 것을 분명히 하기 위해서다. 캔들피쉬 기름이나 고래기름[142]이 가득한 통을 전부 태워버리기도 하고, 집과 수천 장의 담요에 불을 지르기도 한다. 경쟁자를 깔아뭉개 "납작하게"[143] 만들기 위해 가장 소중한 구리판을 부수거나 물속에 던져버리기도 한다. 이렇게 하면 자신뿐 아니라 가족의 사회적 위상이 상승하게 된다. 막대한 부가 끊임없이 소비되고 이전되는 법·경제 체계가 여기에 있다. 원한다면 이러한 이전을 교환이나 심지어 상거래(commerce), 판매라고 부를 수도 있을 것이다.[144] 그러나 이 거래는 예의와 관대함으로 가득 차 있는 귀족적인 것으로, 즉각적인 이득을 바라는 마음으로 행해질 경우 강한 경멸의 대상이 된다.[145]

폴리네시아에서 맹렬하게 작용하고 있으며 멜라네시아에서도 지속적으로 관찰되는 명예 개념은 북서아메리카에서 실로 파괴적인 영향력을 행사한다. 이 점에 있어서도 전통적인 견해는 사람들을 움직이는 다양한 동기의 중요성은 물론, 앞서 존재했던 사회들로부터 우리가 물려받은 것에 대해서도 제대로 평가하지 못하고 있다. 위블랭*처럼 박식한 학자조차 명예 개념의 자체적 효력을 인정

---

* 폴루이 위블랭(Paul-Louis Huvelin, 1873~1924)은 뒤르켐 학파에 속하는 법제사학자로 특히 고대 로마법 연구로 잘 알려져 있다. 모스는 이어지는 3장에서 「주술과 개인

하지 않으면서, 그것을 주술적 효력의 개념으로부터 도출해야 한다고 믿었다.[146] 그는 명예와 위신을 주술적 효력의 대용품으로만 간주했지만, 현실은 훨씬 복잡하다. 주술 개념만큼이나 명예 개념도 이들 문명과 무관하지 않다.[147] 폴리네시아의 마나는 각 존재가 지닌 주술적 힘뿐만 아니라 명예 또한 상징하며, '권위'와 '부'는 마나의 가장 적절한 번역어 중 하나다.[148] 클링깃족과 하이다족의 포틀래치는 상호 간의 봉사를 명예로 생각하는 것이다.[149] 심지어 호주 원주민처럼 진정 원시적인 부족에서도 명예는 우리 사회에서만큼이나 민감한 문제로, 급부와 음식 제공, 예우와 의례, 선물을 통해 충족된다.[150] 인간은 서명하는 법을 알기 훨씬 전부터 자신의 명예와 이름을 걸고 행위해 왔다.

계약의 형식이라는 측면에서는 북서아메리카의 포틀래치에 대한 충분한 연구가 이뤄졌다. 그러나 다비와 레온하르트 아담[151]의 연구는 우리의 관심 주제와 연결되는 보다 넓은 맥락에 위치시킬 필요가 있다. 포틀래치는 단순한 법적 현상 이상의 것이다. 그것은 우리가 '총체적'이라고 부르는 현상 중 하나다. 포틀래치는 종교적이자 신화적이며 샤머니즘적인 현상이다. 포틀래치에서 수장은 조상과 신을 대표한다. 조상과 신은 수장으로 강생하며, 그들의 영이 수장을 소유한다. 수장은 그들의 이름으로 불리고 그들의 춤을 춘다.[152] 포틀래치는 또한 경제적 현상이므로, 현재 유럽의 통화로 환

법(Magie et droit individuel)」을 비롯한 위블랭의 연구를 적극 참조한다.

산해도 어마어마한 이 거래의 가치와 규모, 이유와 효과를 헤아려 봐야 한다.[153] 포틀래치는 사회형태학적 현상이기도 하다. 부족들, 씨족들, 가족들, 나아가 민족들이 포틀래치를 위해 한데 모여 놀라운 흥분과 격앙의 상태를 만들어낸다. 사람들은 우애를 나누면서도 여전히 이방인으로 머물며, 대규모 거래와 끊임없는 경쟁 속에서 서로 소통하면서 대립한다.[154] 매우 다양한 심미적 현상들은 논외로 하고, 법적 관점에서 하나만 더 첨언해 두기로 하자. 이미 밝혀진 계약의 형식과 그 인간적 목적, 그리고 계약 당사자의 법적 지위(씨족, 가족, 서열, 혼인 상태)에 더해 계약의 물질적 대상, 즉 교환되는 물건 자체에도 주의를 기울여야 한다. 물건에는 사람들로 하여금 그것을 주고, 무엇보다 되갚도록 하는 특별한 효력이 깃들어 있다.

지면에 여유가 있어 북서아메리카 포틀래치의 네 가지 형태—
① 수장의 포족과 가족만이 거의 배타적으로 관여하는 포틀래치(클링깃족), ② 포족, 씨족, 수장 그리고 가족이 대체로 동등한 역할을 하는 포틀래치, ③ 대립하는 씨족의 수장들 사이의 포틀래치(심시안족), ④ 수장과 의례결사의 포틀래치(콰키우틀족)—를 구별했다면 유용했을지도 모르겠다. 하지만 그랬다면 논의가 너무 길어졌을 것이며, 이미 다비가 심시안족의 형태를 제외한 나머지 것들 간의 구별을 설명한 바 있기도 하다.[155] 무엇보다 우리의 연구 대상인 증여의 세 가지 테마, 즉 줄 의무, 받을 의무, 갚을 의무와 관련해서는 이 네 형태 사이에 별다른 차이가 존재하지 않는다.

세 가지 의무: 주기, 받기, 갚기

줄 의무는 포틀래치의 본질이다. 수장은 자신을 위해, 아들과 사위, 딸을 위해,[156] 또 죽은 이들을 위해[157] 포틀래치를 열어야만 한다. 부족과 마을, 심지어 가족에 대한 권위를 지키고 부족 안팎의 수장들 사이에서 서열을 유지하려면,[158] 수장은 자신이 정령들과 재산에 사로잡혀 비호받고 있다는 것,[159] 자신이 재산을 소유하고 있으며 또 재산이 자신을 소유하고 있다는 것을 증명해야 한다.[160] * 이를 위한 유일한 방법은 재산을 쓰고 분배하는 것이다. 그렇게 다른 이들을 "자기 이름의 그림자"[161] 아래에 놓고, 굴욕감에 빠뜨려야 한다. 콰키우틀족과 하이다족의 귀족은 중국의 문관들과 똑같은 '체면(face)' 개념을 가지고 있다.[162] 포틀래치를 열지 않은 신화 속 수장을 놓고 사람들은 "썩은 얼굴"[163]을 가졌다고 말한다. 이러한 표현은 중국에서보다 이곳에서 더 적확하다고 할 수도 있다. 북서 아메리카에서 위신을 잃는 것은 곧 영혼을 잃는 것이기 때문이다. 말 그대로 '얼굴'이, 즉 춤출 때 쓰는 가면이, 따라서 또한 정령의 화신이 될 권리와 문장이나 토템을 지닐 권리가 포틀래치에 걸려 있다. 말 그대로 페르소나(*persona*)를, 마치 전쟁[164]에서 또는 의례적 과오[165]로 인해 잃어버리듯 포틀래치[166]와 증여의 게임[167]을 통해 잃

---

* 여기서 '재산'으로 옮긴 fortune은 '행운'이나 '운명'이라는 의미도 가진다. (하지만 본문에 쓰인 대부분의 '재산'은 이 같은 부가적 의미를 포함하지 않는 propriété, richesse를 번역한 것이다.)

어버릴 수 있다. 이들 사회 어디에서나 사람들은 주려고 안달한다. 성대한 의식과 회합의 시기인 겨울에만 그런 것이 아니다. 친구를 초대하고, 신과 토템이 허락한 사냥과 채집의 풍요로운 결실을 나누고,[168] 초대받은 포틀래치에서 받아온 것 전부를 재분배할 의무를 지지 않는 때,[169] 수장[170]이나 부하, 친척[171]이 제공한 서비스에 선물로 감사를 표하지 않아도 되는 때는 없다.[172] 적어도 귀족의 경우 이러한 의무를 소홀히 하는 것은 예법에 어긋난 일일 뿐만 아니라 지위를 잃어버리는 위험을 감수해야 하는 일이다.[173]

씨족과 부족 사이의 초대 의무는 명백하다. 자신의 가족, 씨족, 포족의 성원이 아닌 사람들과 관련해서만 초대 의무가 의미를 지닌다고 할 수도 있다.[174] 가능한 모든 사람—올 수 있고[175], 기꺼이 오고자 하고,[176] 실제로 오는 사람[177]—을 잔치와 포틀래치에 초대해야 한다.[178] 누락은 치명적 결과를 초래한다.[179] 심시안족의 주요 신화 중 하나[180]는 세례식과 결혼식에 초대받지 못한 사악한 요정이라는 유럽 민간전승에 핵심적인 주제가 어떤 마음상태에서 생겨났는지, 그것이 어떤 제도들의 망과 엮여 있으며 어떤 문명 안에서 기능했는지 잘 보여준다. 어느 심시안족 마을의 공주는 '수달의 나라'에서 아이를 수태해 기적적으로 '작은 수달'을 낳았다. 공주는 아이와 함께 마을로 돌아왔고, '작은 수달'이 잡아 온 큰 넙치를 가지고 할아버지는 모든 부족의 동료 수장들을 초대해 잔치를 베풀었다. 그는 손자를 모두에게 소개하면서, 혹여 고기잡이에서 동물의 모습을 한 손자를 만나더라도 죽이지 말아 달라고 당부했다. "손님들이

여, 이 아이가 제가 여러분에게 대접하는 음식을 가져다준 제 손자입니다." '작은 수달'은 식량이 부족한 겨우내 고래, 바다표범, 갖가지 생선을 잡아 왔으며, 할아버지는 이것들을 먹으러 방문한 손님들이 선물로 가져온 온갖 재화 덕분에 부자가 되었다. 하지만 잊어버리고 잔치에 초대하지 않은 수장이 있었다. 어느 날 등한시된 부족의 카누가 큰 바다표범을 입에 물고 있는 '작은 수달'과 마주쳤을 때, 활잡이는 '작은 수달'을 쏘아 죽이고 바다표범을 가져갔다. 할아버지와 부족 사람들은 백방으로 '작은 수달'을 찾아다녔고, 마침내 무시된 부족과 '작은 수달' 사이에 일어난 일을 알게 되었다. 부족은 '작은 수달'을 알지 못했다고 하면서 사과했다. '작은 수달'의 엄마인 공주는 슬픔에 잠겨 죽었고, 뜻하지 않게 잘못을 저지른 부족의 수장은 속죄의 뜻으로 갖가지 선물을 할아버지에게 가져왔다. 신화는 다음과 같은 말로 끝맺는다.[181] "수장이 아들을 얻고 이름을 지어줄 때 큰 잔치를 베푸는 이유가 여기에 있다. 아이를 모르는 사람이 아무도 없어야 한다." 포틀래치, 즉 재화의 분배는 군사적·법적·경제적·종교적 '인정(reconnaissance)'의 근본적인 행위다. 인정이라는 단어의 모든 의미에서 말이다. 사람들은 수장과 그의 아들을 '알아보고(reconnaît)', 그들에게 '고마워하게(reconnaissant)' 된다.[182]

콰키우틀족과 콰키우틀 계열의 다른 부족들의 축제는 때로 의무적 초대의 원칙을 표현하는 의례를 포함한다.[183] 일명 '개 의식'으로 시작되는 경우를 보면, 가면을 쓰고 개 모습을 연출한 사람들이 한 집에서 출발해 다른 집에 억지로 들어간다. 이는 좁은 의미의 콰키우틀족을 이루는 씨족들 중 셋이 가장 서열이 높은 구에텔라 (Guetela) 씨족을 초대에 빠뜨린 사건을 기념하는 것이다.[184] 소외된' 상태로 남겨지는 것을 용납하지 않았던 구에텔라 씨족은 사람들이 춤추고 있던 집으로 들어가 모든 것을 파괴해 버렸다.

받을 의무도 못지않게 강제적이다. 사람들에게는 선물과 포틀래치를 거절할 권리가 없다.[185] 만일 거절한다면, 제대로 갚지 못할까 봐 걱정하고 있다는 것을 드러내는 셈이 된다. 거절은 보답할 때까지 "납작해질" 것을 두려워하고 있음을 드러내는 일이다. 사실 거절하는 순간 당사자는 이미 "납작해진다." 그것은 자기 이름의 "무게를 잃어버리는" 일이자[186] 패배를 미리 인정하는 일이다.[187] 하지만 때로는 거절이 무적의 승자임을 선언하는 일인 경우도 있다.[188] 적어도 콰키우틀족에서는 인정받는 위계적 위치를 점하고 있거나 이전 포틀래치에서 승리한 경력이 있는 경우 초대나 잔치에서 제공되는 선물을 거절할 수 있으며, 그렇게 해도 전쟁이 일어나지 않는다. 대신 거절한 쪽은 포틀래치를 열 의무를 지게 된다. 특히 이 거절 의례가 관찰되곤 하는 기름 잔치를 더 성대하게 베풀어야 한다.[189] 자신이 우월하다고 여기는 수장은 상대방이 건네는 기름으로 가득 찬 숟가락을 거절한다. 그는 자신의 '구리판'을 가지러 자리를 뜨고, 돌아와서는 그것으로 기름에 붙은 "불을 끈다." 이어 거절한 수장이 도전의 표시로 다른 포틀래치, 다른 기름 잔치를 열 것을 약속하는 의례적 절차가 뒤따른다.[190] 그러나 이러한 경우를 제외한 일반적인 상황에서는 항상 선물을 수락하고 심지어 상찬하는 것이 원칙이다.[191] 자기를 위해 마련된 음식은 큰 소리로 칭찬해야 한다.[192] 하지만 사람들은 선물을 받는 것이 약속하는 일이기도 함을 알고 있다.[193] 사람들은 선물을 "등에 짊어진다."[194] 선물과 잔치를 즐기는 게 전부가 아니다. 사람들은 도전에 직면하며, 되갚을 수 있다는 확신, 자신이 상대방 못지않음을 증명할 수 있다는 확신을 가지고[195] 이를 받아들인다.[196] 이런 식으로 서로 맞서면서 수장들은 분명 스스로도 우스꽝스럽다고 느낄 상황에 놓이곤 한다. 고대 갈리아인이나 게르만족, 우리의 학생·군인·농민들의 연회에서와 마찬가지로, 사람들은 무리한 양의 음식을 게걸스레 먹어치우는 것과 같은 기괴한 방식으로 초대한 이에게 '경의'를 표해야 하는 입장에 선다. 도전을 건 당사자가 아니라 그 후계자에 불과하더라도 반드시 의무를 이행해야 한다.[197] 받지 않는 것은[198] 주지 않는 것과 마찬가지로 품위를 잃어버리는 일이다. 갚지 않는 것 역시 그렇다.[199]

갚을 의무는 포틀래치의 전부다.[200] 단, 포틀래치가 순전히 재산의 파괴를 목적으로 행해지는 경우는 예외다. 파괴는 정령을 위한 희생인 경우가 많으며, 특히 같은 씨족의 상위 수장이나 이미 우위가 공인된 다른 씨족의 수장에 의해 행해졌을 때에는 무조건 전부 갚아야 할 필요가 없는 것 같다.[201] 그러나 보통의 경우 포틀래치는 항상 높은 이자를 더해 갚아야 하며, 사실 모든 선물이 그렇기도 하다. 일반적인 이자율은 연간 30%에서 100%에 이른다. 신민이 수장을 위해 일한 대가로 담요 한 장을 받았을 때에도, 수장의 가족

중 하나가 결혼하거나 그의 아들이 즉위할 때 담요 두 장으로 갚아야 한다. 그러면 수장은 다음번 포틀래치에서 상대 씨족이 보답으로 제공한 재화 전부를 자신의 신민에게 재분배할 것이다.

합당하게 갚을 의무는 절대적이다.[202] 보답하지 않거나 동등한 가치를 지닌 물건을 파괴하지 않으면 영원히 '체면'을 잃게 된다.[203]

적어도 콰키우틀족, 하이다족, 심시안족의 경우, 갚을 의무의 불이행에 대한 제재는 당사자를 채무 노예로 만드는 것이다. 이는 그 본질과 기능 면에서 진정 로마법의 넥숨(*nexum*)*에 비견될 만하다. 빌린 것을 갚지 못하거나 포틀래치에 보답할 수 없는 사람은 지위는 물론 자유인의 신분까지 잃게 된다. 콰키우틀족은 신용이 좋지 않은 사람이 빌리는 일을 두고 "노예를 판다"고 말한다. 이것이 로마식 표현과 동일하다는 사실은 굳이 강조할 필요가 없다.[204]

하이다족도 마치 라틴어 표현을 독자적으로 발견한 것처럼, 어린 딸의 약혼을 위해 젊은 수장의 어머니에게 주는 선물이 "그[젊은 수장]에게 실을 건다"라고 말한다.[205]

하지만 트로브리안드 군도의 쿨라가 선물교환의 궁극적 사례에 불과한 것처럼, 포틀래치는 선물 체계가 북서아메리카 해안 사회에 낳은 기괴한 산물에 지나지 않는다. 최소한 하이다족과 클링깃족처럼 포족 제도를 갖춘 사회에는 옛 총체적 급부—이는 이들 부족과 밀접히 연관된 애서배스카인들 사이에서 아주 두드러진다—의 중

---

* 채무자가 채권자에게 신체를 담보로 제공하는 제도. 106쪽의 옮긴이 주 참조.

요한 자취가 여전히 많이 남아 있다. 모든 것, 모든 '서비스'가 선물 교환의 구실이 되며, 받은 선물은 나중에 혹은 심지어 즉석에서 보답되어 바로 재분배되기도 한다.[206] 심시안족도 거의 같은 규칙을 따르며,[207] 콰키우틀족에서는 이 규칙이 포틀래치 외부에서 작동하는 경우도 많다.[208] 더 이상의 부연은 필요치 않다. 포틀래치에 대한 옛 저자들의 설명을 보면 그것이 과연 별도의 제도인지 의심이 들 정도다.[209] 가장 덜 알려진 부족이자 연구되어야 할 가장 중요한 부족 가운데 하나인 치누크족에서 포틀래치라는 말이 증여를 뜻한다는 점도 환기해 둔다.[210]

사물의 힘

분석을 더 밀고 나가 선물의 순환을 강제하는 효력, 즉 선물을 주게 하고 그것에 보답하게 하는 효력이 포틀래치에서 교환되는 사물에 깃들어 있다는 것을 증명할 수 있다.

우선 적어도 콰키우틀족과 심시안족은 로마인, 트로브리안드인, 사모아인과 같은 방식으로 다양한 종류의 재화를 구분한다. 한편에는 단순히 소비되거나 일상적으로 분배되는[211] 물품들이 있는데, 거기서 나는 교환의 흔적을 발견하지 못했다. 다른 한편에는 탈리스만, 문장이 새겨진 구리판, 모피나 문장을 수놓은 직물로 된 담요 같은 가족의 귀중품이 있다.[212] 이런 유의 물품은 시집가는 여자, 사위에게 넘겨주는 '특권',[213] 그리고 자녀와 사위에게 주는 이름이나 위계와 마찬가지로 엄숙한 의례적 절차를 거쳐 이전된다. 이런 물품을 놓고 양도(aliénation)*를 말하는 것은 부정확하다고도 할 수 있다. 그것은 팔거나 완전히 넘겨주는 것이라기보다 오히려 빌려주는 것이다. 콰키우틀족의 경우, 이러한 물품 중 일부는 포틀래치 자리에서 공개되지만 양도되지는 않는다. 사실상 이 같은 '재산'은 가족이 아주 어렵게 포기하거나 때로는 결코 포기하지 않는 성물(sacra)이다.

더 면밀히 살펴보면 하이다족 사회에도 동일한 사물의 구별이 존재한다는 것을 알 수 있다. 하이다족은 고대 그리스·로마인처럼 재산과 부의 개념을 신격화하기까지 한다. 아메리카에서는 보기 드문 신화적이고 종교적인 노력을 통해, 그들은 이러한 추상적 개념을 '재산의 여신'(영어로는 Property Woman)으로 실체화한다. 이 여신에 관한 여러 신화와 묘사가 남아 있다.[214] 하이다족에게 재산의 여신은 지배적인 포족인 독수리 포족의 시조 여신, 어머니에 다름 아니다. 다른 한편 그녀는 모든 것을 획득하는 막대기 게임의 주요 말(pièce)인 '퀸'과 동일시되는 듯한데,[215] 이는 아시아와 고대 세계의 아득한 기억을 불러일으키는 기묘한 사실이다. 재산의 여신은 부분적으로 이 말의 이름을 따서 불리기도 한다. 재산의 여신은 클링

---

* '양도', '소외', '상실' 등의 의미를 지닌 aliénation의 어원은 라틴어 *alienatio*다. 로마법에서 알리에나티오는 '소유권 이전'을 뜻한다. 로마법은 재산이나 권리의 소유권이 판매(*venditio*), 물물교환(*permutatio*), 유증(*legatum*)뿐만 아니라 증여(*donatio*)를 통해서도 타인에게 이전될 수 있다고 규정한다.

깃족의 땅에서도 찾아볼 수 있으며,[216] 심시안족[217]과 콰키우틀족[218] 사이에서도 숭배까지는 아니더라도 그녀에 관한 신화가 존재한다.

이와 같은 귀중품 전체는 주술적 힘을 지닌 상속재산을 구성한다. 이 재산은 종종 증여자와 수령자 모두와 동일시되며, 그러한 탈리스만을 씨족에게 부여한 정령이나 정령으로부터 그것을 받은 씨족의 시조 영웅과도 동일시된다.[219] 아무튼 모든 부족에서 이 같은 물건은 항상 영적인 기원과 속성을 가지고 있다.[220] 게다가 그것은 문장이 새겨진 큰 상자 안에 보관되는데,[221] 이 상자 자체도 독자적인 힘을 지닌 개체로 여겨진다. 상자[222]는 소유자에게 말을 걸고, 그와 감정적으로 연결되어 있으며, 그의 영혼을 담고 있다.[223]

부의 표징인 이 귀중한 물건 각각은 트로브리안드 군도에서처럼 저마다의 개성, 이름,[224] 특성, 권능을 지니고 있다.[225] 큰 전복(Abalone)[226] 껍질과 그것으로 뒤덮이고 장식된 방패나 허리띠, 가문의 문장을 나타내며 얼굴, 눈, 동물·인간의 형상이 수놓여 있거나 짜여 있는 담요가[227] 그런 물건이다. 집과 들보, 장식된 벽[228]은 살아있는 존재들이다. 지붕, 불, 조각, 그림 등 모든 것이 말을 한다. 주술적 집은 수장과 그의 집안 사람들, 그리고 맞은편 포족 사람들만이 아니라 신과 조상들에 의해 세워졌기 때문이다.[229] 이러한 집은 정령들과 젊은 입문자들을 받아들이는 동시에 토해낸다.

귀중한 물건[230] 각각은 생산적 효력 또한 지니고 있다.[231] 그것이 표징이자 보증이라면, 바로 부의 표징이자 보증이다. 그것은 지위와 풍요의 주술적·종교적 근원이다.[232] 씨족 토템이나 지위 토

템 문양이 장식·조각되어 있는 의례 식사용 접시[233]와 숟가락[234]
도 생명력을 지닌 물건이다. 그것은 조상들이 정령들로부터 받은
끝없이 음식을 만들어내는 도구의 복제품으로, 역시 신비스런 힘을
지닌 것으로 여겨진다. 이처럼 물건은 그것을 창조한 정령과 동일
시되며, 식사 도구는 음식과 동일시된다. 콰키우틀족의 접시와 하
이다족의 숟가락은 엄격한 규칙 아래 순환되는 중요한 재화로서,
수장의 씨족이나 가족들 사이에서 신중하게 분배된다.[235]

"명성 화폐"[236]

그러나 무엇보다 귀중한 것은 문장이 새겨진 구리판[237]*이다.
포틀래치의 핵심 재화인 구리판은 중요한 신앙의 초점이자 때로
는 숭배의 대상이 되기도 한다.[238] 우선 북서아메리카의 모든 부족
에는 살아있는 존재인 구리판에 대한 숭배와 신화가 있다.[239] 적어
도 하이다족과 콰키우틀족은 구리판을 연어와 동일시하며, 연어 자
체 또한 숭배의 대상이 된다.[240] 이러한 형이상학적이면서 기술적
인(technique) 신화와 결부되는 것을 넘어,[241] 각각의 구리판은 개
별적이고 특수한 신앙의 대상을 이룬다. 씨족장 가문에 속하는 주
요 구리판은 이름[242]과 개성, 고유한 가치[243]를 지닌다. 부분적이거

---

* 원문에 cuivres로 표기된 것이 매번 구리판을 의미하는지 아니면 구리로 된 다른 물품
들을 포괄하는 것인지는 확실치 않다. 아래 본문과 주석에서는 대개 '구리판'으로 번역
하되, 문맥에 따라 일부는 '구리 물품'이나 '구리'로 옮겼다.

나 완전한 파괴[244]를 포함한 포틀래치에서의 우여곡절을 넘어 구리판은 온전한 의미에서의 가치, 주술적이자 경제적인 가치를 항구적으로 유지한다.

마치 부가 부를 끌어당기고 위엄이 명예, 정령의 소유, 훌륭한 동맹을 가져오듯[245](그 역 또한 참이다), 구리판은 다른 구리판을 불러들이는 효력을 지니고 있다. 구리판은 자율적으로 생동하면서[246] 다른 구리판의 움직임을 부추긴다.[247] 콰키우틀족의 구리판 중 하나는 "구리판을 끌어들이는 자"로 불리는데,[248] 관련 이야기는 어떻게 다른 구리판들이 그를 중심으로 모여드는지를 묘사한다. 이 구리판을 소유한 사람의 이름은 "나에게로 흘러드는 재산"이다. 구리판을 칭하는 다른 흔한 이름은 "재산을 가져오는 자"이다. 하이다족과 클링깃족은 구리판들이 그것을 가져온 공주의 둘레에서 '요새'를 이룬다고 말한다.[249] 다른 곳에서는 구리판을 소유한 수장[250]이 무적의 존재로 여겨진다. 구리판은 집안의 "납작한 신물(神物)"이다.[251] 신화에서는 구리판을 준 정령[252]과 구리판의 소유자, 그리고 구리판 자체[253]가 동일시되는 경우가 많다. 무엇이 이 중 하나의 영적 힘을 만들어내는지, 또 무엇이 다른 것의 풍요를 창출하는지 가려내기는 불가능하다. 구리판은 말을 하고 툴툴거린다.[254] 구리판은 주어지고 파괴되길 요구한다. 수장이 분배될 담요 더미 속에 파묻히는 것처럼,[255] 사람들은 구리판을 따뜻하게 해주기 위해 담요를 덮어준다.

한편 사람들은 재화[256]와 더불어 부와 행운도 함께 이전한다. 입문식을 마친 이는 정령과 보좌 정령들 덕분에 구리판과 탈리스만의 소유자가 되며, 이것들 자체가 다른 구리판, 부, 서열, 최종적으로는 다른 정령—이 모든 것은 본질적으로 같은 것이다—을 획득하는 수단이 된다. 결국 구리판을 다른 형태의 항구적 재산, 즉 구리판과 마찬가지로 번갈아가며 축적과 포틀래치의 대상이 되는 가면이나 탈리스만 등과 함께 놓고 보면, 이 모두가 그 용도와 효과 측면에서 동일하다는 사실이 드러난다.[257] 이것들을 통해 누군가는 서열을 획득한다. 그는 부를 획득함으로써 정령을 획득한다. 그러고 나면 이번에는 정령이 여러 난관을 극복한 주인공을 사로잡으며, 그는 샤머니즘적 신들림, 의례에서의 춤, 통치의 업무를 수행하고 그에 대한 보상을 얻는다. 모든 것이 서로 연관되며, 모든 것이 서로 혼동된다. 사물은 인격을 지니고 있으며, 인격은 어떻게 보면 씨족이 항구적으로 보유하는 사물이다. 칭호, 탈리스만, 구리판과 수장의 정령은 동음이어이자 동의어다.[258] 그것들은 같은 성질을 가지고 같은 기능을 수행한다. 재화의 순환은 남자, 여자, 아이의 순환, 연회, 의례, 의식, 춤의 순환, 심지어는 농담이나 모욕적인 언사의 순환을 따라 이뤄진다. 결국 이 모든 순환은 동일한 것이다. 사람들이 물건을 주고 돌려주는 까닭은 **서로에게** '존경'—우리는 이를 여전히 '예의'라고 부른다—을 주고 돌려주기 때문이다. 나아가 무언가를 주는 일은 **자기 자신**을 주는 일이기도 하며, 사람들이 **자기 자신**을 주는 까닭은 자신과 자신의 재산을 다른 이들에게 '빚지고' 있기 때문이다.

첫 번째 결론

지금까지 살펴본 네 개의 주요 인구집단에서 우리가 발견한 것은 다음과 같다. 먼저 그 가운데 두셋의 집단에서 포틀래치를 발견했고, 그 주된 이유와 일반적 형태도 확인했다. 제공되고 보답되는 선물들로 이뤄지는 교환의 태곳적 형태는 모든 곳에서 관찰할 수 있었으며, 나아가 이들 사회에서 이뤄지는 사물의 순환이 권리와 사람의 순환과 동일하다는 점도 확인했다. 사실 이 정도에서 논의를 마쳐도 무방할 것이다. 우리가 주목한 현상의 중요성과 관련 사례의 수, 그 확산 범위를 고려할 때 다음과 같은 결론을 내려도 전혀 문제될 것이 없다. 지금까지 논의된 체제, 우리가 참조한 민족들 외의 다른 인구집단에서도 여전히 존속하고 있는 체제는 분명 인류의 아주 큰 부분이 [화폐경제에 이르는] 매우 긴 과도기 동안 채택했던 체제에 해당할 것이다. **교환-증여(échange-don)의 원리는** (씨족 간 또는 가족 간) **'총체적 급부'의 단계를 넘어섰지만 아직 순수하게 개인적인 계약,** 돈이 도는 시장, 엄밀한 의미의 판매, 무엇보다 **품위(순도와 무게) 검정을 거친 화폐로 평가되는 가격 개념에 도달하지 못한 사회들의 원리였음이 틀림없을 것이다.**

제3장

고대의 법과 경제에 남아 있는
교환–증여의 원리[*]

지금까지 검토한 사실들은 민족지학이라고 불리는 분야에서 수집된 것으로, 모두 태평양 연안 지역에 분포하는 사회들에 귀속된다.[1] 사람들은 보통 호기심을 충족시키기 위해 이러한 사실들에 관심을 가지거나, 기껏해야 우리 사회가 '원시적' 제도로부터 얼마나 멀리 떨어져 있는지(혹은 얼마나 가까운지) 가늠하기 위한 비교 자료로 이용하는 데 만족해 왔다.

하지만 이 사실들은 일반적인 사회학적 가치를 지닌다. 왜냐하면 이를 통해 사회진화의 한 시점을 이해할 수 있기 때문이다. 뿐만 아니라 사회사적으로도 중요한 의미가 있다. 이러한 유형의 제도들은 근대적 법과 경제 형태가 출현하는 과정에서 실제로 나타나는 과도기적 단계로, 우리 사회를 역사적 관점에서 설명하는 데 도움을 준다. 우리 사회 직전에 존재했던 사회들[이 장에서 다루는 고대 로마, 인도, 게르만 사회 등]의 교환 도덕과 실천은 지금까지 분석한 여러 원리의 크고 작은 흔적을 보존하고 있다. 우리는 현재의 법과 경제가 앞서 논의된 것과 유사한 제도로부터 출현했다는 것을 입증할 수 있다고 믿는다.[2]

우리는 물건과 사람, 물건에 관한 법(droit réel)과 사람에 관한 법(droit personnel)*이 뚜렷하게 구별되는 사회에 살고 있다(하지만

---

* 통상 droit réel은 '물권', droit personnel은 '채권'으로 번역된다. 물권은 물건 자체에 대한 권리(가령 재산 소유권), 채권은 특정한 사람에게 특정한 행위를 요구할 수 있는 권리(가령 계약 이행 요구권)를 가리킨다. 하지만 채권의 '채(債)'가 빌려준 금품을 뜻하는 한자라는 점, 그리고 법학에서 채권의 대상은 사람 자체가 아니라 그 사람이 수행해야 할 특정 행위라는 점을 고려할 때, '물권/채권'이라는 번역은 물건과 사람 사이

이제는 법학자들도 이러한 구분을 문제 삼고 있다). 이는 우리의 소유 · 양도 · 교환 시스템을 부분적으로 조건 짓는 근본적 구별이지만, 앞서 살펴본 사회들의 법에는 낯선 것이었다. 마찬가지로, 셈족 문명과 그리스 · 로마 문명 이래 우리 문명은 채무 및 유상 급부를 증여와 명확히 구별해 왔다. 하지만 이러한 구분들은 비교적 최근에야 주요 문명의 법에 등장한 것이 아닐까? 이들 문명 역시 냉정하고 계산적인 심성이 지배하지 않았던 선행 단계를 거쳤으며, 사람과 물건을 하나로 융합하는 선물교환(don échangé)의 관행을 따르지 않았을까? 인도유럽법의 몇 가지 특징을 분석함으로써 이러한 변천이 실제로 존재했음을 확인할 수 있을 것이다. 로마법에서는 그 흔적을 찾아볼 수 있을 것이며, 인도와 게르마니아에서는 비교적 최근 시대까지 효력을 유지하며 기능했던 [교환-증여의] 법 자체를 볼 수 있을 것이다.

1. 사람에 관한 법과 물건에 관한 법(아주 오래전의 로마법)

앞서 살펴본 태고사회의 법과 역사시대에 진입하기 전 이른 시기의 로마법,[3] 그리고 역사에 기록되기 시작할 무렵의 게르만법[4]을 비교함으로써 사람에 관한 법과 물건에 관한 법을 다시 조명해 볼

에 엄격한 존재론적 구별이 상정되는 체제와 그렇지 않은 체제 사이의 대비라는 모스의 문제의식을 충분히 반영하지 못한다. 이러한 이유로 droit réel은 '물건에 관한 법', droit personnel은 '사람에 관한 법'으로 옮겼다.

수 있다. 이는 특히 법제사에서 가장 논란이 된 문제 중 하나인 넥숨(*nexum*)[*]에 대한 이론을 새롭게 제기할 수 있게 해 준다.[5]

위블랭은 비단 주제를 밝힌 것 이상의 의의를 지니는 저술에서,[6] 게르만족의 바디움(*wadium*, 담보·보증금―옮긴이)을 비롯해 계약 시 제공되는 '추가 담보'의 관행(토고, 코카서스 지방 등)을 넥숨과 비교한 뒤, 이를 공감주술(magie sympathique) 및 계약 당사자와 접촉했던 물건이 상대방에게 미치는 힘과 연결 짓는다. 하지만 이러한 설명은 일부 사실에 대해서만 유효하다. 주술적 제재는 가능성으로만 존재하는 것이자 주어진 물건이 지닌 영적 본성의 귀결일 뿐이다. 우선 추가 담보, 특히 게르만족의 바디움[7]은 담보 교환 이상의 의미, 심지어 주술적 영향력의 행사를 가능케 하는 생명의 담보 이상의 의미를 가진다. 담보로 제공되는 물건은 보통 가치가 없는 것이다. 예를 들어 나무 막대―로마법 문답계약(stipulation)의 스팁스(*stips*),[8] 게르만법 문답계약의 페스투카 노타타(*festuca*

---

[*] 넥숨('묶다', '연결하다'를 뜻하는 *nectere*에서 유래)은 로마 공화정 초기(기원전 5세기경)에 시행된 부채 속박 제도로, 채무자가 자신의 신체를 부채의 담보로 제공하는 계약적 구속을 의미한다. 넥숨 계약은 단순한 개인 간의 거래가 아니라, 공증인과 증인들의 입회하에 이뤄지는 공적인 법적 절차였다. 모스는 계약의 합법성을 보증하는 역할을 했던 구리 주괴 — 계약 과정에서 채권자는 저울 위에 구리 주괴를 올려놓았고, 공증인이 저울을 사용하여 그 무게를 확인했다. 이후 채권자는 구리를 저울에서 떼어내며 계약 성립을 알리는 법적 선언을 진행했다 — 가 지닌 의미에 주목하면서 태고 유형의 증여와의 연관성을 탐색한다. 많은 폐단을 초래했던 넥숨은 기원전 4세기 후반 제정된 렉스 포에텔리아 파피리아(*Lex Poetelia Papiria*) 법에 의해 폐지되었다. 이후 채무는 재산상의 책임 문제로 국한되었으며, 채무자의 신체적 자유는 법적으로 보장받게 된다.

notata) ─처럼 말이다. 셈족에서 유래하는 아르(arrhes)⁹도 선불금 이상의 것이다. 이 모두는 생명이 있는 것들이며, 무엇보다 호수성 (réciprocité)*에 기반한 고대의 의무적 증여의 잔재다. 계약 당사자 들은 이러한 물건을 통해 서로 얽매인다. 추가 담보의 교환은 영혼 들과 물건들이 서로 뒤섞여 오가는 것을 가상적으로 표현한다.¹⁰ 넥 숨, 즉 법적 '구속(lien)**은 사람만큼이나 물건으로부터 비롯된다.

거래의 형식적 절차도 물건의 중요성을 증명한다. 초기 로마시

---

* 『증여론』의 핵심 주제어로 널리 알려진 réciprocité는 서로가 상대방으로부터 받은 것
에 상응하는 것을 되갚는 상황을 지시하는 말이다. 증여와 관련된 국내 논의에서는 주
로 '호혜성(互惠性)'으로 번역되어 쓰여왔지만, 이 표현에 내포된 강한 윤리적 함의가
증여에 대한 편향적 이해를 조장한다는 비판도 적지 않았다. 사실 réciprocité는 반드
시 서로 혜택을 주고받는 상황으로 환원될 수 없다. 받고 돌려주는 것은 혜가 아니라
'해(害)'일 수도 있으며(서두에 인용된 「높으신 분의 말씀」에는 "거짓에는 기만으로 응
수해야 한다"라는 '호해'의 격언이 등장한다), 경우에 따라서는 외견상의 혜가 은밀하
게 해를 감추고 있을 수도 있다. 에나프의 『진리의 가격』을 옮긴 김혁이 제안한 번역어
'대(對)갚음'("남에게 입은 은혜나 남에게 당한 원한을 잊지 않고 그대로 갚음")은 이
문제를 적절히 피해가지만, 형용사형으로 활용하기가 곤란하다는 점이 새로운 문제로
대두된다.
옮긴이의 선택은 가라타니 고진의 저작(『세계사의 구조』, 『유동론』 등)에서 접한 '互酬
(서로 호, 갚을 수)'라는 표현을 사용하는 것이다. réciprocité는 좋은 것이든 나쁜 것이
든 애매한 것이든, 서로가 서로에게 받은 것을 갚는다는 생각 속에서 행위하고 있는 상
황이나 그러한 행위를 통해 달성된 상태를 가리킨다. 『증여론』이 논하고 있는 것은 이
러한 의미에서의 '호수적 증여'의 상황·상태다.
** 프랑스어 명사 lien과 동사 lier의 의미는 '줄'이나 '끈'으로 물리적·추상적 관계를
형성하는 행위와 관련 깊다. 줄은 연결하고, 엮고, 묶는 것이므로 lien은 '연결', '유
대', '관계'를 뜻하지만, 동시에 줄에 묶인 상태의 속성인 '구속'이나 '속박'의 의미도
가진다. 이들 단어는 어원적으로 라틴어 *ligare*(묶다)에서 유래하며, 여기서 파생된
obligare(의무를 지우다)는 이 책의 핵심 개념이기도 한 프랑스어 obligation(의무, 채
무), obliger(의무를 지우다)로 이어진다.

민법(droit romain quiritaire)에서 재산—핵심적인 것은 노예와 가축이었고, 나중에는 부동산이 더해졌다—의 인도는 결코 평범하고 세속적이거나 간단한 일이 아니었다. 인도는 항상 의례적인 방식에 따라 상호적으로 이뤄졌으며,[11] '저울잡이'와 다섯 명의 증인(혹은 친구)을 포함한 집단의 일이었다. 근대인의 순전히 법적이고 경제적인 개념과는 이질적인 여러 고려사항이 거기에 뒤섞여 있었다. 위블렝은 이 같은 인도 속에서 확립되는 넥숨이 여전히 종교적 표상들로 가득 차 있다는 점을 정확히 파악했지만, 이를 전적으로 주술적인 것으로 간주하는 우를 범했다.

확실히 로마법의 가장 오래된 계약 형태인 넥숨은 이미 집단 계약의 기초를 벗어나 있었으며, 사람들을 구속하는 고대적 증여 체계와도 분리되어 있던 것이 사실이다. 역사시대 이전 로마의 채무 제도를 확신을 가지고 기술하기란 아마 불가능할 것이다. 그러나 탐구가 이뤄져야 할 방향을 제시할 수는 있으리라고 생각한다.

주술적이고 종교적인 구속, 법적 형식주의에 입각한 말과 몸짓이 만들어내는 구속 **외에도** 물건에 내재하는 구속이 분명 존재한다.

이러한 구속은 라틴계 민족과 이탈리아인의 아주 오래된 법률 용어들에 잘 드러난다. 아래에서는 그중 몇몇 용어의 어원에 대한 가설을 제시하면서 이를 보여주고자 한다.

원래는 물건 자체가 인격과 효력을 지니고 있었음에 틀림없다.

물건은 유스티니아누스 법전*과 우리의 법이 이해하는 바와는 달리 생기 없는 존재가 아니다. 우선 물건은 가족의 일부를 이룬다. 로마의 파밀리아(*familia*)에는 사람뿐만 아니라 레스(*res*, 물건-옮긴이)도 포함된다. 유스티니아누스 법전의 학설휘찬(*Digeste*)[12]에서도 여전히 이러한 정의를 찾아볼 수 있다. 주목할 점은 시대를 거슬러 올라갈수록 파밀리아라는 단어가 그 일부인 레스를 더 강하게 지시해서 심지어는 가족의 식량과 생계수단을 포괄하기에 이른다는 사실이다.[13] 파밀리아의 어원에 대한 가장 정확한 견해는 그것을 산스크리트어 다만(*dhāman*), 즉 집과 연관시키는[14] 견해일 것이다.

더욱이 물건에는 두 종류가 있었다. 로마인들은 파밀리아와 페쿠니아(*pecunia*), 즉 한편으로는 집에 속하는 물건(노예, 말, 노새, 당나귀)과 다른 한편으로는 외양간에서 멀리 떨어진 들판에서 기르는 가축을 구분했다.[15] 또 판매 방식에 따라 레스 만키피(*res mancipi*, 만키파티오를 통해 양도되는 물건-옮긴이)와 레스 넥 만키피(*res nec mancipi*, 만키파티오를 통하지 않고 양도되는 물건-옮긴이)가 구분되었다.[16] 전자에는 부동산과 심지어 자녀를 포함한 귀중품이 해당하며, 이것들은 만키파티오(*mancipatio*)[17]의 형식 — 손(*manu*)으로 잡는 (*capere*) 절차 — 을 통해서만 양도될 수 있었다. 파밀리아와 페쿠니아의 구분이 레스 만키피와 레스 넥 만키피의 구분과 겹쳐지는지에 대한 오랜 논쟁이 있었는데, 우리가 보기에 양자가 본래 일치했다

---

* 동로마 제국의 유스티니아누스 1세(재위 527~565년)가 편찬한 법전으로, 서양 법학 전통의 기초를 형성하는 것으로 평가된다. '로마법대전'으로도 불린다.

는 점에는 의문의 여지가 없다. 들판의 작은 가축과 그것으로부터 개념, 이름, 형태가 유래하는 페쿠니아(돈)가 곧 만키파티오를 통하지 않고 이전될 수 있는 물건이다. 그렇다면 고대 로마인들이 심시안족이나 콰키우틀족과 같은 방식으로 물건을 구별했다고 말할 수 있을 것이다. 즉 (이탈리아와 프랑스 사람들이 여전히 말하는 바) '집'에 속하는 영구적이고 본질적인 재화와 (아버지의 친권 아래 머물러 있는 아들도 거래할 수 있는) 식량, 먼 목초지의 가축, 금속류, 돈 같은 일시적인 물건 사이의 구별이 존재했다.

레스는 후대로 가면서 점차 단순한 물리적 대상이자 수동적인 거래 대상에 불과한 것으로 여겨지게 되었지만, 원래부터 그런 존재인 것은 아니었다. 아마 레스의 어원에 대한 최상의 견해는 그것을 선물이나 마음에 드는 물건을 뜻하는 산스크리어트어 라(*rah*), 라티(*ratih*)와 비교하는 견해일 것이다.[18] 레스는 무엇보다도 다른 사람을 기쁘게 하는 물건이었음이 분명하다.[19] 한편 물건에는 언제나 가족의 소유물임을 나타내는 인장이 찍혀 있었는데, 이는 만키파티오의 엄숙한 절차를 거쳐 인도된 레스 만키피에서 어떻게 법적 구속이 발생하게 되는지를 이해하는 단서를 제공한다.[20] 악키피엔스(*accipiens*, 수령자—옮긴이)의 수중에 들어간 뒤에도 물건은 여전히 어느 정도 이전 소유자의 '가족'에 속해 있었다. 이처럼 물건은 원소유자의 가족에 묶여 있는 것으로서 계약 이행 전까지 새로운 소유자를 구속한다. 이후 그가 보상으로 다른 물건이나 서비스, 대금을 인도하면 이번에는 원소유자가 구속받게 된다.

물건에 내재하는 힘이라는 개념은 절도(*furtum*)와 요물계약 (contrats *re*)이라는 두 가지 사안과 관련해 결코 로마법에서 사라지지 않았다.

절도[21]가 초래하는 행위와 의무는 분명 물건의 힘에 기인한다. 물건은 자기 안에 영원한 권위(*æterna auctoritas*)[22]를 지니고 있으며, 이 힘은 물건이 도난당할 때마다 존재를 드러낸다. 이 점에서 로마의 레스는 힌두인이나 하이다족의 재산과 다르지 않다.[23]

한편 요물계약은 로마법에서 가장 중요한 네 가지 계약— 대여, 임치, 담보, 사용대차— 으로 구성되어 있다. 따로 이름이 붙지 않은 몇몇 계약, 특히 판매와 더불어 계약 자체의 기원을 이루는 것으로 보이는 증여와 교환[24]도 요물계약으로 간주된다. 이는 실로 자연스러운 일이다. 로마법과 마찬가지로 현대의 법에서도 가장 오래된 규칙은 증여가 성립하려면 반드시 재화나 서비스가 있어야 하며, 그러한 재화나 서비스가 의무를 부과해야 한다는 것이다.[25] 예를 들어 배은망덕을 이유로 증여를 철회하고 무효화할 수 있다는 후기 로마법에서 비롯된 규정[26]은 현대 법에서도 한결같이 지속되고 있는데, 이를 두고 정상적인 법 질서에 속하는 제도, 나아가 자연법적 제도라고 말해도 무방할 것이다.

그러나 이러한 사실들은 일부 계약에만 해당하는 증거일 뿐이다. 우리의 주장은 보다 일반적이다. 우리는 아주 이른 시기의 로마법에서는 구두나 서면을 통한 합의가 이루어진 경우에조차 레스의 인도(*traditio*) 행위가 언제나 핵심 절차 중 하나를 구성했다고 생각한다. 로마법은 이 문제에 대해 항상 주저하는 태도를 보여 왔다.[27] 한편으로, 우리가 살펴본 태곳적 법과 마찬가지로 로마법 역시 교환은 반드시 엄숙한 형식을 갖춰 이뤄져야 하며, 최소한 계약 체결이 필요하다고 선언한다. 즉, "단순히 물건을 인도하는 것만으로는 소유권이 이전되지 않는다(*Nunquam nuda traditio transfert dominium*)."[28] 그러나 다른 한편, 디오클레티아누스 황제 시대만큼이나 후대(서기 298년)에 이르러서도 로마법은 여전히 다음과 같은 입장을 고수한다. "소유권은 인도와 사용취득을 통해 확정되며, 합의만으로는 이전되지 않는다(*Traditionibus et usucapionibus dominia, non pactis transferuntur*)."[29] 레스(급부나 물건)는 계약의 필수 불가결한 요소를 이룬다.

많은 논쟁을 불러일으켰던 이 모든 문제는 어휘와 개념의 문제이기도 한데, 고대 자료의 빈약함을 고려할 때 해결이 쉽지 않다는 점을 부인하기 어렵다.

우리는 지금까지의 논의에 대해 상당한 확신을 가지고 있다. 여기서 한 발 더 나아가, 법학자들과 언어학자들에게 아마도 꽤 널찍할 연구의 길 하나를 제시해 볼 수 있을 것 같다. 이 길의 끝에서 우리는 12표법 시대나 어쩌면 그보다 훨씬 이전에 와해되었을 하나의 법체계를 상상해 볼 수 있을 것이다. 파밀리아와 레스 외에도 깊이 탐구할 가치가 있는 법적 용어들이 있다. 아래에서는 따로 떼어 놓고 보면 그다지 중요하지 않을 수도 있지만 틀림없이 전체로서는 상당한 무게를 지닐 일련의 가설을 간략히 제시하고자 한다.

계약 및 의무와 관련된 거의 모든 용어와 계약의 상당수 형태는 인도라는 사실 자체로부터 생성되는 영적 구속의 체계와 결부되어 있는 것으로 보인다.

계약 당사자는 무엇보다 레우스(*reus*)다.[30] 타인으로부터 레스를 받은 사람은 이로 인해 그의 레우스가 된다. 다시 말해 물건 자체에 의해, 즉 물건의 영에 의해 그에게 구속된 자가 된다.[31] 레우스의 어원에 관한 이 제안은 무의미한 것으로 여겨지며 배척되어 왔지만, 실제로는 오히려 매우 명확한 의미를 가지고 있다. 힐트(Hermann Hirt)가 지적했듯[32] 본래 *reus*는 *res*의 '~os'형 속격에서 유래한 것으로, *rei-jos*를 대체한 형태다. 그것은 물건에 의해 소유된 사람을 의미한다. 힐트와 그를 따르는 발데[33]는 *res*를 '소송'으로, *rei-jos*는 '소송에 연루된'으로 번역하지만,[34] 이는 *res*를 무엇보다 법적 절차와 관련된 용어로 전제하는 자의적인 번역이다. 반면 레스와 그 인도 자체가 하나의 '사건' 또는 공적 '소송'의 대상을 이룬다는 식으로 의미의 유래를 따져 보면, '소송에 연루된'이라는 뜻이 오히려 이차적이라는 점이 분명해진다. '죄인'이라는 뜻은 당연히 더 파생된 것이며, 그렇다면 레우스가 지닌 의미의 계보는 일반적으로 수용되는 방향과 정반대로 추적되어야 한다. 즉 물건에 의해 소유된 자라는 의미가 먼저 있고, 그다음 물건의 인도로 인해 야기된 분쟁에 연루된 자라는 의미, 그리고 마지막으로 죄인 또는 책임이 있는 자라는 의미가 있다.[35] 이렇게 놓고 보면 계약, 넥숨, 소송(*actio*)의 기원에 관한 '준(準)범죄(quasi-delit)' 이론이 보다 명확하게 이해된다. **물건을 받아 소유하고 있다**는 사실만으로도 악키피엔스(수령자)는 트라덴스(*tradens*, 인도자)에 대한 준(準)유죄 상태—유책 판결을 받고, 구속되며, 빚에 얽매인(*damnatus, nexus, ære obæratus*) 상태—에 놓이게 된다. 받은 사람은 준 사람에 대해 영적으로 열등한 상태, 도덕적으로 불평등한 상태—주인(*magister*), 종복(*minister*)[36]—에 처하게 된다.

다음으로, 초기 로마법에서 여전히 실천되었으나 본래의 의미는 이미 잊혀진 만키파티오의 고대적 특징을 이러한 관념체계와 연결지어 생각할 수 있다.[37] 만키파티오는 매우 초기의 로마법에서 엠프티오 벤디티오(*emptio venditio*)*로 발전했다.[38] 우선 만키파티오가 언제나 인도(*traditio*)[39]를 포함한다는 점에 주목할 필요가 있다. 물건의 원소유자인 트라덴스는 자신의 소유물을 제시한 뒤 의례적 방식에 따라 그것을 자신과 분리하여 악키피엔스에게 인도한다. 이로써 트라덴스는 자신의 소유물을 넘겨주는 동시에 악키피엔스를 '구매'한다. 본래적 의미의 만키파티오[손으로 잡기]는 이러한 인도자의 행위에 대응해 이뤄진다. 악키피엔스는 물건을 자신의 손(*manus*)

---

* 엠프티오는 '구매', 벤디티오는 '판매'를 뜻하므로, 엠프티오 벤디티오는 '매매'의 한자 순서를 뒤집은 것(買賣)에 상응한다. 엠프티오 벤디티오는 고대 로마법에 규정된 구매자(*emptor*)와 판매자(*venditor*) 간의 쌍무계약으로, 근대적인 매매 개념의 기초를 형성한 것으로 간주된다.

으로 쥐는 행위를 통해 물건을 수락했음을 인정하며, 나아가 대금을 지불하기 전까지 자신이 판매된 상태에 있음을 인정한다. 로마 법률가들의 선례를 따라 사람들은 흔히 만키파티오를 단 하나의 점유 취득 행위로 이해해곤 하지만, 실제로는 동일한 거래 안에서 물건을 대상으로 한 점유 취득과 사람을 대상으로 한 점유 취득이라는 대칭적 관계의 두 점유 취득이 동시에 이뤄지고 있다.[40]

사람들은 엠프티오 벤디티오[41]가 별개의 두 행위인지 아니면 단일한 행위인지를 두고 오랫동안 논쟁해 왔는데, 보다시피 우리는 이를 두 행위로 간주해야만 하는 나름의 이유를 제시하고 있다(물론 즉석에서 대금이 지급되는 거래에서는 두 행위가 거의 잇달아 이뤄질 수 있지만 말이다). 보다 원시적인 법에서 먼저 증여가 이뤄진 뒤 보답이 따르는 것처럼, 고대 로마법에서도 먼저 판매가 이뤄지고 그 뒤에 대금 지불이 따른다. 이렇게 놓고 보면 체계 전체를 아무런 어려움 없이 이해할 수 있으며, 나아가 문답계약[42]*까지도 이해할 수 있게 된다.

사실 의례에서 쓰이는 관용적 표현에 주목하는 것만으로도 충분하다. 만키파티오에서 사용되는 청동 주괴에 대한 표현과 노예가 자유를 되사기 위해 내놓은 금을 수락할 때 하는 말[43] — 이 금

---

* 문답계약(*stipulatio*)은 말 그대로 질문과 답변의 형식으로 이뤄지는 계약으로, 로마법에서 가장 기본적인 계약 형태 중 하나다. 예를 들어 서약 요구자(*stipulator*)가 "당신은 나에게 100을 주기로 약속합니까?(*Promittisne dare mihi centum?*)"라고 묻고 서약자(*promissor*)가 "약속합니다(*Promitto*)"라고 답함으로써 계약이 성립한다.

은 "순수하고, 진실되며, 세속적이고, 그 자신의 것이다"(*puri, probi, profani, sui*) —은 동일하다. 이 표현은 로마 시민법(*jus civile*)을 통해 보존된 가장 오래된 엠프티오인 가축 및 노예의 엠프티오에서 사용되었던 표현의 반향이기도 하다.[44] 두 번째 소유자는 결함(특히 주술적 결함)이 없는 경우에만 물건을 수락한다. 또한 그는 돌려주거나, 보상하거나, 대금을 지불할 수 있을 때에 한에 물건을 받아들인다. 이와 관련해 *reddit pretium*[대금 지불], *reddere*[돌려주다] 등의 표현에 *dare*[주다]라는 어근이 나타난다는 점에 주목할 필요가 있다.[45]

한편 페스투스[*]의 라틴어 어휘집은 *emere*(사다)라는 용어의 의미는 물론 그것을 통해 표현되는 법적 형식의 의미까지 명확히 보존하고 있다. 그는 이렇게 말한다(s.v. *abemito*). "*Abemito*는 '제거하다', '가져가다'를 뜻한다. 옛사람들은 *emere*를 '받다'라는 의미로 사용했다(*Abemito significant demito vel auferto; emere enim antique dicebant pro accipere*)." 또 다른 곳에서 되풀이하길(s.v. *emere*), "오늘날 '사다'로 이해되는 *emere*를 옛사람들은 '취하다'의 의미로 사용했다(*Emere quod nunc est mercari antiqui accipiebant pro sumere*)." 라틴어 *emere*와 관련이 있는 인도유럽어 단어의 의미도 이와 다르지 않다. *Emere*는 누군가로부터 무언가를 '취하다', '받다'라는 뜻이다.[46]

---

[*] 섹스투스 폼페이우스 페스투스(Sextus Pompeius Festus)는 2세기에 활동한 로마의 문법학자로, 『단어들의 의미에 대하여(*De verborum significatu*)』라는 제목의 백과사전 형식의 라틴어 어휘집을 편찬했다.

엠프티오 벤디티오를 이루는 나머지 용어*도 로마 법률가들의 관점과는 다른 법적 이해를 자극한다. 그들에게는 가격의 존재와 화폐의 사용이 판매가 존재한다는 징표였으며, 이것들이 개입하지 않는 경우에는 물물교환과 증여만이 있을 뿐이라고 여겼다. 그러나 본래 *venumdare*에서 유래하는 *vendere*는 태고[47] 혹은 선사 유형에 속하는 합성어로, 증여와 양도를 연상시키는 *dare*라는 요소를 틀림없이 포함하고 있다. 또 하나의 요소인 *venum*은 판매 자체가 아니라 판매 가격을 의미하는 인도유럽어 단어(고대 그리스어 ὠνή[ōnē], 산스크리트어 *vasnah*)에서 차용한 것으로 보이는데, 힐트는 이 단어를 지참금·신부대를 뜻하는 불가리아어와 연관지은 바 있다.[48]

그 밖의 인도유럽법

아주 오래전의 로마법에 관한 이상의 가설들은 선사시대의 상황을 가늠하기 위한 것이다. 로마 문명이 성립하기 이전 라틴족의 법·도덕·경제는 틀림없이 이러한 형태였겠지만, 그들의 제도가 역사시대에 진입하면서 결국 이는 잊혀지고 말았다. 물건에 관한 법과 사람에 관한 법을 구별하고, 판매를 증여 및 교환에서 분리하고, 도덕적 의무와 계약을 따로 떼어 놓고, 무엇보다 의례, 법, 이해

---

* 벤디티오를 말한다. 앞 단락에서 모스는 엠프티오(*emptio*)가 유래한 *emere*라는 단어의 의미에 대해 논했고, 여기서는 벤디티오(*venditio*)가 유래한 *vendere*의 의미에 대해 자신의 견해를 제시한다.

관계 사이의 차이를 구상해 낸 이들이 바로 로마인과 그리스인[49]— 아마도 북방과 서방의 셈족에 뒤이어[50]—이었기 때문이다. 그들은 진정한 혁명, 위대하고 칭송받아 마땅한 혁명을 통해 시대에 뒤떨어진 도덕을 극복했다. 너무 모험적이고, 너무 지출이 많고, 너무 사치스러운 증여 경제, 사람에 대한 고려에 얽매여 시장, 상업, 생산의 발전과 양립할 수 없었던 경제, 요컨대 당시에는 반경제적이었던 이 경제를 넘어선 것은 바로 그들이었다.

우리가 제안한 재구성은 모두 그럴듯한 가설에 불과하다. 하지만 그 개연성은 오세아니아와 아메리카 사회들(흔히 '원시적'이라고 불리지만 기껏해야 태곳적 사회들)에서 확인된 체계와 유사한 것이 비교적 현재와 가까운 역사시대에 속하는 다른 인도유럽계 민족의 진정한 성문법에서도 나타난다는 사실을 통해 강화된다. 따라서 어느 정도 확신을 가지고 이를 일반화해도 될 것이다.

인도유럽계 민족의 법 가운데 이러한 흔적을 가장 잘 보존하고 있는 것은 게르만법과 힌두법이다. 이들 법의 많은 원전이 오늘날까지 전한다.

2. 고전 힌두법[51]: 증여의 이론

참고. 힌두 법률 문서를 이용하는 데에는 상당한 어려움이 따른다. 법전과 그에 필적하는 권위를 가진 서사시들은 브라만이 승리를 구가하던 시기에 브라만 자신이, 자신의 이익을 위해서가 아니라면 적어도 자신에게 유리한 방식으로 작성한 것이다.[52] 이 문서들은 우리에게 이론적인 법만을 제시하며, 크샤트리아와 바이샤 같은 다른 카스트의 법과 경제를 어렴풋이나마 파악하려면 문서 곳곳에 흩어진 증언을 바탕으로 재구성의 노력을 경주해야 한다. 우리가 다루고자 하는 다나다르마(*dānadharma*),* 즉 '증여의 법' 또는 이론은 실제로는 브라만에게만 적용된다. 브라만이 어떻게 선물을 유도하고 (종교적 서비스 외의 다른 보답은 하지 않으면서) 받는지, 왜 브라만에게 증여해야 마땅한지 등이 다나다르마의 주된 내용이다. 자연스럽게 브라만에게 줄 의무가 많은 계율의 주제가 된다. 귀족들 및 군주 가문들 사이, 다양한 카스트와 인종 내부의 평민들 사이에는 전혀 다른 형태의 관계가 있었을 것이다. 이를 추측하기가 쉬운 일은 아니지만, 걱정할 필요는 없다. 다행히도 힌두인들의 관습에 관한 방대한 자료가 존재한다.

실제로 아리아인에 의한 식민화 직후의 고대 인도는 이중으로 포틀래치의 땅이었다.[53] 우선 포틀래치는 지금도 아삼(Assam)의 부족들(티베트버마어파)과 문다족(Munda) 계통의 부족들(오스트로아시아어족)에서 찾아볼 수 있는데, 과거에는 훨씬 규모가 컸던 이 두 거대 집단은 인도 인구의 중요한 기반을 형성했다. 우리는 이들 부족의 고대적 전통이 브라만식 외피 아래에서 이후에도 지속되었으리라고 추정할 수 있다.[54] 예를 들어 찾아온 손님에게 먼저 권하지 않

---

* 산스크리트어 *dāna*는 '증여', '기부', '보시'을 뜻하며, *dharma*는 종교적이고 영적인 함의를 강하게 띤 '법', '의무', '도덕 원칙'을 뜻한다.

고 음식을 먹는 일을 금하는 규칙 — "친구와 함께하지 않고 (먹는 자), 할라할라(*halahalah*) 독을 먹고 있다"—은 바탁족(Batak)의 인조크(*Indjok*)를 비롯한 말레이식 환대 원칙과 유사한 제도의 흔적을 보여준다.[55] 한편 가장 오래된 베다에도 이와 비슷한 제도의 흔적이 나타난다. 이러한 제도가 인도유럽 세계 거의 모든 곳에서 발견되므로,[56] 아리아인 역시 이 제도와 함께 인도에 들어왔으리라고 추정할 수 있다.[57] 그렇다면 두 개의 흐름이 인도에서 합류한 셈인데, 우리는 그 시기를 후기 베다 문헌이 작성된 시기, 즉 아리아인이 인더스-갠지스 평원에 이주·정착한 시기와 겹치는 것으로 대략 특정해 볼 수 있다. 이 두 흐름은 분명 서로를 강화했을 것이다. 베다 시대의 문학을 벗어나자마자 증여의 이론은 그 관행과 더불어 비약적으로 발전한다. 『마하바라타(*Mahābhārata*)』[바라타 왕조의 대서사시]는 거대한 포틀래치 이야기로, 카우라바족(Kauravas)과 판다바족(Pandavas)의 주사위 놀이, 드라우파디(Draupadi)와 결혼하고 싶어 하는 경쟁자들의 시합(드라우파디는 훗날 판다바 다섯 형제의 공동 아내가 된다) 등이 이야기의 뼈대를 이룬다.[58] 다른 아름다운 에피소드들도 동일한 설화 모티프를 반복한다. 예를 들어 나라(Nala) 왕과 다마얀티(Damayanti) 공주의 이야기는 『마하바라타』 전체가 그렇듯 집회소의 건축이나 주사위 놀이 같은 주제를 다룬다.[59] 그러나 모든 것이 이야기의 문학적이고 신학적인 형식에 의해 왜곡되어 있다.

상이한 기원을 가진 다양한 요소들의 영향력을 정확히 따지면서 체계의 완전한 모습을 가설적으로 재구성하는 일은 현재의 논의에서 반드시 필요하지 않다.[60] 얼마나 많은 계급이 이 체계에 연루되어 있는지, 그것이 꽃피운 시기가 과연 언제인지를 정확히 규명하는 것도 비교 연구에서는 필수적이지 않다. 훗날 이 법은 여기서 다루지 않을 이유들로 인해 브라만에게 유리한 경우를 제외하고는 사라졌지만, 기원전 8세기에서 서기 2~3세기에 걸친 약 천 년 동안 확실히 시행되었다고 말할 수 있다. 우리에게는 이 사실로 충분하다. 서사시와 브라만의 법은 선물이 여전히 의무적으로 이뤄지고, 물건이 특별한 효력을 지니면서 사람의 일부를 구성하는 오래된 분위기 속에서 지속된다. 이러한 사회생활의 형태를 기술하고 그 이유를 탐구하는 데 만족하기로 하자. 간단한 기술만으로도 설득력이 충분할 것이다.

물건을 주면 이번 생과 다음 생에 보상을 얻는다. 현생에서 선물은 증여자를 위해 자동으로 똑같은 것을 만들어낸다.[61] 준 물건은 사라지는 것이 아니라 재생하며, 다음 세상에서는 심지어 더 늘어나서 증여자를 찾아온다. 준 음식은 이번 생에 돌아올 음식이자 다음 생에 얻게 될 음식이다. 매번 윤회할 때마다 똑같은 음식을 만난다.[62] 물, 우물, 샘을 다른 이와 나누는 일은 자신의 목마름을 방지하는 일과 같다.[63] 타인에게 준 옷, 금화, 양산, 그리고 땅의 열기를 막아주는 샌들은 이 세상과 다음 세상에서 자신에게 되돌아온다. 당신이 기부한 땅에서 다른 이가 거두는 곡식은 이 세상과 다음 세상, 윤회로 만나게 될 또 다른 세상에서 당신 자신의 번영을 보장해 준다. "달이 날마다 커지고 차오르듯, 증여된 땅도 해마다(수확 때마다) 늘어나는 법이다."[64] 땅은 수확물, 지대, 세금, 광물, 가축을 낳으며, 땅을 증여하면 준 쪽과 받은 쪽 모두가 같은 것들로 풍요로워진다.[65] 훌륭한 금언들의 끝없는 연속과 무수한 시구들의 상호 모방을 통해 전개되는 이 법적·경제적 신학은 법전과 서사시의 고갈되지 않는 원천을 이룬다.[66]

한편 땅과 음식을 비롯해 사람들이 주는 모든 것은 인격화된다. 땅과 음식은 사람과 대화할 수 있고 계약에도 참여하는 살아있는 존재들이다. 그들은 주어지기를 원한다. 옛날 옛적 대지(大地)는 태양의 영웅이자 자마다그니(Jamadagni)의 아들인 라마(Rama)*에게 말을 청했고, 대지의 노래를 들은 라마는 그 전부를 카샤파(Kaśyapa) 리쉬**에게 주었다. 대지는 분명 고대의 언어로 다음과 같이 말했다.[67]

나를 받으세요(수증자여)

나를 주세요(증여자여)

나를 주면 나를 다시 얻게 될 것입니다.

---

* 비슈누의 여섯 번째 화신인 파라슈라마(Parashurama)를 가리킨다.

** 리쉬(ṛṣi)는 힌두 신화와 베다 전통에서 성자, 예언자, 현자를 뜻하는 용어다. 베다 경전을 신으로부터 계시받은 이들, 고행을 통해 초인적인 힘을 얻은 이들, 명상과 요가를 통해 지혜를 깨친 이들이 리쉬다.

그리고 나서 대지는 이번에는 다소 밋밋한 브라만의 언어로 이렇게 덧붙였다. "이 세상과 다음 세상에서, 주어진 것은 다시 얻어진다." 먼 옛날의 법전[68]은 신격화된 음식인 안나(Anna)가 다음과 같은 시를 읊었다고 전한다.

나를 신과 망자의 정령에게 바치지 않고 하인이나 손님에게도 주지 않고 요리해 먹는 자, 그리하여 (어리석게도) 독을 삼키는 자, 나는 그를 먹을 것이요 그의 죽음이 될 것이다.
그러나 아그니호트라(agnihotra)*를 바치고 바이쉬와데바(vaiśvadeva)[69]를 마친 후 먹는 자, 먹어야 할 이들을 다 먹이고 난 후 기쁨과 순결, 믿음 속에서 남은 것을 먹는 자에게 나는 진미가 될 것인바 그는 나를 누릴 것이다.

음식은 본성상 나눠져야 한다. 다른 사람과 나누지 않는 것은 "음식의 본질을 죽이는" 일, 자기와 타인 모두에게 있어 음식을 파괴하는 일이다. 이것이 바로 브라만교가 자선과 환대에 대해 제시한 유물론적이면서 관념론적인 해석이다.[70] 부는 주기 위해 존재하는 것이다. 그것을 받을 브라만이 없다면 "부자들의 재산도 헛될 뿐이다."[71]

---

* 신성한 불(Agni)에게 바치는 번제(燔祭)로, 일출과 일몰 때 버터, 우유, 곡물 등을 불에 공양한다.

알지 못하고 먹는 자는 음식을 죽이고, 먹은 음식은 그를 죽인다.[72]

탐욕은 서로를 통해 끝없이 재생되는 법, 공덕, 음식의 순환을 단절시킨다.[73]

한편, 브라만교는 교환만이 아니라 절도와 관련해서도 사람과 그의 소유물을 명확하게 동일시한다. 브라만의 소유물이 곧 브라만 자신이다. 주술사의 베다*는 이미 이렇게 말하고 있다.[74]

브라만의 암소는 독, 독사다.

바우다야나**의 오래된 법전[75]에 따를 때, "브라만의 소유물은 (도둑질한 자를) 아들이나 손자와 함께 죽인다. 독은 (진짜 독이) 아니다. 브라만의 소유물이야말로 (독 중의) 독이라고 불린다." 브라만의 소유물은 브라만에게 내재된 무언가 두려운 속성을 공유하는 것으로, 그 자체로 제재력을 갖추고 있다. 그것을 훔치는 행위가 의도된 것이 아닐 때조차 그렇다. 우리가 특히 관심을 갖는 『마하바라타』의 한 장[76] 전체는 신하의 실수로 어느 브라만 소유의 암소를 다른 브라만에게 주었다가 도마뱀으로 변해버린 야두족(Yadu)의 왕

---

* 주술과 의례적 실천에 관한 내용이 풍부한 『아타르바베다』를 가리킨다.

** 바우다야나(Baudhāyana)는 기원전 6세기에서 3세기 경에 활동한 것으로 여겨지는 고대 인도의 성자, 법률·의례학자, 수학자다. 본문에서 언급되는 '법전'은 『바우다야나 다르마수트라』로 결혼, 상속, 범죄 처벌 등에 관한 다양한 사회적 규범을 다루고 있다.

느르가(Nrga)의 이야기를 전한다. 실수라는 것을 모르고 암소를 받은 브라만은 그것을 돌려주길 원치 않았고, 심지어 다른 암소 십만 마리와 교환하는 것도 거부했다. 왜냐하면 암소가 이미 자기 집의 일부, 식구 중 하나가 되었기 때문이다.

> 암소는 장소와 날씨에 잘 적응했다. 온순하고, 젖이 많고, 주인을 잘 따른다. 감미로운 우유는 우리 집안의 귀중하고 항구적인 재산이다(3466절).
>
> 이 암소는 젖을 뗀 나의 연약한 자식에게 양분을 준다. 나로선 암소를 돌려줄 수가 없다···(3467절)

암소를 빼앗긴 브라만도 다른 암소를 받길 거부했으므로, 암소는 돌이킬 수 없이 두 명의 브라만의 재산이 되어버렸다. 양쪽의 거부와 그 안에 함축된 저주로 인해 불행한 왕은 수천 년 동안 주술에 걸려 있었다.[77]

암소 증여에 관한 규칙만큼이나[78] 증여한 물건과 증여자, 소유물과 소유자 사이의 밀접한 연결을 더 분명하게 보여주는 것은 없다. 규칙은 널리 알려져 있는 것이다. 서사시의 중심 인물인 다르마(법)의 왕 유디스티라(Yudhiṣṭhira)는 보리와 소똥을 먹고 바닥에서 잠을 자는 규칙을 충실히 따름으로써 왕들 가운데 '황소'가 되었다.[79] 양도될 암소의 소유자는 사흘 밤낮 동안 암소를 모방하면서 "암소의 서약"을 지킨다.[80] 사흘 중 하룻밤은 오직 "암소의 즙"만,

즉 땀, 똥, 오줌만 먹으며(암소의 오줌에는 행운의 여신 쉬리[Śrī]가 깃들어 있다), 다른 하룻밤은 암소와 땅바닥에서 함께 잔다. 주석가가 덧붙이길, 자는 동안 "가려워도 긁지 않고 벼룩이나 이를 쫓아내지 않음"으로써 그는 암소와 "하나의 영혼"으로 동화된다.[81] 외양간에 들어갈 때는 성스러운 이름으로 암소를 부른 뒤[82] "암소는 나의 어머니요, 황소는 나의 아버지다"라고 말한다. 암소를 증여할 때에도 이 문구를 되풀이한다. 엄숙한 이전의 순간이 오면, 증여자*는 암소에게 찬사를 바친 뒤 이렇게 말한다.

당신이 무엇이든, 나 역시 그와 같습니다. 오늘 나는 당신의 본질이 되니, 당신을 줌으로써 나 자신을 줍니다[83] (3676절).

이어 수증자는 암소를 받으면서(즉 프라티그라하나[pratigrahaṇa][84]를 행하면서) 다음과 같이 말한다.

영으로 변하고(전달되고) 영으로 받아들여진 당신이여, 소마(soma, 달)와 우그라(Ugra, 태양)의 형상을 한 당신이여, 우리 두 사람을 영광되게 하소서[85] (3677절).

브라만법의 다른 원칙들은 기묘하게도 앞서 기술한 폴리네시

---

* 원문에는 수증자(donataire)로 적혀 있지만, 문맥상 증여자(donateur)의 오식이 분명하다.

아, 멜라네시아, 아메리카의 몇몇 관습을 상기시킨다. 선물을 받는 방식은 놀랍게도 유사하다. 브라만에게는 불굴의 자부심이 있어, 시장과 관련된 어떤 일에도 관여하지 않으며 거기서 비롯되는 것은 일절 받지 않는다.[86] 도시, 시장, 화폐가 존재하는 민족경제 아래에서, 브라만은 고대 인도이란계 목축민과 대평원의 이주·토착 농민이 가졌던 경제와 도덕에 여전히 충실한 것이다. 심지어 브라만은 넘치는 후의를 모욕으로 아는[87] 귀족적 태도[88]를 지키고 있다.『마하바라타』의 두 장에는 기근에 몰린 일곱 명의 위대한 리쉬와 그 제자들이 시비(Shibi) 왕의 아들의 시체를 먹으려고 했던 때의 이야기가 나온다. 이를 막기 위해 사이바 브리샤다르바(Saiva Vṛṣadarbha) 왕은 황금 무화과를 포함한 어마어마한 선물을 제안했지만, 그들은 다음과 같이 대답하면서 거절해 버렸다.

> 오 왕이여, 왕에게서 받는 것은 처음에는 꿀처럼 달지만 마침내는 독이 됩니다(4459절=93장 34행).

그러고 나서 두 방향의 저주가 이어진다[하나는 사이바 브리샤다르바 왕을 향한 리쉬들의 저주, 또 하나는 리쉬들을 향한 시비 왕의 저주]. 사실 이 모든 공론은 다소 희극적이기까지 하다. 선물에 의존해 살아가는 카스트 전체가 선물을 거부한다고 주장한다.[89] 하지만 곧이어 자발적으로 제공된 것은 받아도 무방한 것으로 타협하고,[90] 그 다음에는 어떤 사람으로부터 어떤 상황에서 어떤 물건을[91] 선물로 받을 수 있는지에 대한 긴 목록을 작성한다.[92] 결국 기근 때는 가벼운 속죄 의식을 치르기만 한다면[93] 무엇이나 받아도 괜찮게 되었다.[94]

이러한 공론의 이유는 선물이 증여자와 수증자 사이에 만들어 내는 유대가 양쪽 모두에게 너무 강력하기 때문이다. 앞서 살펴본 모든 체계의 경우와 마찬가지로, 아니 어쩌면 그보다 더 강력하게 한쪽은 다른 쪽에게 얽매인다. 수증자는 증여자에게 종속된 위치에 놓이게 된다.[95] 브라만이 왕으로부터 '받아서는' 안 되며 왕에게 청해서는 더더욱 안 되는 이유가 여기에 있다. 신성한 존재 가운데 하나인 브라만은 왕보다 우월하기에, 물건을 그저 가져가는(prendre) 것 이외의 행위는 그의 위상에 어울리지 않는다. 한편 왕의 입장에 서는 무엇을 주는가만큼이나 어떤 방식으로 주는가가 중요하다.[96]

요컨대 증여는 해야 할 일이자 수락해야 할 일지만, 동시에 받아들이기 위험한 일이기도 하다. 주어진 물건 자체가 (특히 음식의 경우에) 되돌릴 수 없는 쌍무적 결속을 만들어내기 때문이다. 수증자는 증여자의 노여움에 좌우되며,[97] 때로는 서로가 서로에게 좌우된다. 그래서 적의 집에서 음식을 먹어서는 안 된다.[98]

온갖 고래의 예방 조치들이 취해진다. 법전과 서사시는 힌두 문학 특유의 방식으로 세심하게 이 주제를 다룬다. 증여, 증여자, 증여물은 상호 관계를 맺고 있는[99] 항목으로서 꼼꼼하고 신중하게 고려되며, 이를 통해 주고받는 과정에서 발생할 수 있는 작은 실수도 미연에 방지된다. 모든 것이 예법에 따라 이뤄진다. 사안은 시장에서

덤덤히 값을 치르고 물건을 사는 일과는 다른 것이다. 아무래도 좋은 것은 하나도 없다.[100] 이 경제 도덕은 계약, 동맹, 재화의 양도와 이를 통해 형성되는 주고받는 사람들 사이의 유대 전부를 고려한다. 계약 당사자의 성질과 의도, 그리고 주어진 물건의 성질은 서로 불가분의 관계에 있다.[101] 고대의 법률가-시인은 우리가 설명하려는 것을 다음과 같이 완벽하게 표현한다.

여기에는 (한쪽으로만 도는) 바퀴 하나만 있는 것이 아니다.[102]

3. 게르만법(담보와 증여)

게르만 사회는 증여 이론에 관해 인도만큼 오래되고 완전한 흔적을 남기지는 않았지만,[103] 그럼에도 그곳에는 자발적이면서도 강제적으로 주고, 받고, 갚는 선물로 이뤄진 교환 체계가 매우 뚜렷하게 발달해 있었다. 사실 그처럼 전형적인 체계를 찾기는 쉽지 않다.

게르만 문명에도 오랫동안 시장이 존재하지 않았다.[104] 이 문명은 본질적으로 봉건적이고 농민적인 상태로 남아 있었으며, 구매 및 판매 가격이라는 개념과 단어조차 훗날에 와서야 생겨난 것으로 보인다.[105] 먼 과거에는 포틀래치 체계, 무엇보다 증여 체계가 극도로 발달해 있었다. 부족 내의 씨족들, 씨족 내의 미분화된 대가족들, 부족들과[106] 그 수장들은 물론 심지어 왕들도 가족 집단의 울타리 밖에서 도덕적 · 경제적 생활의 상당 부분을 영위했다. 사람들은 증여와 동맹의 형식 아래 담보, 볼모, 연회, 그리고 가능한 한 큰 선물을 통해 서로 교류하고 돕고 제휴했다. 책을 시작하면서 우리는 「높으신 분의 말씀」에 나오는 선물에 관한 잠언을 길게 인용했는데, 이 아름다운 에다의 묘사에 더해 아래에서는 세 가지 사실을 짚어보려고 한다.

geben[주다], *gaben*[중세 고지 독일어로 (특히 결혼식 등에서) 선물을 주다]으로부터 파생한 풍부한 독일어 어휘는 아직 심층적으로 연구되지 않았다.[107] *Ausgabe*[지출, 지급], *Abgabe*[제출, 납부, 양도], *Angabe*[진술, (스포츠에서의) 서브, 착수금], *Hingabe*[양여, 헌신], *Liebesgabe*[사랑의 선물, 희사], *Morgengabe*[결혼 다음날 아침 신랑이 신부에게 주는 선물], 또 매우 흥미로운 *Trostgabe*(프랑스에서 위로의 상이라고 부르는 것), *vorgeben*[미리주다, 핑계 대다, 가장하다], *vergeben*(낭비하다, 용서하다), *widergeben*[반환하다], *wiedergeben*[되돌려주다] 등 그 숫자는 놀랄 정도로 많다. *Gift*[선물, 독(毒)], *Mitgift*[지참금] 등의 단어와 그것이 가리키는 제도에 대한 연구도 아직 이루어지지 않았다.[108] 반면 갚을 의무를 포함해 선물 및 예물 체계 전체가 전통과 민속에서 지니는 중요성은 리하르트 마이어[*]가 탁월하게 기술한 바 있다.[109] 여기서는 우리가 아는 한 가장 뛰어난 민속 연구 중 하나인 이 연구를 참조하되, 당장은 의무를 부과하는 유대의

---

[*] 리하르트 마이어(Richard Meyer, 1860~1914)는 독일의 문학사가로, 문학과 문화사적 접근을 결합한 연구로 당대 학계에 상당한 영향력을 행사했다. 모스가 참조한 리하르트의 연구는 「증여의 역사에 대하여(Zur Geschichte des Schenkens)」라는 논문이다.

힘, 즉 교환— 제공과 수령, 갚을 의무— 을 만들어내는 안게빈드
(*Angebinde*)*에 관한 예리한 지적에만 주의를 기울일 것이다.

먼저 경제적 관점에서 대단히 중요한 가벤(*Gaben*)[110]이라는 제
도에 주목할 필요가 있다. 인도의 아다남(*ādānaṃ*)과 정확히 일치하
는 이 제도는 그리 멀지 않은 과거까지 존속했을 뿐만 아니라 틀림
없이 독일 촌락의 경제 도덕과 관습 속에 여전히 살아있는 것이다.
가벤은 세례식, 첫 영성체식, 약혼식, 결혼식에 초대받은 손님들(종
종 마을 주민 전부)이 가져오는 선물을 가리킨다. 예컨대 사람들은 결
혼 피로연 직후 또는 결혼식 전날이나 다음날(*Guldentag*, 황금의 날-
옮긴이) 선물을 하는데, 그 가치는 결혼식 비용을 훨씬 초과하는 경
우가 많다. 독일의 일부 지역에서는 가벤이 결혼식 아침에 신랑이
신부에게 주는 예물인 모르겐가베(*Morgengabe*)**가 된다. 몇몇 지역
에서는 선물의 풍성함이 부부의 다산을 보증하는 것으로 여겨지기
도 한다.[111] 약혼 시기의 관계 맺기와 대부모가 인생의 중요한 순간
마다 대자녀를 지원하고 돕기(*Helfete*) 위해 주는 다양한 선물도 마
찬가지로 중요하다. 초대와 관련된 프랑스의 풍습, 초대받지 못한
이들의 저주와 초대받은 이들의 축복(후한 선물)에 대한 설화나 전
설(특히 요정의 경우)을 통해 우리는 이러한 주제를 익히 알고 있다.

동일한 기원[고대적 증여 체계]을 갖는 두 번째 제도는 온갖 종

---

*　선물, 전통적으로는 특히 결혼식이나 종교적 의례에서 주어지는 것을 뜻한다.
**　독일 전통법에서 모르겐가베(축자적으로 '아침 선물')는 결혼 첫날밤 이후나 결혼식
　　당일에 신랑이 신부에게 제공하는 금전이나 재화를 의미한다.

류의 게르만 계약에 요구되었던 담보다.[112] 프랑스어 gage[담보, 저당, 보증, 내기에 건 것, (옛) 급료]도 게르만어 *wadium*에서 유래한 것이다(cf. 급료를 뜻하는 영어 wage). 이미 위블랭[113]은 게르만족의 바디움[114]이 계약의 구속적 성격을 이해하는 데 도움을 준다고 지적하면서 이를 로마의 넥숨과 연결 지은 바 있다. 위블랭이 해석한 것처럼, 수락된 담보는 게르만법의 계약 당사자들이 서로에게 영향을 미칠 수 있도록 해 준다. 이는 한 사람이 다른 사람에게 속했던 것을 갖기 때문이며, 더구나 이전 소유자가 자신의 소유물이었던 것에 주문을 걸어 놓았을 수도 있기 때문이다. 종종 담보물은 반으로 나눠져 계약 당자자들이 절반씩 보관하기도 했다. 하지만 이러한 설명 위에 보다 정확한 설명을 포개 놓을 수 있다. 주술적 제재가 개입할 수는 있지만 그것이 유일한 구속은 아니다. 담보로 제공되고 맡겨진 물건은 그 자체의 효력으로 인해 하나의 구속이 된다. 담보 제공은 의무적인 것으로, 게르만법에서는 일체의 계약(판매, 구매, 대여, 임치 등)에 담보 설정이 따랐다. 보통은 장갑이나 동전(*Treugeld*), 칼—프랑스에서는 지금도 핀이 사용되는 경우가 있다—처럼 별 가치가 없는 물건이 담보로 주어졌고, 계약시 인도되었던 물건에 대한 대금이 지불되면 반환되었다. 위블랭은 이러한 담보물이 대개 개인의 일상 소지품이라는 데 주목해, 타당하게도 이를 '생명의 담보', '라이프토큰(life-token)'이라는 주제와 관련짓는다.[115] 사실 담보로 제공된 물건에는 증여자의 개성이 고스란히 깃들어 있다. 그것이 수증자의 손에 있다는 사실이 당사자에게 계약을 이행하도록 하는 압력, 즉 담보물을 되찾음으로써 자기 자신을 되찾도록 하는 압력을 행사한다. 이처럼 넥숨[구속]은 단지 주술적 행위나 계약의 엄숙한 형식(주고받는 말, 맹세, 의례와 굳건한 악수)만이 아니라 물건 자체에도 존재한다. 문서, 주술적 힘이 있는 '증서', 각자 반쪽씩 보관하는 '분할 증표(tailles)',* 서로가 상대의 실체 일부를 공유하게 되는 공동식사 안에 넥숨이 있는 것처럼, 물건 자체에도 넥숨이 내재되어 있다.

물건에 깃든 이러한 힘은 바디아티오(*wadiatio*, 담보 제공-옮긴이)가 지닌 두 가지 특성을 통해 입증된다. 먼저 담보는 단순히 강제하고 구속하는 것만이 아니다. 담보에는 제공자의 명예,[116] 권위, '마나' 또한 걸려 있다.[117] 담보를 제공하는 동시에 자기 자신을 내거는 이 약속-내기(engagement-pari)로부터 해방되기 전까지, 제공자는 상대방에 비해 열등한 위치에 머무르게 된다. 법률 용어인 바디움에서 유래한 *Wette, wetten*은 '담보'와 '내기'라는 뜻을 함께 지니고 있다.[118] 바디움은 분명 채무자를 강제하는 수단이지만, 더 직접적으로는 시합에서 승리했을 때의 상이자 도전에 실패했을 때의 제재다. 계약을 이행하지 않는 한 그는 내기에서 진 자나 경주에서 2등에 그친 자와 같아서, 자신이 내건 것보다 더 큰 것, 지불해야 하는

---

* 지금은 거의 쓰지 않는 한자어 표현인 '부신(符信)'에 해당한다. 부신은 "나뭇조각이나 두꺼운 종이에 글자를 기록하고 증인(證印)을 찍은 뒤에, 두 조각으로 쪼개어 한 조각은 상대자에게 주고 다른 한 조각은 자기가 가지고 있다가 나중에 서로 맞추어서 증거로 삼던 물건"이다(표준한국어대사전).

것보다 더 많은 것을 잃게 된다. 상대방으로부터 받은 물건을 잃을 수 있다는 것은 두말할 필요도 없다. 담보가 회수되지 않는 한 원소유자는 언제든 물건의 반환을 요구할 권리가 있기 때문이다. 바디아티오의 또 다른 특성은 담보를 받는 일에도 위험이 따른다는 사실을 보여준다. 주는 사람만이 약속하는 것이 아니라, 받는 사람 또한 구속되기 때문이다. 선물을 받는 트로브리안드인처럼 바디움을 받는 자도 그것을 경계한다. 룬 문자[게르만족의 고대 문자]나 자국이 새겨진 페스투카 노타타[막대기]가 담보일 경우,[119] 그것은 수령자의 발치에 던져진다.[120] 간직할 수노 하지 않을 수도 있는 분할 증표의 경우도 손으로 받는 대신 땅에 떨어진 것을 집어 들거나 가슴으로 받는다. 이처럼 담보 제공 의례 전체는 도전과 경계의 형식 아래 진행된다. 현대 영어에서도 담보를 던지는 것(throw [down] the gage)과 갑옷 장갑을 던지는 것(throw [down] the gauntlet)이 [도전장을 던진다는] 같은 의미를 가지고 있다. 이는 담보가 (주어진 물건으로서) 계약 당사자 양측 모두에게 위험을 내포하고 있기 때문이다.

마지막 세 번째 주제는 다음과 같다. 고대 게르만법과 언어는 주고받는 물건이 지닌 위험성을 분명하게 감지하고 있었으며, 이는 게르만어파 언어 전반에서 기프트(*gift*)라는 단어가 이중의 의미를 지닌다는 사실을 설명해 준다. 기프트는 한편으로는 '선물', 다른 한 편으로는 '독'을 뜻한다. 우리는 다른 지면에서 이 단어의 의미론적 역사에 대해 논의한 적이 있다.[121] 증여가 불행을 초래하고, 선물이나 재화가 독으로 변한다는 주제는 게르만 민간전승의 핵심 요소를 이룬다. 『니벨룽의 노래』에 등장하는 라인강의 황금은 그것을 차지한 자를 파멸로 이끌고, 하겐의 술잔은 거기에 담긴 것을 마신 인물을 죽음으로 이끈다. 게르만족과 켈트족이 남긴 수많은 민담과 이야기는 여전히 우리의 감수성을 자극한다. 에다에 등장하는 영웅 중 한 명인 흐레이드마르(Hreidmar)가 로키(Loki) 신의 저주에 답하는 구절을 여기에 인용해 둔다.[122]

너는 내게 선물을 주었지만,

사랑의 선물을 주지는 않았다.

그것은 친절한 마음으로 준 것이 아니니,

내가 더 일찍 위험을 알아챘다면

너는 이미 죽은 목숨일 것이다.

켈트법

인도유럽계 민족의 하나인 켈트족 또한 이러한 제도를 가지고 있었음이 틀림없다. 위베르*와 나는 이 주장을 입증하기 위한 작업에 착수했다.[123]

---

* 앙리 위베르(Henri Hubert, 1872~1927)는 프랑스의 고고학자이자 사회학자다. 켈트족에 대한 연구로 알려져 있으며, 「희생의 본질과 기능에 관한 시론(Essai sur la nature et la fonction du sacrifice)」, 「호주 사회에서 주술적 권력의 기원(L'origine des pouvoirs magiques dans les sociétés australiennes)」 등의 논문을 모스와 함께 썼다.

중국법

끝으로 위대한 중국 문명 역시 예로부터 우리가 주목하는 법적 원칙을 보존해 왔다. 중국에서도 모든 물건과 원소유자 사이에는 끊을 수 없는 유대가 존재한다고 여겨진다. 오늘날에도 재산의 일부를 판매한 사람은[124] 평생 구매자에 대해 "자기 재산을 애도할" 권리를 유지한다(심지어 판매된 것이 동산에 불과할 때조차도 그렇다). 호앙 신부(père Hoang)는 판매자가 구매자에게 건네는 "애도 증서"의 여러 유형을 기록한 바 있다.[125] 이 권리는 사람에 대한 추급권과 혼합된 물건에 대한 추급권으로, 물건이 최종적으로 다른 이의 자산이 되고 계약에 규정된 '불가역적' 조건 전부가 이행된 후에도 오랫동안 판매자를 따라다닌다. 양도된 물건이 대체 가능한 것이라 할지라도, 그것을 통해 맺어진 결속은 일순간의 것이 아니다. 계약 당사자들은 항구적인 의존 상태에 있는 것으로 간주된다.

한편 안남[현재의 베트남 중부]의 도덕 관념에서 선물을 받는 것은 위험한 일로 여겨진다.

이 점을 지적한 베스테르마르크는 그 중요성을 부분적으로나마 인식하고 있었다.[126]

제4장

결론

1. 도덕적 결론

지금까지의 고찰을 확장해 우리 사회에 적용하는 것이 가능하다.

우리의 도덕과 삶의 상당 부분은 여전히 증여, 의무, 자유가 뒤섞인 분위기 속에 머물러 있다. 다행히 아직 모든 것이 구매과 판매의 관점에서만 분류되지는 않는다. 금전적 가치가 전부인 경우는 거의 없다. 여전히 사물은 금전적 가치에 더해 감정적 가치를 지니고 있다. 우리에게는 상인의 도덕만 있는 게 아니다. 아직도 과거의 관습을 따라 살아가는 사람들과 계층이 있으며, 사실 거의 모든 이들이 일 년 중 특정 시기나 특별한 기회에는 이 관습을 지킨다.

보답되지 않은 선물은 여전히 그것을 받은 사람을 열등한 상태에 놓이게 한다. 특히 처음부터 보답의 여지가 없는 경우라면 더욱 그렇다. 에머슨*의 흥미로운 에세이 "선물(Gifts)"[1]을 상기해 보면 아직도 우리가 게르만적 도덕 세계에 머물러 있음을 깨달을 수 있다. 자선은 지금도 그것을 받는 사람에게 상처를 주며,[2] 우리의 도덕적 노력은 부유한 '자선가'의 분별없고 모욕적인 후원을 없애는 방향으로 나아가고 있다.

---

* 랠프 월도 에머슨(Ralph Waldo Emerson, 1803~1882)은 미국의 시인·사상가로, 초월주의(transcendentalism)라는 이름으로 알려진 사상개혁운동을 대표하는 인물이다. 『자연(Nature)』, 『자립(Self-Reliance)』, 『초영혼(The Over-Soul)』 등의 저서를 남겼다.

'예의'를 돌려줘야 하듯 초대도 반드시 되갚아야 한다. 여기서 우리는 귀족적 포틀래치라는 전통적 기반의 흔적과 더불어, 인간 활동의 근본적 동기 — 동성의 개인 간 경쟁,[3] 인간 존재의 '근본적인 지배 성향' — 가 드러나는 것을 볼 수 있다. 한편으로는 사회적 기반이, 다른 한편으로는 동물적이고 심리적인 기반이 나타나는 것이다. 사람들의 말처럼 우리 각자는 사회생활이라는 이 별개의 삶 속에서 "빚진 상태로 머물러서는" 안 된다. 받은 것이 있으면 더 많이 돌려줘야 한다. 돌아가며 '한턱내기'는 점점 더 거해지고 과해진다. 그렇게 내가 어린 시절을 보낸 로렌(Lorraine) 지방의 시골 마을에서는 평소 가장 검소하게 생활하던 가정이 수호성인 축일이나 결혼식, 첫 영성체 날이나 장례식 때면 손님들을 위해 파산할 정도로 큰 지출을 했던 것이다. 그런 날에는 '귀족(grand seigneur)'처럼 처신해야 한다. 사실 우리 국민 일부는 언제나 이런 식으로 행동하면서 손님 접대와 잔치, '연말연시 선물'에 관해서는 돈을 아끼지 않는다고 말할 수 있다.

초대는 반드시 해야 하며 반드시 수락되어야 한다. 자유주의적인 우리 사회에서도 이러한 관행은 여전히 지켜지고 있다. 불과 50년 전만 하더라도, 아니 어쩌면 더 최근까지도 독일과 프랑스의 일부 지방에서는 마을 전체가 혼인 잔치에 참여했으며, 한 사람이라도 오지 않는 것은 나쁜 징조(시기나 '저주'의 조짐 또는 증거)로 여겨졌다. 프랑스의 많은 곳에서는 아직도 모든 사람이 이러한 의식에 참여한다. 프로방스(Provence)에서는 아이가 태어나면 사람들이 달걀을 비롯한 상징적인 선물을 가져다준다.

판매된 물건은 여전히 영혼을 지니고 있다. 물건은 이전 소유자를 따라다니고, 주인 역시 팔린 물건을 따라다닌다. 보주산맥(Vosges)의 마을 코르니몽(Cornimont)에는 얼마 전까지만 해도 일반적이었던 관습이 있는데, 아마 일부 가정에서는 지금도 따르고 있을 것이다. 새로 산 가축이 옛 주인을 못 잊어 '자기 집'을 찾아가는 일이 없도록 하기 위해 사람들은 축사 문 상인방에 십자가를 그리거나 판매자의 고삐를 그대로 사용했으며, 소금을 손에 담아 가축에게 먹이기도 했다. 라옹오부아(Raon-aux-Bois)에서는 버터 바른 빵조각을 벽난로의 냄비걸이 주위에서 세 번 돌린 다음 오른손으로 가축에게 먹였다. 이런 관행은 가족의 일부를 이루는 덩치 큰 가축, 집의 일부인 축사에서 사는 가축에게 한정된다. 하지만 판매한 물건을 두들기거나 팔린 양을 채찍질하는 등의 다른 많은 관습도 판매한 사람과 판매된 물건을 갈라놓아야 함을 보여준다.[4]

이러한 도덕이 오늘날 산업가·상업가들의 법 전체와 충돌하고 있다고도 할 수 있다. 대중과 생산자들은 자신들이 생산한 물건의 향방을 끝까지 추적하려는 단호한 의지와, 자신들의 노동이 이익의 공유 없이 전매(轉買)되고 있다는 예민한 감각을 바탕으로 경제에 대한 나름의 견해를 형성하고 있다.

오늘날 오래된 원칙들이 우리 법의 가혹함, 추상성, 비인간성에 반발하고 있다. 이러한 관점에서 보면, 새롭게 마련되고 있는 법률의 상당 부분과 가장 최근에 도입된 몇몇 관행은 과거로의 회귀를 의미한다. 우리 제도의 로마적 · 색슨적 냉혹함에 대한 이 같은 반작용은 전적으로 건전하고 강력한 것이다. 법과 관행의 몇몇 새로운 원칙을 이러한 견지에서 해석해 볼 수 있다.

원고, 독창적 예술 작품, 새로 발명된 기계가 노골적 판매의 대상에서 벗어나 문학적 · 예술적 · 과학적 재산권의 영역으로 넘어오는 데에는 오랜 시간이 걸렸다. 사실 사회는 인류의 은인이라 할 발명가나 작가의 창작물에 대해 상속자가 가지는 권리를 일정 수준 이상으로 인정하는 데 관심을 두지 않았다. 창작물이 개인의 정신만이 아니라 집단정신의 산물이기도 하다는 주장이 흔히 제기되며, 사람들은 그것이 가능한 한 빨리 공공의 영역이나 부의 일반적 순환 과정 속에 들어가기를 기대한다. 그러나 작가나 직계 상속자가 아직 살아있는 동안 [이미 그들의 손을 떠난] 그림이나 조각, 기타 예술품의 전매로 막대한 시세 차익을 얻은 사례들이 스캔들이 됨에 따라, 예술가와 그 상속자에게 작품이 재판매될 때마다 생기는 차익에 대한 추급권을 부여하는 프랑스 법률이 1923년 9월에 제정되었다.[5]

사회보장에 관한 프랑스의 모든 법률, 즉 이미 실현된 국가 사회주의는 다음과 같은 원칙에 의해 고취된 것이다. 노동자는 한편으로는 공동체를 위해, 다른 한편으로는 고용주를 위해 자신의 삶과 노동을 바쳤다. 노동자 스스로 사회보장제도에 협력해야 하지만, 노동자의 서비스로 혜택을 누린 이들도 단지 임금을 지불하는 것만으로 노동자에게 진 빚을 모두 갚았다고 할 수 없다. 공동체를 대표하는 국가 역시 고용주들과 함께 그리고 노동자 자신의 기여에 기반해 실업, 질병, 노령화, 사망에 대비한 일정 수준의 생활보장을 노동자에게 제공할 의무가 있다.

프랑스 산업가들이 부양가족이 있는 노동자들을 위해 자발적으로 밀어붙인 가족지원기금과 같은 최근의 혁신적 기획들은 개인들과의 관계를 구축하고, 그들이 지고 있는 부담과 그에 상응하는 물질적 · 도덕적 이해관계의 정도를 고려해야 할 필요에 부응한다.[6] 이와 유사한 조합들이 독일과 벨기에에서도 성공적으로 운영되고 있다. 수백만의 노동자들이 일자리를 잃은 끔찍하고 긴 이 불황의 시기에, 영국에서는 직능별로 의무적 실업보험을 조직하는 방향으로 전체적인 움직임이 형성되고 있다. 시와 국가는 산업 자체와 전반적인 시장 상황으로 인해 발생한 실업자들을 위해 막대한 비용을 부담하는 데 지쳐 있다. 이러한 상황에서 저명한 경제학자들과 존 파이버스(John Pybus)나 린든 메커시 경(sir Lynden Macassey) 같은 산업계 대표들은 직능별 실업기금 조직을 위해 필요한 희생을 기업들이 감수해야 한다고 주장하고 있다. 요컨대 그들은 노동자의 생활보장과 실업구제를 위한 비용이 각 산업의 일반경비에 포함되기를 바라고 있다.

우리가 보기에 이러한 도덕과 법률은 동요가 아니라 법으로의 회귀에 해당한다.[7] 한편으로는 직업윤리와 직능별 법이 출현해 현실 속에서 관철되고 있다. 산업단체들이 다양한 직능별 사업을 위해 조성한 보상기금과 공제조합은 전적으로 고용주들에 의해 관리된다는 점을 제외하면 순수 도덕의 관점에서 어떠한 결함도 없다. 지금 여기에서 움직이고 있는 것은 집단들이다. 국가, 지방정부, 공공구호단체, 퇴직연금기금, 저축금고, 공제조합, 고용주 집단, 임금노동자 집단 등은 독일과 알자스-로렌(Alsace-Lorraine)에서 이뤄진 사회적 입법의 예에서 볼 수 있듯이 서로 긴밀하게 연계되어 있다. 가까운 미래에는 프랑스의 사회보장제도를 통해서도 이러한 연계가 실현될 것이다. 우리는 다시금 집단도덕으로 회귀하고 있다.

다른 한편 국가와 그 하위집단들이 돌보려는 대상은 개인이다. 사회는 자신의 세포를 되찾고자 한다. 사회는 개인의 권리에 대한 인식과 자선, '사회적 서비스', 연대와 같은 다른 순수한 감정이 혼합된 독특한 마음가짐으로 개인을 찾고 품으려 한다. 증여라는 테마, 증여의 자유와 의무라는 테마, 후한 베풂과 이해관심이라는 테마가 마치 오랫동안 잊혀져 있던 주요 모티프가 되살아나듯 다시 우리 곁으로 돌아오고 있다.

그러나 단순히 사실을 나열하는 것만으로는 충분하지 않다. 그로부터 어떤 도덕적 실천이나 가르침을 이끌어내야 한다. 우리의 법이 물건에 관한 법과 사람에 관한 법의 구별과 같은 추상적 원리로부터 벗어나고 있으며,[*] 서비스의 판매와 지불이라는 난폭한 법

---

[*] 모스는 이러한 구별을 사람과 물건이 영혼을 매개로 뒤섞이는 태고사회의 현실, 그리하여 "사물은 인격을 지니고 있으며, 인격은 어떻게 보면 씨족이 항구적으로 보유하는 사물"이기도 한 현실에 입각해 문제 삼는다. 모스는 물건과 소유자 사이의 인격적 관계가 근대 사회에서도 완전히 사라지지 않았다고 판단하며, 시장의 법을 보완하고 교정하는 새로운 사회적 법을 통해 이러한 관계가 더욱 강화되기를 바라고 있다. 앞서 언급

위에 다른 법들이 추가되고 있다고 말하는 것도 충분하지 않다. 우리는 이 같은 혁명이 바람직하고 좋은 것이라고 말해야만 한다.

우리는 '고귀한 지출'의 관습으로 돌아가야 하며 돌아가고 있다. 영미권 국가들과 동시대의 다른 많은 사회들—미개사회건 고도로 문명화된 사회건—에서처럼, 부자들은 자발적으로 또 의무적으로 스스로를 동료 시민들을 위한 금고 관리인으로 여겨야 한다. 우리 문명이 발원한 고대 문명들에는 [채무 탕감과 노예 해방 등이 행해지는 유대교의] 희년(禧年), [고대 그리스의] 공공봉사, 합창단 조직, [부유한 시민에게 부과되는] 전함의 정비 · 운영 · 지휘 의무, [스파르타와 아테네 등의] 공동식사, 공직자와 집정관의 의무적 지출과 같은 관행이 존재했다. 우리는 이런 종류의 법으로 돌아가야 한다. 둘째, 개인의 생명과 건강, 교육(이는 수익성이 있는 일이기도 하다), 가족과 그 미래에 더 많은 관심을 기울여야 한다. 노동 계약, 부동산 임대차 계약, 생필품 매매 계약은 지금보다 더 큰 선의와 감수성, 관대함을 가지고 행해져야 한다. 또 투기와 고리대금에서 발생하는 수익을 제한하는 방안도 마련해야 한다.

그러나 개인도 반드시 일해야 한다. 개인은 다른 사람에게 기대기보다 스스로에게 의지하도록 유도되어야 한다. 개인적으로든 집단적으로든 자신의 이해관계를 지킬 줄도 알아야 한다. 지나친 관대함과 공산주의는 현대인의 이기주의와 우리 법의 개인주의만큼

된 창작자와 창작물, 노동자와 생산물 사이의 관계처럼 말이다.

이나 개인과 사회 모두에게 해로울 것이다.『마하바라타』에 등장하는 사악한 숲의 요정은 분별없이 너무 많은 것을 베푸는 브라만에게 이렇게 말한다. "그래서 네가 야위고 창백한 거야." 수도승의 삶과 샤일록[셰익스피어의 희곡『베니스의 상인』에 등장하는 고리대금업자]의 삶은 똑같이 피해야 한다. 새로운 도덕 안에서 현실과 이상은 틀림없이 적절하고 균형 잡힌 조화를 이룰 것이다.

우리는 태곳적의 것으로, 기본 요소들로 돌아갈 수 있으며 돌아가야 한다. 사람들 앞에서 베푸는 기쁨, 예술을 위해 아낌없이 지출하는 즐거움, 손님을 환대하고 사적이거나 공적인 잔치를 여는 즐거움 등, 여전히 많은 사회와 계층의 사람들을 움직이고 있는 삶과 행위의 동기들이 그렇게 다시 발견될 것이다. 사회보장, 공제조합과 협동조합이 제공하는 배려, 직업단체와 영국법이 "우애조합 (Friendly Societies)"이라고 부르는 다양한 법인체에서 비롯되는 보살핌은 과거 귀족이 소작농에게 보장하던 사적 안전보다 더 가치 있으며, 고용주가 정한 일당으로 얻는 궁핍한 삶보다 더 나은 것이다. 그것은 신용의 변동에 휘둘리는 자본주의적 저축보다도 더 가치 있는 것이다.

이와 같은 원칙들이 지배하는 사회가 어떤 모습일지 그려보는 것도 가능하다. 주요 서구 국가들의 자유직업군[건축가, 회계사, 개업의, 변호사 따위의 직업]에서는 이런 종류의 도덕과 경제가 이미 어느 정도 기능하고 있다. 그곳에서는 명예, 무사무욕, 동업조합의 연대가 공허한 말이 아니며, 노동의 불가결함과도 상충하지 않는다. 다른 직업군들을 마찬가지로 인간화하고, 기존의 조직들은 더욱 완성된 형태로 발전시켜 나가자. 뒤르켐이 자주 주창했던 위대한 진보가 바로 여기에 있을 것이다.

이렇게 함으로써 우리는 법의 확고한 기반, 정상적 사회생활의 원칙 자체로 돌아가게 될 것이다. 시민들이 지나치게 선량하고 주관적이거나, 반대로 지나치게 무심하고 현실적이 되기를 바라서는 안 된다. 각자는 자신에 대해서뿐만 아니라 타인과 사회적 현실 — 도덕적 사안과 관련해 이와 다른 현실이 과연 존재할까? — 에 대해서도 예민한 감각을 가져야 한다. 각자는 자신과 자신이 속한 하위 집단, 그리고 전체 사회를 고려하면서 행동해야 한다. 이러한 도덕은 영원한 것이다. 그것은 가장 진화한 사회에도, 가까운 미래의 사회에도, 상상 가능한 가장 덜 발달된 사회에도 공통적으로 존재한다. 지금 우리는 반석을 건드리고 있다. 더 이상 우리는 단순히 법에 대해 이야기하는 것이 아니라, 인간과 인간 집단에 대해 이야기하고 있다. 왜냐하면 바로 그들이, 바로 사회가, 즉 영혼과 살과 뼈를 지닌 인간의 감정들이 언제 어디서나 움직이고 있기 때문이다.

이 점을 증명해 보자. 우리가 씨족과 씨족 사이의 총체적 급부 체계로 부르자고 제안한 체계, 그 안에서 개인들과 집단들이 서로 모든 것을 교환하는 체계는 상상할 수 있고 또 확인할 수 있는 가장 오래된 경제 · 법체계를 이루며, 이를 기반으로 증여-교환의 도덕이 형성되고 부각되었다. 우리가 바라는 것은 우리 사회가 바로 이런 유형의 체계를 향해 나아가는 것이다. 상황과 맥락을 고려한 비례와 균형을 적절히 찾아가면서 말이다. 법이 지나온 이 아득한 과거의 단계를 이해하기 위해, 서로 매우 다른 두 사회에서 가져온 사례를 살펴보자.

호주 퀸즐랜드주 동부의 중심지인 파인 마운틴(Pine Mountain)에서 코로보리(corroboree, 공개적으로 이뤄지는 연극적인 춤) 행사가 있을 때면,[8] 참가자들은 한 손에 투창기를 들고 다른 손은 등 뒤로 한 채 차례대로 신성한 장소에 들어선다. 이어 각 참가자는 큰 소리로 출신지의 이름을 외치면서(가령 "나는 쿤얀[Kunyan] 사람이다"[9]) 무대의 반대편 끝에 있는 원 안으로 창을 던진다. 그리고는 잠시 움직임을 멈추며, 그 사이 친구들이 와서 그의 다른 손에 창이나 부메랑 같은 무기를 '선물로 쥐여준다'. "이런 식으로 뛰어난 전사는 한 손으로 들 수 없을 만큼 많은 물건을 받게 되는데, 특히 결혼시킬 딸이 있을 때 그렇다."[10]

위네바고족(수족)의 씨족은 축제가 있을 때면 다른 씨족을 대표해 온 사람들을 위해 음식을 요리하고 담배를 준비한다. 씨족장은 매우 특색 있는 인사말로 동료 씨족장을 맞이하는데,[11] 이는 북아메리카 인디언 문명 전반에 퍼져 있는 예법의 본보기라 할 만하다.[12] 다음은 뱀 씨족의 수장이 한 연설의 일부다.[13] "여러분께 인사드립니다. 감사할 따름입니다. 그 밖에 무슨 말씀을 드릴 수 있겠습니까? 가치 없고 보잘 것 없는 사람인 저를 여러분이 기억해 주셨습니다. 참으로 감사한 일입니다… 여러분은 정령들을 생각하시고는 저와 함께하기 위해 와주셨습니다… 여러분의 접시가 곧 채워

질 것이니, 다시 한 번 여러분께 인사드립니다. 정령들의 자리에 대신 앉은 인간인 여러분…." 씨족장들이 식사를 마치고 담배를 불에 태워 제물로 바치고 나면, 잔치와 그 가운데 이뤄진 급부 일체의 도덕적 의의를 밝히는 마지막 연설이 이어진다. "이 자리에 참석하러 와주셔서 감사합니다. 고맙습니다. 여러분은 제게 용기를 주셨습니다… 여러분의 조상님들—그분들은 계시를 받았으며, 여러분은 그분들의 화신입니다—의 축복은 정령들의 축복과 같습니다. 여러분이 잔치에 참석해 주신 것은 제게 큰 의미가 있습니다. 우리 선조들은 분명 이렇게 말씀하셨을 것입니다. '너희의 생명은 약하다. 너희는 용감한 이들의 조언을 통해서만 강해질 수 있다.' 여러분은 제게 조언을 주셨습니다. 그것은 제게 생명과 같습니다."

이처럼 인간 진화의 처음과 끝에 존재하는 지혜는 단 하나뿐이다. 그것을 우리 삶의 원칙으로 받아들이자. 그것은 언제나 원칙이었고, 앞으로도 영원히 그럴 것이다. 자기로부터 벗어나 자유롭게 또 의무적으로 주어야 한다. 그러면 잘못될 일이 없을 것이다. 마오리족 속담이 이를 훌륭하게 표현한다.

Ko Maru kai atu

Ko Maru kai mai

Ka ngohe ngohe

"받은 만큼 주어라. 그러면 모든 일이 잘될 것이다."[14]

2. 경제사회학적·정치경제학적 결론

이러한 사실들은 우리의 도덕을 조명하고 이상을 인도해 줄 뿐만 아니라, 그것에 비춰보면 가장 일반적인 경제적 사실들을 더 잘 분석할 수 있다. 나아가 이 분석은 우리 사회에 적용할 수 있는 더 나은 운영 방법을 찾는 데 도움을 줄 수 있다.

우리는 교환-증여의 경제가 소위 자연경제나 공리주의의 틀에 포섭되지 않는다는 점을 이미 여러 차례 확인했다. 이들 민족—이해를 돕기 위해 위대한 신석기 문명의 훌륭한 대표자라고 해 두자—의 경제생활에서 나타나는 매우 중요한 현상들은 물론, 우리와 가까운 사회들과 우리 자신의 관습 속에 남아 있는 이 전통의 잔재도 다양한 경제체제를 비교하려 했던 소수의 경제학자들이 통상적으로 제시하는 도식에 들어맞지 않는다.[15] 이미 말리노프스키는 '원시' 경제에 대한 기존 통설을 '날려버리기' 위한 연구를 힘껏 추진한 바 있다. 아래에서는 이 연구의 성과에 우리가 반복적으로 관찰했던 몇 가지 사항을 덧붙여 두고자 한다.[16]

먼저 일련의 확고한 사실들이 있다.

이들 사회에서도 가치 개념이 작용한다. 절대적으로 말해 아주 큰 잉여가 축적되며, 그렇게 모인 잉여는 상대적으로 매우 사치스럽게 지출된다.[17] 이윤 추구와는 전혀 무관하게, 대개는 그저 낭비하는 방식으로 말이다. 그곳에는 부의 표징, 일종의 화폐가 존재하며 교환된다.[18] 하지만 이처럼 부유한 경제도 전체적으로는 여전히 종교적 요소로 가득 차 있다. 화폐는 주술적 권능을 지닌 채 특정 씨족이나 개인과 연결되어 있으며,[19] 시장에서의 거래를 비롯한 다양한 경제활동은 의례와 신화에 젖어 있다. 경제활동은 의례적이고 의무적인 성격을 유지하며, 여전히 무언가 효험을 지니고 있다.[20] 그것은 의례와 법적 요소들로 충만하다. 이렇게 볼 때 뒤르켐이 제기했던 경제적 가치 개념의 종교적 기원에 관한 질문에 우리는 이미 어느 정도 답을 제시한 셈이 된다.[21] 나아가 이 사실들은 유용한 물건의 교환, '물물교환(troc)', 페르무타티오(*permutatio*)[22*] 등으로 부적절하게 불리는 현상의 여러 형태와 이유에 관한 많은 질문에도 답한다. 아리스토텔레스[23]와 그를 추종하는 로마 법률가들이 그랬던 것처럼, 역사경제학에서는 물물교환을 분업의 기원으로 간주하는 경우가 있다. 하지만 대개 이미 상당히 발전된 이 사회들에서 순환하고 있는 것은 유용성을 지니지 않은 물건인 경우가 많다. 씨족, 연령 집단, 그리고 일반적으로 남성과 여성들은 다양한 상호 접촉에서 생겨나는 여러 관계들로 인해 항구적인 경제적 흥분 상태에 놓여 있는데, 이는 실용주의와는 한참이나 거리가 먼 것, 우리가 행하는 판매와 구매, 노동 계약, 주식 거래에 비해 훨씬 덜 무미건조한 것이다.

그러나 우리는 지금까지 도달한 것보다 더 멀리 나아갈 수 있다. 우리가 써 온 주요 개념들을 용해하고, 혼합하고, 채색해 새롭게

---

* 로마법에서 '물물교환'을 가리키는 용어. 3장 주석 24, 4장 주석 22 참조.

정의할 수 있다. 지금까지 사용했던 여러 용어들—[선물을 뜻하는 프랑스어] présent, cadeau, [증여 또는 선물을 뜻하는] don—도 그 자체로는 완전히 정확한 표현이 아니다. 단지 적절한 다른 용어를 찾지 못했을 뿐이다. 사람들이 흔히 대조시키는 법적·경제적 개념들, 즉 자유와 의무, 후한 베풂·관대함·사치와 검약·이익·효용 같은 개념들을 용광로에 다시 집어넣는 것이 좋을 것이다. 이 문제와 관련해 여기서는 몇 가지 단서만 제시할 수 있을 뿐이다. 예를 들어[24] 트로브리안드 군도에서는 하나의 복합적 개념이 우리가 기술한 경제 행위 일체를 고무하고 있다. 그것은 전적으로 자유롭고 순전히 무상으로 이뤄지는 급부 개념도 아니고, 오로지 실리적 목적만을 위한 생산과 교환의 개념도 아니다. 대신 일종의 혼종(hybride)이 그곳에서 꽃피우고 있다.

말리노프스키는 트로브리안드 군도에서 관찰한 모든 거래를 이해관심과 무사무욕이라는 상반된 동기에 입각해 분류하려는 진지한 노력을 기울였다.[25] 그는 거래 행위들을 한편으로는 순수 증여, 다른 한편으로는 흥정을 동반하는 순수 물물교환이라는 양극 사이에 배열했지만,[26] 이러한 분류는 실제로는 적용 불가능한 것이다. 예컨대 말리노프스키는 부부간의 증여를 순수 증여[27]의 전형으로 간주한다. 하지만 우리가 보기에 말리노프스키가 지적한 가장 중요한 사실 중 하나는 남편이 아내에게 '지속적으로' 행하는 지불인 마푸라[28]가 성적 서비스에 대한 일종의 보수에 해당한다는 것이다(이는 인류 전체의 성적 관계에 빛을 비춰주는 통찰이다).[29] 마찬가지로 수장에게 주는 선물은 공물의 성격을 띠며, 사갈리로 알려진 음식 분배는 노동이나 의례적 서비스 수행(예를 들어 장례식에서 밤을 새우는 일)에 대한 보상으로 이뤄지는 것이다.[30] 이 같은 선물 대부분은 무언가에 대한 반대급부로서, 자유로운 것이 아닌 만큼 진정 이해관심을 초월한 것도 아니다. 서비스와 물건의 대가 지불을 넘어 유익하고 거부할 수 없는 동맹을 유지하기 위해서도 증여가 행해진다.[31] 가령 어업에 종사하는 부족과 농경 부족(또는 도기를 만드는 부족) 사이의 동맹처럼 말이다.[32] 이는 마리오족이나 심시안족[33]의 경우에서도 확인되는 일반적 사실이므로, 우리는 씨족들을 결합하는 동시에 분열시키며 그들 사이에 분업을 만드는 동시에 교환을 강제하는 신비적이면서도 실질적인 힘이 어디에 있는지 알 수 있다. 한편으로, 이들 사회에서도 개인과 집단(더 정확히는 하위집단)은 누구든 누구의 간섭도 받지 않고 계약을 거부할 권리가 있음을 항상 인지하고 있었다. 바로 이 점이 재화의 순환에 관대함의 외양을 부여한다. 그러나 다른 한편, 개인이든 집단이든 실제로는 계약을 거절할 권리도 거절해서 얻을 이익도 없었으며, 이 점이 멀리 떨어져 있는 이 사회들을 우리 사회와 어느 정도 유사하게 만든다.

　화폐의 사용은 또 다른 고찰을 이끈다. 트로브리안드 군도의 바이구아(팔찌와 목걸이), 북서아메리카의 구리판, 이로쿼이족의 왐펌(*wampum*)*은 그 자체로 부이자 부의 표징,[34] 교환 및 지불의 수

---

*　조개껍질을 구슬로 가공해 꿰어 만든 벨트나 장식품을 가리킨다. 원주민들 사이에서는 단순한 장식품을 넘어 집단 간 조약·협정의 상징이자 증표로 쓰였고(유명한 히아와

단일 뿐 아니라, 반드시 주거나 심지어 파괴해야 하는 물건이다. 다만 그것은 여전히 그것을 사용하는 사람들에게 묶여 있는 담보이며, 그러한 것으로서 사람들을 얽맨다. 동시에 그것은 이미 화폐적 표징(signes monétaires)으로 기능하고 있으므로, 사람들로서는 새로운 것을 얻을 수 있도록 기존의 물품을 내놓는 것이 이롭다. 이를 상품이나 서비스로 변형시키면, 그것들이 다시 화폐로 전환될 수 있기 때문이다. 트로브리안드 군도나 심시안족의 수장이 적절한 시점에 자금을 풀어 유동자본을 재구성하는 법을 알고 있는 자본가와 유사하게 행동한다고 볼 수도 있다. 비록 그 정도에서 큰 차이가 있기는 하지만 말이다. 결국 이해관심과 무사무욕은 이러한 부의 순환 형태와 이를 뒤따르는 부의 표징의 태곳적 순환 형태를 똑같이 설명한다.

부의 순수한 파괴조차도 사람들이 기대하는 완전한 초연함과는 거리가 있다. 이 위엄 있는 행위조차도 자기중심주의(égotisme)에서 완전히 자유롭지 않다. 오랫동안 모은 막대한 재화를 단번에 내놓거나 심지어 파괴하는 전적으로 사치스럽고 과도한 소비 형태는, 특히 포틀래치의 경우[35] 완전히 방탕하고 유치한 낭비 제도라는 인상을 준다. 유용한 물건들을 탕진하고 호화로운 음식을 과도하게 소비하는 것을 넘어, 사람들은 그저 파괴의 기쁨을 위해 재산을 파

타 벨트[Hiawatha Belt]는 이로쿼이 연맹을 구성하는 모호크, 오네이다, 오논다가, 카유가, 세네카 다섯 부족의 단결을 상징한다), 유럽인과의 교역에서는 일종의 화폐 역할을 하기도 했다.

괴한다. 심시안족, 클링깃족, 하이다족의 수장들은 구리판(화폐)을 물속에 던져버리며, 콰키우틀족과 그 동맹 부족의 수장들은 그것을 부숴버린다. 그러나 이러한 증여와 광적인 소비, 무분별한 부의 낭비와 파괴는 특히 포틀래치를 행하는 사회의 경우 결코 무사무욕한 동기에서 비롯된 것이 아니다. 이를 통해 수장과 가신, 가신과 추종자 사이에 위계가 확립된다. 주는 것은 우월성을 드러내는 행위다. 그것은 자신이 더 크고 높은 존재임을, 주인(*magister*)임을 보여주는 것이다. 반대로 보답 없이 받기만 하거나 더 많이 보답하지 않는 것은 곧 종속을 의미한다. 그것은 피보호자나 하인이 되는 것, 작아지는 것, 종복(*minister*)의 지위로 떨어지는 것이다.

므와실라(*mwasila*)라고 불리는 쿨라의 주술 의례[36]는 미래의 계약자가 추구하는 것이 무엇보다 사회적 우위, 심지어 원초적이라고 부를 수 있는 우위임을 보여주는 주문과 상징들로 가득 차 있다. 주술사는 온갖 것들—파트너와 함께 사용할 빈랑나무 열매, 수장과 그의 동료들, 그들의 돼지, 목걸이, 머리와 그 '구멍들', 첫 선물이 될 파리(*pari*)를 비롯해 가지고 갈 여러 물건들—에 주술을 건 다음, 다음과 같은 과장 어린 주문을 내뱉는다.[37]

나는 산을 뒤엎는다. 산이 요동치고, 무너진다… 내 주술은 도부산 꼭대기에 닿을 것이다… 내 카누는 가라앉을 것이다… 내 명성은 천둥과 같고, 내 발걸음 소리는 하늘을 나는 주술사가 내는 굉음과 같다. 투두두두.

최고가 되는 것, 가장 아름답고, 가장 운이 좋고, 가장 강하고, 가장 부유한 사람이 되는 것, 이것이 모두가 추구하는 목표이며 각자는 그런 존재가 됨으로써 원하던 것을 얻는다. 이후 수장은 자신이 받은 것을 가신들과 친척들에게 재분배함으로써 자신의 마나를 공고히 한다. 수장은 목걸이에는 팔찌로 보답하고 방문에는 환대로 답함으로써 수장들 사이에서 서열을 유지한다. 이처럼 부는 유용한 물건인 동시에 위신을 얻고 유지하는 수단이다. 그런데 과연 우리 사회의 경우는 이와 다르다고 확신할 수 있을까? 우리 사회에서도 부는 무엇보다 사람들을 지배하는 수단이 아닌가?

이제 우리가 증여와 무사무욕이라는 개념과 대비시켰던 이익(intérêt)의 개념, 유용한 것의 개인적 추구라는 개념을 검토해 보자. 이 개념 역시 우리가 그것을 인식하는 방식과는 다른 식으로 나타난다. 이익에 비견될 만한 동기가 트로브리안드 군도와 아메리카의 수장들, 안다만섬의 씨족들, 관대한 힌두인들 및 게르만족·셀틱족의 귀족들이 행한 증여와 지출을 자극한 것이 사실이라 할지라도, 이 동기는 상인, 은행가, 자본가의 차가운 합리성과는 본질적으로 다른 것이다. 저 문명의 사람들은 현대인과는 다른 이해관심을 가진다. 그들은 지출하기 위해, '의무를 지우기' 위해, '충성스러운 사람'을 얻기 위해 재산을 모은다. 그들도 교환을 하지만, 그 대상은 주로 사치품, 장신구, 의복이거나 아니면 즉시 소비되는 물품이나 연회 같은 것이다. 그들은 받은 것보다 더 많이 돌려주지만, 이는 그저 '소비의 지연'으로 인해 최초의 증여자나 교환자가 입은 손실을 보상하기 위한 것이 아니라 그를 굴욕에 빠뜨리기 위해서이기도 하다. 여기에도 이익 추구는 존재하지만, 이 이익은 현대인을 인도하는 것으로 간주되는 이익과 동일한 것이 아니다. 둘 사이에는 단지 유비관계가 있을 뿐이다.

순전히 타산적이고 개인주의적인 경제, 셈족과 그리스인이 발견한 이래 우리 사회가 적어도 부분적으로 경험해 온 경제가 하나의 극단을 이룬다면, 그 반대편 극단에는 호주나 북아메리카(동부 및 대평원) 씨족들의 삶을 이끄는 상대적으로 비정형적이고 비타산적인 하위집단 내부의 경제가 자리하고 있다. 이 두 극단 사이에는 엄청나게 다양한 경제 제도와 사건들이 단계적으로 길게 배열되어 있으며, 이러한 제도와 사건들은 흔히 사람들이 이론으로 삼고자 하는 경제적 합리주의에 의해 지배되지 않는 것이다.

'이익'이라는 단어 자체는 비교적 최근에 등장한 것으로, 회계 기법에 그 기원을 둔다. 라틴어 *interest*는 회계 장부에서 징수된 지대 앞에 적어 두던 용어였다. 가장 에피쿠로스적인 고대 도덕에서도 사람들이 추구한 것은 물질적 효용이 아니라 선과 쾌락이었다. 이윤과 개인이라는 개념이 유효해지고 결국에는 원칙으로 자리 잡기 위해서는 합리주의와 중상주의의 승리가 필요했다. 개인적 이익이라는 개념이 승전고를 울린 시점을 맨더빌(Bernard Mandeville)의 『꿀벌의 우화』* 출간 이후로 특정하는 것도 가능하다. 이 말을

---

* "사적인 악덕이 곧 공공의 이익(Private Vices, Public Benefits)"이라는 부제를 달고 1714년에 출간되었다. 개인적 이익을 포기하고 도덕적 덕만 추구하기로 결정한 이후

라틴어나 그리스어, 아랍어로 어렵게나마 번역하려면 우회적인 표현을 동원해야만 한다. 우리가 쓰는 '이익'과 상당히 가까운 아르타(artha)라는 단어를 사용했던 고전 산스크리어트어 저자들도 행위와 관련된 그 밖의 범주와 마찬가지로 이익을 우리와는 다른 방식으로 이해했다. 고대 인도의 성전(聖典)들은 인간 활동을 법(다르마), 이익(아르타), 욕망(카마)의 범주로 구분하는데, 여기서 이익은 무엇보다 정치적 이익, 즉 왕, 브라만, 대신, 왕국, 그리고 각 카스트의 이익을 의미한다. 『니티샤스트라(Nitiśâstra)』라는 중요한 문헌은 경제에 관한 것이 아니다.

아주 최근에야 서구 사회가 인간을 '경제적 동물'로 만들었지만, 아직 우리 모두가 그러한 존재가 된 것은 아니다. 대중과 엘리트들 사이에서는 여전히 비합리적인 순수 지출이 흔히 이뤄지고 있으며, 이는 얼마 남지 않은 귀족층의 특질 중 하나이기도 하다. 호모 에코노미쿠스는 우리 뒤에 있는 존재가 아니다. 도덕과 책임의 인간, 과학과 이성의 인간과 마찬가지로 호모 에코노미쿠스 역시 우리 앞에 놓여 있다. 인간은 아주 오랜 시간 동안 그와는 다른 존재였다. 인간이 계산기를 탑재한 복잡한 기계가 된 것은 그리 오래된 일이 아니다.

다행히도 아직 우리는 언제나 냉철하게 효용만 계산하는 상태

몰락한 벌 공동체의 이야기를 통해, 사적 이기심과 탐욕에 입각한 개인의 행동이 결과적으로는 사회 전체의 번영을 가져온다는 아이디어를 개진한다.

와는 거리를 두고 있다. 알박스[*]가 노동자 계급을 대상으로 했던 것처럼, 서구 중산층의 소비와 지출 방식을 통계적으로 심층 분석할 필요가 있다. 우리는 얼마나 많은 욕구를 충족시키고 있는가? 효용을 최종 목적으로 삼지 않는 다양한 성향 중 얼마나 많은 것이 충족되지 못하고 있는가? 부자는 소득 중 얼마나 큰 부분을 개인적 효용 추구에 할당하고 있으며 또 할당할 수 있는가? 사치품 구매, 예술 향유, 방탕한 오락, 하인 고용을 위해 지출하는 비용을 볼 때, 부자는 과거의 귀족이나 앞서 우리가 그 관습을 기술한 야만인들의 수장과 어딘가 닮아 있지 않은가?

이러한 방식이 좋은 것인지는 또 다른 문제다. 순수 지출 외에도 다양한 소비와 교환의 방식이 존재하는 편이 아마 더 바람직할 것이다. 하지만 그 결과가 어떠하든, 개인적 욕구의 계산을 통해 최선의 경제를 위한 방안을 찾을 수는 없다. 나는 우리 각자가 부를 늘리려고 할 때조차, 유능한 회계원과 관리자가 되되 단순한 금융업자와는 다른 존재로 남아야 한다고 생각한다. 개인적 목적의 가차 없는 추구는 전체의 목적과 평화를 해치며, 전체적인 노동과 기쁨의 조화로운 리듬을 깨뜨린다. 이는 개인에게 되돌아와 결국 그

---

[*] 모리스 알박스(Maurice Halbwachs, 1877~1945)는 뒤르켐 학파에 속하는 프랑스의 사회학자로, '집단 기억'이라는 개념을 제시한 연구 『기억의 사회적 틀(Les Cadres sociaux de la mémoire)』로 널리 알려져 있다. 본문에서 언급된 것은 알박스의 박사학위 논문 가운데 하나인 「노동계급과 생활 수준: 현대 산업 사회에서 필요의 위계에 대한 연구(La classe ouvrière et les niveaux de vie: recherches sur la hiérarchie des besoins dans les sociétés industrielles contemporaines)」이다.

자신에게도 해가 될 것이다.

앞서 살펴본 것처럼 우리 사회의 중요한 부문인 자본주의 기업 단체들 스스로가 이미 피고용자들을 집단으로 조직화하는 데 나서고 있다. 한편 고용주들과 임금노동자들이 각기 결성한 조합들은 자신들의 성원이나 때로는 조합 자체의 특수한 이익만이 아니라 전체의 공익을 열렬히 옹호하고 대변하고 있다고 주장한다. 이러한 주장을 그저 수사로 가득한 말치레에 불과한 것으로 치부할 수도 있겠지만, 그럼에도 도덕과 철학뿐 아니라 여론과 경제 운용의 기술 자체가 '사회적인 것'의 수준으로 올라서기 시작했다는 사실을 인정해야만 한다. 사람들이 열심히 일하기 위해서는 자신은 물론 타인을 위해 성실히 수행한 노동이 평생 동안 정당하게 보상받을 것이라는 확신이 필요하다는 인식이 점차 확산되고 있다. 생산에 종사하는 사람들은 단순히 생산물이나 노동시간을 교환하는 것을 넘어 자기 자신의 일부, 즉 자기의 시간과 생명을 내놓고 있다는 것을 항상 느껴왔으며, 이제 그 감각은 더욱 예리해지고 있다. 그들은 이 같은 증여가 적당히나마 보상받기를 바라고 있는바, 이를 거부하는 것은 그들을 나태와 낮은 생산성으로 이끄는 일이 될 것이다.

이쯤에서 사회학적이면서도 실천적인 결론을 하나 제시해 볼 수 있다. 쿠란의 유명한 제64장 "상호기만"(최후의 심판)은 메카에서 무함마드에게 계시된 것으로, 하나님(Allah)에 관해 다음과 같이 말하고 있다.

15. 재산과 자식은 너희에게 주어진 시험이나, 하나님 안에는 위대한 보상이 있다.

16. 온 힘을 다해 하나님을 경외하라. 듣고 순종하며, 희사를 행하라. 이는 너희 자신에게 복이 될 것이니, 탐욕을 경계하는 자는 번영을 누릴 것이다.

17. 너희가 하나님을 위해 아낌없이 베풀면, 그분은 두 배로 갚으시고 너희에게 관용을 베풀어 주실 것이다. 하나님은 은혜를 아시는 분이며 참으로 인자하신 분이시다.

18. 하나님은 보이는 것도 보이지 않는 것도 모두 알고 계신다. 하나님은 전능하시며 지혜로운 분이시다.

하나님의 이름을 사회나 직업단체의 이름으로 대체하거나, 신앙을 가진 사람이라면 이 세 이름을 하나로 합쳐 보라. 그리고 '희사'라는 말을 협력, 타인을 위한 노동, 혹은 급부라는 개념으로 바꿔 보라. 그러면 지금 어렵게 태동하고 있는 경제 운용 기술에 대한 꽤 명확한 이미지를 얻게 될 것이다. 이러한 기술은 일부 경제 집단은 물론 대중의 마음속에서도 이미 작동하고 있다. 대개 대중은 지도자들보다 자신들의 이익과 공동의 이익에 대한 더 명확한 감각을 지니는 법이기 때문이다.

아직 충분히 알려지지 않은 사회생활의 이러한 측면을 연구한다면, 도덕과 경제 양 차원에서 서구 각국의 국민들이 나아가야 할 길을 조금이나마 밝힐 수 있을 것이다.

3. 일반사회학적·도덕적 결론

끝으로 연구를 이끈 방법에 대해 몇 마디 덧붙여 두고자 한다.

물론 이 연구를 하나의 본보기로 제시하려는 것은 아니다. 그것은 단지 실마리들로 가득할 뿐이다. 모든 것을 충분히 다루지도 못했으며, 분석을 더 멀리 밀고 나갈 여지도 남겨져 있다.[38] 사실 우리가 한 일은 최종적 답변을 내놓음으로써 문제를 해결한 것이라기보다는 역사학자들과 민족지학자들에게 질문을 던지고 조사 대상을 제안한 것에 가깝다. 지금 당장은 앞으로 이 방향에서 많은 사실들이 발견될 것이라는 확신을 가지는 것으로 충분하다.

이러한 확신이 가능한 이유는 우리가 문제를 다룬 방식 속에 하나의 발견적(heuristique) 원리가 존재하기 때문이다. 우리가 연구한 사실 모두는 감히 말하자면 **총체적인** 사회적 사실이다. 혹은 우리가 덜 선호하기는 하지만, 원한다면 일반적인 사회적 사실이라고 부를 수도 있는 것이다. 그것은 어떤 경우에는 사회와 그 제도 전체(포틀래치, 대립하는 씨족들, 상호 방문하는 부족들 등)를 움직이게 하고, 교환과 계약이 개인적 사안에 가까울 때를 비롯한 다른 경우에는 다만 상당히 많은 수의 제도를 움직이게 하는 사실이다.

이 모든 현상은 법적이자 경제적이고 종교적이며, 심미적이고 형태학적이기도 하다. 우선 그것은 사법과 공법, 조직화된 도덕과 체계화되지 않은 채 확산되어 있는 도덕 모두와 연관되므로 법적 현상이다. 그것은 엄격한 의무로 규정될 수도, 아니면 단순히 상찬과 비난의 대상으로 머물 수도 있으며, 정치적인 동시에 가내적인 (domestique) 것, 사회계층뿐 아니라 씨족과 가족이 연루되어 있는 것이다. 이 현상들은 또한 종교적인 것으로, 엄밀한 의미의 종교는 물론 주술과 애니미즘, 그도 아니면 그저 막연한 종교적 심성과 관련이 있다. 경제적인 차원도 물론 존재하는데, 한편으로는 가치, 효용, 이익, 사치, 부, 획득, 축적의 관념과 다른 한편으로는 소비의 관념, 심지어는 사치 일색의 순수 지출이라는 관념이 오늘날 우리가 이해하는 것과는 다른 방식으로 도처에서 작용하기 때문이다. 비록 이 연구에서는 의도적으로 논의를 건너뛰긴 했지만 제도들의 심미적 측면 역시 중요하다. 번갈아 추는 춤과 갖가지 노래 및 퍼레이드, 한 편이 다른 편에게, 한 파트너가 다른 파트너에게 선보이는 극적인 공연이 이 점을 보여준다. 사람들이 만들고, 사용하고, 장식하고, 다듬고, 모으고, 애정을 담아 양도하는 온갖 종류의 물건, 기쁨으로 받아들여지고 자랑스럽게 선보이는 모든 것과 모든 사람이 참여하는 연회에 이르는 일체의 것들, 즉 모든 음식, 물건, 서비스와 심지어는 클링깃족이 말하듯 '존경'까지도 도덕적이거나 이익과 관련된 감정을 넘어 심미적 감정을 자극한다.[39] 이러한 특성은 멜라네시아뿐만 아니라 북아메리카의 포틀래치 체계에서 특히 두드러지며,[40] 인도유럽 세계의 축제-시장(fête-marché)에서는 더욱 그렇다. 끝으로 이 모든 현상은 명백히 사회형태학과 관련이 있다. 모든 일은 집회, 장터, 시장 또는 최소한 그 역할을 대신하는 축제의 장에서 벌어지며, 이 모두는 한 계절(예컨대 콰키우틀족의 겨울 포틀래치)

이나 몇 주의 시간(멜라네시아인들의 해상원정)보다 더 길게 지속되는 결사체를 전제한다. 안심하고 이동할 수 있는 길(최소한 오솔길), 바다나 호수도 필요하다. 부족 안팎의 동맹이나 국제적 동맹, 교역 (*commercium*)과 혼인(*connubium*)도 있어야 한다.[41]

따라서 관건은 개별적인 주제나 제도의 특정 요소가 아니다. 복합적인 요소들로 이뤄진 단일 제도나 다양한 제도들로 구성된 체계 중 하나 — 예컨대 종교·법·경제 등으로 분리된 체계 중 하나 —도 관건이 아니다. 우리가 설명하고자 했던 것은 '전체', 즉 사회 체계 전부의 작동 양상이었다. 우리는 동적인 상태에 있는 사회, 생리적으로 기능하고 있는 사회를 관찰했다. 우리는 사회가 경직되었거나 정적인 상태에 있는 것처럼 연구하지 않았으며, 마치 시체를 다루듯 사회를 법규범, 신화, 가치, 가격 등으로 해체해 분석하는 일은 더더욱 하지 않았다. 오직 전체를 통째로 고찰함으로써 우리는 본질적인 것, 전체의 움직임, 생생한 양상을 파악할 수 있었으며, 또 사회가, 혹은 인간들이, 그들 자신과 타인과의 관계 속에서 자신이 차지하는 위치에 대해 감정적으로 자각하는 찰나의 순간을 포착할 수 있었다. 사회생활에 대한 이러한 구체적인 관찰이야말로 우리가 막 엿보기 시작한 새로운 사실들을 발견하는 수단이다. 우리는 사회적 사실에 대한 이 같은 연구보다 더 시급하고 유익한 일은 없다고 믿는다.

총체적인 사회적 사실에 대한 연구는 두 가지 이점을 가진다. 먼저 일반성에서 오는 이점이 있다. 일반적 작동과 관련된 사실들은 다소 우연적인 지역색을 띠게 마련인 다양한 개별 제도나 그에 속하는 다채로운 주제에 비해 더 보편적일 가능성이 높기 때문이다. 하지만 무엇보다 현실성(réalité)의 이점이 있다. 우리는 사회적 사물을 있는 그대로, 구체적으로 보게 된다. 우리는 사회 속에서 단순히 관념이나 규범뿐만 아니라 인간들과 집단들, 그리고 그들의 행동을 포착하게 된다. 마치 역학(力學)을 연구하는 이들이 질량과 체계를 보거나 바다에서 문어와 말미잘을 보듯이, 우리는 사람들과 집단들이 움직이는 것을 보게 된다. 우리는 자신들의 환경과 감정 속에서 부유하는 수많은 사람과 움직이고 있는 힘을 보게 된다.

역사학자들은 사회학자들이 지나치게 추상화하고, 사회의 다양한 요소들을 과도하게 분리해서 다룬다고 느끼면서 이의를 제기한다. 이는 일리가 있는 지적이다. 역사학자들을 본받아 우리도 주어진 것을 관찰해야 한다. 그런데 주어진 것은 기도나 법 자체가 아니라 로마나 아테네, 평균적인 프랑스인이나 특정 섬의 멜라네시아인이다. 설령 그동안 다소 과도하게 분리하고 추상화하는 것이 불가피했던 측면이 있더라도, 이제는 사회학자들도 전체를 재구성하기 위해 노력해야 한다. 그러면 비옥한 자료들을 발견하게 될 것이며, 또 한편으로는 심리학자들을 만족시킬 방법도 찾게 될 것이다.*
심리학자들은 자신들의 특권을 강하게 인식하고 있다. 특히 정신병리학자들에게는 구체적인 것을 연구하고 있다는 확신이 있다. 그

---

* 심리학과 사회학의 관계에 대한 모스의 견해는 『몸 테크닉』(박정호 옮김, 파이돈, 2023)에 실린 「심리학과 사회학의 실질적이고 실천적인 관계」에 개진되어 있다.

들이 연구하고 있거나 관찰해야 한다고 믿는 것은 기능적으로[예컨 대 감정, 지성, 의지 등으로] 분리된 존재가 아니라 총체적 존재의 행동 이다. 이 점을 본받아야 한다. 전체적인(complet) 것에 대한 연구이 기도 한 구체적인 것의 연구는 사회학에서도 가능할뿐더러, 더 매 력적이고 더 설명력이 있을 것이다. 사회학자로서 우리가 관찰하는 것은 전체적이고 복합적인 존재인 인간의 특정 수가 내보이는 전 체적이고 복합적인 반응이다. 우리 역시 유기체이자 심적 존재로서 인간에 대해 기술하며, 또 대중의 행동과 이에 상응하는 심리 현상 ─군중이나 조직된 사회 및 그 하위집단의 감정, 관념, 의지─에 대 해서도 기술한다.* 우리도 신체와 신체의 반응을 관찰하는데, 관념 이나 감정은 보통 그 해석이며 드물게는 이유가 된다. 사회학의 원 칙과 목적은 집단 전체와 그 행동 전체를 이해하는 데 있다.

본론에서 제시된 모든 사실의 형태학적 기초를 당장 파악하기 에는 시간이 부족했다. 이를 시도했더라면 제한된 주제를 부당하게

---

* 이 대목이 시사하는 것은 '총체적 인간(l'homme total)', 즉 사회적-심리적-생리적 복 합체로서의 인간이라는 모스의 중요한 인식론적 개념이다. 뒤르켐이 인간을 개인적(유 기체적) 차원과 사회적 차원의 대립 구조로 파악하는 '이중적 인간(Homo duplex)' 개념을 제시하면서 사회적 차원('집합의식', '집합표상')의 이론적·규범적 우위를 강 조했다면, 총체적 인간 개념을 통해 모스는 사회적·심리적·생리적 요소들이 역동적 으로 상호작용하는 총체적 맥락 속에서 인간 행위를 파악해야 한다는 지향을 제시한 다. 모스가 프랑스 심리학회에서 발표한 강연문인 「몸 테크닉」과 「집단이 암시하는 죽 음 관념이 개인에게 미치는 신체적 효과」가 '총체적 인간의 사회학'을 초보적인 상태로 나마 예시한다. 『몸 테크닉』의 역자가 말하듯, "그의 총체적 인간 개념이 당대에 풍부한 결실을 맺었다고는 말할 수 없다. […] 하지만 그의 통찰은 현대 사회학과 인류학이 계 속 파헤쳐야 할 중대한 의미를 담고 있다."

확장하는 일이 되었을 것이다. 그러나 이에 대한 연구를 어떤 방향으로 진행할 수 있을지 짚어두는 것은 우리가 따르고자 하는 방법의 예시를 보여준다는 점에서 의미가 없지 않을 것이다.

현대 유럽 사회를 제외하고 우리가 살펴본 모든 사회는 분절사회였다. 십이표법 이전의 로마, 에다가 편찬된 늦은 시기[13세기]까지의 게르만족 사회, 주요 문학작품이 집필되기 이전의 아일랜드 사회와 같은 인도유럽 사회들조차 씨족이나 적어도 대가족을 기반으로 형성된 분절사회였다. 이러한 대가족은 내부적으로는 어느 정도 미분화되어 있었고, 외부적으로는 서로 어느 정도 고립되어 있었다. 이들 사회 모두는 현대 사회가 도달한 통합성의 수준이나 피상적인 역사가 그곳에 부여하는 일체성과는 한참 거리가 멀었다. 반면 집단 내부의 개인들은 지금의 우리에 비해 덜 어둡고, 덜 심각하고, 덜 인색하고, 덜 개인주의적이었다. 심지어 매우 두드러진 인물의 경우도 예외가 아니었다. 그들은 적어도 외견상으로는 우리보다 더 관대하고 더 베풀 줄 아는 사람들이었다(현존하는 사회의 경우는 지금도 그렇다). 부족 축제, 대립하는 씨족 사이의 의례, 가족 간의 혼인 또는 상호 입문식을 치러주는 의례가 있을 때면 사람들은 서로를 방문했다. '환대의 법칙'이 발달하고, 신과의 친선 및 계약의 법칙이 '시장'과 도시의 '평화'를 보장하게 된 보다 진보된 사회에서도 사정은 마찬가지였다. 이렇게 오랜 세월 동안 수많은 사회의 사람들은 과장된 두려움 및 적대감과 과장된 관대함 사이를 오가는 묘한 마음상태로 서로를 대했는데, 이는 현대인의 눈에만 비정상적으로 보일 뿐이다. 우리 사회에 바로 앞서 존재했거나 여전히 우리 주변에 있는 많은 사회들, 나아가 현재 우리의 민중 도덕을 반영하는 여러 관습에서도 중간이란 없다. 완전한 신뢰 아니면 완전한 불신이 있을 뿐이다. 사람들은 무기를 내려놓고 주술을 포기하거나, 일시적 환대에서 딸과 재산에 이르기까지 모든 것을 줘버린다. 바로 이러한 상태에서 사람들은 타인을 배척하는 태도를 벗어나 주고 돌려주는 일에 헌신할 수 있게 되었다.

사실 그들에게는 다른 선택지가 없었다. 두 집단의 사람들이 만날 경우, 할 수 있는 일은 서로 거리를 두거나(만일 불신을 드러내면서 도발한다면 싸울 수도 있거니와) 아니면 잘 대우하거나 둘 중 하나밖에 없다. 우리의 것과 유사한 법과 경제가 출현하기 전까지 사람들은 언제나 이방인과 '거래'를 해왔으며, 이는 동맹을 맺은 사이에서도 다르지 않았다. 트로브리안드 군도의 키리위나섬 사람들은 말리노프스키에게 이렇게 말했다. "도부섬 사람들은 우리처럼 착하지 않아요. 그들은 사나운데다 심지어 식인을 하죠. 그래서 도부섬에 도착하면 혹 그들이 우리를 죽이지 않을까 두려운 마음이 듭니다. 하지만 보세요, 이렇게 주문을 건 생강을 씹어서 뱉으면 그들의 마음이 바뀌게 됩니다. 창을 내려놓고 우리를 잘 맞이해 주는 거죠."[42] 축제와 전쟁 사이의 불안정한 경계를 이보다 더 잘 표현할 수는 없을 것이다.

최고의 민족지학자 중 한 사람인 투른발트가 계보학적 자료와 함께[43] 기술한 실제 사건도 흥미롭다. 멜라네시아의 또 다른 부족에서 일어난 이 사건은 사람들이 어떻게 순식간에 집단적으로 축제에서 전투로 넘어가는지를 잘 보여준다. 부레아우(Buleau)라는 수장은 다른 수장인 보발(Bobal)과 그의 사람들을 연회에 초대했다(아마도 오랫동안 이어질 일련의 연회 중 첫 번째 연회였을 것이다). 참석자들은 밤새 춤을 췄고, 계속된 춤과 노래로 흥분된 상태에서 아침을 맞았다. 그런데 부레아우의 사소한 말 한마디에 격분한 보발의 사람 하나가 그를 죽여버렸다. 이어 보발의 무리는 상대편 사람들을 학살하고 마을을 약탈했으며, 여자들을 납치해 돌아갔다. 사람들이 투른발트에게 전하길, "부레아우와 보발은 라이벌이기는 했지만 대체로 사이가 좋은 편이었다." 우리는 지금도 주변에서 이와 비슷한 사건이 벌어지는 것을 목격하고 있다.

이성을 감정에 대립시키고 평화의 의지를 이와 같은 돌연한 광기에 맞세움으로써, 여러 민족들은 동맹·증여·교역으로 전쟁·고립·정체를 대체할 수 있었다.

여기에 연구의 끝에서 도출할 수 있는 결론이 있다. 사회의 진보는 사회 자체와 그 하위집단들, 그리고 이를 구성하는 개인들이 주고, 받고, 갚으면서 다양한 관계를 안정화시킬 수 있었던 한에서 가능했다. 거래를 시작하려면 먼저 창을 내려놓을 줄 알아야 했다. 그렇게 비단 씨족들 사이에서뿐만 아니라 부족들과 민족들 사이에서, 그리고 무엇보다 개인들 사이에서 재화와 사람이 교환될 수 있게 되었다. 그 후에야 비로소 사람들은 상호적으로 이익을 창출하고 충족시킬 수 있었으며, 무기에 의존하지 않고도 이를 방어할 수 있게 되었다. 씨족, 부족, 민족들은 이렇게 서로 살육하지 않으면서 대립하고, 스스로를 희생시키지 않고도 주는 법을 터득했다. 바로 여기에 그들의 지혜와 연대의 영원한 비결이 있다. 소위 문명화된 우리 세계의 계급과 국민, 개인들이 배워야 할 것도 이와 같은 것이다.

그 밖의 다른 도덕, 다른 경제, 다른 사회적 실천은 존재하지 않는다. 브리튼 사람들의 『아서왕 이야기』에 따르면, 아서왕은 콘월 (Cornwall)에 사는 한 목수의 도움으로 기적의 '원탁'을 궁정에 들이게 된다.[44] 이 경이로운 원탁 둘레에서 기사들은 싸움을 멈추게 되지만, 과거 그들은 "비열한 시기심으로" 어리석게 아웅다웅하면서 결투를 벌이고 살인을 저질러 가장 아름다운 연회를 피로 물들이고는 했었다. 목수는 아서왕에게 이렇게 말했다. "제가 아주 멋진 테이블을 하나 만들어 드리겠습니다. 1600명이 넘는 사람들이 테이블에 앉을 수 있고 주위에서 움직일 수 있으니, 누구도 자리에서 밀려나는 일이 없을 것입니다. 싸움을 벌이려는 기사도 사라질 것입니다. 왜냐하면 그곳에서는 지위가 높은 자와 낮은 자가 구분되지 않기 때문입니다." '높은 자리'가 사라지면서 다툼도 사라졌다. 아서왕이 원탁을 가져가는 곳 어디에서나 그의 고귀한 기사들은 서로 화기애애하게 지냈으며 전투에서 패배하는 일도 없었다. 오늘날에도 이와 같은 방식으로 강하고 부유하며 행복하고 선량한 국민이 만들어지고 있다. 민족, 계급, 가족과 개인은 아서왕의 기사들처럼 공동의 부 주위에 함께 둘러앉는 법을 배울 때 비로소 부유하고 행복해질 수 있다. 무엇이 선이고 행복인지를 멀리서 찾을 필요는 없다. 그것은 확고한 평화 속에, 함께하는 노동과 홀로 하는 노동의 잘 조율된 리듬 속에, 교육을 통해 정착된 상호 존중과 호수적 관대함이 이끄는 부의 축적과 재분배 속에 존재한다.

지금까지 우리는 몇 가지 사례를 통해 인간의 총체적 행동과 사회생활 전체를 어떻게 연구할 수 있는지 살펴보았다. 동시에 이러한 구체적 연구가 풍속(mœurs)의 과학, 부분적인 사회과학에 도달할 수 있을 뿐만 아니라 도덕 — 옛 표현으로는 '예절(civilité)', 요즘 말로는 '시민의식(civisme)' — 에 관한 결론까지 도출할 수 있다는 것도 확인했다. 이와 같은 연구를 통해 우리는 사회를 구축하고 공동생활을 구성하는 심미적·도덕적·종교적·경제적 동기들과 물질적·인구학적 요인들을 어렴풋이나마 파악하고, 헤아려보고, 저울질해 볼 수 있을 것이다. 이 다양한 동기들과 요인들의 의식적 관리야말로 최고의 기예, 소크라테스적 의미에서의 **정치**일 것이다.

부록

1. 트라키아인의 태곳적 계약 형태*

I

전쟁[제1차 세계대전]이 발발하기 훨씬 전부터 다비와 나는 호주, 아프리카, 멜라네시아, 폴리네시아, 북아메리카 등지의 많은 사회들에서 계약과 부의 교환이 통상적으로 취하는 형태에 주목해 왔다.[1]

그곳의 계약과 교환은 개인적이고 순전히 경제적인 물물교환과는 전혀 다른 성격을 띤다. 혹자는 물물교환 체계를 '자연경제'라고 부르기도 하지만, 사실 그러한 체계가 배타적이거나 적어도 일관되게 작동한 사회가 실제로 존재했는지조차도 확실하지 않다. 일반적으로 약속을 맺는 주체는 개인이 아니라 씨족이나 대가족 같은 집단들이며, 이러한 약속은 흔히 항구적인 동맹의 형태로, 특히 진정한 의미에서의 동맹인 결혼과 관련해서 이뤄진다. 계약 당사자들이 서로에게 지는 의무는 해당 집단의 구성원 모두에게 적용되며, 종종 여러 세대를 아우른다. 이러한 의무는 일체의 활동과 모든 형태

---

* M. Mauss, "Une forme ancienne de contrat chez les Thraces," *Revue des études grecques*, 1921, Vol. 34, No. 159, pp. 388~397. 트라키아는 발칸반도 남동부 지역(오늘날의 불가리아, 그리스, 터키 일부)을 이르는 역사적 지명이다. 고대 트라키아인은 강력한 전사 문화와 화려한 금제 장신구로 잘 알려져 있다. 로마 공화정 말기의 검투사 반란 지도자 스파르타쿠스가 트라키아 출신이기도 하다

의 부로 확장된다. 가령 춤이나 [서로 번갈아 치러주는] 입문식을 대가로 교환이 이뤄진다. 씨족이 소유한 것 전부가 다음에 갚는다는 조건 아래 교환되며, 그렇게 여자, 아이, 음식, 의례, 유산 등이 한 집단에서 다른 집단으로 움직인다. 요컨대 이러한 교환은 결코 경제적 성격에만 국한되지 않는다. 오히려 이는 우리가 '총체적 급부 체계'라 부르기를 제안하는 것에 해당한다.[2]

이러한 집단적 교환의 일반적 형태 가운데는 아주 눈길을 끄는 것이 하나 있다. 미국의 민족지학자들이 보통 '포틀래치'라고 부르는 이 관습은 우리가 아는 한 주로 북서아메리카와 멜라네시아에 퍼져 있는 것이다. '포틀래치'는 본래 북태평양 해안의 아메리카 원주민 부족들(보다 정확히 말하면 부족 연맹들) 사이에서 통용되던 말로, 특히 콰키우틀족을 대상으로 한 보아스의 훌륭한 연구 덕분에 널리 알려지게 되었다. 우리가 그 명칭을 고수할[3] 이 관습은 다양한 종류의 수많은 급부를 포함하는 매우 복잡한 교환으로, 특히 다음과 같은 두 가지 특징을 지닌다. 첫째, 모든 것은 겉보기에는 순수한 호의에서 비롯된 증여(donation)의 형태로 시작되지만, 수혜자는 결국 그에 상응하는 가치를 이자와 함께 되돌려줘야 할 의무를 지게 된다. 전체 거래는 사치, 진정한 낭비의 양상을 띤다. 이 대갚음(revanche)의 특성 — 독일 사람들은 "*sich revanchieren*[보답 · 설욕 · 만회하다]"이라고 말한다[4] — 은 아직도 우리의 농촌 가정들이 서로 초대하고 초대에 응하는 상황에서 흔히 볼 수 있다. 둘째, 이러한 대갚음의 과도함으로 인해 '포틀래치'는 투기적(agonistique) 성격을 띠게 된다. 멜라네시아에서도 이미 상당히 두드러진 이 특징은[5] 아메리카에서 훨씬 더 강력하게 나타난다. 수장에 의해 대표되는 씨족들은 서로 결속하는 것 이상으로 대립하며, 지속적인 경쟁은 때로 전투나 살해, 이름과 무기의 상실로까지 이어진다. 이런 방식으로 가족들과 씨족들 사이에 위계질서가 확립된다. 이와 같은 완전한 형태의 '포틀래치'는 상당히 드문 것이 사실이지만,[6] 특히 흑인 세계[멜라네시아(그리스어로 '검은 섬')를 가리킨다]와 폴리네시아를 비롯한 많은 지역에는 호의적인 선물로 시작되지만 그 수락에는 더 큰 선물, 연회, 서비스로 보답해야 할 의무가 뒤따르게 마련인 총체적 급부 체계가 존재하고 있다.

II

우리는 이처럼 특징적인 사례를 인도유럽 세계에서 찾아보려고 했지만 지금까지는 별다른 성과를 거두지 못했다.

그러던 중 아주 우연히 그리스 문헌에서 중요한 증거를 발견하게 되었다. 그것은 고대 그리스 북부의 트라키아인, 특히 비잔티움 근방의 오드뤼사이족(Odryses)*과 같은 상당한 규모의 인구집단이

---

* 오드뤼사이족은 트라키아인의 주요 분파 중 하나로, 기원전 5세기 초 여러 트라키아 부족을 통합해 오드뤼사이 왕국을 건설했다. 초기에는 부족 연맹체의 성격을 띠었던 오드뤼사이 왕국은 점차 그리스식 행정과 조세 제도를 도입하는 등 중앙집권적 요소를 강화해 나갔으며, 그리스 도시국가(특히 아테네와 스파르타) 및 페르시아와 외교ㆍ군사적 관계를 맺으며 정치적 영향력을 확대해 갔다. 기원전 3세기 이후 로마와의 충돌 속에서 여러

이러한 유형의 제도를 알고 있었음을 보여준다. 보다 정확히 말하자면, 그들은 우리가 방금 정의한 '총체적 급부 체계'를 가지고 있되 보다 진화한 '포틀래치' 체계의 첫 번째 특징—현대적 의미로 선물의 고리대적 회수라고 부를 수 있을 특징—과 함께 가지고 있었다. 크세노폰*은 이 제도가 실행되는 것을 직접 목격했으며, 투키디데스**는 그에 관해 전해 들은 바를 기록했다. 하지만 그들은 제도의 의미를 파악하지는 못했다. 우리는 그리스인들이 관습을 이해하지 못했음에도 영민함 덕분에 거기에 빠르게 적응했음을 쉽게 알 수 있다. 그러나 메이예(Antoine Meillet)가 지적했듯 이로 인해 그들의 증언이 지닌 가치가 손상되는 것은 아니다. 정반대로 그들은 자신들이 지어낼 수 없는 사실을 기록하고 있는 것이다.

이미 호메로스의 『일리아스』에도 같은 종류의 이야기가 나온다. 리키아(Lycie)[7]의 왕 글라우코스(Glaucus)와 [아르고스(Argos)의 왕] 디오메데스(Diomède) 사이의 일화가 그것인데, 둘은 씨족과 씨족, 왕과 왕 사이의 계약으로 맺어진 크세노스(ξένος),*** 즉 손님

소국으로 분열되었고, 기원전 46년 로마 황제 클라우디우스에 의해 정복되어 트라키아 속주로 편입되었다.

* 크세노폰(Xénophon, 기원전 430년경~354년경)은 『아나바시스』를 비롯해 당대 역사와 생활사를 증언하는 중요한 기록을 남긴 고대 그리스의 역사가, 철학자, 군인이다. 소크라테스의 제자로도 알려져 있다.

** 투키디데스(Thucydide, 기원전 460년경~400년경)는 아테네와 스파르타 사이의 전쟁을 기록한 『펠로폰네소스 전쟁사』의 저자로, 신화적 요소를 배제한 사실 중심의 역사 기록을 통해 현대 역사학과 정치학의 토대를 마련한 인물 중 하나로 평가받는다.

*** 크세노스는 폴리스의 성원이 아닌 '이방인'을 뜻하는 말로, 지역 친구나 가족, 친척을

이자 친구였다.[8] 이 일화는 '스폰데($\Sigma\pi o\nu\delta\dot{\eta}$)'*와 근대적 계약을 발명한 그리스인들이 이미 당시에도 한쪽이 다른 쪽보다 훨씬 더 많이 주는 고리대적 교환을 이해하지 못했음을 보여준다. 이야기의 줄거리는 이렇다. 전투를 벌이던 글라우코스와 디오메데스는 서로가 서로의 '크세노스'임을 깨닫고 싸움을 멈췄다. 그들은 벨레로폰(Bellérophon)에 대한 이야기를 나눈 뒤 "서로의 손을 맞잡고 신의를 교환했다.** 그런데 그 순간 크로노스의 아들 제우스가 글라우코스의 이성을 앗아갔고, 글라우코스는 디오메데스의 청동 무기를 받고 황금으로 된 자신의 무기를 내주었다. 아홉 마리 소의 가치에 불과한 것을 백 마리 소에 해당하는 가치와 맞바꾼 것이다."[9] 이처럼 호메로스의 서사시 속 그리스인들은 우리가 주목하는 관습이 실행되는 것을 목격했지만 이를 정신 나간 짓으로 여겼다.

의미하는 필로스($\varphi\acute{\imath}\lambda o\varsigma$)와 대비된다. 크세노스와 더불어 '환대', '친절'을 뜻하는 크세니아($\xi\varepsilon\nu\acute{\imath}\alpha$)도 고려해야 하는데, 이 두 단어 사이의 연결은 그리스인들이 이방인에 대한 환대를 중요한 도덕적 의무로 삼았음을 말해 준다. 그리하여 크세노스는 이방인만이 아니라 '손님', '친구', 나아가 '동맹자'를 뜻하게 되고, 크세니아는 '손님과 주인 사이의 우정 관계', '의례적 우정 관계'를 의미하게 된다.

* 신에게 술이나 다른 음료를 바치는 의식.

** 배경은 트로이 전쟁이다. 글라우코스는 트로이를 위해 싸우며, 디오메데스는 그리스의 영웅이다. 전투 중 두 사람은 서로의 출신과 가문에 대해 이야기를 나누게 되는데, 그 과정에서 글라우코스의 할아버지인 벨레로폰(페가수스를 타고 괴물 키마이라를 처치한 것으로 유명한 그리스 신화의 대영웅)과 디오메데스의 할아버지 오이네우스가 과거 크세니아를 맺은 사이임을 알게 된다. 두 사람은 선조들이 맺은 의례적 우정 관계를 계승해 싸움을 멈추고 서로의 갑옷을 교환한다.

부록_트라키아인의 태곳적 계약 형태

*

　　명백히 사치스러운 형태를 취했던 트라키아인의 계약 제도에 대한 주요 기록은 크세노폰의 『아나바시스(*Anabase*)』 제7권에서 찾아볼 수 있다.* 그것은 매우 생동감 있게 잘 쓴 글이기도 하다.[10] 크세노폰은 자신과 함께 남은 '만인용병대' 병사들의 거취 문제로 고민하고 있었다. 크세노폰의 '큰 무리'는 비잔티움과 그곳을 통치하던 스파르타인에게 견디기 힘든 짐이 되고 있었다. 결국 크세노폰은 병사들을 오드뤼사이 왕국의 왕위를 노리던 트라키아 왕 세우테스(Seuthès)의 용병으로 보내기로 결정하는데, 바로 이 고용 계약이 두 집단 사이에서 일련의 급부들이 잇달아 제공되는 방식으로 이뤄졌다. 첫 번째 만남에서 세우테스는 땅과 전리품을 약속하면서 다음과 같이 덧붙였다.[11] "나는 그들을 내 형제로 삼을 것이니, 그들은 나와 같은 자리에서 먹고 정복할 모든 것을 함께 누릴 것이오. 크세노폰 당신에게는 내 딸을 줄 것이며, 만약 당신에게 딸이 있다면 트라키아 방식으로[12] 살 것이오. 그리고 내 해안가 영지 중 가장 아름다운 비산테(Bisanthe)[13]를 거처로 주겠소." 이 대목에서 확인할 수 있듯, 트라키아의 지도자는 급여 계약을 단순한 금전적 교환

---

* 페르시아 아케메네스 제국의 왕위 다툼에 동원된 '만인용병대'의 일원으로 전쟁에 참여했던 크세노폰은 지휘관들의 연이은 죽음으로 용병대의 퇴각을 이끄는 책임을 맡게 된다. 『아나바시스』는 용병대의 길고 험난했던 귀환 여정과 그 과정에서의 정치·군사적 경험을 크세노폰이 생생하게 기록한 글이다.

이 아니라 식사를 함께하는 이들과 결혼(즉 딸과 재산의 교환)을 통해 결합된 이들 간의 동맹으로 간주한다. 그러나 이는 아직 교섭 단계에 불과하다. 얼마 후 크세노폰이 부대를 이끌고 방문하자 세우테스는 구체적인 급료를 제시한다.[14]

그럼에도 계약은 아직 완전하지 않다. '세우테스의 연회'라는 이름으로 잘 알려진 의식이 계약을 최종적으로 확립하는데, 포틀래치와의 유사성이 바로 눈에 들어온다. 다음은 그에 대한 기록이다. "그들이 연회장에 들어가려 할 때, 마로니아(Maronée) 출신의 헤라클리데스(Héraclide)가 나타나 세우테스에게 무언가 선물할 가능성이 있는 사람들 앞으로 찾아갔다. 그는 먼저 파리온(Parion)[15] 사람 몇몇에게 접근했는데, 그들은 오드뤼사이 왕국의 메도코스(Médokos) 왕과 동맹을 성사시키려고 그와 그의 아내를 위한 선물을 가지고 거기에 왔다… 그는 이런 식으로 그들을 설득했다.* 그런 다음 그는 다르다니아(Dardane) 사람 티마시온(Timasion)[16]에게 다가갔는데, 이미 술잔과 이국적인 양탄자가 그의 수중에 있다는 것을 들은 터였기 때문이었다. 헤라클리데스는 세우테스의 연회에 초대받은 손님은 선물을 하는 것이 관례라고 말한 뒤, '세우테스가 위업을 이루게 되면 당신을 고향으로 돌려보내 부유하게 만들어 줄 것'이라고 덧붙였다. 이런 식으로 헤라클리데스는 만나는 사람 모두를 부추겼다. 크세노폰의 차례가 되었을 때는 이렇게 말했다. '당

* 인용이 생략된 부분의 내용은 멀리 떨어진 곳에 있는 메도코스 대신 세우테스에게 선물을 하는 쪽이 낫지 않겠냐는 조언이다.

신은 아주 큰 도시 출신이고, 세우테스는 당신의 명성을 익히 알고 있습니다. 당신도 당신의 동포들이 그랬던 것처럼[17] 이 나라에서 도시와 영지를 얻고 싶어 할 것입니다. 그렇다면 가장 화려한 방식으로 세우테스에게 경의를 표해야 마땅할 것입니다. 저는 우정 어린 마음으로 이런 조언을 드리는 것입니다. 왜냐하면 더 훌륭한 선물을 할수록 더 큰 호의를 얻게 되리라는 것을 잘 알고 있기 때문입니다.' 이 말은 크세노폰을 당혹스럽게 만들었다. 그는 파리온에서 하인 한 명과 꼭 필요한 여비만 가지고 왔기 때문이다."

여기서 우리는 그리스 문화를 익힌 트라키아인 궁내관 하나가 이런 유의 의식에 흔히 등장하는 사자(使者)[18]의 역할을 맡아, 연회에서 엄숙하게 성사될 선물과 약속의 교환으로 사람들을 유도하는 모습을 볼 수 있다. 이어지는 연회는 진정한 공동식사로, 모든 사람이 포도주와 음식을 나누는 가운데 거래가 성사된다.

연회의 와중에 선물 증정식이 진행된다.[19] "술자리가 무르익던 때에 한 트라키아인이 백마를 끌고 들어와 잔을 가득 채운 뒤 말했다. '세우테스여, 당신을 위해 건배합니다. 이 말을 당신께 드립니다. 이 말을 타면 누구든 추격해 잡을 수 있을 것이며, 후퇴할 때도 적을 두려워할 필요가 없을 것입니다.' 또 다른 사람은 노예를 데리고 와 건배한 후 세우테스에게 바쳤고, 또 어떤 이는 그의 아내를 위해 잔을 들고 옷을 선물했다. 티마시온도 그의 건강을 위해 건배한 다음 은으로 된 잔과 10미나(mine) 가치의 양탄자를 선물했다. 그러자 아테네인 그네시포스(Gnésippos)가 자리에서 일어나 재산이 있는 사람들은 왕에게 경의를 표하기 위해 선물을 바치고, 반대로 왕은 아무것도 가지지 못한 사람들에게 베푸는 것이 예로부터 전해 오는 훌륭한 관습이라고 말했다.[20] '이처럼 당신이 제게 선물을 주신다면, 저에게도 당신에게 경의를 표하며 바칠 것이 생길 것입니다.' 세우테스 바로 옆의 주빈석에 앉아 있던 크세노폰은 무엇을 해야 할지 고민했다. 그때 헤라클리데스가 술 따르는 하인에게 뿔잔을 크세노폰에게 가져다주라고 명했다. 이미 조금 취한 크세노폰은 단호하게 일어나 뿔잔을 받아들며 말했다. '세우테스여, 나는 나 자신과 내 모든 동지들, 친구들을 당신에게 바칩니다. 그들은 충실한 당신의 사람이 될 것입니다. 모두가 나보다 더 열렬히 당신의 사람이 되기를 원하고 있습니다.'"

짧은 연설이 이어졌고, 이를 통해 크세노폰은 자신의 마음과 군대, 그리고 왕국 탈환의 희망 외에 다른 것을 선물하지 않아도 되는 상황을 만들었다. 세테우스는 만족한 듯 곧바로 자리에서 일어나 크세노폰과 술을 마셨고, 둘은 서로에게 뿔잔을 털었다. 음악과 춤이 이어졌고, 세우테스도 직접 참여했다. 익살스러운 막간극도 있었다.

나중에 세우테스는 스파르타의 총독 티브론(Thibron)이 보낸 두 명의 스파르타인과 비슷한 종류의 계약을 맺었는데, 이는 크세노폰의 작은 군대를 처리하기 위함이었다.[21]

결국 이 모든 일은 꽤 초라하게 끝이 났다. 헤라클리데스라는 인물은 신뢰할 수 없는 재정 담당자였던 듯하며, 그리스인들은 세우테스의 처사에 상당히 불만스러워했다.

*

이 이야기는 트라키아인의 삶의 잘 알려진 특징 하나를 보여준다. 투키디데스(II, 97)는 오드뤼사이족과 세우테스의 선조 테레스(Térès) 왕*에 대해 다음과 같이 기록한다. "[왕국이 보유한 재산의] 가치, 그 힘[22]은 은과 금을 합쳐 총 400달란트에 달했으며, 금은으로 된 선물의 가치도 이에 못지않았다.[23] 그 밖에도 무늬 있는 천과 무늬 없는 천, 다양한 용구 등이 선물에 포함되었고, 왕뿐만 아니라 고위 관리들과 귀족들도 선물을 받았다. 그들은 다른 트라키아 부족들과 마찬가지로 페르시아 왕국의 것과는 정반대되는 법,[24] 즉 주는 것보다 더 많이 받는다는 원칙을 따랐기 때문이다. (그리고 요청을 받고도 주지 못하는 것이 요청하고 얻지 못하는 것보다 더 치욕스러운 일이었다.) 그들은 이 관습을 최대한 활용할 줄 알았고, 그래서 선물을 주지 않고는 그들과 거래하는 것이 불가능했다. 그렇게 왕국은 막강한 세력으로 성장하게 되었다."

이 대목의 의미는 전적으로 명확하지만, 그럼에도 종종 오해되거나 오역되는 경우가 있다. 토마셱도 이 대목을 제대로 이해하지 못했다.[25] 고전 판본들이 보통 괄호 안에 삽입해 놓는 문장이 특히

---

*　기원전 5세기 초 오드뤼사이 왕국을 세운 테레스 1세를 가리킨다.

자주 오해되는데, 관련 제도를 이해하지 못하면 뜻이 잘 통하지 않는 것이 사실이다. 그것은 후대에 추가된 구절로 간주되기도 하지만 이는 근거 없는 생각이다. 모든 필사본에 빠짐없이 등장하는 이 삽입구는 오히려 투키디데스의 주제와 스타일에 완벽하게 부합한다. 이 구절은 트라키아인들이 사람들에게 선물을 요구했다는 사실, 그러한 요구가 구걸이 아니라 계약을 시작하는 방식이었다는 사실을 분명히 보여준다. 언제나 그렇듯 투키디데스의 기술은 이 부분에서도 명료하고 정확하다.

*

아낙산드리데스(Anaxandride)의 『프로테실라오스(Protésilas)』에도 연회, 결혼식, 계약의 와중에 이뤄진 교환에 대한 언급이 나온다. 화려한 수상 경력(기원전 382년에서 349년 사이)을 자랑하는 이 중기 희극 작가는 트라키아 왕 코티스(Cotys)[26]의 궁전에서 치러진 이피크라테스*의 결혼식[27]을 다음과 같이 묘사한다.**

---

* 이피크라테스(Iphicrate, 기원전 413년경~353년경)는 아테네 출신의 장군으로, 경보병의 기동력을 부각시킨 군사 전술 혁신으로 큰 명성을 얻었다.

** 아래 인용문이 '희극'의 일부라는 점을 유념해야 한다. 그리스인 저자는 트라키아의 관습을 과장과 희화를 더해 묘사하고 있다. 가령 "기름진 머리를 한 버터 먹는 사람들" 이하의 몇 구절은 트라키아인들의 식탐과 예법의 결여를 풍자하고 있고, 혼인 예물로 눈 한 줌, 양파, 쥐며느리 등을 준다는 언급 역시 트라키아인들의 관습을 희화화하기 위한 장치로 사용되었다.

만일 당신이 내 말대로 한다면

트라키아에서 열린 이피크라테스를 위한 연회와는 전혀 다른

성대한 연회로 당신들을 맞이하겠소.

설령 사람들이 이렇게 말할지라도.

(그 결혼식은) 황소조차 잠들게 할 만큼 장중했으며,[28]

아고라를 가로질러 깔린

자줏빛 카펫이 큰곰자리[북두칠성을 포함하는 별자리]에 닿을

정도였다고 하오.

기름진 머리를 한 버터 먹는 사람들이

만 명씩 모여 잔치를 즐겼고,

청동으로 만든 가마솥은

침대 열두 개만 한 저수조보다 더 컸으며,

코티스 왕이 몸소 (앞치마를) 두르고

황금 항아리에 음료를 담아와,

큰 잔에 따라 맛을 보더니

술꾼들보다 먼저 취해 버렸다고 하오.

안티게니다스(Antigénidas)가 모두를 위해 아울로스를 연주했고,

아르가스(Argas)는 노래를 불렀으며, 키타라를 연주한 것은

아카르네스의 케피소도테스(Képhisodote d'Acharnés)였다고 하오.

그들은 온갖 선율을 섞어가며

넓은 들판의 스파르타와

일곱 개의 문을 가진 테베를 찬양하는 노래를 불렀소.

그가 혼수[29]로 받은 것은 황금빛의

말 두 무리,

염소 한 무리,

금 한 자루,

조개 모양의 작은 병,

눈(으로 가득한) 주전자, 기장 알곡이 담긴 항아리,

양파가 가득 찬 10쿠데(coudée) 높이의 저장고,

그리고 수많은 쥐며느리였다오.

트라키아의 코티스는 그렇게 딸을 이피크라테스에게

시집보냈다고 하오.

하지만 이 연회는 그보다 훨씬 더 화려하고 성대할 것이오.

바로 우리 주인님들의 결혼 연회는…

이 우스꽝스러운 대목은 노련한 아테네인[크세노폰]의 회고록이나 역사가[투키디데스]의 정확한 진술만큼이나 흥미롭다. 왜냐하면 여기에는 (세우테스가 그랬듯) 터무니없는 혼수를 대가로 연회를 열고 딸을 교환하는 왕의 모습이 묘사되어 있기 때문이다. 트라키아의 관습에 대한 이러한 과장된 묘사는 해당 관습이 얼마나 견고했으며 또 널리 알려져 있었는지를 명확히 보여준다.

*

받은 것보다 더 많고 사치스러운 지출을 내걸고 경쟁하는 관행 및 의례를 다른 고대 민족들 사이에서 찾아보는 일은 분명 대단히 흥미로운 작업이 될 것이다. 이를 통해 이러한 형태가 단순한 교환 계약으로 변질된 과정을 이해할 단서를 찾을 수 있을 지도 모른다. 게르만족의 증여와 켈트족 문헌에 나타난 교환 관행을 연구하면 틀림없이 많은 교훈을 얻을 수 있을 것이다. 우리보다 더 유능한 학자들이 이 연구에 참여하기를 기대한다. 고대 유럽의 한 인도유럽계 민족에서 멜라네시아나 북아메리카에서 관찰되는 것과 거의 유사한 형태로 협정, 결혼, 교환, 종교적 · 심미적 급부가 뒤섞여 나타났음을 발견한 것만으로도 이미 의미 있는 성과라고 할 수 있을 것이다.

2. 선물, 독*

  게르만어파** 언어들에서 *gift*라는 단어의 의미는 '선물'과 '독'
이라는 두 갈래로 분기한다. 하지만 양쪽 사이의 간극이 워낙 커서,
어원학자들은 그 공통의 기원과 한 의미에서 다른 의미로의 전환을
설명하는 데 어려움을 겪고 있다. 단어의 운명은 언어에 따라 달라
진다. 현대 독일어에서는 사실상 '독'의 의미만 남아 있는 반면, 영
어에서는 '선물'과 '증여'의 의미만 유지된다. 네덜란드어에서 *gift*
는 중성명사와 여성명사로 쓰이는데, 전자는 '독'을 뜻하고 후자
는 '선물'이나 '지참금'을 가리킨다. 여기서는 이 의미가, 저기서는
다른 의미가 소멸했으며, 어느 경우에도 의미론적 파생이 명확하
지 않다. 머리(James Murray)가 편집한 영어 어원사전[*A New English
Dictionary on Historical Principles*]과 클루게(Friedrich Kluge)[1]의 독일
어 어원사전[*Etymologisches Wörterbuch der deutschen Sprache*]도 이 문
제에 대한 만족할 만한 설명을 제공하지 않는다. 하지만 독일어 *gift*
에 관한 힐트의 중요한 지적에는 주목할 필요가 있다.[2] 사실 '독'이
라는 의미의 *gift*가 완곡어법에 해당한다는 점은 명백하다. 그것은
꺼림칙한 금기어를 사용하지 않으려는 의도에서 비롯된 표현으로,

---

*   "Gift, gift." 게르만학자 샤를 안들레르(Charles Andler, 1866~1933)에게 헌정된 논
      문집(*Mélanges offerts à M. Charles Andler par ses amis et ses élèves*, 1924)을 위해 모스
      가 쓴 글이다. 『전집(*Oeuvres*)』 3권(1969)에 다시 실렸고, 영역본은 *The Logic of the
      Gift*(1997)에서 찾아볼 수 있다.

**   영어, 독일어, 네덜란드어, 스웨덴어, 아프리칸스어, 덴마크어, 아이슬란드어 등이 속한다.

라틴어 *venenum*[독]에 '사랑의 묘약' *venesnom*이 대응하는 것과 마찬가지다. 하지만 왜 *gift*라는 단어와 그것이 연상시키는 증여의 개념이 독의 상징으로 선택된 것일까? 설명이 필요한 것은 이 문제다.

그런데 사회학자와 게르만 법제사학자에게는 이러한 의미들 사이의 계통 관계가 전혀 어려운 문제가 아니다.

주제를 명확히 하기 위해, 아직 널리 알려지지 않아 설명을 생략하기 어려운 몇 가지 원칙을 먼저 밝혀두고자 한다. 이 점에 대한 양해를 부탁드린다.

*

게르만 세계에서는 내가 '총체적 급부 체계'로 부르자고 제안한 사회적 체계가 높은 수준으로 발달해 있었다. 법적이고 정치적일 뿐만 아니라 경제적이면서 종교적이기도 한 이 체계 안에서 씨족, 가족, 개인들은 온갖 종류의 지속적인 급부와 반대급부를 통해 유대를 형성한다. 급부는 보통 선물과 무상 서비스(종교적 등)의 형태로 이뤄진다.[3]

이러한 체계는 오랫동안 단지 후진사회에서만 일반적인 현상으로 여겨졌지만, 이제는 유럽 고대법의 상당 부분에서도 그 존재가 확인되고 있다.[4] 특히 고대 게르만 사회의 집단들은 결혼을 통해, 며느리와 사위를 통해, 모계와 부계 양쪽에서 태어난 아이들을 통해, 서로 길러주고 먹여주고 부양하는 조카, 사촌, 할아버지, 손자를 통해[5] 유대를 형성한다. 그 밖에도 군사적 지원, 입문식과 즉위식, 그리고 이를 계기로 열리는 연회를 통해, 또 죽음, 장례식, 상속 및 용익권의 이전과 이에 수반되는 선물의 반환을 통해서도 유대가 형성되며, 무상의 선물이나 이자를 더해 갚는 대출도 중요한 역할을 했다. 재화와 사람들이 뒤섞여 끊임없이 순환하며, 일시적이거나 지속적인 서비스가 쉼없이 오간다. 명예 또한 순환하며, 축제가 끝없이 주어지고, 보답되고, 다시 주어진다. 게르마니아와 스칸디나비아 고대 민족들의 사회생활은 상당 부분 이런 식으로 영위되었을 것이다.

그 밖의 고대 유럽 사회들, 예를 들어 켈트족은 이러한 고대적 의례와 법의 다른 요소들을 더욱 발전시켰다. 경쟁, 결투, 사치스러운 지출의 상호 모방, 도전과 토너먼트 등의 주제는 갈리아, 웨일스, 아일랜드 지역에서 말하자면 극도로 격화되었다.[6] 이 사회들은 총체적 급부의 투기적 형태를 명확히 실천하고 있다. 우리는 이를 '포틀래치'로 부르자고 제안했는데, 이 단어는 치누크어 및 무역 상인들과 아메리카 원주민 사이에서 쓰이는 혼합언어에서 차용한 것이다. 포틀래치의 법적 측면에 대해서는 다비가 이미 주목한 바 있다.[7] 잘 알려져 있듯 이 형태는 북서아메리카와 멜라네시아에서 매우 발달해 있으며, 고대 게르만족과 스칸디나비아인의 풍속 역시 본래적 의미에서의 포틀래치와 무관하지 않을 것이다.

그러나 이 사회들이 제공하는 가장 흥미로운 연구 대상은 증여와 담보다. 실제로 그곳에서는 *Gabe*와 여성형 또는 남성형의 *gift*, 즉 선물이 다른 유형의 사회들, 무엇보다 여타의 인도유럽 사회들에 비해 더 두드러진 특징을 가지고 더 분명하게 나타난다. 특히 독일어는 *Gabe*와 *Mitgift*[지참금]에서 *Morgengabe*[결혼 다음날 아침 신랑이 신부에게 주는 선물], *Liebesgabe*[사랑의 선물, 희사], *Abgabe*[제출, 납부, 양도]와 매우 흥미로운 *Trotzgabe*[도전의 선물]에 이르기까지, 선물의 세부적인 차이를 표현하는 대단히 풍부한 단어와 합성어를 가지고 있다.

*

　상이한 문명 수준에 자리한 수많은 사회에서, 사람들을 연결하는 물건의 교환과 증여는 공통의 관념적 기반 위에서 이뤄진다. 이는 특히 마오리족의 법에서 명확히 드러난다. 선물을 비롯해 받은 물건 일반은 준 사람과 받은 사람을 주술적 · 종교적 · 도덕적 · 법적으로 연결하고 구속한다. 한 사람에게서 온 물건, 그가 만들었거나 소유했던 물건은 그 사람의 일부를 이루며, 그것을 받아들이는 사람에 대한 권능을 그에게 부여한다. 제공된 급부가 미리 규정된 법적 · 경제적 · 의례적 형태로 보답되지 않을 경우, 준 사람은 받은 사람—가령 연회에 참석해 음식을 섭취한 사람, 딸과 결혼했거나 피를 통한 유대를 맺은 사람, 증여자의 권위가 주술적으로 깃든 물건을 사용하고 혜택을 누린 사람—에 대해 우위를 점하게 된다.

이러한 관념들의 연쇄는 게르만족의 법과 언어에서 분명하게 확인되며, *gift*의 두 가지 의미가 어떻게 이 연쇄에 통합되는지는 어렵지 않게 이해할 수 있다. 사실 고대 게르만인과 스칸디나비아인 사이에서는 맥주를 비롯한 음료의 증여[8]가 전형적인 급부 형태였다. 독일어에서는 '따라 붓는 것(*Geschenk, Gegengeschenk*)*이 선물을 대표한다.[9] 이와 관련된 게르만족 법과 신화의 많은 주제를 여기서 언급할 필요는 없을 것이다. 분명한 점은 선물이 좋은 것인지 나쁜 것인지에 대한 불확실성이 함께 마시는 음료나 헌주(獻酒)가 선물의 핵심을 이루는 관습에서 가장 두드러지게 나타난다는 사실이다. 선물로 받은 음료는 독일 수도 있다. 비극적 드라마가 펼쳐지는 경우를 제외하고는 원칙적으로야 그럴 리가 없긴 하지만, 그 가능성을 완전히 배제할 수 없다는 것 또한 사실이다. 어쨌든 증여물로서의 음료는 언제나 주술적 힘을 지니고 있어(영어 단어 gift에는 이러한 의미가 일부 남아 있다**) 그것을 나눈 사람들을 영원히 결속시키며, 언제라도 의무를 저버린 쪽에게 부정적 형태로 작용할 수 있다. 따라서 선물로서의 선물과 독으로서의 선물 사이의 의미론적 친연성

---

*　　*Geschenk*는 '선물'을 뜻하며, 그 앞에 *gegen*(반대)이 붙은 *Gegengeschenk*는 '맞선물' 또는 '보답'을 의미한다. *Geschenk*는 중세 고지 독일어 *geschenke*에서 유래했는데, 이 단어는 '음료를 따라 주다', '마시게 하다'라는 의미의 고대 고지 독일어 *schenken*에서 파생된 것이다.

**　　gift는 일반적으로 '선물'을 뜻하지만, 어떤 맥락에서는 '천부적 재능'이나 '특별한 능력'을 의미하기도 한다. 이러한 재능을 마법적이거나 초자연적인 것으로까지 볼 수 있다면, 모스의 진술이 일정하게 이해된다.

은 쉽게 설명될 수 있는 자연스러운 것이다.

　게르만 지역에서는 이러한 법체계에 속하는 다른 단어들도 모호성을 지니고 있다. 고대의 법에서는 담보 역시 상호 주술의 성격을 띠고 있었으며, 위블랭은 그의 고전적 논문[10]에서 로마의 넥숨*과 유사한 법적 구속의 기원이 이 같은 주술적 교환에 있지 않을까 의심하기도 했다. 구체적으로 주인과 하인, 채권자와 채무자, 구매자와 판매자를 묶는 *gage*, *wage*, *wadium*, *vadi*['담보', '보증', '보수' 등을 뜻함]는 주술적이고 모호한 것이다. 담보는 좋은 것이자 위험한 것이다. 그것은 신뢰와 신중함, 불신과 도전을 동시에 표현하는 몸짓으로 계약자의 발치에 던져진다. 흥미롭게도 이는 멜라네시아 트로브리안드 군도의 대담한 항해자 · 상인들이 여전히 사용하는 가장 엄숙한 교환 방식이다.[11] 영어에서 throw [down] the gage[문자 그대로는 '담보를 던지다']라는 표현이 도전장을 던진다는 의미로 쓰이는 이유도 여기에 있다.

　게다가 이러한 관념들은 모두 양면성을 가지고 있다. 인도유럽어족의 다른 언어들에서는 '독'의 개념이 불확실한 것으로 머문다. 클루게와 다른 어원학자들은 *gift*, *gift*[선물, 독]와 라틴어 *potio*([음료,] 독) 사이의 관계를 적절하게 비교한 바 있으며, 그리스어 φαρμακον[*pharmakon*; 약, 독]과 라틴어 *venenum*[마법의 물약, 독]의 모호성에 대한 아울루스 겔리우스의 탁월한 논의[12]도 여전

---

*　본문 3장 1절 참조.

히 읽어볼 가치가 있다. 키케로(Cicero)가 다행히도 '낭송용 텍스트 (récitation)'로 보존해 전한 암살자와 독살자에 관한 코르넬리우스 법(*Lex Cornelia de Sicariis et Veneficis*)도 여전히 *venenum malum*[악한 물약]이라는 표현을 명시하고 있다.[13] 마법의 음료, 매혹하는[14] 주문 은 선할 수도 악할 수도 있는 것이다. 그리스어 φίλτρον[*philtron*; 사 랑의 묘약, 매혹하는 물질]도 반드시 불길한 용어는 아니다. 우정이나 사랑의 음료는 매혹하는 자가 바랄 경우에만 위험한 것이 된다.

*

이상의 추론은 이후 연구에서 다룰 단일 현상에 대한 전문적이 고 문헌학적인 해석에 불과하다. 이 현상은 멜라네시아, 폴리네시 아, 북아메리카 등지의 다양한 사회들에서 우리 자신의 도덕에 이 르기까지 온갖 종류의 법, 주술, 종교, 경제를 포괄하는 고찰 전체의 일부를 이룬다. 이와 관련하여 게르만학의 범위를 벗어나지 않는 에머슨의 에세이 "선물(Gifts)"[15]을 떠올려 봐도 좋을 것이다. 이 글 은 우리가 여전히 선물을 받을 때 느끼는 기쁨과 불편함을 탁월하 게 묘사하고 있다.

관련 사실 전체에 대한 검토는 '선물에 보답할 의무'를 주제로 한 연구[『증여론』]에서 확인할 수 있을 것이다. 이 연구는 복간된 『사 회학 연보』의 첫 번째 호에 게재될 예정이다.

주석

서론_ 증여, 특히 갚을 의무에 관해

1   우리를 이 텍스트로 이끈 이는 카셀(Cassel, *Theory of Social Economy*, Vol. II, p. 345)
    이다. 스칸디나비아 학자들은 자기 민족의 고대사에 속하는 이 시편을 잘 알고 있다.

2   모리스 카엔(Maurice Cahen)이 흔쾌히 시를 번역해 주었다.

3   이 절은 특히 형용사가 누락된 네 번째 행 때문에 모호하다. 하지만 대개 그렇게 하듯
    '아낌이 없다', '낭비적이다'와 같은 뜻을 지닌 단어를 채워 넣으면 의미가 명료해진다.
    두 번째 행도 이해가 쉽지 않다. 카셀은 "제공된 것을 받아들이지 않는 이"라고 의역한
    반면, 카엔은 좀 더 문자 그대로 번역한다. 그는 우리에게 이렇게 말했다. "애매한 표현
    입니다. 어떤 사람은 '받기를 불쾌히 여기는'이라고 이해하고, 또 다른 이들은 '선물을
    받는 일에 보답의 의무가 함축되지 않는'이라는 식으로 해석합니다. 저는 물론 두 번째
    해석 쪽으로 기웁니다." 고대 북유럽어에 대한 우리의 무지에도 불구하고 또 다른 해석
    을 제안해 볼 수 있을 것 같다. 해당 표현은 "주는 일은 받는 일이다"와 같은 옛 격언에
    대응하는 것으로 보이며, 그렇다면 이 행은 손님과 초대자가 가진 마음상태를 암시하
    는 셈이 된다. 각자는 보답을 전혀 기대하지 않고 환대나 선물을 제공하는 것으로 간주
    되지만, 그럼에도 손님의 선물이나 이에 대한 초대자의 답례를 받아들인다. 이것들은
    재화이자 계약을 공고히 하는 수단이기 때문이다. 선물은 계약의 필수적인 부분이다.
    한편 이 시절들에서 더 오래된 부분을 가려낼 수 있을 것 같다. 모든 절의 구조는 똑같
    으며, 별난 동시에 명확하다. "초대하는 것이 초대받는 것이 아닌"(39), "서로 선물을
    주고받는 이들이 친구다"(41), "선물에는 선물로 보답한다"(42), "네 영혼을 친구의 영
    혼과 섞고 선물을 교환해야 한다"(44), "인색한 자는 언제나 선물을 겁낸다"(48), "주어
    진 선물은 언제나 돌아올 선물을 기다린다"(145)와 같은 법적 격언이 각 절의 중심을
    이룬다. 시는 진정한 격언집이라고 할 만하며, 각 절의 격언 또는 규칙은 부연하는 설명
    으로 둘러싸여 있다. 우리는 아주 오래된 형태의 법과 문학을 동시에 다루고 있는 셈이
    다.

4   나는 부르크하르트(Hugo Burckhard)의 *Zum Begriff der Schenkungs*, p. 54 이하
    를 참조하지 못했다. 그러나 앵글로색슨법의 경우, 우리가 조명하려는 사실은 폴록
    (Frederick Pollock)과 메이틀런드(Frederic William Maitland)가 *History of English
    Law*, Vol. II, p. 82에서 아주 잘 파악하고 있다. "증여(gift)라는 폭넓은 용어는 판매, 교

환, 담보, 임대를 포괄한다." Cf. *ibid.*, 12; *ibid.*, pp. 212~214: "법적 효력을 지니는 무상 증여는 없다."

게르만족의 지참금에 대해서는 노이베커(Friedrich Karl Neubecker)의 *Die Mitgift*, 1909, p. 65 이하 참조.

5   Davy, *La foi jurée(Travaux de l'Année sociologique*, 1922). 다음 논문의 참고문헌도 보라. Mauss, "Une forme archaïque de contrat chez les Thraces," *Revue des études grecques*, 1921; R. Lenoir, "L'Institution du Potlatch," *Revue philosophique*, 1924.

6   좀로(Bódog Somló)는 *Der Güterverkehr in der Urgesellschaft*, Institut Solvay, 1909에서 이 사실에 관한 훌륭한 논의를 개진했다. 156쪽에 제시된 통찰에서 그는 우리가 택한 것과 같은 길로 들어서고 있다.

7   그리어슨(Philip J. Hamilton Grierson)은 *Silent Trade*(1903)에서 이런 편견을 떨쳐내는 데 필요한 논거를 이미 제시한 바 있다. 모슈코프스키(Max Moszkowski)도 *Vom Wirtschaftsleben der primitiven Völker*(1911)를 통해 마찬가지의 기여를 했지만, 절도를 원초적인 것으로 간주함으로써 취득의 권리와 절도를 혼동하고 있다. 마오리족의 사실들에 대한 훌륭한 소개는 폰 브룬(Waclaw von Brun)의 *Wirtschafts organisation der Maori*(Beitr. Dr Lamprecht, 18), Leipzig, 1912를 참조할 수 있는데, 이 책의 한 장이 교환에 할애되었다. 소위 원시민족의 경제에 대한 가장 최근의 전반적 연구로는 코퍼스(Wilhelm Koppers)의 "Ethnologische Wirtschaftsordnung," *Anthropos*, 1915~1916, pp. 611~651, 971~1079를 참조할 수 있다. 이 논문은 여러 학설을 잘 소개하고 있지만, 어떤 부분들은 다소 궤변적이다.

8   가장 최근 논문을 발표한 이후 우리는 호주에서 씨족과 포족의 수준을 넘어 부족들 간에 이뤄지는 급부(특히 누군가의 죽음을 계기로 하는 급부)의 출현을 확인하게 되었다. 북호주의 카카두족(Kakadu)은 이차 매장 후 세 번째 장례 의식을 치르는데, 이때 사람들은 저주를 걸어 망자를 죽음에 이르게 한 장본인이 누군지를 명목상으로나마 지정하기 위한 일종의 사법적 조사를 진행한다. 하지만 대다수의 호주 부족과는 달리 카카두족은 복수를 행하는 대신 창을 모은 뒤 그것을 무엇으로 교환할지 정하는 것으로 만족한다. 이튿날 사람들은 창을 다른 부족(가령 우모리우족[Umoriu])의 야영지로 가져가는데, 해당 부족민은 카카두족이 창을 가져온 목적을 익히 알고 있다. 창은 소유자별로 한 묶음씩 묶여 배열되고, 이어 알려져 있는 비율에 따라 기대하던 물건들이 창 묶음 앞에 놓인다. 이후 방문객들은 물건 전부를 가지고 되돌아간다(Baldwin Spencer, *Tribes of the Northern Territory*, 1914, p. 247). 볼드윈 경은 이 물건들을 다시 창과 교환할 수 있다고 하지만, 우리로서는 수긍하기가 어렵다. 반면 그가 이해하기 어려워하는 장례식과 교환의 연관—볼드윈 경은 "원주민들도 이에 대해 아는 바가 없다"고 덧붙인다—은 완벽하게 이해 가능하다. 그것은 복수를 교환으로 대신하는 일종의 정규

적인 법적 조정으로, 부족 간 거래의 기원을 이루는 것이다. 여기서 물건의 교환은 평화의 담보물의 교환이자 상중(喪中) 연대감의 교환이기도 한데, 이는 결혼을 통해 연결되고 결합된 가족 및 씨족들 사이에서 흔히 나타나는 것이다. 유일한 차이점은 이 관행이 부족들 사이로까지 확장되었다는 것이다.

9 핀다로스(Pindaros, 기원전 5세기경에 활동한 고대 그리스의 서정 시인-옮긴이)처럼 후대의 시인도 "젊은 사위를 위해 혼약의 술을 주고받는다"고 쓴 바 있다(*Olympique*, VIII, 4). 해당 시의 단락 전체는 우리가 설명하려고 하는 법적 상태를 훨씬 더 잘 드러낸다. 선물, 부, 결혼, 명예, 호의, 동맹, 공동식사, 술잔 바치기 등의 주제, 심지어는 결혼이 야기하는 질투와 같은 주제가 주석할 만한 가치가 있는 활력 넘치는 말로 묘사되어 있다.

10 특히 오마하족(Omaha) 공놀이의 특기할 만한 규칙을 참조하라. Alice Fletcher and La Flesche, "Omaha Tribe," *Annual Report of the Bureau of American Anthropology*, XXVII, 1905~1906, pp. 197, 366.

11 크라우제(Krause, *Tlinkit Indianer*, p. 234 sq.)는 그가 기술한 축제 · 의례 · 계약이 이러한 성격을 지닌다는 점을 잘 보았지만, 거기에 포틀래치라는 이름을 부여하지는 않았다. 반면 부신(Boursin, in Porter, "Report on the Population… of Alaska," *Eleventh Ceusus*, pp. 54~66)과 포터(Porter, *Ibid.*, p. 33)는 포틀래치라는 명칭을 사용하면서 그것이 가진 상호 예찬의 성격을 지적했다. 하지만 누구보다 이를 잘 보여준 것은 스윈턴이다("Social Conditions, Beliefs, and Linguistic Relationships of the Tlingit Indians," *Annual Report of the Bureau of American Ethnology*, XXVI, 1905, p. 345, etc.). 나 자신이 수행한 관찰(*L'Année sociologique*, XI, p. 207)과 다비의 연구(*La foi jurée*, p. 172) 참조.

12 포틀래치라는 말의 의미에 관해서는 Barbeau, *Bulletin de la Société de Géographie de Québec*(1911)과 Davy, *La foi jurée*, p. 162 참조. 하지만 거기에 소개된 의미는 단어의 원래 의미와는 다른 듯하다. 치누크족이 아니라 콰키우틀족의 용례에 따른 것이기는 하지만, 보아스는 포틀래치가 먹이는 자(feeder), 문자 그대로는 "포식하는 곳(place of being satiated)"을 뜻한다고 지적한다. Boas, *Kwakiutl Texts, 2nd series, Jesup Exp.*, Vol. X, p. 43, n. 2; cf. *ibid.*, Vol. III, p. 255, p. 517, s.v. *PoL*. 하지만 원리상 포틀래치에서 제공되는 것의 기본은 음식이기에, 증여와 음식이라는 의미는 상호 배제적이지 않다. 2장 주석 209 참조.

13 포틀래치의 법적인 측면은 아담(Leonhard Adam)이 *Zeitschrift für Vergleichende Rechtswissenschaft*(1911년 이후)와 *Festschrift à Seler*에 발표한 논문들에서, 그리고 다비가 *La foi jurée*에서 연구했다. 종교적인 측면과 경제적인 측면도 못지않게 중요하기에 철저하게 검토해야 한다. 계약 당사자와 교환 혹은 파괴되는 물건의 종교적 성격은

계약의 성격 자체 및 그와 관련된 가치와 무관하지 않다.

14 하이다족은 부를 "죽인다"고 말한다.

15 Boas, "Ethnology of the Kwakiutl," *Annual Report of the Bureau of American Ethnology*, XXXV(II), p. 1340에 실린 헌트(George Hunt, 1854~1933. 보아스의 콰키우틀족 정보제공자로 영국인 아버지와 클링깃족 어머니를 두었다—옮긴이)의 기록에는 씨족 구성원들이 포틀래치를 위한 재화를 수장에게 가져다주는 방식과 이를 둘러싼 아주 흥미로운 장광설이 기술되어 있다. 수장은 특히 이렇게 말한다. "포틀래치는 내 이름이 아니라 당신의 이름으로 이뤄질 것입니다. 포틀래치를 위해 재산을 바쳤다는 사실이 소문나면 당신은 부족들 사이에서 유명해질 것입니다"(p. 1342, l. 31 sq.).

16 포틀래치는 북서아메리카 부족의 전유물이 아니다[하지만 모스의 의도와는 달리, 과거에도 지금도 대부분의 학자는 포틀래치를 북서아메리카 지역에 고유한 과시적 증여 제도의 명칭으로 사용한다]. 특히 알래스카 에스키모인의 '요구 축제(asking festival)'는 이웃 인디언 부족으로터의 차용 이상의 것으로 간주해야 한다. 1장 주석 44 참조.

17 다음 논문들에 실린 우리의 고찰을 보라. *L'Année sociologique*, XI, p. 101; XII, pp. 372~374; *Anthropologie*, 1920(Compte rendu des séances de l'Institut français d'Anthropologie). 르누아르(Raymond Lenoir)는 꽤 분명한 남아메리카 포틀래치 사례 둘을 보고한다("Expéditions maritimes en Mélanésie," *Anthropologie*, Sept. 1924).

18 투른발트(Richard Thurnwald)는 *Forschungen auf den Salomo Inseln*, 1912, Vol. III, p. 8에서 이 표현을 사용한다.

19 *Revue des études grecques*, XXXIV, 1921[부록 「트라키아인의 태곳적 계약 형태」].

제1장_ 교환된 선물과 갚을 의무(폴리네시아)

1 다비는 *Foi jurée*, p. 140에서 교환을 결혼 및 계약과 관련해서 연구했다. 아래에서 볼 것처럼 교환은 더 넓은 외연을 가지고 있다.

2 Turner, *Nineteen Years in Polynesia*, p. 178; *Samoa*, p. 82 sq.; Stair, *Old Samoa*, p. 175.

3 Krämer, *Samoa-Inseln*, Vol. II, pp. 52~53.

4 Stair, *Old Samoa*, p. 180; Turner, *Nineteen Years*, p. 225; *Samoa*, p. 142.

5 Turner, *Nineteen Years*, p. 184; *Samoa*, p. 91.

6 Krämer, *Samoa-Inseln*, Vol. II, p. 105; Turner, *Samoa*, p. 91.

7 Krämer, *Samoa-Inseln*, Vol. II, pp. 96, 363. 교역 원정인 '말라가(*malaga*)'(cf. 뉴기니의 '왈라가[*walaga*]')는 포틀래치와 매우 근접해 있는데, 포틀래치는 사모아 인근 멜라네시아 군도에서 이뤄지는 원정의 특징이기도 하다. 크래머는 "보답 선물(*Gegengeschenk*)"이라는 말로 우리가 곧 논의할 '통가(*tonga*)'와 '올로아(*oloa*)' 간 교환을 가리킨다. 리버스(W. H. R. Rivers)와 엘리엇 스미스(Grafton Elliot Smith) 학파의 영국 민족지학자들이나, 보아스를 따라 아메리카의 포틀래치 체계 전부를 일련의 차용으로 이해하는 미국 민족지학자들의 과장을 수용하지 않는다고 하더라도, 제도의 이동과 전파에는 상당한 비중을 부여해야만 한다. 특히 섬과 섬, 항구와 항구를 잇는 원거리 교역이 먼 과거부터 이뤄져온 경우에는 틀림없이 물건뿐 아니라 그것을 교환하는 방식 역시 이동했을 것이다. 우리가 뒤에서 인용할 말리노프스키의 저작은 이에 대한 정확한 통찰을 보여준다. 관련 제도(멜라네시아 북서부) 몇몇에 관한 연구로는 R. Lenoir, "Expéditions maritimes en Mélanésie," *Anthropologie*, Sept. 1924를 보라.

8 마오리 씨족 간의 경쟁심은 특히 축제와 관련해서 자주 언급된다. Cf. S. P. Smith, *Journal of the Polynesian Society*(이하 *JPS*), XV, p. 87; cf. p. 59, no 4.

9 그럼에도 우리가 이를 엄밀한 의미의 포틀래치로 간주하지 않는 이유는 반대급부의 고리대적 성격이 부재하기 때문이다. 아래에서 볼 것처럼 마오리법은 보답하지 않으면 '마나'를 상실하게 된다는 점, 또는 중국인들이 말하듯 '체면'을 잃게 된다는 점을 분명히 한다. 사모아섬에서도 사람들은 동일한 위협 아래에서 선물하고 보답한다.

10 Turner, *Nineteen Years*, p. 178; *Samoa*, p. 52. 탕진과 명예는 북서아메리카 포틀래치의 기본 테마를 이룬다. 특히 다음을 보라. Porter, "Report of the Population ⋯ of Alaska," *Eleventh Census*, p. 34.

11 터너(*Nineteen Years*, p. 178; *Samoa*, p. 83)는 '양자(adopté)'라는 표현을 쓰지만, 이는 잘못이다. 해당 관행은 정확히 말해 '수양(fosterage)', 즉 태어난 가족 밖에서 행해지는 양육의 관행이다. 물론 여기서 논해지는 '수양'이 모계 가족으로의 복귀라는 함의를 가진다는 점을 분명히 해야겠지만 말이다. 아이는 아버지의 누이 집으로 보내져 양육되는데, 아버지의 누이는 외삼촌과 결혼을 하기에 그곳은 외삼촌의 집이기도 하다. 폴리네시아의 경우 유별적 친족체계가 모계와 부계 양쪽 모두에서 작동한다는 점을 잊어서는 안 된다. 엘스던 베스트(Elsdon Best)의 논문에 대한 우리의 서평("Maori nomenclature," *L'Année sociologique*, VII, p. 420)과 뒤르켐의 견해(*L'Année sociologique*, V., p. 37)를 참고하라.

12 Turner, *Nineteen Years*, p. 179; *Samoa*, p. 83.

13 피지(Fiji)의 바수(*vasu*)에 대한 우리의 고찰("Procès verbaux de l'IFA," *Anthropologie*, 1921)을 보라.

14 Krämer, *Samoa-Inseln*, s.v. *toga*, Vol. I, p. 482; Vol. II, p. 90.

15 *Ibid.*, Vol. II, p. 296. Cf. p. 90 (*toga* [토가]=*Mitgift* [지참금]); p. 94, 토가와 올라의 교환.

16 *Ibid.*, Vol. I, p. 477. 비올레트(Louis Violette)가 *Dictionnaire Samoan-Français*, s.v. *toga*에서 설명하길, "[토가는] 고장의 귀중품인 고급 돗자리이고 올라는 집, 작은 배, 옷 감, 총과 같은 재산"(p. 194, col. 2)이다. 이 단어는 '오아(*oa*)'와 관련되는데, 그것은 일 체의 외래 물품을 포함한 재산, 재화를 가리킨다.

17 Turner, *Nineteen Years*, p. 179; cf. p. 186. 트리기어(Edward Tregear)는 *Maori Comparative Dictionary*, p. 468, s.v. *taonga*에서 타옹가로 불리는 재산과 올로아로 불 리는 재산을 부주의하게 뒤섞는다.

    엘라 목사(Rev. Ella)는 "Polynesian Native Clothing," *JPS*, IX, p. 165에서 *ie tonga*(돗자리)를 다음과 같이 묘사한다. "그것은 원주민의 으뜸가는 재산이었다. 과거 에는 결혼이나 여타 특별한 예의를 요하는 상황에서 이뤄지는 교환에서 통화로 쓰이기 도 했다. 돗자리는 보통 집안의 가보로 간직되었다. 몇몇 유명한 가족에 속하는 오래된 돗자리들은 널리 알려지고 높이 평가받았다." Cf. Tuner, *Samoa*, p. 120. 이와 유사한 묘사는 멜라네시아와 북아메리카, 그리고 우리의 민간전승에서도 확인된다.

18 다음을 보라. Tregear, *Maori Comparative Dictionary*, ad verb. *taonga*: (타히티어) *tataoa*, 재산을 주다, *faataoa*, 보상하다, 재산을 주다; Lesson, *Polynésiens*, Vol. II, p. 232, (마르키즈어) *taetae*. Cf. Radiguet, *Derniers sauvages*, p. 157, *tiau taetae*, "외래품 을 얻기 위해 준 토산품, 선물". 이 단어의 어근은 *tahu*다.

19 Mauss, "Origines de la notion de monnaie," *Anthropologie*, 1914(Procès-verbaux de l'IFA) 참조. 네그리토와 아메리카 원주민 자료를 제외하고 논문에 인용된 사실 전 부는 이들 지역과 관련된 것이다.

20 *Proverbs*, p. 103(trans., p. 103).

21 *Maori Mementoes*, p. 21

22 In *Transactions of New-Zealand Institute*, I, p. 354.

23 마오리족의 전통에서 뉴질랜드의 부족들은 이론상 어민, 농민, 수렵민으로 나뉘며, 서 로 끊임없이 생산물을 교환하는 것으로 여겨진다. Cf. Elsdon Best, "Forest Lore," *Transactions of the New-Zealand Institute*, XLII, p. 435.

24 *Ibid.*, p. 431(마오리어 텍스트), p. 439(번역).

25 하우라는 단어는 라틴어 스피리투스(*spiritus*)와 마찬가지로 바람과 영혼(âme), 보다 정확성을 기하자면 적어도 몇몇 경우에는 무생물 또는 식물의 영혼과 권능을 가리킨 다. 반면 마나는 주로 사람과 정령(esprits)에 국한되는 단어로, 사물에 적용되는 빈도 는 멜라네시아어의 경우보다 적다.

26 우투(*utu*)는 피의 복수가 주는 만족이나 배상, 변제, 책임 등을 뜻하며, 가격을 가리키

기도 한다. 우투는 도덕적이고 법적이자 종교적이고 경제적인 복합 개념이다.

27 *He hau*. 엘스던 베스트는 해당하는 두 문장을 축약해서 번역했으며, 나는 이를 그대로 따랐다.

28 [곧 출간될] 에르츠의 저서(*Le péché et l'expiation dans les sociétés primitives*) 중 하우에 관한 부분에서 이를 증명하는 많은 사실을 찾아볼 수 있다. 그것은 절도에 대한 제재가 마나의 주술적·종교적 효과를 통해, 즉 소유자가 도둑맞은 물건에 대해 여전히 지니고 있는 권능에 의해 이뤄진다는 점, 또 금기로 둘러싸여 있으며 소유권의 표지가 찍혀 있는 이 물건은 영적인 권능인 하우로 가득 차 있다는 점을 보여준다. 바로 이 하우가 도둑맞은 이를 위해 복수한다. 하우는 도둑을 엄습해 주술을 걸며, 그를 죽음으로 이끌거나 아니면 물건의 반환을 강제한다.

29 이 대목에서 넌지시 거론되고 있는 마우리(*mauri*)에 관한 자료는 에르츠의 저서에서 찾아볼 수 있다. 마우리는 탈리스만이자 수호물인 동시에 씨족(*hapu*)의 영혼이 머무는 성소, 즉 씨족의 마나와 그 땅의 하우가 깃들어 있는 것이다.

엘스던 베스트의 문서 가운데 특히 하우 휘티아(*hau whitia*)와 카이 하우(*kai hau*)라는 주목할 만한 표현에 관한 부분은 설명과 논의를 요한다. 주요 단락은 다음에서 찾을 수 있다. "Spiritual Concepts," *Journal of the Polynesian Society*, X, p. 10(Maori text), IX, p. 198. 심도 있는 논의는 차후로 미루고 일단 우리의 견해를 밝혀 두기로 하자. 베스트는 "하우 휘티아, 즉 회피된(averted) 하우"라고 말하는데, 이 해석은 정확한 것 같다. 도둑질, 미지불, 반대급부의 미이행이라는 죄는 거래나 선물을 거부하는 것 — 이는 도둑질과 혼동되기도 한다 — 과 마찬가지로 하우(영혼)를 외면하는 데 있기 때문이다. 반면 카이 하우를 하우 휘티아와 똑같은 뜻으로 번역하는 것은 잘못이다. 영혼을 먹는 행위를 지시하는 카이 하우는 황가 하우(*whanga hau*)와 동의어다(Cf. Tregear, *Maori Comparative Dictionary*, s.v. *kai, whangai*). 그렇지만 둘의 동의관계는 단순하지 않다. 선물의 전형인 음식을 가리키는 카이가 음식의 나눔과 이에 보답하지 못하는 잘못도 암시하기 때문이다. 나아가 하우라는 단어 자체도 이러한 관념의 영역에 속한다. 윌리엄스(Williams, *Maori Dictionary*, p. 23, s.v. *hau*)는 하우를 "받은 선물에 대한 감사의 표시로 주는 선물"로 정의한다.

30 카이하우카이(*kai-hau-kai*)라는 표현에도 주의를 기울일 필요가 있다. 그것은 "다른 부족에게 받은 음식 선물을 돌려주는 일이나 잔치(남쪽 섬의 경우)"를 가리킨다 (Tregear, *Maori Comparative Dictionary*, p. 116). 이 표현에 담긴 의미는 보답으로 제공되는 선물과 잔치가 실은 출발지로 돌아가는 첫 번째 급부의 영혼이라는 것이다. "음식은 음식의 하우다." 이러한 제도와 관념 속에는 우리의 유럽어 어휘가 세심하게 구분하는 온갖 원칙들이 혼재되어 있다.

31 실제로 타옹가는 소유자와의 관계로부터 주어지는 하우만이 아니라 제 나름의 개체성

도 지니는 것으로 보인다. 가령 타옹가는 이름을 갖고 있다. 트리기어(Tregear, *Maori Comparative Dictionary*, p. 360, s.v. *pounamou*)가 콜렌소의 글에서 발췌해 제공하는 최상의 목록에 의하면 타옹가는 다음 품목에 한정된다. 우선 수장과 씨족의 신성한 재산을 이루는 포우나무(*pounamu*)가 있는데, 이 유명한 경옥(硬玉)은 보통 진귀하고 개성 넘치는 티키(*tiki*, 인간의 형상을 한 조각품 – 옮긴이)로 조각된다. 또 사모아의 돗자리처럼 문장을 짜 넣은 코로와이(*korowai*)라는 이름의 돗자리를 비롯한 다양한 종류의 돗자리도 타옹가에 속한다(코로와이는 사모아어 올로아[*oloa*]를 연상시키는 유일한 마오리어다. 우리는 올로아에 상당하는 마오리어를 찾으려고 애썼지만 헛수고였다). 어느 마오리 문서는 카라키아(*Karakia*)라는 주문(呪文)을 타옹가로 칭하는데, 이것은 양도할 수 있는 개인 소유의 탈리스만으로 간주된다. 카라키아 주문들에는 제각기 명칭이 붙어 있다.*JPS*, IX, p. 126(trans., p. 133).

32 Elsdon Best, "Forest Lore," p. 449.

33 마오리족은 '타후(*Tahu*)에 대한 모욕'이라는 의미심장한 표현 아래 여러 사실을 함께 묶는데, 이에 대한 연구를 여기에 끼워 넣을 수도 있을 것이다. 주요 자료는 엘스던 베스트의 "Notes on Maori Mythology," *JPS*, IX, p. 113에서 찾을 수 있다. 타후는 음식 일반을 의인화해서 표상하는 명칭이다. 제공된 음식을 거절한 사람에게는 "타후를 모욕하지 말라(*Kouo e tokahi ia Tahu*)"는 말이 돌아간다. 음식에 관한 마오리족의 믿음을 길게 검토하는 대신, 음식의 화신인 타후와 식물과 평화의 신인 롱고(*Rongo*)가 같은 신이라는 사실만 지적해 두기도 하자. 이것만으로도 환대, 음식, 공동식사, 평화, 교환, 법과 같은 관념들의 연합을 훨씬 잘 이해할 수 있다.

34 Elsdon Best, "Spiritual Concepts," *JPS*, IX, p. 198 참조.

35 Hardeland, *Dayak Wörterbuch*, s.v. *indjok, irek, pahuni*, Vol. I, pp. 190, 397. 이와 같은 제도에 대한 비교 연구는 말레이-인도네시아와 폴리네시아 문명권 전체로 확장될 수 있을 것이다. 단, 제도 자체를 식별해 내는 데에는 어려움이 따른다. 예를 들어 스펜서 세인트존(Spencer Saint-John)은 '강제 교역'이라는 이름 아래 보르네오섬 부루나이의 관행을 기술한다. [말레이] 귀족들은 비사야족(Bisaya)에게 직물을 선물로 준 다음 이를 여러 해에 걸쳐 고리로 갚게 하는 방식으로 공물을 수취하는데(*Life in the Forests of the Far East*, Vol. II, p. 42), [총체적 급부 체계에 대한] 오해는 이처럼 덜 문명화된 자신들의 동포를 이해하지 못한 채 그들의 관습을 악용하는 문명화된 말레이인들에게서 이미 확인된다. 이와 유사한 인도네시아 사례 전부를 여기서 열거할 필요는 없을 것이다(Kruyt, "Koopen in Midden Celebes"에 대한 나중의 리뷰 참조).

36 전쟁춤에 초대하지 않는 것은 잘못이다. 남쪽 섬에서는 이 죄를 푸하(*puha*)라고 일컫는다. H. T. de Croisilles, "Short Traditions of the South Island," *JPS*, X, p. 76(특기사항: 타후아[*tahua*], 음식 선물).

마오리족의 환대 의례는 다음과 같은 식으로 이뤄진다. 초대는 의무적이며, 도착한 이는 초대를 거절해서도 안 되지만 요청해서도 안 된다. 그는 주변을 둘러보지 않으면서 접대가 이뤄질 집―카스트에 따라 따르다―으로 향해야 하며, 초대한 이는 그를 위해 식사를 준비하고 정중하게 자리를 지켜야 한다. 떠날 때 손님은 여행을 위해 필요한 것들을 선물로 받는다(Tregear, *Maori Race*, p. 29; 이와 똑같은 인도의 환대 의례에 대해서는 뒤의 논의 참조).

37 실상 이 두 규칙은 그것이 규정하는 대조적 · 대칭적 급부들과 마찬가지로 서로 불가분하게 혼합되어 있다. 테일러가 대략 번역한 한 속담이 이러한 혼합을 표현한다(Taylor, *Te ika a maui*, p. 132, proverb no. 60). "날것일 때는 보이지만 익으면 사라진다." "반쯤 익었을 때 먹는 편이 (이방인이 오기를 기다리는 것보다) 낫고, 음식이 다 익어서 이방인과 나누는 것보다 낫다."

38 전설에 따르면 헤케마루(Hekemaru, 마루[Maru]의 과오)라는 이름의 수장은 다른 마을 사람들이 그를 알아보고 초대하는 경우 외에는 '음식'을 수락하지 않았다고 한다. 행렬이 눈에 띄지 않고 지나간 후에 사람들이 전령을 보내 그와 수행원들에게 다시 돌아가 식사를 함께하자고 간청한들, 그는 "음식은 내 등 뒤를 따라오지 않는다"고 대답할 뿐이었다. 이를 통해 그는 "자기 머리의 신성한 뒷면"에 바쳐진 음식, 다시 말해 그가 마을을 이미 지나친 후 제공된 음식은 그것을 제공한 사람들을 위험에 빠뜨릴 수 있음을 의미하고자 했다. 이로부터 다음과 같은 속담이 생겨났다. "음식은 헤케마루의 등 뒤를 따라가지 않는다"(Tregear, *Maori Race*, p. 79).

39 투호에족(Tuhoe)은 엘스던 베스트에게 다음과 같은 신화적 · 법적 원리를 말해 줬다(Elsdon Best, "Notes on Maori Mythology," *JPS*, VIII, p. 113). "명망 높은 수장이 어떤 지역을 방문할 때면 그의 마나가 먼저 앞서간다." 주민들은 좋은 음식을 구하기 위해 사냥과 낚시에 나서지만 아무것도 얻지 못한다. "앞서간 우리의 마나"가 동물과 물고기 전부를 보이지 않게 만들었기 때문이다. "우리의 마나가 그것들을 쫓아버렸다." (그리고는 먹잇감을 사람들로부터 멀어지게 하는 얼음과 눈에 대한 설명, 즉 화이리리[*Whairiri*, 물에 대한 죄]에 대한 설명이 이어진다.) 다소 모호한 이 언급은 사실 다른 씨족의 수장을 접대하기 위해 필요한 일을 제대로 하지 못했을 때 사냥꾼 씨족(*hapu*)의 땅이 어떤 상태가 될 것인지를 묘사한다. 그들은 카이파파(*kaippa*), 즉 음식에 대한 죄를 범한 결과 자신들의 식량(수확물, 사냥감, 낚싯감)을 잃어버린다.

40 예컨대 아룬타족(Arunta), 운마체라족(Unmatjera), 카이티쉬족(Kaitish)의 경우가 그렇다. Spencer and Gillen, *Northern Tribes of Central Australia*, p. 610.

41 바수에 대해서는 Williams, *Fiji and the Fijians*, Vol. I, 1858, p. 34 이하를 보라. Steinmetz, *Entwicklung der Strafe*, Vol. II, p. 241 이하도 참조. 생질이 가진 이 권리는 단지 가족 내부의 연대와 관련된 것만이 아니다. 결혼을 통해 맺어진 친척 사이의 권리

나 흔히 '합법적 절도'라고 부르는 권리 등 여타의 권리가 그것에 입각해 생겨날 수 있기 때문이다.

42 Bogoras, *The Chukchee(Jesup North Pacific Expedition, Mem. of the American Museum of Natural History)*, Vol. VII 참조. 선물과 환대를 하고, 받고, 갚을 의무는 순록을 기르는 축치인보다 바닷가의 축치인에게서 더 두드러진다. *Social Organization, ibid.*, Part III, pp. 634, 637 참조. 순록을 도축해 제물로 쓰는 일과 관련한 규칙 참조. *Religion, ibid.*, Part II, p. 375: 초대할 의무, 원하는 것을 요구할 손님의 권리, 선물을 해야 할 손님의 의무.

43 줄 의무는 에스키모 문화의 뿌리 깊은 특징이다. 우리의 연구 "Variations saisonnières dans les societés eskimo," *L'Année sociologique,* IX, p. 121 참조. 에스키모에 관한 가장 최근 저서 중 하나에 관대함을 가르치는 우화들이 담겨 있다. Hawkes, *The Labrador Eskimos(Canadian Geological Survey, Anthropological Series)*, p. 159.

44 우리는 알래스카의 에스키모 축제를 인근 인디언 부족의 포틀래치에서 차용한 것과 에스키모적 요소의 혼합물로 여겼었지만("Variations saisonnières dans les societés eskimo," p. 121), 그 이후로 시베리아의 축치인과 코랴크인 사이에서도 포틀래치 제도와 선물의 관행이 확인되었다. 그렇다면 차용은 아메리카 인디언 쪽이 아니라 시베리아 쪽에서 이뤄졌을 수도 있다. 아울러 에스키모 언어의 아시아 기원에 관한 소바조(Sauvageot, in *Journal des Américanistes,* 1924)의 설득력 있는 가설도 고려해야 하는데, 이는 에스키모인과 에스키모 문명의 뿌리에 관해 고고학자들과 인류학자들이 오랫동안 견지해 온 생각을 뒷받침한다. 서부의 에스키모가 동부와 중부 에스키모보다 변질되어 있기는커녕, 언어학적으로나 민족학적으로 원래의 형태에 더 가깝다는 것을 보여주는 많은 증거도 있다. 오늘날 이는 탈비처(William Thalbitzer)에 의해 입증된 듯하다.

이러한 점들을 고려할 때, 동부 에스키모 사회에도 매우 오래전에 자리잡은 포틀래치가 존재한다고 더욱 단호하게 말할 수 있다. 그럼에도 서부 에스키모 축제 특유의 토템과 가면 가운데 상당수는 분명 인디언에게서 유래한 것이다. 아메리카 북극 지역 동부와 중부에서 포틀래치가 사라진 이유는 설명하기가 쉽지 않은데, 인구 감소의 영향을 고려해 볼 수 있을 것이다.

45 Hall, *Life with the Esquimaux,* Vol. II, p. 320. 이 표현이 알래스카의 포틀래치와 관련된 것이 아니라 겨울철 공동생활과 선물교환 축제만을 가진 중앙 에스키모로부터 비롯되었다는 점은 대단히 특기할 만하다. 이는 해당 표현이 담고 있는 관념이 엄밀한 의미의 포틀래치 제도의 한계를 넘어 확장됨을 증명한다.

46 Nelson, "Eskimos about Bering Straits," XVIIIth *Annual Report of the Bureau of American Ethnology,* p. 303 sq.

47 Porter, "Alaskan," *XIth Census*, pp. 138, 141. 특히 Wrangell, *Statistische Ergebnisse*, etc., p. 132.

48 Nelson. Cf. "asking stick" in Hawkes, "The Inviting-in Feast of the Alaskan Eskimo," *Geological Survey(Mémoire 45, Anthropological Series*, II), p. 7.

49 혹스(Hawkes, "The Inviting-in Feast," pp. 7, 3, 9)는 우날라클리트족(Unalaklit)과 말레미우트족(Malemiut) 사이에서 벌어지는 해당 유형의 축제를 기술한다. 이 복합체의 두드러진 특징 하나는 축제 첫날 이뤄지는 희극적 공연과 이로부터 발생하는 선물에 있다. 상대방을 웃기는 데 성공한 부족은 원하는 것 전부를 요구할 수 있다. 최고의 춤꾼은 값진 선물을 받는다(pp. 12~14). 이는 시샘 많은 정령을 웃기면 그가 굳게 간직하고 있던 것을 얻을 수 있다는 상당히 흔한 신화적 주제를 의례적으로 명료하게 표현하는 드문 사례에 속한다(나는 호주와 아메리카에서만 다른 예를 찾을 수 있었다).

'초청 축제'의 의례는 샤먼(*angekok*)이 정령(*inua*)들을 방문하는 것으로 끝나는데, 이들은 자신들의 가면을 쓴 샤먼에게 춤추는 것을 즐겁게 봤다며 사냥감을 보내주겠노라 약속한다. 바다표범에게 하는 선물 참조. Jennes, "Life of the Copper Eskimos," *Report of the Canadian Arctic Expedition*, XII, 1922, p. 178, no 2.

선물의 법과 관련한 다른 주제 역시 매우 발달해 있다. 예컨대 '나스쿡(näskuk)' 수장은 아무리 희한한 선물이나 요리도 거절할 수 없는데, 만일 그렇게 한다면 영원히 명예를 잃어버릴 것이다.

채프먼(Chapman, *Congrès des Américanistes de Québec*, Vol. II, 1907)이 기술한 안빅(Anvik) 지역의 데네족(Déné) 축제를 인디언들이 에스키모로부터 차용한 것으로 간주하는 혹스의 견해는 전적으로 옳다.

50 Bogoras, *The Chukchee*(Part II), p. 403의 그림을 보라.

51 Bogoras, *ibid.*, pp. 399~401.

52 Jochelson, *The Koryak(Jesup North Pacific Expedition*, Vol. VI), p. 64.

53 *Ibid.*, p. 90.

54 Cf. p. 98, "이것은 당신을 위한 것입니다."

55 *The Chukchee*, p. 400.

56 이러한 관습에 대해서는 다음을 보라. Frazer, *Golden Bough*(3rd ed.), Vol. III, pp. 78~85, p. 91 sq.; Vol. X, p. 169; Vol. V, pp. 1, 161.

57 클링깃족의 포틀래치에 관해서는 본문 88~89, 95쪽(주석 포함) 참조. 상술한 특징은 북서아메리카 포틀래치 모두에 근본적이지만, 겉으로는 이 사실이 잘 드러나지 않는다. 의례의 토템주의적 요소가 너무 강해서 자연에 대한 작용보다 정령에 대한 작용이 더 두드러져 보이기 때문이다. 반면 베링 해협, 특히 세인트로렌스섬의 축치인과 에스키모인 사이에서 행해지는 포틀래치에서는 사태가 훨씬 더 분명하다.

58 보고라스(*Chukchee Mythology*, 1910, p. 14)가 보고하는 포틀래치 신화에서는 두 샤먼이 이런 대화를 나눈다. "당신은 뭐라고 대답할 것인가?", 다시 말해 "보답으로 무엇을 주겠는가?" 대화는 싸움으로 이어지지만, 결국 두 샤먼은 계약을 맺는다. 그들은 주술용 칼과 목걸이를 교환하고, 이어 자신들을 도와주는 정령을 교환하고, 끝으로 자신들의 몸을 교환한다(p. 15). 하지만 그들은 비행과 착륙을 완벽하게 해내지 못하는데, 팔찌와 "움직이는 안내자"인 '태슬(tassel)'을 교환하는 것을 잊어버렸기 때문이다(p. 16). 그들은 마침내 묘기를 행하는 데 성공한다. 이 모든 사물은 정령 자체와 똑같은 영적 가치를 지니고 있다. 사물이 곧 정령이다.

59 Jochelson, *The Koryak*, p. 30 참조. 콰키우틀족이 겨울철 샤머니즘 의례에서 정령의 춤을 추며 부르는 노래가 이 주제를 다룬다.
"정령이여! 인간에게서 감각을 앗아가는 정령이여, 당신은 저 세상으로부터 우리에게 모든 것을 보내주십니다. 정령이여! 당신은 우리가 배고프다는 것을 들었습니다… 우리는 당신으로부터 많은 것을 받을 것입니다…" Boas, *Secret Societies and Social Organization of the Kwakiutl Indians*, p. 483.

60 Davy, *La foi jurée*, p. 224 이하 및 본문 86~87쪽(주석 포함) 참조.

61 "Koopen in Midden Celebes," *Mededeelingen der Koninklijke Akademie van Wetenschappen, Afdeeling Letterkunde* 56; Series B, no. 5, pp. 163~168, pp. 158~159.

62 *Ibid.*, 초록 pp. 3~5.

63 *Argonauts of the Western Pacific*, p. 511.

64 *Ibid.*, pp. 72, 184.

65 의무적 교환의 대상이 아닌 것. *Ibid.*, p. 512. Cf. "Baloma, Spirits of the Dead," *Journal of the Royal Anthropological Institute*, 1917.

66 마오리족의 테 카나바(Te Kanava) 신화는 정령과 요정이 자신들에게 바쳐진 경옥을 비롯한 포우나무(통칭 타옹가)의 그림자를 가져가는 이야기를 전한다(Grey, *Polynesian Myth*, Routledge, p. 213). 망가이아섬(Mangaia)의 한 신화는 붉은색 자개 목걸이에 대해 똑같은 이야기를 하면서 그것이 어떻게 아름다운 마나파(Manapa)의 애정을 얻게 되는지 이야기한다(Wyatt Gill, *Myths and Songs from the South Pacific*, p. 257).

67 *Argonauts*, p. 513. 말리노프스키는 이 사실의 독특함을 다소 과장하고 있다(*ibid.*, p. 510 sq.). 사실 그것은 클링깃족과 하이다족의 포틀래치에서도 똑같이 나타난다.

68 "Het primitieve denken, voorn. in Pokkengebruiken…," *Bijdragen tot de Taal-, Land-, en Volkenkunde van Nederlansch- Indië*, 71, pp. 245~246.

69 크롤리(Ernest Crawley)는 *Mystic Rose*, p. 386에서 이미 이러한 가설을 제시했으며, 베스테르마르크(Edvard Westermarck)도 특히 *History of Human Marriage*, 2nd ed.,

Vol. I, p. 394 이하에서 문제를 탐지하고 검토를 시작한 바 있다. 그러나 베스테르마르크는 총체적 급부 체계와 그보다 발전된 포틀래치 체계의 존재를 식별하지 못한 까닭에 여자 교환과 결혼을 비롯한 모든 [개별] 교환은 전체 체계의 일부를 구성할 뿐이라는 사태의 본질을 명확히 파악할 수 없었다. 부부에게 행해진 증여가 결혼의 다산성을 보장한다는 점에 관해서는 뒤의 논의를 보라.

70 *Vâjasaneyisamhitâ.* Cf. Hubert and Mauss, *Essai sur le sacrifice,* p. 105(*L'Année sociologique*, II).

71 Tremearne, *Haoussa Superstitions and Customs,* 1913, p. 55.

72 Tremearne, *The Ban of the Bori,* 1915, pp. 238~239.

73 Robertson Smith, *Religion of the Semites,* p. 283. "가난한 이는 신의 손님이다."

74 마다가스카르섬의 베치미사라카인(Betsimisaraka)은 두 명의 수장에 대한 이야기를 전한다. 한 수장은 전 재산을 사람들에게 나눠 준 반면에 다른 수장은 아무것도 나누지 않고 자기를 위해 간직했다. 신은 인심이 후한 수장에게 큰 재산을 주고 탐욕스러운 수장은 파멸시켰다(Grandidier, *Ethnographie de Madagascar,* Vol. II, p. 67, n.a.).

75 희사, 관대함, 후한 베풂 등의 관념에 대해서는 Westermarck, *Origin and Development of Moral Ideas,* Vol. I, ch. XXIII에 수집된 사실들을 참조하라.

76 사다카가 여전히 지니고 있는 주술적 가치에 대해서는 뒤의 논의를 보라.

77 우리는 문헌 전체를 다시 읽는 작업을 반복할 수 없었다. 연구가 끝난 뒤에야 비로소 제기되는 질문들도 있다. 하지만 민족지학자들이 분리해 놓은 사실들의 체계를 재구성하면 폴리네시아에서 포틀래치의 중요한 흔적을 더 많이 찾을 수 있으리라 확신한다. 예를 들어 음식물 전시 축제인 폴리네시아의 하카리(*hakari*. Cf. Tregear, *Maori Race,* p. 113)는 비슷한 이름을 가진 멜라네시아 코이타섬(Koita)의 축제 헤카라이(*hekarai*)와 똑같은 방식으로 진열대를 가설해 음식을 쌓아 올린 뒤 분배한다. Seligmann, *The Melanesians,* p. 141~145와 그 아래를 보라. 하카리에 대해서는 다음 자료도 참조하라. Taylor, *Te ika a maui,* p. 13; Yeats, *An Account of New Zealand,* 1835, p. 139; Tregear, *Maori Comparative Dictionary,* s.v. *hakari.* Grey, *Polynesian Myth,* p. 213(1855 edition), p. 189(Routledge's popular edition)에 나오는 신화 참조. 해당 신화는 전쟁의 신 마루(Maru)가 연 하카리를 기술하는데, 수증자들의 이름을 엄숙하게 부르는 장면은 누벨칼레도니, 피지, 뉴기니 축제의 경우와 완전히 동일하다. 아래는 히카이로(*hikairo*, 음식물 분배)를 위해 우무 타옹가(*Umu taonga,* 타옹가 '화덕')를 만드는 말인데, 노래로 전해지고 있다(Sir E. Grey, "Ko. Nga Moteatea," *Mythology and Traditions in New Zealand,* 1853, p. 132). 나름대로 번역을 해 보았다(2절).

"이쪽으로 나의 타옹가를 다오

더미로 쌓을 수 있도록 나의 타옹가를 다오

땅을 향해 더미로 쌓을 수 있도록

바다를 향해 더미로 쌓을 수 있도록…

동쪽을 향해…

나에게 나의 타옹가를 다오."

1절은 틀림없이 보석 타옹가를 언급하고 있다. 이 노래는 타옹가라는 개념이 음식 축제 의례에 얼마만큼이나 내재되어 있는지 보여준다. Cf. Percy Smith, "Wars of the Northern against the Southern Tribes," *JPS*, Vol. VIII, p. 156(Hakari de Te Toko).

78 포틀래치가 현재의 폴리네시아 사회에는 존재하지 않는다 치더라도, 폴리네시아인의 이주로 흡수되거나 대체된 과거 사회와 문명에는 존재했을 가능성이 있다. 폴리네시아 인 자신도 이주 이전에는 포틀래치를 가지고 있었을지 모른다. 사실 포틀래치가 이 권역 일부에서 사라진 데에는 이유가 있다. 대부분의 섬에서는 씨족들의 위계서열이 고정되어 있는데(심지어 왕권이라는 중심 주변에서), 이는 포틀래치의 주요 조건 중 하나가 그곳에 결여되어 있음을 뜻한다. 수장들 간 경쟁의 결과에 따라 일시적으로 고정되는 가변적 위계제가 그것이다. 다른 어떤 섬에서보다 마오리족 사이에서 (아마 다시 형성된) 포틀래치의 흔적을 더 많이 찾아볼 수 있는 까닭은 추장제(chefferie)가 재건되어 고립되어 있던 씨족들이 다시금 서로 경쟁자가 되었기 때문이다.

멜라네시아 또는 아메리카 유형의 재산 파괴 관습은 사모아에서도 관찰된다. 자세한 내용은 Krämer, *Samoa-Inseln*, Vol. I, p. 375와 index, s.v. *ifoga*를 참조하라. 잘못을 저지른 데 따른 재산 파괴인 마오리족의 무루(*muru*) 관습도 이 관점에서 연구될 수 있다. 서로 상거래를 해야 하고, 서로 모욕할 수도 있으며, 또 서로의 재산을 파괴할 수도 있는 마다가스카르섬의 로하테니(*Lohateny*)들 사이의 관계도 고대 포틀래치의 흔적이다. Grandidier, *Ethnographie de Madagascar*, Vol. II, p. 131과 주석, pp. 132~133을 보라. p. 155도 참조하라.

1 **참고.** 아래에서 언급되는 사실들은 전부 다양한 민족지적 영역들에서 가져온 것인데, 이들 사이의 연결성을 따져보는 것은 우리의 목적이 아니다. 민족학적 관점에서 볼 때 '태평양 문명'이 존재한다는 점에는 의심의 여지가 없다. 이것이 예컨대 멜라네시아의 포틀래치와 아메리카의 포틀래치, 북아시아의 포틀래치와 북아메리카의 포틀래치 사이의 유사성을 부분적으로 설명해 준다. 하지만 포틀래치가 피그미족에서 시작된다는 것은 아주 놀라운 일이며, 나중에 논할 인도유럽 포틀래치의 흔적도 그에 못지않다. 따라서 우리는 제도의 이동(migration)에 관한 요즘 유행하는 방식의 고찰은 삼가려고 한다. 차용을 말하기는 너무 쉬우면서 위험하며, 독자적 발명을 말하는 것도 마찬가지로 위험하다. 또 포틀래치의 이동에 관한 지도를 그려본다 한들, 그것은 현재 우리가 가진 지식의 빈약함 혹은 무지를 드러낼 뿐일 것이다. 지금으로서는 이 법적 주제의 본질과 광범위한 분포를 보여주는 것으로 충분하다. 그 역사를 쓰는 것은 만일 가능하다면 다른 이들이 할 일이다.

2 *Die Stellung der Pygmaënvölker*, 1910. 우리는 슈미트 신부에게 동의하지 않는다. *L'Année sociologique*, XII, p. 65 이하 참조.

3 *Andaman Islanders*, 1922, p. 83. "물건은 선물로 여겨졌지만 사람들은 동등한 가치를 지닌 다른 물건을 받기를 기대했으며, 보답이 기대에 미치지 못하면 화를 냈다."

4 *Ibid.*, pp. 83~84. 이어 래드클리프브라운은 이러한 계약 상태가 얼마나 불안정한지, 갈등을 없애는 것을 목적으로 하는 관계가 어떻게 갑작스러운 분쟁에 이르게 되는지 관찰한다.

5 *Ibid.*, p. 237.

6 *Ibid.*, p. 81.

7 상술한 사실은 나린예리족(Narrinyerri)의 은기아온기암페(*ngia-ngiampe*) 사이의 칼두케(*Kalduke*) 관계와 디에리족(Dieri)의 유친(*Yutchin*) 사이의 관계와 완벽하게 비교될 수 있다. 이에 대해서는 나중에 다시 언급할 것이다.

8 *Ibid.*, p. 237.

9 *Ibid.*, pp. 245~246. 래드클리프브라운은 이러한 교감(감정의 동일성)의 표현과 그것이 가진 의무적이면서도 자발적인 성격에 대한 뛰어난 사회학적 이론을 개진한다. 이는 우리가 이미 주목한 바 있는 감정 표현의 의무라는 문제와 연결된다. "Expression obligatoire des sentiments," *Journal de Psychologie*, 1921 [『몸 테크닉』, 1장].

10 1장 주석 77~78 참조.

11 폴리네시아의 화폐 문제를 다시 검토할 필요가 있을 것이다. 1장 주석 17 참조. 사모아 섬의 돗자리에 대한 엘라 목사의 언급을 보라. 큰 도끼, 경옥, 티키, 향유고래 이빨은 여

러 종류의 조개껍데기나 수정과 마찬가지로 화폐로 쓰였을 것이다.

12 특히 장례식 끝 무렵의 화폐 사용에 대해서는 "La Monnaie néo-calédonienne," *Revue d'Ethnographie*, 1922, p. 328 참조. 그 원칙에 관해서는 p. 332 참조. "La Fête du Pilou en Nouvelle-Calédonie," *Anthropologie*, p. 226 sq.

13 *Ibid.*, pp. 236~237; cf. pp. 250~251.

14 *Ibid.*, p. 247; cf. pp. 250~251.

15 "Pilou," p. 263. Cf. "Monnaie," p. 332.

16 이 표현은 폴리네시아의 법적 상징체계(symbolisme)에 속하는 것으로 보인다. 망가이아 섬에서 평화는 "잘 엮인" 지붕 아래 신들과 씨족들을 함께 모으는 "잘 덮인" 집으로 상징된다. *Wyatt Gill, Myths and Songs of the South Pacific*, p. 294.

17 랑베르 신부(Père Lambert)는 *Mœurs des Sauvages néo-calédoniens*(1900)에 다수의 포틀래치—1856년의 어느 포틀래치(p. 119), 일련의 장례 축제(pp. 234~235), 이차 매장 때의 포틀래치(pp. 240~246)—를 기술한 바 있다. 그는 패배한 수장이 모욕당하고 심지어 다른 곳으로 이주하는 것이 선물과 포틀래치에 보답하지 않은 데 따른 제재임을 파악했으며(p. 53), "모든 선물은 보답으로 다른 선물을 요구한다"는 점을 이해했다(p. 116). 그는 '보답(un retour)'이라는 통속적 프랑스어 표현을 사용—"규정된 보답", "보답된 것"은 부자의 집에 전시된다(p. 125)—하고 있다. 방문시 선물은 필수적이다. 선물은 결혼의 조건이다(pp. 10, 93~94). 선물은 철회될 수 없고, "보답은 이자와 함께" 사촌의 한 부류인 벤감(*bengam*)에게 "주어진다"(p. 215). 선물의 춤(p. 158)인 트리안다(*trianda*)는 형식주의와 의례주의, 법적 미학이 뒤섞인 놀라운 사례를 이룬다.

18 "Kula," *Man*, 51, July 1920, p. 90 이하와 *Argonauts of the Western Pacific*, London, 1922[『서태평양의 항해자들』, 최협 옮김, 전남대학교출판부, 2013]를 보라. 이 절의 주석에서 쪽수만 표기된 경우는 모두 후자의 책에 준거한다.

19 말리노프스키는 자신이 기술한 사실들의 새로움을 과장하고 있다(pp. 513, 515). 우선 쿨라는 사실상 멜라네시아에서 꽤 흔한 유형의 부족 간 포틀래치 중 하나에 불과하다. 랑베르 신부가 기술한 누벨칼레도니의 교역 원정과 올로올로(*Olo-Olo*)라고 불리는 피지인들의 대원정도 같은 유형 속한다. Mauss, "Extension du potlatch en Mélanésie," *Anthropologie*, 1920(Procès-verbaux de l'IFA) 참조. 쿨라라는 단어의 의미는 울루울루(*uluulu*)를 비롯한 동일 유형의 다른 단어들이 지닌 의미와 연결되는 듯하다. Rivers, *History of the Melanesian Society*, Vol. II, pp. 415, 485, Vol. I, p. 160 참조. 그러나 쿨라는 아메리카의 포틀래치만큼 특징적이지는 않다. 브리티시컬럼비아[태평양에 면한 캐나다 서부의 주] 해안과 비교할 때, 트로브리안드의 섬들은 더 작고 사회들은 덜 부유하고 강력하기 때문이다. 바로 북서아메리카에서 부족 간 포틀래치의 모든 특징이 나타난다. 그곳에는 진정 국제적인 포틀래치도 존재한다. 예를 들어 하이

다족과 클링깃족(싯카[Sitka]는 사실 둘의 공동 타운이었으며, 나스강[Nass River]은 그들이 항상 만나던 장소였다), 콰키우틀족과 벨라쿨라족(Bella Coola) 또는 헤일축족(Heiltsuq), 하이다족과 심시안족 간의 포틀래치처럼 말이다. 교환의 형태는 통상 확산 가능하고 국제적이므로, 이러한 일이 발생하는 것은 자연스럽다. 다른 곳과 마찬가지로 북서아메리카에서도 교환의 형태는 부유한 뱃사람인 이들 민족의 교역로를 터주는 동시에 그것을 따라 이동했을 것이다.

20 말리노프스키는 '쿨라 고리(kula ring)'라는 표현을 즐겨 쓴다.

21 P. 97, "노블레스 오블리주(noblesse oblige)."

22 다음과 같은 겸손의 표현과 함께 귀중한 목걸이를 준다. "오늘 먹다 남은 것을 가져왔으니 받아주십시오"(p. 473).

23 Pp. 95, 189, 193 참조. 말리노프스키는 유럽인을 이해시키기 위한 교육적 의도를 갖고 쿨라를 "(보상) 지불을 동반하는 의례적 교환" 중 하나로 분류한다(p. 187). 지불이나 교환은 모두 유럽인의 말이다.

24 "Primitive Economics of the Trobriand Islanders," *Economic Journal*, March 1921 참조.

25 Pp. 374~375, 391, 무와섬(Muwa) 모래사장에 원정에서 획득한 물품들을 전시하는 타나레레(*tanarere*) 의례. P. 381, 도부인들의 우바라쿠(4월 20~21일). 이를 통해 가장 매력적인 사람이 누구인지, 즉 가장 운이 좋고 뛰어난 교역자가 누구인지 결정한다.

26 Pp. 353~354, 와워일라(*wawoyla*) 의례, pp. 360~363, 와워일라 주술.

27 앞의 주석 22 참조.

28 책 표지와 도판들을 보라. p. 185 이하도 참조하라.

29 이러한 도덕이 위대함(μεγαλοπϱέπεια; *megaloprépeia*)과 자유(έλευθερία; *eleuthería*)에 관한 『니코마코스 윤리학』의 훌륭한 단락과 비교될 수 있음을 특별히 지적해 둔다.

30 **화폐 개념의 사용에 관한 원칙적 주석.** 말리노프스키가 "Primitive Currency"(*Economic Journal*, 1923)에서 표명한 반대에도 불구하고 우리는 화폐 개념의 사용을 고수한다. 그는 이전에도 셀리그먼(Charles Gabriel Seligman, 1873~1940. 파푸아뉴기니와 수단에서 현장 연구를 수행한 영국 인류학자이자 런던 정치경제대학교에서 말리노프스키를 가르친 스승-옮긴이)의 용어법에 이의를 제기하면서 화폐 개념의 남용을 비판한 바 있다(*Argonauts*, p. 499, n. 2). 말리노프스키는 단순한 교환 수단을 넘어 가치를 측정하는 척도로도 기능하는 물건에 화폐 개념을 한정한다. 시미앙(François Simiand, 1873~1935. 뒤르켐 학파의 대표적인 경제사회학자-옮긴이)도 이 글에서 논해지는 유형의 사회에 가치 개념을 적용하는 것에 대해 비슷한 반대를 표한 적이 있다. 두 학자는 그들의 관점에서는 분명 옳다. 그들은 화폐와 가치라는 말을 좁은 의미로 이해한다. 그에 따르면 화폐가 존재할 경우에만 경제적 가치도 존재한다. 그리고 화폐는 부의 응

축물이자 표징인 귀중품이 실제로 화폐로 주조되었을 때에만, 다시 말해 개인이건 집단이건 여타의 모든 법인격과의 관계로부터 분리되어 오직 국가의 권위에 의거해 본위화폐로 주조되고 품위 검정이 이뤄질 때에만 존재한다. 하지만 이런 식으로 제기된 질문은 화폐라는 단어 사용의 임의적 한계를 정하는 문제와 관련될 뿐이다. 내가 보기에 이는 단지 이차적 유형의 화폐, 즉 우리의 화폐를 정의하는 것에 불과하다.

금·은·동을 화폐로 주조하는 사회에 선행하는 모든 사회에서는 돌이나 조개, 그리고 무엇보다 귀금속이 교환 및 지불 수단으로 사용되었다. 현재 우리 주변에 있는 많은 사회에서도 이와 같은 시스템이 실제로 작동하고 있으며, 우리가 기술하고 있는 것도 바로 이 시스템이다.

이러한 귀중한 물품들이 우리가 통상적으로 생각하는 지불 수단과 다르다는 점은 사실이다. 우선 이 물품들은 경제적 성질과 가치에 더해 주술적 성질을 강하게 띠며, 특히 탈리스만의 역할을 한다. 리버스나 페리·잭슨(Perry and Jackson)의 말처럼 그것들은 "생명을 주는 것(life givers)"이다. 또 이 물품들은 한 사회 내부는 물론이고 서로 다른 사회 사이에서 폭넓게 유통되는 것임에도 불구하고 여전히 특정 인물이나 씨족과 결합되어 있으며(로마의 초기 화폐는 씨족[gentes]에 의해 주조되었다), 이전 소유자의 개성 및 법인격들 간의 과거 계약과도 얽혀 있다. 그 가치는 여전히 주관적이고 인격적이다. 아직도 멜라네시아에서는 실에 꿴 조개 화폐의 가치를 증여자의 뼘으로 측정한다. Rivers, *History of the Melanesian Society*, Vol. II, p. 527, Vol. I, pp. 64, 71, 101, 160 sq. Thurnwald, *Forschungen...*, Vol. III, p. 41 sq., Vol. I, p. 189, v. 15에 나오는 어깨에 두른 실(*Schulterfaden*)이라는 표현 및 Vol. I, p. 263, l. 6 등에 나오는 허리에 두른 실(*Hüftschnur*)이라는 표현 참조. 이 제도의 다른 주요 사례들도 뒤에서 살펴볼 것이다. 이러한 물품들은 가치가 불안정하며, 기준이나 척도로 작용하기 위해 필요한 성질을 결여하고 있다는 점도 사실이다. 예컨대 그 가격은 과거에 연루된 거래의 빈도와 규모를 따라 오르락내리락한다. 말리노프스키는 트로브리안드 군도의 바이구아가 순환 과정에서 위신을 획득하는 현상을 왕실 보석의 경우와 매우 적절하게 비교한다. 북서아메리카의 문장이 새겨진 구리판과 사모아의 돗자리 역시 매 포틀래치, 매 교환마다 가치가 상승한다.

그러나 두 가지 점에서 이 귀중품들은 우리 사회의 화폐와 동일한 기능을 수행하며, 그러한 한에서 최소한 그와 같은 부류에 속하는 것으로 간주될 수 있다. 첫째, 그것은 수량화된 구매력을 지니고 있다. 특정 '구리판'에는 몇 장의 담요가 지급되어야 한다거나 특정 바이구아는 몇 바구니의 얌에 해당한다는 식으로 수의 개념이 존재한다. 비록 그것이 국가의 권위가 아닌 다른 것에 의해 결정되고, 쿨라와 포틀래치를 여러 차례 거치면서 변동하기는 하지만 말이다. 둘째, 이러한 물품의 구매력은 지불 수단으로 실제로 통용됨으로써 입증된다. 특정한 개인, 씨족, 부족 또는 파트너 사이에서만 인정되기는 하지만, 구매력은 여전히 공적이고 공식적이며 고정되어 있다. 말리노프스키의 친구이자 그와 마찬가지로 오랫동안 트로브리안드 군도에 체류했던 브뤼도(Brudo)는 진주채집자들에게 유럽 화폐나 고정 가격의 상품뿐만 아니라 바이구아로도 대금을 지불했다. 한 체계에서 다른 체계로의 전환은 부드럽게 이뤄질 수 있었다. 암스트롱(Wallace Edwin Armstrong)은 우리와 같은 오류—만일 우리의 주장이 오류라고 친다면—를 범하면서, 트로브리안드 군도에 인접한 로셀섬(Rossel)의 화폐에 대해 매우 명확한 정보들을 제공한다("A Unique Monetary System," *Economic Journal*, 1924, 교정쇄).

우리는 인류가 오랫동안 더듬더듬 모색해 왔다고 생각한다. 첫 번째 단계에서 인류는 사용해도 파괴되지 않는 물건들을 발견하고서는 거기에 구매력을 부여했다. 이 물건들은 거의 모두 주술적이며 귀중한 것이었다. Mauss, "Origines de la notion de monnaie," *Anthropologie*, 1914(Procès verbaux de l'IFA) 참조(이 시점에서 우리는 화폐의 먼 기원밖에 발견하지 못했다). 이후 두 번째 단계에서 인류는 이러한 물건들을 부족 안팎에서 널리 순환시키는 데 성공했으며, 구매 수단으로 쓰이는 것들이 부의 수량화 및 순환 수단으로도 쓰일 수 있음을 알아채게 되었다. 지금 우리가 기술하고 있는 단계가 바로 여기에 해당한다. 세 번째 단계에서 인류는 이러한 귀중품들을 집단과 씨족으로부터 떼어 내 가치 측정을 위한 항구적인 도구, 비록 합리적이지는 않을지라도 보편적인 도구로 만드는 임시방편을 고안해냈다. 이 단계는 고대 셈족 사회에서는 상당히 먼 과거에, 아마 그 밖의 사회들에서는 그리 멀지 않은 과거에 시작되었을 것이다. 따라서 예컨대 일상용품으로 구성된 화폐, 아프리카와 아시아에서 쓰이는 구리 및 철 주괴나 판, 또는 서양 고대사회와 현재 아프리카 사회의 가축(3장 주석 10 후반부 참조)과 같은 형태 외에도 지금 우리가 가진 화폐에 선행하는 또 다른 화폐 형태가 존재했다고 결론내릴 수 있다.

지나치게 광범위한 문제에 개입할 수밖에 없었던 점에 대해 양해를 구한다. 이 문제는 우리의 주제와 너무 밀접하게 관련되어 있어서 입장을 명확히 밝혀 둘 필요가 있었다.

31 도판 XIX. 북서아메리카의 '공주'가 그러하듯, 트로브리안드 여성과 그 밖의 몇몇 인물들은 과시용 물품들을 [몸에 둘러] 전시하는 수단으로 쓰인 것 같다. 이를 통해 그들 자신이 '매혹적이게' 되는 것도 사실이다. Cf. Thurnwald, *Forschungen auf den Salomo-Inseln und dem Bismarck-Archipel*, Vol. I, pp. 138, 159, v. 7.

32 뒤의 논의를 보라.

33 P. 82의 지도를 보라. Cf. "Kula," *Man*, 1920, p. 101. 말리노프스키는 이 순환의 신화적 근거나 그 밖의 이유를 찾지 못했다고 말한다. 이를 밝히는 일은 매우 중요한 의미를 지닐 것이다. 만일 순환의 이유가 신화적 경로를 따라 자신이 기원한 지점으로 돌아가려는 물건 자체의 지향성에 있다면, 이는 놀랍게도 폴리네시아의 사실, 즉 마오리족의 하우와 동일할 것이기 때문이다.

34　이 문명과 교역에 대해서는 Seligman, *The Melanesians of British New Guinea*, ch. XXXIII 이하 참조. Cf. *L'Année sociologique*, XII, p. 374; *Argonauts*, p. 96.

35　도부섬 사람들은 "쿨라에 악착스럽다"(p. 96).

36　*Ibid.*

37　P. 502, p. 492.

38　원거리 파트너'(*muri muri*; cf. *muri*, Seligman, *Melanesians*, pp. 505, 752)는 적어도 다른 파트너들 중 일부에게는 알려져 있다. 우리 사회의 은행 간 거래 네트워크의 구조가 이와 유사하다.

39　P. 504, 한 쌍을 이루는 [므와리의] 이름들, p. 89, p. 271. 사람들이 소우라바에 관해 이야기하는 방식은 p. 323의 신화 참조.

40　의례용 물품에 대한 정확하면서도 일반적 의의를 지닌 관찰은 pp. 89~90 참조.

41　P. 512.

42　P. 513.

43　P. 340, 주석, p. 341.

44　소라 나팔의 사용에 대해서는 pp. 340, 387, 471과 도판 LXI 참조. 거래가 있을 때마다, 공동식사의 중요한 순간마다 소라 나팔이 울린다. 소라 사용의 확산 혹은 역사에 관해서는 Jackson, *Pearls and Shells*, University of Manchester Series, 1921 참조.
축제나 계약 때 나팔과 북을 사용하는 것은 흑인(기니인과 반투족) 사회, 아시아 사회, 아메리카 사회, 인도유럽어족 사회 등에서 찾아볼 수 있다. 이 문제는 우리가 여기서 연구하고 있는 법적 · 경제적 주제와 연결되는 것으로, 그 자체와 그 역사에 대한 별도의 연구를 필요로 한다.

45　P. 340. 므와니타, 므와니타(*Mwanita, mwanita*). 키리위나어 원문(p. 448)의 첫 두 구절(우리 생각으로는 두 번째와 세 번째 구절)을 참조하라. 므와니타는 국화조개 껍질 목걸이와 동일시되는 검은 테를 두른 긴 벌레의 이름이다(p. 341). 므와니타를 부른 뒤 다음과 같은 소환 주문이 이어진다. "저기로 함께 오라. 내가 너희를 저기로 함께 오게 하리라. 여기로 함께 오라. 내가 너희를 여기로 함께 오게 하리라. 저기 무지개가 뜬다. 내가 저기에 무지개가 뜨도록 하리라. 여기 무지개가 뜬다. 내가 여기에 무지개가 뜨도록 하리라." 말리노프스키는 원주민들이 말하는 대로 무지개를 단순한 징조로 간주하지만, 무지개는 또한 조개껍질의 다채로운 빛을 의미할 수도 있다. "여기로 함께 오라"는 표현은 계약을 통해 함께 모일 여러 가치재들과 관련이 있다. '여기[*derima*]'와 '저기[*deriwa*]'의 언어유희는 일종의 형성소인 m과 w 소리를 이용해 손쉽게 확보되는데, 이런 말장난은 주술에서 아주 흔한 것이다.
주문 도입부의 다음 부분은 이렇게 이어진다. "내가 유일한 남자, 유일한 수장일 것이다" 등등. 이 부분은 다른 관점에서, 특히 포틀래치의 관점에서 볼 때 흥미롭다.

46 이렇게 번역된 단어인 *munumwagnise*(cf. p. 449)는 *mwana* 또는 *mwayna*의 중복형이 다. 안달("itching")이나 흥분 상태("state of excitement")를 표현한다.

47 추정컨대 이와 같은 구절이 틀림없이 있을 것이다. 주문의 이 핵심 단어가 파트너를 사로잡아 후한 선물을 주게끔 하는 심적 상태를 가리킨다는 점을 말리노프스키가 명확히 언급하기 때문이다(p. 340).

48 일반적으로 금기는 쿨라와 소이(장례 축제)에 필요한 음식, 빈랑나무 열매, 귀중품을 모으기 위해 부과된다(Cf. pp. 347, 350). 주문은 음식에도 적용된다.

49 이 이름들은 바기(*bagi*), 즉 목걸이(p. 351)에 여러 다른 단어를 결합해 만든 것이다. 본문에 언급된 것에 더해 주술이 걸린 목걸이의 다른 특별한 이름들이 이어진다. 목걸이 이름에 대한 분석은 생략한다.

이 주문은 시나케타의 쿨라 주문이다. 이곳 사람들은 팔찌를 내주고 목걸이를 얻는 쪽이므로, 주문은 목걸이만 언급한다. 키리위나에서도 같은 주문이 쓰이는데, 거기 사람들은 팔찌를 찾는 쪽이므로 목걸이 대신 다양한 팔찌 이름이 언급된다. 주문의 나머지 부분은 동일하다.

주문의 마지막 부분도 흥미롭지만, 역시나 포틀래치의 관점에서만 그러하다. "나는 '쿨라를 할 것이다'(교역을 할 것이다), 나는 내 쿨라(내 파트너)를 속일 것이다. 나는 내 쿨라를 훔칠 것이다, 나는 내 쿨라를 약탈할 것이다, 나는 내 배가 가라앉을 때까지 쿨라를 할 것이다… 내 명성은 천둥과 같고 내 발걸음은 지진과 같다." 마지막 문구는 기이할 정도로 아메리카적인데, 솔로몬 제도에도 유사한 표현이 있다. 뒤의 논의 참조.

50 P. 344, p. 345의 주석. 이 주문의 끝부분은 방금 인용한 것("나는 쿨라를 할 것이다" 등등)과 똑같다.

51 P. 343. Cf. p. 449, 첫 구절의 텍스트와 문법적 주석 참조.

52 P. 348. 일련의 구절 뒤에 대구가 등장한다(p. 348). "도부 남자여, 너의 분노가 (바닷물 처럼) 물러간다." 그다음 "도부 여자여"로 시작하는 같은 구절이 이어진다(뒤의 논의 참조). 도부 여성들은 금기인 반면, 키리위나 여성들은 방문객들에게 몸을 판다. 주문의 두 번째 부분도 같은 유형이다.

53 Pp. 348, 349.

54 P. 356. 이는 아마도 방향성에 대한 신화일 것이다.

55 레비브륄(Lucien Lévy-Bruhl)이 즐겨 쓰는 관여(participation)라는 용어를 여기서 사용할 수도 있을 것이다. 하지만 관여는 혼동과 혼합, 특히 지금부터 설명하려고 하는 것과 같은 종류의 법적 동일시 및 교감에서 기인한다.

우리는 여기서 원리를 논하고 있으며, 결과의 수준으로 내려가는 것은 불필요하다.

[관여 혹은 '신비적 관여(participation mystique)'는 레비브륄이 원시적 정신세계의 특성을 논하는 과정에서 제안한 개념으로, 서구인의 관점에서는 혼동될 수 없는 상이

한 존재들 사이에 공통의 본성 또는 존재론적 동일성을 가정하는 사고방식을 가리킨다. 예컨대 보로로족의 남자들이 스스로를 앵무새로 간주하거나 호주 원주민들이 자신들을 특정한 동식물 종과 동일시할 때, 또는 적이 남긴 발자국을 적 자체와 같은 것으로 여기고 거길 향해 창을 던질 때 관여가 관찰된다. 레비브륄이 보기에 원시인들에게 있어 "존재한다는 것은 관여하는 것이다."]

56 P. 345 sq.

57 P. 98.

58 P. 353. 어쩌면 이 말에는 멧돼지 엄니로 만든 고대 화폐에 대한 암시가 포함되어 있을지도 모른다.

59 P. 319. 레부(*lebu*, 말리노프스키에 따를 때 "반드시 적대적 행위는 아닌 강취"—옮긴이)의 사용. Cf. *Mythe*, p. 313.

60 P. 359. 어느 유명한 바이구아에 대해 사람들이 말하길, "많은 남자들이 그것 때문에 죽었다." 적어도 도부섬의 경우(p. 356) 요틸레는 언제나 거래의 여성적 성분인 므와리(팔찌)인 것 같다. "우리는 므와리에 대해 콰이포루(*kwaypolu*)나 포카라(*pokala*)를 하지 않는다[포카라는 상대방이 바이구아를 주도록 설득하기 위한 목적으로 제공되는 선물(주로 음식)이다. 이후 원하던 바이구아를 얻게 되면 만족의 표시로 더 많은 음식을 선물로 주는데, 이를 콰이포루라고 부른다]. 므와리는 여자이기 때문이다." 하지만 도부 사람들은 팔찌만 찾으며, 이 사실에는 다른 의미가 없을 지도 모른다.

61 공격적 비방(*injuria*), p. 357(Thurnwald, *Forschungen*, Vol. I에 이런 유의 노래들이 많이 실려 있다).

62 여기에는 여러 다양한 거래 시스템이 얽혀 있는 것 같다. 가치가 낮은 목걸이(cf. p. 98)나 팔찌가 바시로 제공되기도 하지만, 엄밀히 말하면 쿨라와 관련이 없는 물품도 바시가 될 수 있다. 예를 들어 갠 석회를 뜨기 위한 숟가락(빈랑 씹기용), 조잡한 목걸이, 큰돌도끼(*beku*) 등이 있다.

63 Pp. 157, 359.

64 말리노프스키의 책은 투른발트의 저작과 마찬가지로 진정한 사회학자가 수행한 관찰의 우월성을 보여준다. 실제로 우리가 검토하고 있는 사실들 일부에 대한 단초를 제공한 것은 부인(Buin, 파푸아뉴기니 부건빌섬의 지역—옮긴이) 사람들이 행하는 마모코(*mamoko*), 즉 "위로 선물(*Trostgabe*)"에 대한 투른발트의 관찰이었다(*Forschungen*, Vol. III, p. 40, etc.).

65 P. 211.

66 P. 189. Cf. pl. XXXVII. Cf. p. 100, "이차 교역."

67 Cf. p. 93.

68 이러한 선물은 와워일라(*wawoyla*)로 총칭되는 것 같다(pp. 353~354; cf. pp.

360~361). 한 주문에 등장하는 워일라(*woyla*), 즉 "쿨라 구애(kula courting)"라는 표현 참조(p. 439). 이 주문에는 미래의 파트너가 가질 수 있는 모든 물품이 열거되는데, 이들 물품의 "끓어오름"으로 인해 증여자는 줄 결심을 하게 된다. 주문이 열거하는 것들에는 장차 얻게 될 일련의 선물이 포함되어 있다.

69 이는 '증정품'을 뜻하는 가장 일반적 용어다(pp. 439, 205, 350). 도부 사람이 하는 같은 종류의 선물은 바타이(*vata'i*)라고 불린다(cf. p. 391). 이러한 "도착 선물(arrival gifts)"은 "내 석회용 항아리가 끓어오른다, 내 숟가락이 끓어오른다, 내 작은 바구니가 끓어오른다"는 식의 관용적 표현을 통해 열거된다. 같은 주제와 같은 표현이 p. 200에도 나온다.

이 같은 일반적 명칭 외에 다양한 상황의 다양한 선물에 붙는 특수한 이름들도 있다. 시나케타 사람들이 도부 사람들에게(그 반대가 아니라) 제공하는 음식물, 도자기, 돗자리 등은 포카라라는 간단한 이름으로 불리는데, 이는 보수(salaire)나 헌물(offrande) 등에 상당히 잘 부합한다. 장래의 파트너를 유혹하기(*pokapokala*, p. 360) 위해 내놓는 (cf. p. 369) "개인 소지품" 구구아(*gugu'a*) 역시 포카라다(p. 501; cf. pp. 313, 270). 이 사회들에는 개인적으로 사용되는 물건을 재산(properties)과 구분하는 예민한 감각이 존재한다. 가족 및 순환 체계 안에서 오랫동안 지속되는 물건들이 재산이다.

70 Ex., p. 313, *buna*.

71 Ex., *kaributu*, pp. 344, 358.

72 다음은 원주민이 말리노프스키에게 한 말이다. "내 파트너는 씨족(*kakaveyogu*)과 마찬가지다. 그는 나와 싸울 수도 있다. 진짜 친족(*veyogu*)은 탯줄과 같아서 언제나 내 편일 것이다"(p. 276).

73 이것이 바로 쿨라의 주술, 므와실라(*mwasila*)가 표현하는 것이다.

74 실제로 원정대 대장과 카누 선장들에게 우선권이 주어진다.

75 카삽와이와이레타(Kasabwaybwayreta)라는 인물에 관한 재미있는 신화가 이 모든 동기를 보여준다(p. 342). 신화는 이 인물이 어떻게 구마카라케데케다(Gumakara-kedakeda)라는 유명한 목걸이를 손에 넣을 수 있었는지, 그가 어떻게 다른 동료들을 앞지를 수 있었는지에 관해 이야기한다. 타카시쿠나(Takasikuna)에 관한 신화도 참조하라(p. 307).

76 P. 390. 도부섬의 경우는 pp. 362, 365 등.

77 도부섬에서는 그렇지 않다.

78 돌도끼 교역에 관해서는 Seligman, *Melanesians*, pp. 350, 353을 보라. 코로툼나 (*Argonauts*, pp. 365, 358)는 보통 장식된 고래뼈 숟가락이나 주걱인데, 바시로 쓰이기도 한다. 그 밖의 다른 선물들도 중간중간 제공된다.

79 도가(*doga*), 도기나(*dogina*).

80 Pp. 486~491. 북부 마심(Massim-Nord) 문명 전체에 퍼져 있는 이 관습에 대해서는 Seligman, *Melanesians*, p. 584를 보라. 왈라가에 대한 기술은 pp. 594, 603을 보라. Cf. *Argonauts*, pp. 486~487.

81 P. 479.

82 P. 472.

83 처남에 의한 므와리 제작과 증여는 요울로(*youlo*)라고 불린다(pp. 503, 280).

84 P. 171 sq.; cf. p. 98 sq.

85 예를 들어 카누를 건조하거나 도기를 모으는 일, 음식을 조달하는 일 등.

86 "부족 생활 전체는 끊임없는 '주고받기'에 불과하다. 모든 의식, 모든 법적·관습적 행위는 반드시 물질적 증여 및 그에 수반되는 역증여와 함께한다. 주고받는 부는 사회 조직, 수장의 권력, 혈연 및 인척관계를 유지시키는 주요 수단 중 하나다"(p. 167). Pp. 175~176을 비롯한 여기저기를 참조하라. 색인의 'Give and Take' 항목을 보라.

87 와시 관계와 쿨라 관계가 동일한 경우들이 있다. 종종 같은 파트너들이 연루되기 때문이다. 와시에 대한 설명은 p. 187~188을 보라. 도판 XXXVI도 참조.

88 이 의무는 [진주 채집이 주업이 된] 오늘날에도 지속된다. 진주 채집자들은 순전히 사회적 의무를 위해 상당한 임금을 포기하고 고기잡이에 나가는 불편과 손해를 감수한다.

89 사갈리는 폴리네시아어 하카리(*hakari*)와 마찬가지로 분배를 뜻한다(p. 491). Pp. 147~150, 170, 182~183의 설명을 보라.

90 도판 XXXII, XXXIII 참조.

91 P. 491을 보라.

92 특히 장례 축제의 경우가 그렇다. Cf. Seligmann, *Melanesians*, pp. 594~603.

93 P. 175.

94 P. 323. 다른 용어인 콰이포루(*kwaypolu*)는 p. 356.

95 Pp. 378~379, 354.

96 Pp. 163, 373. 바카푸라는 특별한 명칭으로 불리는 여러 유형으로 세분된다. 첫 선물인 베우울로(*vewoulo*)와 마지막 선물인 요멜루(*yomelu*)가 그 예다. (이것이 쿨라와의 동일성을 입증한다. 요틸레-바가 관계 참조.) 지불 항목 중 몇몇도 특별한 이름을 가진다. 카누나 밭 등에서 일하는 사람들에게 주는 보수, 특히 수확물 — 매년 처남이 행하는 수확물 급부는 우리구부(*urigubu*)라고 불린다(pp. 63~65, 181) — 과 목걸이 제작(pp. 183, 394)에 대한 최종 지불은 카리부다보다(*karibudaboda*)라고 부른다. 칼로마(Kaloma) 조개껍질 원반 제작(pp. 373, 183)에 대한 것처럼 지불액이 상당한 경우에는 소우사라(*sousala*)라고 불린다. 요울로(*youlo*)는 팔찌 제작에 대한 지불, 푸와유(*puwayu*)는 벌목 인부들을 격려하기 위해 제공되는 음식을 일컫는 이름이다. 이와 관련된 재밌는 노래도 있다(p. 129). "돼지, 야자음료, 얌도 다 떨어졌지만 우리는 여전히

아주 무거운 것을 끌고 있다."

97 바카푸라와 마푸라는 동사 푸라(*pula*)의 다른 형태다. 바카는 사역(使役) 접두사임이
    분명하다. 말리노프스키는 마푸라를 종종 '상환(repayment)'으로 번역한다(p. 178 이
    하와 p. 182 이하 참조). 보통 마푸라는 서비스 제공의 노고와 피로를 달래주는 '연고'
    에 비유된다. 그것은 물건이나 비법의 제공, 자격과 특권의 양도로 초래된 손실을 보상
    한다.

98 P. 179. "성적인 이유로 제공되는 선물"은 부와나(*buwana*)나 세부와나(*sebuwana*)라고
    불린다.

99 앞의 주석들에서 언급된 것 외에, 카비기도야(*kabigidoya*)는 새 카누를 소개하는 의식
    과 이를 행하는 사람들("새 카누의 머리를 꺾는" 사람들), 그리고 이 서비스에 이자를
    더해 보답하는 선물을 가리킨다. 그 밖에 카누 임대에 대한 보상(p. 186), 환대의 선물
    (p. 232) 등을 가리키는 말들이 있다.

100 부나(*buna*)는 "큰 개오지 껍질" 선물이다(p. 317).

101 요울로(*youlo*)는 수확 작업에 대한 보상으로 주어지는 바이구아다(p. 280).

102 Pp. 186, 426 등에서 라가는 명백히 이자가 더해진 반대급부 일체를 가리킨다. 주문을
    그냥 구입하는 경우에는 울라울라(*ula'ula*), 아주 상당한 가격-선물(prix-cadeaux)이
    제공되는 경우는 소우사라라는(p. 183) 다른 명칭으로 부르기 때문이다. 울라울라는
    살아있는 사람뿐만 아니라 망자에게 제공되는 선물도 가리킨다(p. 183).

103 Brewster, *Hill Tribes of Fiji*, 1922, pp. 91~92.

104 *Ibid.*, p. 191.

105 *Ibid.*, p. 23. 이 이름에서 터부(tabou), 탐부(*tambu*)라는 단어를 식별할 수 있다.

106 *Ibid.*, p. 24.

107 *Ibid.*, p. 26.

108 Seligman, *Melanesians*(glossary, pp. 754, 77, 93, 94, 109, 204).

109 *Ibid.*, pp. 89, 71, 91 등에 나오는 도아(*doa*)에 대한 설명 참조.

110 *Ibid.*, pp. 95, 146.

111 뉴기니만의 부족들이 같은 뜻을 지닌 폴리네시아 단어와 동일한 명칭으로 부르는 증
    여 체계의 요소는 화폐만이 아니다. 앞서 지적한 것처럼 뉴질랜드의 하카리(*hakari*)
    는 뉴기니(모투족과 코이타족)의 음식 전시 축제 헤카라이(*hekarai*)와 같은 것이다.
    Melanesians, pp. 144~145, 도판 XVI~XVIII 참조.

112 앞의 논의 참조. 모타(Mota) 방언(뱅크스 제도)인 툰(*tun*)— 이것은 명백히 타옹가
    와 동일한 것이다 — 이 구매(특히 여자의 구매)를 뜻한다는 점은 주목할 만하다. 코
    드링턴은 밤(夜)을 사들이는 캇트(Qat, 뱅크스 제도의 신화에 등장하는 주요 신으로
    밤, 죽음, 여자, 혼인규칙, 근친상간 금기 등을 인간에게 준 인물로 그려진다-옮긴이)

에 대한 신화를 논하면서 이 단어를 "비싼 값을 주고 사다"로 번역한다(*Melanesian Languages*, pp. 307~308, n. 9). 실상 그것은 포틀래치의 규칙에 따라 이뤄진 구매로, 멜라네시아의 이 지역에서 널리 입증된 것이다.

113 *L'Année sociologique*, XII, p. 372에 인용된 자료들을 보라.

114 특히 *Forschungen*, Vol. III, pp. 38~41을 보라.

115 *Zeitschrift für Ethnologie*, 1922.

116 *Forschungen*, Vol. III, pl. 2, n. 3.

117 *In Primitive New-Guinea*, 1924, p. 294.

118 사실 홈즈는 이 중간 선물 제도를 그리 훌륭하게 설명하지는 못했다. 바시(*basi*)에 대한 앞선 언급 참조.

119 앞서 언급한 연구["Koopen in midden Celebes"]를 참조하라. 사실 우리가 "사다", "팔다"로 부적절하게 번역하는 용어들이 지닌 의미의 불확실성은 태평양 사회에 국한된 것이 아니다. 상세한 논의는 뒤로 미루기로 하고, 일단 여기서는 프랑스의 일상 언어에서도 '판매(vente)'라는 단어가 판매와 구매 양쪽 모두를 뜻할 수 있다는 점을 지적해 두기로 하자. 중국에서도 판매와 구매를 가리키는 두 단음절어[賣와 買] 사이에는 성조의 차이만이 존재한다.

120 18세기부터 시작된 러시아인과의 접촉, 19세기 초에 시작된 프랑스계 캐나다인 모피 사냥꾼들과의 접촉.

121 '포틀래치'에 관한 이론적 작업의 간략한 목록은 서론 주석 5, 12 참조.

122 하지만 노예 판매의 경우를 보라. Swanton, "Haida Texts and Myths," *Bureau of American Ethnology*, *Bulletin*, 29, p. 410.

123 이어지는 묘사는 충분한 근거 제시 없이 간략하게 이뤄지지만 꼭 필요한 것이다. 부족들의 수와 명칭, 그들의 제도에 관한 서술도 완전하지 않다는 점을 미리 말해둔다.

다음의 부족을 비롯한 많은 부족을 논의에서 제외했다. ① 누트카족(Nootka, 와카쉬[Wakash] 혹은 콰키우틀 계열) 및 인접한 벨라쿨라족. ② 남부 해안의 살리쉬족(Salish). 한편 포틀래치의 범위에 관한 연구는 남쪽으로 더 내려가 캘리포니아로까지 확장되어야 한다. 거기서 이 제도는 페누티아(Penutia)와 호카(Hoka) 언어를 사용하는 집단들에게까지 널리 퍼져 있는 것으로 보이는데, 이는 다른 관점에서 주목할 만한 현상이다. Powers, *Tribes of California*(*Contributions to North American Ethnology*, III), p. 153(Pomo), p. 238(Wintun), pp. 303, 311(Maidu). 그 밖의 부족들에 대한 관찰은 pp. 247, 325, 332, 333 참조. 일반적 고찰은 p. 411 참조.

또 우리가 몇 마디로 설명하고 마는 제도들과 기예들은 실제로는 엄청나게 복잡한 것이다. 북서아메리카에 존재하지 않는 몇몇 현상은 존재하는 것들만큼이나 흥미롭다. 가령 그곳에는 남태평양 문명의 가장 낮은 층에서와 마찬가지로 도기가 존재하지 않는다.

124 이 사회들에 대한 자료는 상당히 많다. 전사되었거나 번역된 텍스트들로 이뤄진 풍부한 자료는 매우 신뢰할 만한 것이다. 소략한 참고문헌 목록은 Davy, *La foi jurée*, pp. 21, 171, 215에서 찾을 수 있다. 다음 문헌도 중요하다. F. Boas and G. Hunt, *Ethnology of the Kwakiutl*(이하 *Ethn. Kwa.*), 35th *Annual Report of the Bureau of American Ethnology*, 1921(이어질 리뷰를 보라); F. Boas, *Tsimshian Mythology*(이하 *Tsim. Myth.*), 31st *Annual Report of the Bureau of American Ethnology*, 1916, published 1923. 하지만 이 자료들이 지닌 한계도 있다. 과거 자료는 불충분하며, 최신 자료는 그 상세함과 깊이에도 불구하고 우리의 연구 주제와 관련해서는 부족한 점들이 있다. 보아스와 그의 제섭 탐사대 동료들의 관심은 주로 물질문명, 언어, 신화 문학에 있었다. 크라우제(Aurel Krause), 야곱센(Johan Adrian Jacobsen) 등 과거의 민족지학자들과 사피르(Edward Sapir)와 힐-타우트(Charles Hill-Tout) 등 최근 민족지학자들의 연구도 같은 방향을 따른다. 따라서 법과 경제에 대한 분석이나 인구학적 연구는 새로 시작해야 하거나 적어도 보완이 필요하다(사회형태학은 알래스카와 브리티시컬럼비아에서 실시된 다양한 인구조사로 이미 시작되었다.) 바르보(Marius Barbeau)는 심시안족에 관한 철저한 연구서 출간을 약속했다. 우리는 이 중요한 정보를 기다리고 있으며, 더 늦기 전에 다른 이들이 그의 모범을 뒤따르길 기대한다. 경제와 법에 관련된 다양한 사안을 다루는 옛 문헌으로는 러시아인 여행자들의 기록, 크라우제의 저술(*Tlingit Indianer*), 대부분 *Bulletin of the Geological Survey of Canada*와 *Proceedings of the Royal Society of Canada*에 실려 있는 하이다족·콰키우틀·벨라쿨라족 등에 대한 도슨(George Mercer Dawson)의 자료, 누트카족에 대한 스완(James G. Swan)의 연구 *Indians of Cape Flattery*(*Smithsonian Contributions to Knowledge*, 1870), 그리고 메인(Richard Mayne)의 *Four Years in British Columbia*(London, 1862) 등이 있다. 이 문서들은 여전히 최상의 것으로 남아 있으며, 그 발표 연대로 인해 확고한 권위를 가진다.

부족들의 명명법과 관련된 어려움이 있다. '콰키우틀'은 하나의 부족이다. 그러나 콰키우틀족은 자기와 연합한 다른 부족들에게도 이 이름을 부여하며, 이 경우 '콰키우틀'은 하나의 [다부족] 민족(nation)을 가리키게 된다. 앞으로 '콰키우틀'이라는 이름을 언급할 때마다 정확히 어떤 부족을 지칭하는지 분명히 밝힐 것이며, 특별히 명시되지 않은 경우 지시 대상은 본래의 콰키우틀족이다. 콰키우틀이라는 단어 자체는 "부자"나 "세상의 연기(smoke)"를 의미하는데, 이는 우리가 설명할 경제적 사실들의 중요성을 이미 보여주고 있다.

한편 우리는 이 언어들의 철자법을 세세하게 다 따르지는 않을 것이다.

125 칠캇 담요에 관해서는 Emmons, *The Chilkat Blanket*(*Memoirs of the American*

Museum of Natural History, III)을 보라.

126   Rivet, in Meillet and Cohen, *Langues du monde*, p. 616 이하를 보라. 사피르는 "Na-Déné Languages," *American Anthropologist*, 1915에서 클링깃어와 하이다어를 애서배스카어파(Athabaskan)의 지류로 최종적으로 분류했다.

127   위계 획득을 위한 지불에 대해서는 Davy, *La foi jurée*, pp. 300~305를 보라. 멜라네시아의 사례는 Codrington, *Melanesians*, p. 106 이하와 여기저기, Rivers, *History of the Melanesian Society*, Vol. I, p. 70 이하를 보라.

128   이 단어[ascension]는 문자 그대로의 의미[올라가기]와 비유적 의미[승급] 양쪽 모두로 이해되어야 한다. 후기 베다 시대의 바자페야(*vâjapeya*) 의례에 사다리를 올라가는 의례가 포함되어 있는 것처럼, 멜레네시아에도 젊은 수장을 단상 위에 올리는 의례가 있다. 북서 해안의 스나나이무크(Snahnaimuq)와 슈스왑족(Shushwap)에서도 수장이 포틀래치 분배를 할 때 오르는 단상이 있다. Boas, 5th *Report on the Tribes of North-Western Canada(British Association for the Advancement of Science*, 1891), p. 39; 9th *Report(British Association for the Advancement of Science*, 1894), p.459. 그 밖의 부족에는 수장들과 의례결사의 고위 성원이 앉는 단상이 있을 뿐이다.

129   메인, 도슨, 크라우제 등 과거의 저자들은 이런 견지에서 포틀래치의 메커니즘을 설명한다. 특히 Krause, *Tlingit Indianer*, p. 187 이하에 수집된 자료를 보라.

130   만약 언어학자들의 가설대로 클링깃족과 하이다족을 북서부 지역의 문명을 채택한 애서배스카인로 볼 수 있다면(이는 보아스의 생각과도 크게 다르지 않은 가설이다), 클링깃족과 하이다족의 포틀래치가 가진 투박한 성격은 저절로 해명된다. 다른 한편 북서 아메리카 포틀래치의 맹렬함은 이 문명이 똑같이 이 제도를 가지고 있었던 두 계열의 민족들(남부 캘리포니아에서 온 문명과 아시아에서 온 문명)이 만나는 지점에 존재한다는 사실에서 비롯된 것일 수 있다. 본문 44쪽(주석 포함) 참조.

131   Davy, *La foi jurée*, p. 247 sq.

132   아래 인용문은 포틀래치에 대해 보아스가 쓴 글 중 가장 훌륭한 것이다(12th *Report on the North-Western Tribes of Canada, British Association for the Advancement of Science*, 1898, pp. 54~55; cf. 5th *Report*, p. 38).
       "영국 식민지[브리티시컬럼비아]인디언들의 경제체계는 문명민족들의 경우만큼이나 신용에 크게 의존한다. 그들은 모든 일을 친구들의 도움에 기대며, 이에 대해 훗날 지불할 것을 약속한다. 제공된 도움이 우리가 돈으로 계산하듯 인디언들이 담요로 계산하는 가치재로 이뤄질 경우에는 이자를 더해 갚겠다고 약속한다. 문자가 없는 인디언들은 사람들 앞에서 약속함으로써 거래를 보증한다. 빚을 지고 빚을 갚는 것이 바로 포틀래치다. 이 경제체계는 전체 부족 구성원이 소유한 자본의 크기가 실제로 존재하는 현금의 양을 훨씬 초과할 정도로까지 발전했다. 즉 상황은 우리 사회의 경우와 매우 유사하다. 만일 모두가 채권을 회수하려 나선다면, 실제로는 지불할 돈이 전혀 충분하지 않다는 사실이 확인될 것이다. 모든 채권자가 대출을 상환받으려는 시도는 파괴적 공황으로 귀결될 것이며, 공동체는 회복하기까지 긴 시간을 감내해야 할 것이다.

어떤 인디언이 친구와 이웃 모두를 초대해 여는 성대한 포틀래치는 겉보기에는 여러 해 동안 일해서 모은 것 전부를 낭비하는 일처럼 보인다. 하지만 사실 그는 찬사받아 마땅한 현명한 목표를 가지고 있다. 첫 번째는 빚을 갚는 것으로, 여러 의식과 더불어 마치 공증을 받듯 공개적으로 행해진다. 두 번째 목적은 자신뿐만 아니라 자녀들에게도 최대한의 이익이 되는 방향으로 노동 산물을 투자하는 것이다. 사람들은 축제에서 받은 선물을 당면한 일을 위해 사용하지만, 그것은 몇 년이 지난 뒤 이자를 붙여 증여자나 그의 상속인에게 갚아야 할 대출이다. 그래서 인디언들은 포틀래치를 고아가 될지도 모르는 어린 자녀들의 안녕을 보장해 주는 수단으로 여긴다."

보아스가 사용하는 "채무, 지불, 상환, 대출" 등의 용어를 '제공된 선물'과 '보답 선물'과 같은 용어로 대체하면(보아스도 결국 이 용어들을 쓰게 된다), 신용 개념이 포틀래치에서 어떤 식으로 작용하는지에 대해 상당히 정확한 이해를 얻을 수 있다.

명예 개념에 관해서는 Boas, 7th *Report on the North-Western Tribes*, p. 57을 보라.

133 클링깃족의 표현, Swanton, *Tlingit Indians*, p. 421 etc.

134 사람들은 '기한(terme)' 개념이 오래된 것일 뿐만 아니라 '즉시 지급(comptant)' 개념만큼이나 단순하거나 보기에 따라서는 복잡하다는 사실을 간과했다.

135 "Étude sur les contrats de l'époque de la première dynastie babylonienne," *Nouvelle revue historique du droit,* 1910, p. 477.

136 Davy, *La foi jurée*, p. 207

137 모든 재산을 분배하는 콰키우틀족 사례는 Boas, *The Social Organization and Secret Societies of the Kwakiutl Indians*(이하 *Sec. Soc.*), *Report American National Museum*, 1895, p. 469를 참조하라. 코스키모족(Koskimo)의 신참자 입문식에 관해서는 *ibid.*, p. 551, 슈스왑족의 재분배는 Boas, 7th *Report*, 1890, p. 91을 보라. Swanton, *Tlingit Indians*(이하 *Tlingit*), 21st *Annual Report of the Bureau of American Ethnology*, p. 442에 나오는 연설에는 "그는 조카를 돋보이게 하기 위해 전 재산을 썼다"라는 대목이 있다. 도박으로 딴 것 전부를 재분배하는 경우는 Swanton, *Texts and Myths of the Tlingit Indians*(이하 *Tlingit T. M.*), *Bulletin of the Bureau of American Ethnology*, no. 39, p. 139를 보라.

138 재산 전쟁에 관해서는 "우리는 재산을 가지고 싸운다"라는 구절이 나오는 마(Maa)의 노래를 참조하라. *Sec. Soc.*, pp. 577, 602. 부의 전쟁과 피의 전쟁 사이의 대비는 1895년 포트 루퍼트에서 열린 같은 포틀래치의 연설에서 찾아볼 수 있다. Boas and Hunt, *Kwakiutl Texts*, 1st series *Jesup Expedition*, Vol. III(이하 *Kwa.*, Vol. III), pp. 485, 482;

cf. *Sec. Soc.*, pp. 668, 673.

139 내기에 져서 '체면'을 잃고 죽음에 이른 하이야스(Haïyas)에 대한 신화 참조(*Haïda Texts, Jesup Expedition*, Vol. VI, no. 83, Masset). 그의 누이와 조카들이 상을 치르고 복수의 포틀래치를 열자 하이야스는 다시 살아났다.

이와 관련해 내기를 연구할 필요가 있다. 우리 사회에서도 내기는 계약으로 간주되지 않는다. 내기는 마음먹으면 주지 않을 수도 있는 재화를 명예를 걸고 상대에게 넘겨주는 일이다. 내기는 포틀래치와 선물 체계의 한 형태다. 내기의 확산에도 주목할 필요가 있다. 콰키우틀족에게도 내기가 있지만(*Ethn. Kwa.*, p. 1394, s.v. *ebayu*; 주사위[?] s.v. *lepa*, p. 1435; cf. *lep*, p. 1448, "이차 포틀래치, 춤"; cf p. 1423, s.v. *maqwacte*), 만성 도박꾼인 하이다족, 클링깃족, 심시안족의 내기와 비견되는 역할을 하지는 않는 것 같다. 하이다족의 막대기 게임에 관해서는 Swanton, *Haïda*(*Jesup Expedition*, V, I), p. 58 이하, 막대기의 문양과 이름에 대해서는 p. 141 이하 참조. 클링깃족의 막대기 게임과 막대기 이름에 대한 설명은 Swanton, *Tlingit*, p. 443 참조. 게임의 승패를 가리는 막대기를 클링깃족은 나크(*näq*)라고 하고 하이다족이 질(*djil*)이라고 부른다.

내기에서 모든 것을 잃은 수장에 대한 전설을 비롯해 내기와 관련된 많은 이야기가 있다. 심시안족의 한 수장은 심지어 내기로 자식과 부모까지 잃었다(*Tsim. Myth.*, pp. 207, 101; cf. Boas, *ibid.*, p. 409). 하이다족의 전설은 모든 것을 걸고 심시안족과 맞붙은 내기 이야기를 전한다(*Haïda T. M.*, p. 322). 클링깃족과의 내기도 같은 전설에 등장한다(*ibid.*, p. 94). 이런 유의 전설 주제 목록은 Boas, *Tsim. Myth.*, pp. 847, 843에서 찾을 수 있다. 예법과 도덕은 내기에 이긴 쪽이 패자와 그 처자식의 자유를 보장해 줄 것을 요구한다(*Tlingit T. M.*, p. 137). 이 특징과 아시아의 전설 간의 유사성은 명백하다.

북서아메리카의 내기가 아시아로부터 영향을 받았다는 점은 부인할 수 없다. 운에 의존하는 아시아식 내기의 아메리카 확산에 대해서는 타일러(E. B. Tylor)의 훌륭한 연구 "On American Lot-Games, as Evidence of Asiatic Intercourse," *Bastian Festschrift in suppl. International Archiv für Ethnographie*, 1896, p. 55 이하를 보라.

140 다비는 도전과 경쟁에 대해 논한 바 있는데, 여기에 내기를 추가해야 한다. 예를 들어 Boas, *Indianische Sagen*, pp. 203~206을 보면 먹기 내기, 싸움 내기, 오르기 내기 등에 관한 전설이 나온다. 관련 주제 목록은 p. 363 참조. 내기는 오늘날에도 이러한 권리와 도덕의 잔재로 남아 있다. 내기는 단지 명예와 신용의 문제지만, 그럼에도 부를 순환시킨다.

141 파괴의 포틀래치에 관해서는 Davy, *La foi jurée*, p. 224 참조. 다음과 같은 관찰을 여기에 추가해야 한다. 주는 일은 이미 파괴하는 것이다(*Sec. Soc.*, p. 334 참조). 몇몇 증여 의식에도 파괴의 요소가 포함되어 있다. 지참금 상환 의식, 혹은 보아스가 명명한

바 "결혼 채무 변제" 의식에는 "카누 가라앉히기"라고 불리는 상징적 절차가 수반된다(Sec. Soc., pp. 518, 520). 하이다족과 심시안족의 포틀래치에서는 방문자의 카누를 실제로 파괴한다. 심시안족은 적재된 짐을 내리는 일을 세심하게 도운 뒤 방문자의 카누를 부수며, 대신 떠날 때 더 훌륭한 카누를 준다(Boas, Tsim. Myth., p. 338).

엄밀한 의미의 파괴는 더욱 상위의 지출 형태를 이루는 것으로 보인다. 심시안족과 클링깃족은 "재산 죽이기"라는 표현으로 파괴를 의미한다(Boas, Tsim. Myth., p. 344; Swanton, Tlingit, p. 442). 사실 이 표현은 담요 분배를 일컫는 데에도 사용된다. "그걸 보기 위해 이만큼의 담요가 소모되었다"(ibid.).

포틀래치에서의 파괴 행위에는 두 가지 동기가 개입한다. 첫째, 포틀래치는 일종의 전쟁이라는 모티브가 있다. 클링깃족은 포틀래치를 "전쟁의 춤"이라고 부른다(Swanton, Tlingit, p. 458; cf. p. 436). 전쟁에서 적을 죽이고 그의 가면, 이름, 특권을 빼앗는 것처럼, 재산 전쟁에서는 재산을 죽인다. 한편으로 다른 이들이 갖지 못하도록 자기 재산을 죽이며, 다른 한편으로는 갚아야 할 재화, 아니면 갚을 수 없을 만큼의 재화를 줌으로써 다른 이들의 재산을 죽인다.

두 번째 모티브는 앞서도 이야기했던 희생이다. 재산을 죽인다는 것은 그것이 생명을 가지고 있다는 것을 함축한다(뒤의 논의 참조). 어느 포틀래치 의전관은 이렇게 말한다. "수장의 노력으로 우리의 재산이 계속 살아있기를. 우리의 구리판이 부서지지 않기를"(Ethn. Kwa., p. 1285, l. 1). "죽은 채로 누워 있다", "포틀래치를 분배하다"라는 의미의 단어인 '야크(yäq)' 역시 어쩌면 같은 방식으로 설명될 수 있다(cf. Kwa., Vol. III, p. 59; index, Ethn. Kwa.).

그러나 일반적인 희생의 경우와 마찬가지로 파괴된 것은 원칙적으로 정령에게, 여기서는 씨족의 조상에게 전달된다. 희생이라는 테마가 특히 발달해 있는 클링깃족의 경우(Swanton, Tlingit, pp. 443, 462), 포틀래치에 입회하는 조상들은 파괴된 물건을 통해 득을 볼 뿐만 아니라 동명의 후손들이 받은 선물을 통해서도 이득을 얻는다. 희생은 전형적으로 불에 태워 없애는 식으로 이뤄지는 것 같다. Tlingit T. M., p 82에 나오는 아주 흥미로운 신화를 참조하라. 스키디깃(Skidegate) 지역 하이다족의 관행에 대해서는 Swanton, Haida Texts and Myths(이하 Haida T. M.), Bulletin of the Bureau of American Ethnology, no. 29, pp. 36, 28, 9를 보라. 콰키우틀족 사이에서는 이 테마가 덜 뚜렷하지만, 그럼에도 "불 위에 앉아 있는 자"라는 신이 있으며 사람들은 가령 아픈 아이의 옷을 희생물로 바쳐 그를 달랜다(Ethn. Kwa., pp. 705~706).

142 Boas, Sec. Soc., p. 353, etc.

143 p!Es라는 단어에 관해서는 아래를 보라.

144 콰키우틀어에는 '교환'과 '판매'라는 말이 존재하지 않는 것 같다. 보아스의 여러 어휘집을 보면, 판매라는 단어는 오직 구리판의 판매를 가리키는 경우에만 사용된다. 그러

나 구리판의 경매(mise aux enchères)는 판매와는 전혀 무관한 것으로, 일종의 내기이자 누가 더 관대한지를 겨루는 경쟁이다. 교환이라는 단어는 L'ay라는 형태로만 찾을 수 있었는데, 참조한 텍스트(Kwa., Vol. III, p. 77, l. 41)에서 이 단어는 이름을 바꾸는 일을 가리켰다.

145 "음식을 탐낸다"(Ethn. Kwa., p. 1462), "부자가 되려고 안달한다"(ibid., p. 1394)라는 표현을 보라. "쩨쩨한 수장"에 대한 세련된 비난도 참조하라. "곰곰이 머리를 굴리는 소인배들, 갖은 애를 쓰는 소인배들… 패배자들… 카누를 주겠다고 약속한 자들… 남들이 준 재산을 받아들이는 자들… 재산을 탐하는 자들… 오직 재산을 위해 일하는 자들(여기서 재산[property]으로 번역된 단어는 'maneq'로, 호의를 갚는다는 뜻이다. ibid., p. 1403), 패배자들"(ibid., p. 1287, l. 15~18). 포틀래치를 연 수장과 받기만 하고 갚지 않는 사람들에 대해 이야기하는 다른 연설도 참조하라. "그는 그들에게 먹을 것을 주었다. 그는 그들을 불러들였으며… 그들을 자기 등에 업었다(ibid., p. 1293; cf. p. 1291). "소인배들"에 대한 다른 저주는 ibid., p. 1381 참조.

이러한 도덕이 반경제적이라거나 공산주의적 태만에 상응하는 것이라고 생각해서는 안 된다. 심시안족은 인색함을 손가락질하며, 신화의 주요 인물인 큰까마귀(창조주)가 이로 인해 아버지로부터 버림받은 이야기를 전한다(Tsim. Myth., p. 61; cf. p. 444). 클링깃족도 같은 신화를 가지고 있다. 그들은 게으름과 손님의 걸식을 비난하며, 큰까마귀와 초대를 받기 위해 이 마을 저 마을 떠돌아다니는 사람들이 어떤 벌을 받았는지에 대해 이야기한다(Tlingit T. M., pp. 260, 217).

146 Injuria(Mélanges Appleton); "Magie et droit individuel," L'Année sociologique, X, p. 28.

147 클링깃족은 춤출 영예를 위해 지불하며(Tlingit T. M., p. 141), 춤을 만든 수장에게 주는 보수도 있다. 심시안족은 "모든 일을 명예를 위해 행한다… 무엇보다도 부와 허영의 과시가 중요하다"(Boas, 5th Report, 1899, p. 19). 던컨도 이미 예전에 "단순히 허영 때문에"라고 말한 바 있다(in Mayne, Four Years, p. 265). 이러한 원칙은 상술한 승급 의례 등만이 아니라 "구리판을 들어 올리는" 콰키우틀족 의례(Kwa., Vol. III, p. 499, l. 26)나 "창을 치켜드는" 클링깃족 의례(Tlingit T. M., p. 117)를 통해서도 표현된다. 장례 포틀래치나 토템 포틀래치를 위해 "기둥을 세우고," 집의 "들보를 세우고", 오래된 축제용 기둥을 세우는 의례 등도 마찬가지다. 포틀래치의 목적이 "가장 '높은' 가문"(큰까마귀 신화에 대한 수장 카티샨[Katishan]의 설명, Tlingit T. M., p. 119, n. a.)을 가려내는 데 있음을 잊어서는 안 된다.

148 Tregear, Maori Comparative Dictionary, s.v. Mana.

부라는 개념 자체에 대해 연구할 필요가 있을 것이다. 우리가 보기에 폴리네시아에서는 마나를 가진 사람이 부유한 사람이며, 로마에서는 '권위(auctoritas)'를 지닌 사람, 북서아메리카 부족들에서는 왈라스(*walas*), 즉 [도량이] '큰' 사람이 부유한 자다(*Ethn. Kwa.*, p. 1396). 일단은 부의 개념과 권위 개념(수증자에게 명령할 수 있는 권리라는 개념), 그리고 포틀래치 사이의 명백한 연관성을 지적해 두는 것으로 충분하다. 예를 들어 콰키우틀족의 가장 중요한 씨족 중 하나는 (가족, 춤, 의례결사의 이름이기도 한) 왈라사카(*Walasaka*)로 불리는데, 이 이름은 "높은 곳에서 온 큰 사람들"이라는 뜻으로 포틀래치에서 재화를 주는 이들을 가리킨다. 또 왈라실라(*walasila*)는 부를 뜻할 뿐만 아니라 "구리판을 경매에 부칠 때 담요를 나눠주는 일"을 의미하기도 한다. 포틀래치를 연 사람이 이로 인해 "무거워진다"는 비유도 있다(*Sec. Soc.*, pp. 558~559). 수장은 "재산을 토하고", 자신의 부를 나눠받은 "부족들을 삼켜버린다."

149 큰까마귀 포족에 대한 클링깃족의 노래에는 "그들이 늑대 포족을 '귀하게' 만들어준 다"(*Tlingit T. M.*, p. 398, no. 38)는 구절이 있다. '존경'과 '명예'를 주고 되돌려주는 일에 증여가 포함된다는 원칙은 두 부족 모두에서 분명하게 확립되어 있다(Swanton, *Tlingit*, p. 45). 몇몇 선물에는 보답할 필요가 없다(Swanton, *Haida*, p. 162).

150 결론을 참조하라.
이들 부족에서는 연회와 선물을 품위 있게 수락하되 요청하지는 않는다는 예법이 극히 두드러진다. 시사점이 풍부한 콰키우틀족, 하이다족, 심시안족의 세 가지 사실을 언급해 둔다. 첫째, 연회에서 가신과 평민은 많이 먹으며, 수장과 귀족은 적게 먹는다. 그들은 문자 그대로 '까다로운 입'을 가지고 있다(Boas, *Kwa. Ind., Jesup Expedition*, V, II, pp. 427, 430). 많이 먹는 일의 위험성에 대한 신화는 *Tsim. Myth.*, pp. 59, 149, 153 등 참조. 그들은 연회 중에 노래를 부르며(*Kwa. Ind., Jesup Expedition*, V, II, pp. 430, 437), "누구도 우리더러 배고파 죽으려고 한다고 말하지 못하도록" 소라 나팔을 분다 (*Kwa.*, Vol. III, p. 486). 둘째, 귀족은 결코 요청하지 않는다. 주술사-치료사는 결코 보수를 묻지 않는다. 그의 '정령'이 이를 금하기 때문이다(*Ethn. Kwa.*, pp. 731, 742). 셋째, 그러나 콰키우틀족에는 '구걸' 춤과 의례결사가 있다.

151 서론 주석 13에 언급된 문헌 참조.

152 이 원칙은 클링깃족과 하이다족의 포틀래치에서 특히 발달해 있다. Cf. *Tlingit Indians*, pp. 443, 462. Cf. *Tlingit T. M.*, p. 373의 연설. 손님들이 담배를 피우는 동안 정령들도 담배를 피운다. Cf. p. 385, l. 9. "여러분 앞에서 춤추고 있는 것은 사실 우리가 아니다. 오래전 죽은 우리 삼촌들이 여기서 춤추고 있다." 손님들은 행운을 가져다주는 정령 고 나카뎃(*gona'qadet*)이다(*ibid.*, p. 119, n. a). 희생과 증여라는 두 가지 원칙의 혼합이 여기서 그야말로 명백하게 나타나는데, 이는 자연에 대한 작용을 제외하면 앞서 [희생에 대해 논하면서] 언급한 사례들과 비교될 수 있다. 살아있는 사람에게 주는 것이 곧 죽은 사람에게 주는 것이다. 죽었다 다시 살아난 사람이 자기를 위해 행해졌던 포틀래치를 기억한다는 클링깃족의 이야기도 있다(*Tlingit T. M.*, p. 227). 포틀래치를 하지 않

는 산 자를 정령이 나무라는 것은 흔한 주제다. 분명 콰키우틀족도 같은 원칙을 가지고 있었을 것이다. 일례로 *Ethn. Kwa.*, p. 788의 연설을 보라. 심시안족에서도 산 사람들은 죽은 사람들을 대표한다. [심시안족 사람인] 테이트(Henry W. Tate)는 보아스에게 보낸 편지에서 "제물이 잔치 때 준 선물의 형태를 취하는 경우가 있다"고 설명한다 (*Tsim. Myth.*, p. 452[역사적 전설], p. 287). 하이다족, 클링깃족, 심시안족을 비교하기 위한 주제 모음은 *ibid.*, p. 846 참조.

153 조금 뒤에 구리판의 가치를 보여주는 몇 가지 예가 나온다.

154 크라우제(*Tlinkit Indianer*, p. 240)는 클링깃 부족들이 서로 교류하는 방식을 잘 기술하고 있다.

155 Davy, *La foi jurée*, pp. 171 sq., 251 sq. 심시안 형태는 하이다 형태와 뚜렷하게 구분되지 않는다. 어쩌면 심시안족의 포틀래치에서는 씨족이 좀 더 두드러질 것이다.

156 포틀래치와 정치적 지위(특히 사위와 아들의 지위)의 관계에 대해 다비가 행한 논증을 반복할 필요는 없다. 연회와 교환의 공동체적 가치에 대해서도 마찬가지다. 예를 들어 두 영혼이 카누를 교환하면, 그들(장인과 사위)은 "하나의 마음"이 된다(*Sec. Soc.*, p. 387). 보아스(*Kwa.*, Vol. III, p. 274)는 "마치 그들이 이름을 교환한 것처럼"이라고 첨언한다. 콰키우틀족에 속하는 님키시족(Nimkish)의 축제 신화에서, 결혼 피로연은 "그녀가 처음으로 먹게 될" 마을에 딸을 자리잡게 하기 위한 것이다(*ibid.*, p. 23).

157 하이다족과 클링깃족에서 확인된 장례 포틀래치는 충분히 연구되었다. 심시안족의 포틀래치는 특히 탈상(脫喪), 토템 기둥 세우기, 화장과 관련이 있는 것 같다(*Tsim. Myth.*, p. 534 sq.). 보아스는 콰키우틀족의 장례 포틀래치에 대해 언급하지 않지만, 그에 관한 묘사는 한 신화에서 찾아볼 수 있다(*Kwa.*, Vol. III, p. 407).

158 문장 사용권의 유지를 위한 포틀래치에 대해서는 Swanton, *Haïda*, p. 107을 보라. *Tsim. Myth.*, p. 386에 나오는 레게크(Legek) 설화도 참조하라. 레게크는 심시안족의 유력 수장의 칭호다. 또 다른 칭호로는 네스발라스(Nesbalas)가 있다. 네스발라스 수장이 어떤 식으로 하이마스(Haïmas) 수장을 조롱했는지에 대한 이야기가 같은 책에 나온다(p. 364). 콰키우틀족의 가장 중요한 수장 칭호 중 하나는 다벤드(Dabend)인데 (*Kwa.*, Vol. III, p. 19, l. 22; cf. *dabendgal'ala, Ethn. Kwa.*, p. 1406, col. 1), 수장은 포틀래치 전에는 "끝을 잡지 못하는 자"[보아스의 원문은 "Unable-to-Climb-up-to-Take-Hold-of-End"]라고 불리며 포틀래치 후에는 "끝을 잡는 자"를 뜻하는 이 이름을 얻는다.

159 어느 콰키우틀족 수장은 이렇게 말한다. "이름, 우리 가문의 뿌리… 그것은 나의 자랑이다. 내 모든 조상은 '막스와(*maxwa*, 큰 포틀래치)를 여는 자', ○○○이었다"(여기서 그는 칭호인 동시에 보통명사인 자신의 이름들을 열거한다). *Ethn. Kwa.*, p. 887, l. 54; cf. p. 843, l. 70.

160 2장 주석 209 참조. 한 연설에는 다음과 같은 대목이 나온다. "나는 재산으로 뒤덮여
있다. 나는 재산이 많다. 나는 재산을 셈하는 사람이다"(*Ethn. Kwa.*, p. 1280, l. 18).

161 구리판을 사는 일은 그것을 구입자의 "이름 아래" 두는 일이다(Boas, *Sec. Soc.*, p. 345).
포틀래치를 주면 이름이 "무거워지고"(*ibid.*, p. 349), 포틀래치를 받으면 이름이 "가
벼워진다"(*ibid.*, p. 345)는 비유도 있다. 다른 표현들도 수증자에 대한 증여자의 우월
성이라는 관념, 자신을 되살 때까지 수증자가 일종의 노예로 머문다는 생각을 나타
낸다(이런 경우를 두고 하이다족은 "이름이 나쁘다"고 말한다. Swanton, *Haida*, p.
70. 뒤의 논의 참조). 클링깃족에 따를 때 "사람들은 선물을 수증자의 등에 짊어지운
다"(Swanton, *Haida*, p. 428). 하이다족은 바늘을 "가게 한다", "빨리 달리게 한다"
라는 의미심장한 표현을 사용하는데(앞서 언급한 뉴벨칼레도니의 표현과 비교), 이는
"열등한 자와 싸운다"는 뜻으로 보인다(Swanton, *Haida*, p. 162).

162 수장 하이마스가 어떻게 자유, 특권, 가면과 보좌 정령, 가족, 재산 등 그 밖의 것들을
잃어버렸는지에 대한 이야기를 참조하라(*Tsim. Myth.*, pp. 361, 362).

163 *Ethn. Kwa.*, p. 805. 콰키우틀족 출신의 헌트는 협력자인 보아스에게 보낸 편지에 이렇
게 썼다. "나는 막수얄리제(Maxuyalidze, '포틀래치를 주는 자') 수장이 왜 한 번도 잔
치를 열지 않았는지 모르겠습니다. 그게 다입니다. 그래서 그는 켈셈(Qelsem), 즉 '썩
은 얼굴'이라고 불렸습니다"(*ibid.*, l. 13~15).

164 포틀래치와 전쟁의 등가성에 대해서는 이미 언급한 바 있다. 막대기 끝에 단 칼은 콰키
우틀족 포틀래치의 상징이며(*Kwa.*, Vol. III, p. 483), 클링깃족에서는 세워진 창이 포
틀래치를 상징한다(*Tlingit T. M.*, p. 117). 클링깃족의 보상 포틀래치 의식을 참조하라.
클루(Kloo) 사람들과 심시안족 사이의 전쟁(*Tlingit T. M.*, pp. 432, 433, n. 34), 누군
가를 노예로 삼은 후 여는 춤을 동반한 포틀래치, 누군가를 죽인 후 여는 춤 없는 포틀
래치도 참조하라. 구리판 증여 의례에 대해서는 나중에 언급할 것이다.

165 콰키우틀족의 경우는 *Sec. Soc.* pp. 433, 507 등을 보라. 죄를 씻기 위해서는 포틀래치
를 열거나 최소한 선물을 제공해야 한다.
이는 북서아메리카 사회 모두에서 극히 중요한 법적·의례적 원칙을 이룬다. 용서를
구하고 정령의 노여움을 달래거나 사람들과의 교류를 복원하기 위해서는 재산을 분배
해야 한다. 랑베르 신부는 어떤 카나크족 사람이 부계 가문 내에서 피를 흘렸을 경우,
그의 모계친족들이 이에 대한 배상을 요구할 수 있다는 사실을 이미 언급한 바 있다
(*Morals of the New Caledonian Savages*, p. 66). 심시안족에게도 똑같은 제도가 있다. 아
들이 피를 흘렸을 경우 아버지는 포틀래치를 연다(Duncan in Mayne, *Four Years*, p.
265; cf. p. 296). 마오리족의 무루(*muru*) 제도도 이와 비교될 수 있다.
포로로 잡힌 이를 되찾아오기 위한 포틀래치도 같은 식으로 해석해야 한다. 그것은 단
순히 포로를 데려오기 위한 것이 아니라, 자신의 일원 중 하나를 노예가 되도록 방치했

던 가문이 '이름'을 회복하기 위해 필요한 일이기 때문이다. 제바사(Dzebasa)에 대한 설화 참조(*Tsim. Myth.*, p. 388). 클링깃족도 같은 규칙을 가지고 있다(Krause, *Tlinkit Indianer*, p. 245; Porter, *XIth Census*, p. 54; Swanton, *Tlingit*, p. 449).

콰키우틀족 사회에는 의례적 과오를 씻기 위한 많은 포틀래치가 존재한다. 일하러 가는 쌍둥이 부모의 속죄 포틀래치를 특히 눈여겨봐야 한다(*Ethn. Kwa.*, p. 691). 명백히 남편의 잘못 때문에 떠난 아내를 되돌아오게 하려면 장인을 위해 포틀래치를 열어야 한다(*ibid.*, p. 1423, col. 1, 용어집 하단). 이 원칙은 허구적으로 적용되기도 한다. 포틀래치를 열고 싶은 수장은 재화를 분배할 구실을 얻기 위해 아내를 장인의 집에 돌려보낸다(Boas, 5th *Report*, p. 42).

166 포틀래치는 실로 위험한 것이다. 그것을 베풀지 않는 것도, 받는 것도 위험하다. 한 신화에서는 포틀래치에 참석한 사람들이 죽음을 맞는다(*Haida T., Jesup*, VI, p. 626; cf. p. 667, 심시안족의 같은 신화). 비교를 위해서는 Boas, *Indianische Sagen*, p. 356, no. 58 참조. 포틀래치 제공자의 실체(substance)를 나누는 일, 예컨대 정령들의 지하세계 포틀래치에서 음식을 먹는 일은 위험하다(콰키우틀족[Awikenoq]의 전설, *ibid.*, p. 239). 자기 살에서 음식을 꺼내 제공하는 큰까마귀에 대한 멋진 신화의 여러 판본 참조(Çatloltq, *ibid.*, p. 76; Nootka, *ibid.*, p. 106). 신화들의 비교는 Boas, *Tsim. Myth.*, pp. 694, 695 참조.

167 실제로 포틀래치는 게임이자 시합이다. 가령 잔치 중에 딸꾹질을 참는 것이 시합이 될 수 있다. "딸꾹질하기보다 차라리 죽는 편이 낫다"(Boas, *Kwakiutl Indians, Jesup Expedition*, Vol. V, part II, p. 428). "손님들의 접시가 싹 비도록 해 보자"라는 도전의 관용구 참조(*Ethn. Kwa.*, p. 991, l. 43; Cf. p. 992). '음식을 주다'와 '음식을 갚다', '되갚다'를 뜻하는 단어들이 지닌 모호성에 대해서는 용어 해설 참조(*Ethn. Kwa.*, s.v. *yenesa, yenka*: 음식을 주다, 보상하다, 복수하다).

168 어로 · 채집 · 수렵을 마친 뒤나 저장해 둔 음식을 꺼냈을 때처럼 의무적으로 잔치를 열어야 하는 경우의 긴 목록은 *Ethn. Kwa.*, V. 1, p. 757 이하에 나와 있다. 관련 예법 등에 관해서는 p. 607 이하 참조.

169 2장 주석 137 참조.

170 심시안족은 수장들의 포틀래치와 가신들의 포틀래치를 구분하고 각각의 몫을 규정하는 독특한 제도를 가지고 있다. 경쟁자들은 씨족과 포족을 가로지르는 각각의 봉건적 계층 내에서 서로 대결하지만, 계층과 계층 사이에서 행사되는 권리도 존재한다(Boas, *Tsim. Myth.*, p. 539).

171 친척에 대한 지불은 *Tsim. Myth*, p. 534 참조. 클링깃족과 하이다족이 가진 정반대의 시스템과 포틀래치의 가족별 배분에 대해서는 Davy, *La foi jurée*, p. 196 참조.

172 *Tsim. Myth.*, pp. 512, 439. 서비스에 대한 지불은 p. 534 참조. 담요의 숫자를 세는 사

람에 대한 지불은 p. 614, 629 참조(넘키쉬족의 여름 축제).

173 마셋(Masset) 지역의 하이다족 신화는 포틀래치를 충분히 열지 않은 늙은 수장의 이야기를 전한다(*Haida Texts, Jesup*, VI, no. 43). 다른 사람들도 늙은 수장을 더는 초대하지 않았고 이로 인해 그는 죽음을 맞지만, 조카들이 그의 조각상을 세우고 그의 이름으로 열 번의 잔치를 열자 되살아났다. 또 다른 마셋 신화에서는 정령이 수장에게 "너는 재산이 너무 많으니 포틀래치를 열어야 한다"고 말한다(*ibid.*, p. 727). 수장은 집을 짓고 수고한 이들에게 보상을 제공했다. 다른 신화에서 수장은 "나는 아무것도 나를 위해 간직하지 않겠다"라고 말한다(*ibid.*, p. 723, l. 34). "나는 열 번 포틀래치를 하겠다(*wal*)."

174 씨족들이 일정 주기로 서로 맞서는 방식에 관해서는 Boas, *Sec. Soc.*, p. 343(콰키우틀족), Boas, *Tsim. Myth.*, p. 497(심시안족) 참조. 포족이 존재하는 사회에서도 같은 일이 벌어진다. Swanton, *Haida*, p. 162; *Tlingit*, p. 424 참조. 클링깃족의 큰까마귀 신화가 이 원칙을 훌륭하게 설명한다. *Tlingit T. M.*, p. 115 sq.

175 물론 스스로 자격 없음을 드러낸 자들, 잔치를 열지 않은 자들, 잔치용 이름을 가지고 있지 않은 자들(Hunt in *Ethn. Kwa.*, p. 707), 포틀래치를 되갚지 않은 자들(cf. *ibid.*, index, s.v. *Waya and Wayapo Lela*, p. 1395; cf. p. 358, l. 25)은 초대하지 않는다.

176 고아, 버림받은 자, 뜻밖에 찾아온 가난한 자를 잔치에 초대하지 않을 때 생기는 위험에 대한 이야기가 반복해서 전해진다(유럽과 아시아의 민간전승에서도 마찬가지다). 예를 들어 *Indianische Sagen*, pp. 301, 303 참조. 거지의 모습으로 나타나는 토템, 토템 신에 대해서는 *Tsim. Myth.*, pp. 292, 295 참조. 관련 주제 목록은 *Tsim. Myth.*, p. 784 이하 참조.

177 클링깃족에게는 이와 관련한 훌륭한 표현이 있다. 손님들은 "떠다니고", 그들의 카누는 "바다를 헤매며", 그들이 가져오는 토템 기둥은 표류하고 있다. 포틀래치와 초대가 이를 멈추게 한다(*Tlingit T. M.*, p. 394, no. 22, p. 395, no. 24의 연설). 콰키우틀족 수장이 흔히 지니는 칭호 중에는 "사람들이 노 저어 찾아가는 자", "사람들이 찾아오는 장소"라는 것이 있다(*Ethn. Kwa.*, p. 187, l. 10, 15).

178 누군가를 경시하는 무례를 범하면 그의 친척들이 연대감의 표시로 포틀래치에 불참한다. 심시안족의 신화에서는 '위대한 정령'이 초대받지 않으면 다른 정령들도 오지 않으며, 그가 초대받으면 모두가 참가한다(*Tsim. Myth.*, p. 277). 위대한 수장 네스발라스(Nesbalas)를 초대하지 않자 심시안족의 다른 수장들도 오지 않았다는 이야기도 전한다. "수장인 그와 사이가 틀어질 수는 없다"(*ibid.*, 357).

179 모욕은 정치적인 결과를 초래한다. 예를 들어 Swanton, *Tlingit*, p. 435에 나오는 동부 애서배스카 부족을 상대로 한 클링깃족의 포틀래치 사례 참조. Cf. *Tlingit T. M.*, p. 117.

180 *Tsim. Myth.*, pp. 170~171.

181 보아스는 원주민 교신자인 테이트의 글에서 발췌한 이 문장을 주석으로 처리했지만 (*ibid.*, p. 171, n. a), 우리는 마땅히 이 교훈을 신화 자체와 결합해야 한다.

182 네구낙스(Negunàks)에 관한 심시안족 신화의 세부 내용(*ibid.*, p. 287 sq.)과 이 주제에 대응하는 다른 이야기들(*ibid.*, p. 846) 참조.

183 예를 들어 까치밥나무 열매 축제에 사람들을 초대할 때 전령은 이렇게 말한다. "우리는 (아직 오지 않은) 유일한 사람들인 여러분을 부르러 돌아왔습니다"(*Ethn. Kwa.*, p. 752).

184 Boas, *Sec. Soc.*, p. 543.

185 클링깃족은 두 해를 미뤄 포틀래치 초청에 응한 이들을 '여자'로 간주한다(*Tlingit T. M.*, p. 119, n. a).

186 Boas, *Sec. Soc.*, p. 345.

187 콰키우틀족. 비계를 먹는 것이 비위에 거슬릴지라도 바다표범 축제에 참석하지 않으면 안 된다(*Ethn. Kwa.*, p. 1046; "전부 먹으려고 애써라", p. 1048).

188 사람들이 때로 두려운 마음으로 초대를 전하는 이유가 여기에 있다. 제안의 거절은 우월성을 천명하는 것과 다르지 않기 때문이다. 어느 콰키우틀족 수장은 같은 민족인 코스키모족 수장에게 이렇게 말한다. "제 호의를 거절하지 말아 주십시오. 제가 부끄럽지 않도록 제 마음을 물리치지 말아 주십시오. 저는 허세를 부리는 사람이 아닙니다. 제게서 살(=제게 줄) 사람에게만 베푸는 사람이 아닙니다"(Boas, *Sec. Soc.*, p. 546).

189 Boas, *Sec. Soc.*, p. 355.

190 기름과 살랄(salal) 열매 축제에 대한 또 다른 설명은 *Ethn. Kwa.*, p. 774 이하 참조. 헌트가 제공한 이 설명은 아주 훌륭해 보인다. 그에 따르면 거절 의례는 상대가 초대하지도, 선물을 주지도 않은 경우에 행해지는 것 같다. 경쟁자에 대한 경멸을 표하는 같은 종류의 축제 의례에서 사람들은 (에스키모의 경우와 마찬가지로) 북소리에 맞춰 노래를 부른다(*ibid.*, p. 770; cf. p. 764).

191 신화에 나오는 하이다족의 관용구: "똑같이 하라, 좋은 음식을 달라." *Haïda Texts*, *Jesup*, IV, pp. 685~686; (Kwakiutl) *Ethn. Kwa.*, p. 767, l. 39; p. 738, l. 32. p. 770, 폴레라사(PoLelasa)에 대한 이야기.

192 불만을 나타내는 노래들은 매우 구체적이다. *Tlingit T. M.*, p. 396, no. 26, no. 29.

193 심시안족 수장들은 손님들이 포틀래치에 어떤 선물을 가져올지 점검하기 위해 전령을 보내는 규칙을 따른다(*Tsim. Myth.*, p. 184; cf. pp. 430, 434). 샤를마뉴 궁정에도 같은 종류의 검사를 담당하는 관리가 있었다는 기록이 있다(803년의 법령). 이 사실은 데뫼니에(Jean-Nicolas Démeunier)가 언급한 것으로, 모니에(René Maunier)가 내게 알려줬다.

194 2장 주석 161 참조. '빚을 진'을 뜻하는 라틴어 표현 *ære obæratus* 참조.

195 재화의 수락이 불평등을 초래한다는 사실은 콰키우틀족의 연설에 잘 드러난다. *Sec. Soc.*, pp. 355, 667, l. 17, etc.; cf. p. 669, l. 9.

196 클링깃족의 큰까마귀 신화는 큰까마귀가 잔치에 참석하지 않은 까닭을 이야기한다. 큰까마귀는 상대편(스완턴은 그저 '대립하는 포족'이라고 번역했지만, 사실은 '큰까마귀와 대립하는 포족'이라고 했어야 한다)이 소란을 피우며 춤추는 집 안에서 두 포족을 가르는 선을 넘어 왔기 때문에 잔치에 가지 않기로 결정했다. 큰까마귀는 상대편이 무적일까 봐 두려웠던 것이다. *Tlingit T. M.*, p. 118.

197 예를 들어 클링깃족의 경우는 Swanton, *Tlingit*, pp. 440, 441 참조.

198 손님은 더 많은 것을 받을 수 있고, 주최자는 손님의 선물 수락을 강제할 수 있는 클링깃족 의례가 있다. 만족하지 못한 손님이 나가려는 시늉을 하면, 증여자는 죽은 친척의 이름을 언급하면서 두 배의 선물을 준다(Swanton, *Tlingit Indians*, p. 442). 이 의례는 계약 당사자 양쪽이 조상의 정령을 대표한다는 사실과 관련이 있을 것이다.

199 *Ethn. Kwa.*, p. 1281에 나오는 연설 참조. "부족의 수장들이 전혀 되갚지 않고 있다… 그들은 스스로를 불명예스럽게 만들고 있다. 당신은 위대한 수장으로서 명예를 실추한 이들 위에 선다."

200 대수장 레게크(Legek: 심시안족 왕자의 칭호)가 주최한 포틀래치의 연설(역사적 이야기) 참조(*Tsim. Myth.*, p. 386). 상대는 하이다족이다. "당신은 위대한 수장들이 그랬던 것처럼 구리판을 바다에 던져버리지 못하기 때문에 수장들 가운데 제일 아래에 머물 것이다."

201 최선은 포틀래치를 제공하되 돌려받지 않는 것이다. *Ethn. Kwa.*, p. 1282, l. 6의 연설 참조. "당신은 돌려받지 않을 것을 주고자 한다." 포틀래치를 연 사람은 나무나 산에 비유된다(2장 주석 45, 49 참조). "나는 위대한 수장, 거대한 나무다. 당신들은 내 아래에 있는… 울타리다. 나는 당신들에게 재산을 준다"(*ibid.*, p. 1290, 첫 구절). "난공불락의 포틀래치 기둥을 세워라. 그것은 하나뿐인 굵은 나무, 유일한 굵은 뿌리다"(*ibid.*, 두 번째 구절). 하이다족은 창의 은유로 통해 이러한 생각을 표현한다. [선물을] 수락한 사람은 (수장의) "창으로 살아간다"(*Haida Text* [Masset], p. 486). 이는 신화의 일종이기도 하다.

202 포틀래치를 제대로 되갚지 않을 경우 받는 모욕에 대해서는 *Tsim. Myth.*, p. 314에 나오는 이야기를 참조하라. 심시안족은 우트세날룩족(Wutsenaluk)이 자신들에게 빚진 구리판 두 개를 여전히 기억하고 있다(*ibid.*, p. 364).

203 상대가 도전의 표시로 파괴한 구리판과 동일한 가치를 지닌 구리판을 부수기 전까지는 "이름"이 "부서진" 상태로 머문다(Boas, *Sec. Soc.*, p. 543).

204 이렇게 신용을 잃은 이가 분배나 의무적 재분배에 필요할 것을 빌릴 경우, 그는 "자기 이름을 건다." 같은 뜻의 표현으로는 "그가 노예를 판다"가 있다. Boas, *Sec. Soc.*, p.

341; cf. *Ethn. Kwa.*, pp. 1451, 1424, s.v. *kelgelkend*; cf. p. 1420.

205 미래의 아내는 아직 태어나지조차 않았을 수도 있지만, 계약은 이미 젊은 수장을 구속한다(Swanton, *Haida*, p. 50).

206 앞의 논의를 보라. 특히 하이다족, 심시안족, 클링깃족의 화해 의례가 급부와 즉각적인 반대급부로 이뤄지는데, 근본적으로 그것은 담보(문장이 새겨진 구리판)나 볼모(노예나 여자)의 교환이다. 예를 들어 심시안족과 하이다족이 서로 싸운 후, "그들은 다시 사이가 틀어지게 될까 염려하면서 서로 상대방 여자와 결혼했다. 그렇게 평화가 왔다"(*Haida T. M.*, p. 395). 하이다족과 클링깃족 사이의 전쟁 이후 열린 배상 포틀래치도 참조하라(*ibid.*, p. 396).

207 앞의 논의, 그리고 특히 Boas, *Tsim. Myth.*, pp. 511~512 참조.

208 양쪽에서 연이어 이뤄지는 재산 분배(Boas, *Sec. Soc.*, p. 418), 의례적 과오에 대한 벌금의 다음 연도 상환(*ibid.*, p. 596), 이자를 더한 신부대 상환(*ibid*, pp. 365~366, 423, l. 1, 518~520, 563).

209 포틀래치라는 단어에 대해서는 서론 주석 12 참조. 그런데 치누크어에 기반한 앵글로-인디언 '사비르어'(sabir, 모국어가 다른 사람들 사이에서 보조 언어 역할을 하는 단순한 혼합언어—옮긴이)에서 이 단어가 가지고 있는 개념적 명확성과 명명의 일관성을 북서아메리카 언어들 자체에서는 찾아볼 수 없는 것 같다.

심시안어는 부족들 사이에서 이뤄지는 큰 포틀래치인 야옥(*yaok*)과 그 밖의 포틀래치를 구분한다(Boas[Tate], *Tsim. Myth.*, p. 537; cf. p. 511; cf. p. 968, 야옥이 부적절하게 포틀래치로 번역됨). 하이다족은 '왈갈(*walgal*)'과 '싯카(*sitka*)', 즉 장례 포틀래치와 다른 이유로 열린 포틀래치를 구분한다(Swanton, *Haida*, pp. 35, 178, 179, 68[Masset text]).

콰키우틀어와 치누크어의 공통 단어인 포라(*poLa*, 포식하게 하다)(*Kwa.*, Vol. III, p. 211, l. 13, *PoL* [포식한], *ibid.*, p. 25, l. 7)는 콰키우틀족에서 포틀래치 자체가 아니라 연회나 연회의 결과를 가리키는 것 같다. '포라스(*poLas*)'는 연회 제공자나(*Kwa.*, 2nd series, *Jesup*, X, p. 79, l. 14, p. 43, l. 2) 포식하는 장소를 가리킨다(자와다에노쿠 [Dzawadaenoxu] 수장 중 한 명이 가진 칭호에 대한 전설). Cf. *Ethn. Kwa.*, p. 70, l. 30. [포틀래치를 가리키는] 가장 일반적인 콰키우틀 단어는 '프!에스(*p!Es*)'인데, 이는 (경쟁자의 이름을) '납작하게 하기'(index, *Ethn. Kwa.*, s.v.) 또는 비워진 바구니를 뜻한다(*Kwa.*, Vol. III, p. 93, l. 1, p. 451, l. 4). 부족 안팎에서 열리는 성대한 포틀래치는 '막스와(*maxwa*)'라는 특별한 이름으로 불리는 것 같다(*Kwa.*, Vol. III, p. 451, l. 15). 보아스는 막스와의 어근 '마(*ma*)'에서 입문식 방을 가리키는 마윌(*mawil*)과 범고래 이름인 또 다른 단어를 별로 그럴법하지 않은 방식으로 파생시킨다(*Ethn. Kwa.*, index, s.v.). 콰키우틀족은 다양한 종류의 포틀래치는 물론 갖가지 지불과 상환, 더 정확히 말하자면 증여와 역증여를 가리키는 수많은 특수 용어를 가지고 있다. 결혼, 샤먼에 대한 보상, 대부금, 연체 이자 등을 비롯, 온갖 종류의 분배와 재분배가 각기 나름의 이름으로 불린다. 예를 들어 젊은 여성이 던진 옷을 사람들이 줍는 이벤트가 포함된 작은 포틀래치는 '줍다'를 뜻하는 단어 — *men(a)* — 로 일컬어진다(*Ethn. Kwa.*, p. 218). '파욜(*payol*)'은 구리판을 주는 일을 가리키며, 카누를 주는 일은 또 다른 용어로 불린다(*Ethn. Kwa.*, p. 1448). 이렇듯 용어들은 구체적이고 가지각색이며, 다른 고대적 명명법에서 그렇듯 서로 겹치기도 한다.

210 이러한 의미와 관련 참고문헌은 Barbeau, "Le potlatch," *Bulletin de Société de géographie de Québec*, 1911, col. III, p. 278, no 3 참조.

211 판매되는 경우도 있을 것이다.

212 심시안족은 재산(propriété)과 식량(provisions)을 아주 분명하게 구분한다(*Tsim. Myth.*, p. 435). 보아스는 테이트의 편지에 근거해 다음과 같이 말한다. "기름진 음식'(cf. *ibid.*, p. 406)으로 불리는 것을 보유하는 일은 가문의 존엄을 유지하는 데 필수적이었지만, 그럼에도 식량 자체가 부의 구성 요소로 여겨지지는 않았다. 부는 식량이나 다른 종류의 재화를 판매(실제로는 선물교환)해서 얻어지며, 일단 축적된 뒤 포틀래치에서 분배된다." 2장 주석 112 참조(멜라네시아).

콰키우틀족도 단순한 식량과 부-재산(richesse-propriété)을 구분한다. 부와 재산은 같은 말이다. 부-재산은 두 개의 이름으로 불리는 것 같다(*Ethn. Kwa.*, p. 1454). 첫 번째는 야크— 보아스는 *yàq* 또는 *yäq*로 왔다 갔다 표기한다 — 인데(cf. index, p. 1393; cf. *yàqu*, 분배하다), 이 단어로부터 재산을 뜻하는 예칼라(*yeqala*)와 탈리스만이나 귀한 물품을 뜻하는 약술루(*yäxulu*)가 파생된다. 야(*yä*)에서 파생된 단어들은 *ibid*, p. 1406 참조. 다음으로 다데카스(*dadekas*)라는 용어가 있다. Cf. *Kwa.*, Vol. III, index, p. 519; Cf. *ibid*, p. 473, l. 31. 뉴이트(Newette) 지역 방언으로는 다오마(*daoma*), 데데말라(*dedemala*)라고 한다(*Ethn. Kwa.*, index, s.v). 이 단어의 어근은 '다(*dâ*)'인데, 신기하게도 인도유럽어의 똑같은 어근과 비슷하게 '받다', '취하다', '손에 들다', '다루다' 등의 의미가 있다. 파생어들 역시 의미심장하다. 어떤 것은 '적의 옷 조각을 가져와 주술을 걸다'는 뜻이 있고, 또 다른 파생어는 '손에 쥐다', '집에 두다'(뒤에서 언급할 라틴어 *manus*, *familia*와 비교)라는 뜻이다(이것은 구리판 구입에 앞서 주는 다량의 담요를 두고 쓰는 표현이다. 담요는 나중에 이자와 함께 돌려줘야 한다). 또 다른 단어는 '일정량의 담요를 상대방이 내놓은 담요 더미 위에 올려놓음으로써 그것을 수락한다'는 뜻을 가지고 있다. 같은 어근에서 파생한 다델타(*dadelta*)라는 말은 더욱 흥미롭다. 그것은 '서로 질투하다'는 뜻인데(*Kwa.*, Vol. III, p. 133, l. 22), 본래는 틀림없이 '누군가가 가지면 질투를 불러일으키는 물건'을 의미할 것이다. '싸우다'(의심의 여지없이 '재산을 가지고 싸우다')는 뜻의 다데고(*dadego*)라는 말도 참조하라.

재산이라는 의미를 더 구체화하는 단어들도 있다. 예를 들어 마메카스(*mamekas*)는 '집에 있는 재산'을 뜻한다(*Kwa.*, Vol. III, p. 169, l. 20).

213 Boas and Hunt, *Ethn. Kwa.*, p. 706 이하에 특권을 물려줄 때 하는 연설이 나와 있다. 정신적이거나 물질적으로 귀중한(우리는 의도적으로 '유용한'이라는 표현을 피하고자 한다) 것은 거의 모두 이런 종류의 믿음의 대상이 된다. 우선 정신적 사물도 재화이자 재산이며, 증여와 교환의 대상이다. 보다 원시적인 호주 문명에서 사람들이 코로보리(Corroboree, 춤 · 노래 · 음악 · 연극 등을 포함하는 호주 원주민의 전통 의식 - 옮긴이)를 전수받은 부족에게 자신들이 가르친 공연을 남겨주듯, 클링깃족은 포틀래치를 받은 후 대신 춤을 '남겨준다'(Swanton, *Tlingit Indians*, p. 442). 클링깃족에게 있어 가장 중요하며 결코 침해될 수 없는 재산, 다른 사람들의 시기를 불러일으키는 재산은 이름과 토템 문장이다(*ibid.*, p. 416). 바로 이것이 사람들을 행복하고 부유하게 만든다. 토템 문장, 축제와 포틀래치, 포틀래치에서 획득한 이름, 다른 사람이 당신에게 보답해야 할 선물(이전 포틀래치와 연결된 선물) 등 모든 것이 서로 이어져 있다. 예를 들어 콰키우틀족의 한 연설에는 사위를 지목하며 "내 축제는 이제 그에게로 간다"라고 말하는 대목이 나온다(*Sec. Soc.*, p. 356). 비밀결사의 '자리들'과 '정령들'도 이런 식으로 주어지고 되갚아진다(재산의 서열과 서열의 재산에 대한 연설 참조. *Ethn. Kwa.*, p. 472). "여기 당신의 겨울 노래와 겨울 춤이 있다. 모두가 겨울 담요를 자기 것으로 삼을 것이다. 이것은 당신의 노래, 당신의 춤이다"라고 이야기하는 연설도 참조하라(*ibid.*, p. 708). 콰키우틀족은 '*k!ezo*'라는 하나의 단어로 귀족 집안의 탈리스만과 특권을 가리킨다(ex. *Kwa.*, Vol. III, p. 122, l. 32).

심시안족은 춤과 퍼레이드에서 쓰는 가면과 문장이 들어간 모자를 '일정량의 재산'으로 부르는데, 이때의 양은 포틀래치에서 제공된 것의 양(수장의 이모들이 '부족의 여자들'에게 준 선물)을 뜻한다(Tate in Boas, *Tsim. Myth.*, p. 541).

이와 반대로 콰키우틀족은 사물을 정신적인 관점에서 이해한다. 특히 두 가지 귀중한 사물(주요 탈리스만)인 '죽음을 주는 자(*halayu*)'와 '생명의 물'(이것들은 하나의 수정임이 분명하다), 그리고 위에서 언급한 담요의 경우가 그렇다. 콰키우틀족의 기묘한 속담은 이러한 귀중한 물품을 [외]할아버지와 동일시하는데, 그것이 [외]손자에게 돌려준다는 조건 아래 사위에게 빌려준 것이므로 사실 이는 자연스러운 일이다(Boas, *Sec. Soc.*, p. 507).

214 질라콘스(Djîlaqons) 신화는 Swanton, *Haida*, pp. 92, 95, 171에 나온다. 마셋 지역 버전은 *Haïda Texts*, *Jesup*, VI, pp. 94, 98, 스키디깃 지역 버전은 *Haïda T. M.*, p. 458에서 찾을 수 있다. 그녀의 이름은 하이다족의 독수리 포족에 속하는 몇몇 성씨에 나타난다. Swinton, *Haïda*, pp. 282~283, 292~293 참조. 마셋에서는 재산의 여신이 스킬(Skîl)로 불린다. *Haïda Texts*, *Jesup*, VI, p. 665, l. 23, p. 306; cf. Index, p. 805. Cf. 새

의 이름인 Skîl, Skirl(Swanton, *Haida*, p. 120). 스킬타고스(Skîltagos)는 구리-재산을 뜻하며, '구리'를 찾는 방법에 대한 신화적인 이야기는 이 이름과 관련이 있다. Cf. p. 146, fig. 4. 조각으로 장식된 기둥은 질카다(Djîlqada)와 그녀의 구리판, 기둥, 문장을 나타낸다. Swanton, *Haida*, p. 125; cf. pl. 3, fig. 3. *Ibid.*, p. 46에 나오는 뉴컴(Charles F. Newcombe)의 설명 참조. Cf. *ibid.*, fig. 4의 삽화. 질카다의 주물(呪物, fétiche)은 훔친 것들로 채워져야 하며, 그 자체도 도둑맞아야 한다.

그녀의 정확한 칭호는 '소음을 내는 재산'이며(*ibid.*, p. 92), 네 개의 부가적인 이름도 가지고 있다(*ibid.*, p. 95). 그녀에게는 '돌 갈비뼈'(실제로는 구리 갈비뼈, *ibid.*, pp. 110, 112)라는 칭호를 가진 아들이 있다. 그녀와 그녀의 아들딸을 만나는 사람에게는 내기운이 따른다. 그녀가 가지고 있는 마법의 식물을 먹는 사람은 부자가 된다. 그녀의 담요 조각을 만지거나 그녀가 줄지어 놓은 홍합을 찾아도 부자가 된다(*ibid.*, p. 29, 109). 하이다족의 계보(E. 13, E. 14)와 큰까마귀 포족의 계보(R. 14, R. 15, R. 16) 참조. 그녀는 '역병 여인'과 대비되는 존재로 보인다(cf. *Haïda T. M.*, p. 299).

215 하이다족의 질(*djîl*)과 클링깃족의 나크(*nâq*)에 관해서는 2장 주석 139 참조.

216 클링깃족은 완전한 형태의 신화를 가지고 있다(*Tlingit T. M.*, pp. 173, 292, 383; cf. Swanton, *Tlingit*, p. 460). 싯카 지역에서는 스킬의 이름이 아마 레낙시덱(Lenaxxidek)일 것이다. 그녀에게는 아이가 있는데, 사람들은 젖을 빠는 소리를 듣고 아이를 쫓는다. 아이가 할퀴어 누군가 상처를 입으면, 상처 딱지가 다른 사람들을 행복하게 만든다.

217 심시안족의 신화는 불완전하다(*Tsim. Myth.*, pp. 154, 197). 보아스의 주석 참조(*ibid.*, pp. 746, 760). 보아스는 정체를 분명히 확인하지 않았지만 정황은 명확하다. 심시안족의 여신은 "부의 의복"을 입고 있다.

218 코미노카(Qominoqa), 즉 "부자 여인" 신화에도 동일한 기원이 있을지 모른다. 그녀는 콰키우틀족의 몇몇 씨족이 숭배하는 대상으로 보인다(ex. *Ethn. Kwa.*, p. 862). "돌의 몸"이라는 칭호를 가진 코엑스소테노크족(Qoexsotenoq)의 영웅이 "몸 위의 재산"이 되는 이야기도 있다(*Kwa.*, Vol. III, p. 187; cf. p. 247).

219 예를 들어 범고래 씨족의 신화를 보라. Boas, *Handbook of American Indian languages*, Vol. I, pp. 554~559. 씨족의 시조 영웅 자신도 범고래 씨족의 일원이다. 인간의 모습을 하고 있지만 범고래인 정령(p. 557, l. 122)을 만난 그는 "당신으로부터 로그와(*logwa*, 탈리스만; cf. p. 554, l. 49)를 얻고자 합니다"라고 말한다. 정령은 그를 같은 씨족의 일원으로 인정하고 그에게 구리로 된 고래 작살을 주었다(p. 557의 원문에 누락된 부분). 범고래는 "고래 킬러(killer-whales)"다. 정령은 그에게 (포틀래치) 이름도 준다. 그는 "포식하는 장소", "포만감을 느끼는 장소"로 불릴 것이며, 그의 집은 "정면에 범고래가 그려진" "범고래의 집"일 것이다. "그리고 너의 접시는 범고래 (모양의) 접시일 것이다.

또 죽음을 주는 자(*halayu*)와 '생명의 물'이 너의 것일 것이며 수정 칼이 너의 도살용 칼일 것이다"(p. 557).

220 고래가 들어 있는 기적의 상자는 "해변으로 떠밀려온 재산"이라고 불렸으며, 한 영웅에게 자기 이름을 주었다(Boas, *Sec. Soc.*, p. 374). Cf. "나에게로 표류하는 재산", *ibid.*, pp. 247, 414. 재산은 "소음을 일으킨다"(앞선 언급을 보라). 마셋의 주요 수장 한 명은 "그의 재산이 소음을 내는 자"라는 칭호를 가지고 있다(*Haïda Texts, Jesup*, VI, p. 684). 재산은 살아있다(콰키우틀족). 마암타길라족(Maamtagila)은 이렇게 노래한다. "우리 재산이 그의 노력 아래 살아있기를, 우리의 구리판이 부서지지 않기를"(*Ethn. Kwa.*, p. 1285, l. 1).

221 가족의 귀중품은 남자들과 그의 딸·사위들 사이에서 순환하며, 아들들이 결혼하거나 입문식을 할 때 되돌아온다. 이 물건들은 보통 문장이 새겨진 아름다운 상자 또는 궤짝에 보관된다. 상자의 구성 요소, 구조, 용도는 캘리포니아의 유록족(Yurok)에서 베링 해협의 민족들에 이르는 북서아메리카 문명의 특징을 매우 잘 드러낸다. 일반적으로 상자에는 토템이나 정령의 얼굴과 눈이 표현되어 있으며, 그 안에는 바로 이들과 관련된 물품이 들어 있다(장식된 담요, '생명'과 '죽음'의 탈리스만, 가면과 가면 모자, 머리 장식과 관(冠), 활 등). 신화에서는 종종 정령과 상자, 그리고 그 내용물이 혼동된다. 예컨대 클링깃 신화에서 정령인 고나카뎃은 상자, 구리 물품, 모자, 딸랑이와 동일시된다 (*Tlingit T. M.*, p. 173).

222 상자의 최초 이전(증여)은 물론이거니와 새로운 입문식·결혼식 때 이뤄지는 이전도 수령자를 '초자연적' 존재로, 즉 입문자로, 샤먼으로, 주술사로, 귀족으로, 의례결사의 춤과 자리 소유자로 변형시킨다. 콰키우틀 가문들에 관한 이야기에 나오는 연설을 참조하라(*Ethn. Kwa.*, pp. 965, 966; cf. p. 1012).

223 기적의 상자는 언제나 신비로운 것이다. 그것은 집안의 비밀스러운 장소에 보관된다. 상자 안에 작은 상자가 들어 있고, 또 그 안에 더 작은 상자들이 들어 있는 경우도 있다(마셋의 하이다족, *Haïda Texts, Jesup*, VI, p. 395). 상자는 "쥐 여인"(*Haïda T. M.*, p. 340)이나 불충실한 소유자의 눈을 쪼아먹는 큰까마귀 같은 정령을 품고 있다. 관련 사례 목록은 Boas, *Tsim. Myth.*, pp. 854, 851 참조. 물 위를 떠다니는 상자 속에 갇힌 태양의 신화는 가장 흔히 관찰되는 것 중 하나다(Boas, *Tsim. Myth.*, pp. 641, 549의 목록 참조). 이 같은 신화가 구세계에 널리 퍼져 있다는 것은 잘 알려져 있다.

영웅담에는 아주 작은 상자에 관한 에피소드가 빈번하게 등장한다. 다른 이들에게는 너무 무겁지만 영웅에게만은 가벼운 이 상자 안에는 고래가 들어 있고(Boas, *Sec. Soc.*, p. 374; *Kwa. T.*, 2nd series, *Jesup*, X, p. 171), 고래에게는 무궁무진한 먹이가 있다(*ibid.*, p. 223). 상자는 생명을 지니고 있으며, 스스로의 힘으로 떠다닌다(*Sec. Soc.*, p. 374). [위대한 수장인] 카틀리안(Katlian)의 상자는 재산을 가져다준다(Swanton,

Tlingit Indians, p. 448; cf. p. 446). 상자에 들어 있는 탈리스만(꽃, "태양의 배설물", "불에 태울 나무 알", "부유하게 하는 것")은 재산 자체와 마찬가지로 영양을 공급받아야 한다.

상자 중 하나는 "순응시키기에는 너무 강한" 정령을 담고 있다. 이 정령의 가면을 쓴 자는 죽게 된다(*Tlingit T. M.*, p. 341).

상자의 이름은 종종 포틀래치에서의 용도를 암시한다. 마셋의 하이다족은 큰 기름 상자를 어머니라고 부른다(*Haida Texts, Jesup*, VI, p. 758). "붉은 바다 상자"(태양)는 "부족의 바다"에 "물"(수장이 분배하는 담요를 의미한다)을 "쏟아낸다"(Boas, *Sec. Soc.*, p. 551, p. 564, no 1).

기적의 상자에 관한 신화는 태평양과 접하는 북아시아 사회의 특징이기도 하다. 피우수트스키(Bronisław Piłsudski)의 저작(*Material for the Study of the Ainu Languages*, Krakow, 1913, pp. 124~125)에서 유사한 신화의 훌륭한 예를 찾을 수 있다. 여기서는 곰이 상자를 주며, 상자를 받은 영웅은 금기를 지켜야 한다. 상자는 금은으로 된 재물과 부를 가져다주는 탈리스만으로 가득 차 있다. 상자를 만드는 기술도 북태평양 전역에서 동일하다.

224 "가족의 물건에는 제각각 이름이 있다"(Swanton, *Haida*, p. 117). 하이다족은 집, 문, 접시, 조각이 새겨진 숟가락, 카누, 연어잡이 통발 등에 이름을 붙인다. "끊임없는 소유의 연쇄"라는 표현을 참조하라(Swanton, *Haida*, p. 15).

우리는 남녀 귀족과 춤이나 포틀래치 등에 대한 그들의 특권 ― 이 역시 재산이다 ― 이 지니는 가변적 칭호 외에도, 콰키우틀 사람들이 씨족별로 명명한 물건들의 목록을 가지고 있다. 동산이라고 부를 수 있을 것 중 같은 방식으로 명명되고 인격화되는 물건으로는 접시, 집[2장 주석 229 참조], 개, 카누가 있다. *Ethn. Kwa.*, p. 793 이하 참조. 제시된 목록에서 헌트는 구리판, 큰 전복껍질, 문의 이름들을 누락시켰다.

결혼 빚을 갚는 의례에 등장하는 인간이나 동물의 형상으로 장식된 일종의 카누에는 숟가락이 꿰어진 줄이 연결되어 있으며, 이는 "숟가락 닻줄"이라는 이름으로 불린다 (Boas, *Sec. Soc.*, p. 422). 심시안족도 카누, 구리판, 숟가락, 돌항아리, 돌칼, 여성 수장의 접시 등에 이름을 붙인다(Boas, *Tsim. Myth.*, p. 506). 노예와 개는 가치 있는 재산이자 가족에 의해 입양된 존재다.

225 이 부족들의 유일한 가축은 개인데, 씨족마다(아마도 수장의 가족에서만) 다른 이름이 부여된다. 개는 사고팔수 없다. 콰키우틀족은 "개는 우리와 마찬가지로 인간이다"라고 말한다(*Ethn. Kwa.*, p. 1260). 개는 주술과 적의 공격으로부터 "가족을 지킨다." 한 신화에 등장하는 코스키모족 수장과 그의 개는 와네드(Waned)라는 같은 이름을 가지고 있으며, 서로 모습을 바꾸기도 한다(*ibid.*, p. 835). 셀레베스섬에 관한 앞의 논의 참조. 레위킬라쿠(Lewiqilaqu)의 네 마리 개에 관한 환상적인 신화 참조(*Kwa.*, Vol. III, pp.

18 et 20).

226 Abalone은 큰 전복껍질을 가리키는 치누크족의 '사비르어' 단어다. 그것은 코걸이
(Boas, *Kwa. Indians, Jesup,* V, I, p. 484)나 귀걸이(클링깃족과 하이다족, Swanton,
Haida, p. 146) 같은 장신구로 쓰이며, 문장이 들어간 담요나 허리띠, 모자에 달기도
한다(콰키우틀족의 사례, *Ethn. Kwa.*, p. 1069). (콰키우틀계 부족인) 아위케노크족
(Awikenoq)과 라시코알라족(Lasiqoala)은 전복껍질을 유럽식의 방패 둘레에 장식
한다(Boas, 5th *Report,* p. 43). 이러한 방패는 구리 방패와 동등한 것이거나 그 원시적
형태로 보이는데, 구리 방패 역시 신기하게도 중세 유럽의 방패를 연상시킨다.

큰 전복껍질은 현재의 구리판과 마찬가지로 한때 화폐 가치를 지니고 있었을 가능성
이 있다. 남부 살리시족인 차트롤트크족(Çatloltq)의 한 신화는 코코이스(K'okois: 구
리)와 테아자스(Teadjas: 큰 전복껍질)라는 두 인물을 관련시키는데, 그들의 아들과 딸
이 결혼해 낳은 손자는 곰의 "금속 상자"를 빼앗고 그의 가면과 포틀래치도 차지한다
(*Indianische Sagen,* p. 84). 아위케노크족 신화는 큰 전복껍질과 구리판의 이름을 "달의
딸"과 연결시킨다(*ibid.*, pp. 218~219).

멜라네시아인들처럼 하이다족도 널리 알려지고 큰 가치가 있는 조개껍질들을 개별적
으로 명명한다(Swanton, *Haida,* p. 146). 다른 곳에서는 조개껍질이 개인이나 정령의
이름을 짓는 데 쓰인다. Boas, *Tsim. Myth.,* p. 960의 고유명사 색인 참조. 콰키우틀계
의 아위케노크족, 나코아토크족(Naqoatok), 과셀라족(Gwasela)은 씨족별로 '전복 이
름'을 가지고 있다(*Ethn. Kwa.*, pp. 1261~1275). 여기에는 분명 국제적인 차원이 있다.
아위케노크족의 신화는 벨라쿨라족의 전복껍질 상자(전복껍질로 아름답게 꾸민 상자)
를 정확하게 언급하고 묘사한다(상자 안에는 전복껍질 담요가 들어있으며, 상자와 담
요 모두에는 햇살 문양이 표현되어 있다). 이 신화에 등장하는 수장의 이름은 레게크인
데(Boas, *Indianische Sagen,* p. 218 sq.), 이는 심시안족 주요 수장의 칭호다. 이러한 사
례는 신화가 물건과 함께 이동했음을 보여준다. 마셋 지역 하이다족의 '창조주 큰까마
귀' 신화에서 큰까마귀가 아내에게 주는 태양은 전복껍질이다(Swanton, *Haida Texts,*
Jesup, VI, pp. 313, 227). 전복껍질의 칭호를 가진 신화적 영웅의 이름 예시는 *Kwa,*
Vol. III, pp. 50, 222 등을 참조하라.

클링깃족은 전복껍질을 상어 이빨과 연관시킨다(*Tlingit T. M.*, p. 129). (멜라네시아의
향유고래 이빨 사용과 비교.)

또한 이 모든 부족은 송곳니 모양의 작은 조개껍질 목걸이에 대한 신앙을 가지고 있다.
특히 Krause, *Tlinkit Indianer,* p. 186 참조. 요컨대 우리는 멜라네시아(나아가 태평양
지역 전반)와 동일한 형태의 화폐가 동일한 신앙을 수반하면서 동일한 용도로 사용되
고 있음을 확인할 수 있다.

이 다양한 조개들은 거래(commerce)의 대상이기도 했다(알래스카를 점령한 러시아

인들도 여기에 관여했다). 거래는 캘리포니아만에서 베링 해협에 걸쳐 양방향으로 이뤄졌다(Swanton, *Haïda Texts*, *Jesup*, VI, p. 313).

227 담요는 상자와 마찬가지로 장식되며, 상자의 문양을 그대로 본뜬 경우도 흔하다 (Krause, *Tlinkit Indianer*, p. 200의 그림 참조). 담요는 항상 무언가 영적인 것이다. 예를 들어 "정령의 허리띠"(찢어진 담요)라는 하이다족 표현 참조(Swanton, *Haïda*, *Jesup*, V, I, p. 165; cf. p. 174). 몇몇 신화적 망토들은 "세계의 망토"다. 릴로엣족 (Lilloët)의 카이스(Qäis) 신화(Boas, *Indianische Sagen*, pp. 19~20), 벨라쿨라족의 "태양의 망토"(*ibid.*, 260), 헤일축족의 물고기 망토(*ibid.*, p. 248) 참조. 관련 사례 비교는 Boas, *ibid.*, p. 359, no. 113 참조.

Haïda Texts(Masset), *Jesup*, VI, pp. 430, 432에 나오는 말하는 돗자리 참조. 담요, 돗자리, 가죽담요에 대한 신앙은 문장을 짜넣은 돗자리에 대한 폴리네시아의 신앙과 비교되어야 한다.

228 클링깃족은 집 안의 모든 것이 말을 한다고 여긴다. 정령들은 집의 기둥과 들보에게 말하며, 또 그것들을 통해 말을 한다. 기둥과 들보도 말을 하며, 이런 식으로 토템 동물, 정령, 집 안의 물건들과 사람들 사이에 대화가 오간다. 이는 클링깃족 종교의 일관된 원칙이다(ex. Swanton, *Tlingit*, pp. 458, 459). 콰키우틀족에서도 집은 듣고 말한다(*Ethn. Kwa.*, p. 1279, l. 15).

229 집은 일종의 동산으로 간주된다(주지하듯 게르만법에서도 오랫동안 그랬다). 집은 다른 장소로 옮겨질 수 있고, 스스로 이동하기도 한다. 심시안족은 눈 깜짝할 사이에 세워지며, 특히 할아버지에 의해 주어지는 '주술적 집'에 관한 많은 신화를 가지고 있다 (Boas, *Tsim. Myth.*, pp. 852, 853의 목록 참조). 콰키우틀족에서도 비슷한 예를 찾을 수 있다(Boas, *Sec. Soc.*, p. 376; 또 pp. 376, 380의 그림과 도판).

230 다음의 것들도 귀중하고 주술적이며 종교적인 물건이다. ① 독수리 깃털. 흔히 비, 음식, 수정, "좋은 약"과 동일시된다(ex. *Tlingit T. M.*, pp. 383, 128, etc.; 하이다족[마셋], *Haïda Texts*, *Jesup*, VI, p. 292). ② 지팡이와 빗(*Tlingit*, *T. M.*, p. 385; Swanton, *Haïda*, p. 38; Boas, *Kwakiutl Indians*, *Jesup*, V, II, p. 455). ③ 팔찌. 예컨대 프레이저 강(Frazer) 하류의 부족(Boas, *Indianische Sagen*, p. 36)과 콰키우틀족(Boas, *Kwakiutl Indians*, *Jesup*, V, II, p. 454)의 경우.

231 콰키우틀족은 숟가락, 접시, 구리를 비롯한 귀중한 물건들을 로그와(*logwa*)로 통칭하는데, 이는 정확히 탈리스만, 초자연적인 사물을 뜻한다(「화폐 개념의 기원에 관한 노트」 및 위베르와 내가 함께 쓴 『종교사 논문집[*Mélange d'histoire des Religions*]』의 서문에서 행해진 이 단어에 대한 고찰 참조). '로그와' 개념은 '마나' 개념과 동일하다. 그러나 본문의 논의 맥락에서 로그와는 부와 음식을 생산하는 부와 음식 자체의 '효력'을 가리킨다. 어느 연설은 탈리스만, 즉 '로그와'를 "과거에 재산을 증식시킨 위대한 자

(The-Great-Past-Increaser-of-Property)"로 언급한다(*Ethn. Kwa.*, p. 1280, l. 18). 신화는 어떻게 한 '로그와'가 "손쉽게 재산을 획득"했는지, 어떻게 네 개의 '로그와'(허리띠 등)가 재산을 끌어모았는지에 대해 이야기한다. 그중 하나는 "재산이 쌓이게 하는 자"라고 불렸다(*Kwa.*, Vol. III, p. 108). 실제로 부가 부를 만들어낸다. 하이다족의 속담은 사춘기 소녀가 몸에 걸치는 전복껍질을 "부유하게 만들어주는 재산"이라고 부른다(Swanton, *Haïda*, p. 48).

232 한 가면은 "음식을 얻는 자"로 불린다. "그리고 당신들은 음식이 풍족할 것이다"(님키쉬족 신화, *Kwa.*, Vol. III, p. 36, l. 8). 콰키우틀족의 가장 중요한 귀족 가운데 하나는 "초대자", "음식을 주는 자", "독수리 깃털을 주는 자"라는 칭호를 가지고 있다(cf. Boas, *Sec. Soc.*, p. 415). 장식된 바구니와 상자(예를 들어 산딸기류 열매 수확을 위한 것) 역시 주술적이다(ex. *Haïda Texts, Jesup*, VI, p. 404에 나오는 마셋 지역 신화). 매우 중요한 칼스(Qäls) 신화는 곤들메기, 연어, 천둥새[천둥 · 번개 · 비를 일으키는 거대한 신화적 새]와 이 새의 침의 작용으로 산딸기로 가득차게 된 바구니를 뒤섞는다(프레이저강 하류의 부족, *Indianische Sagen*, p. 34). 아위케노크족의 비슷한 신화에 등장하는 바구니는 "결코 비지 않는"이라는 이름을 가지고 있다(5th *Report*, p. 28).

233 접시의 이름은 무엇이 조각되어 있느냐에 따라 달라진다. 콰키우틀족 접시는 "동물의 우두머리들"을 표현한다(cf. plus haut p. 115). 그중 하나는 "가득 차 있는 접시"라고 불린다(Boas, *Kwakiutl Tales*, Columbia University, p. 264, l. 11). 특정 씨족의 접시들은 '로그와'로 여겨진다. 그것들은 과거 "초대자"(바로 앞 주석 참조)로 불리는 조상과 말을 나눴고, 그에게 자기들을 데려가라고 청했다(*Ethn. Kwa.*, p. 809). 카니킬라쿠(Kaniqilaku) 신화 참조(*Indianische Sagen*, p. 198). *Kwa. T.*, 2nd series, *Jesup*, X, p. 205에는 '변형자(transformeur)'에 대한 이야기가 나온다. 그는 자기를 못살게 군 장인에게 마법 바구니에서 꺼낸 열매를 먹였고, 열매는 뱃속에서 가시덤불로 변해 그의 몸 전체를 비죽비죽 뚫고 튀어나왔다.

234 앞의 주석 231 참조.

235 같은 곳 참조.

236 이 표현은 크리케베르크(Walter Krickeberg)가 사용한 독일어 표현 "Renommiergeld"를 차용한 것으로, 구리 방패의 용도를 정확하게 묘사한다. 그것은 화폐인 동시에 포틀래치를 연 수장이나 초대받은 손님이 과시의 목적으로 사용하는 물건이기 때문이다.

237 상당한 논의가 있었지만 북서아메리카 구리 문화에 대한 지식은 여전히 불충분하다. 콜럼버스 이전의 귀금속 세공술에 관한 리베(Paul Rivet)의 주목할 만한 연구(*Journal des Américanistes*, 1923)는 의도적으로 이에 대한 검토를 건너뛴다. 어쨌건 구리를 다루는 기술이 유럽인 도래 이전부터 존재했다는 것은 확실해 보인다. 클링깃족과 심시

안족을 비롯한 북부의 부족들은 코퍼강(Copper River)에서 구리를 찾고 채굴하거나 얻었다. 옛 저자들의 언급 및 Krause, *Tlinkit Indianer*, p. 186 참조. 이들 부족은 "거대한 구리산"에 대해 이야기한다. 클링깃족, *Tlingit T. M.*, p. 160; 하이다족, Swanton, *Haïda, Jesup*, V, p. 130; 심시안족, *Tsim. Myth.*, p. 299.

238 이 기회에 「화폐 개념의 기원에 관한 노트」에서 저지른 실수를 바로잡고자 한다. 거기서 우리는 보아스가 라카(*Laqa*) 혹은 라크와(*Laqwa*)라고 표기한 단어를 로그와(*logwa*)와 혼동했다. 당시에는 보아스 역시 두 용어를 같은 방식으로 쓰곤 했으므로 변명의 여지는 있다. 하지만 이후 라카(라크와)는 붉은색과 구리를 뜻하고 로그와는 초자연적인 것, 값진 것, 탈리스만을 뜻한다는 점이 분명해졌다. 하지만 모든 구리 물품은 결국 로그와이므로, 해당 논문에서 개진된 논증은 여전히 유효한 것으로 남는다. 이 경우 로그와는 구리 물품을 수식하는 형용사나 구리 물품의 동의어로 간주될 수 있다. 예를 들어 *Kwa.*, Vol. III, p. 108에는 로그와인 구리 물품 두 개의 명칭이 나오는데, 하나는 "재산을 얻고 기뻐하는 자"이고 다른 하나는 "재산이 쌓이게 하는 자"다. 하지만 모든 로그와가 다 구리 물품인 것은 아니다.

239 구리는 살아있는 사물이다. 구리 광산, 구리산은 "부를 낳는 식물"로 가득한 주술적인 곳이다(마셋, *Haïda Texts, Jesup*, VI, pp. 681, 692; cf. Swanton, *Haïda*, p. 146의 신화). 구리에서는 실제로 냄새가 난다(*Kwa. T.*, p. 64, l. 8). 구리를 다루는 특권은 심시안족 전설의 중요한 주제다. 차우다(Tsauda)와 가오(Gao)에 관한 신화 참조(*Tsim. Myth.*, p. 306 sq.). 동일 주제의 신화 목록은 Boas, *Tsim. Myth.*, p. 856 참조. 벨라쿨라족은 구리를 인격화했던 것으로 보이며(*Indianische Sagen*, p. 261), 구리 신화는 큰 전복껍질 신화와 연결된다(Boas, *Mythology of the Bella Coola Indians, Jesup Expedition*, I, 2, p. 71). 심시안족의 차우다 신화는 곧이어 언급할 연어 신화와 연결된다.

240 붉은빛의 구리는 태양(ex. *Tlingit T. M.*, no. 39, no. 81)이나 "하늘에서 떨어진 불"(구리의 이름, *Tsim. Myth.*, p. 467)과 동일시되며, 또 이러한 모든 사례에서 연어와도 동일시된다. 이는 연어의 사람들이자 구리의 사람들인 콰키우틀족의 쌍둥이 숭배에서 특히 분명하게 나타난다(*Ethn. Kwa.*, p. 685 sq.). 관련 신화는 봄-연어의 회귀-새로운 태양-붉은색-구리로 이어지는 흐름을 따르는 것으로 보인다. 구리와 연어의 동일성은 북부 민족들에서 더욱 두드러진다(유사한 신화군[##] 목록은 Boas, *Tsim. Myth.*, p. 856 참조). 예컨대 마셋 지역의 하이다족 신화 참조(*Haïda Texts, Jesup*, VI, pp. 689, 691, l. 6 sq., n. 1; cf. p. 692, 신화 n° 73). 구리를 삼킨 연어에 대한 스키디깃 지역 신화(*Haïda T. M.*, p. 82)는 폴리크라테스(Polycrate)의 반지 신화[폴리크라테스가 바다에 제물로 바친 반지가 물고기를 통해 되돌아오는 이야기]와 정확히 일치한다. 클링깃족과 (그 뒤를 이어) 하이다족은 영어로는 "곰팡이가 핀 끝(Mouldy-end)"(연어 이름)으로 번역되어 불리는 존재에 대한 신화를 가지고 있다. 연어와 구리 사슬에 대한 싯카

지역의 신화 참조(*Tlingit. T. M.*, p. 307). 랭겔(Wrangell) 지역의 버전에서는 상자 속 연어가 사람으로 변한다(*ibid.*, no. 5). 비슷한 신화들은 Boas, *Tsim. Myth.*, p. 857 참조. 심시안족의 구리는 "강물을 거슬러 오르는 구리"라는 명칭을 지니고 있다. 이 표현이 연어를 암시한다는 점은 명백하다(Boas, *Tsim. Myth.*, p. 857).

구리 숭배와 수정 숭배(앞의 논의 참조)가 어떻게 연결되는지도 연구해 볼 가치가 있을 것이다. 수정산에 대한 신화를 참조하라(*Kwa T.*, 2nd series, *Jesup*, X, p. 111).

마찬가지로, 적어도 클링깃족의 경우에는 경옥 숭배를 구리 숭배와 연관지어야 한다. 경옥-연어는 말을 한다(*Tlingit. T. M.*, p. 5). 싯카에서는 경옥이 말을 하고 이름을 준다(*Tlingit. T. M.*, p. 416). 끝으로 조개껍질 숭배와 구리 숭배 사이의 연관성도 환기해 둔다.

241 우리는 심시안족의 차우다 가문이 구리 주조자이거나 구리와 관련된 비법을 보유한 이들로 보인다는 점을 언급했다. 콰키우틀족의 주요 수장 가문인 자와다에노쿠(Dzawadaenoqu) 가문의 신화도 같은 유형의 것으로 보인다. 신화는 구리 주조자 라콰킬라(Laqwagila)를 "부자"인 콤콤길라(Qomqomgila)와 "부자 여인"이자 구리 물품 제작자인 코모코아(Qomoqoa)와 연관지으며(*Kwa.*, Vol. III, p. 50), 이 모두는 다시 천둥새의 아들인 흰 새(태양)와 연결된다. 구리 냄새가 나는 흰 새는 여자로 변신해 쌍둥이를 낳는데, 이들에게서도 구리 냄새가 난다(*ibid.*, pp. 61~67).

242 각각의 구리판에는 이름이 있으며, 우리는 그 목록을 가지고 있다. 콰키우틀족의 포틀래치 연설에서는 "이름을 가진 위대한 구리판들"이 언급된다(Boas, *Sec. Soc.*, pp. 348, 349, 350). 하지만 유감스럽게도 이름에는 구리판이 어떤 씨족의 영구적 소유물인지에 대한 정보가 담겨 있지는 않다(*ibid.*, p.344). 우리는 콰키우틀족의 위대한 구리판들이 지닌 이름에 대해 꽤 잘 알고 있다. 이름은 구리판에 대한 숭배와 신앙을 보여준다. 한 구리판의 이름은 '달'이다(니스카족, *Ethn. Kwa.*, p. 856). 어떤 구리판은 그것이 체현하는 정령의 이름으로 불린다(해당 구리판은 바로 그 정령이 준 것이다). 가령 [신화적 인물인] 조노코아(Dzonoqoa)의 구리판은 그녀의 얼굴을 재현한다. "비버의 얼굴"(*Ethn. Kwa.*, p. 1427)이나 "바다사자"(*ibid.*, p. 894)처럼 토템의 시조 정령 이름을 지니고 있는 구리판도 있다. "T자형 구리판", "윗 부분이 긴 것"처럼 그저 모양을 암시하는 이름도 있으며(*ibid.*, p. 862), 또 다른 것들은 단순히 "큰 구리판", "울리는 구리판"(수장의 이름이기도 하다)으로 불린다(*ibid.*, p. 1289). 어떤 이름은 그것이 구체화하는 동시에 그 가치를 집약하는 포틀래치를 암시한다. 막스토셀렘(Maxtoselem)이라는 이름은 "다른 사람들을 부끄럽게 만드는 자"라는 뜻이다(cf. *Kwa.*, Vol. III, p. 452, no. 1). "그들은 자신들이 진 빚(*gagim*)에 대해 부끄러워한다." 그 밖에 "분쟁의 원인"이라는 이름도 있다(*Ethn. Kwa.*, pp. 893, 1026, etc.).

클링깃족의 구리판 이름에 대해서는 Swanton, *Tlingit*, pp. 421, 405를 참조하라. 대부

분의 이름은 토템과 관련이 있다. 하이다족과 심시안족의 구리판 이름은 소유자인 수
장의 이름을 따르는 경우만 알려져 있다

243 클링깃족의 구리판 가치는 길이에 따라 다르며, 노예의 수로 계산된다(*Tlingit. T. M.*,
pp. 337, 260, 131[싯카와 스키디깃 지역 등]; Tate, in Boas, *Tsim. Myth.*, p. 540; cf.
ibid., p. 436). 하이다족도 같은 원칙을 따른다(Swanton, *Haida*, p. 146).

보아스는 구리판의 가치가 어떻게 일련의 포틀래치를 거치면서 증가하는지에 대해 면
밀히 연구했다. 예를 들어 1906~1910년경 레삭살라요(Lesaxalayo) 구리판의 실제 가
치는 한 장에 4달러짜리 양모 담요 9,000장, 카누 50척, 단추 달린 담요 6,000장, 은팔
찌 260개, 금팔찌 60개, 금귀고리 70개, 재봉틀 40대, 축음기 25대, 가면 50개였다. 의
전관은 "라콰길라 왕자를 위해 나는 이 모든 하찮은 물건들을 바칩니다"(*Ethn. Kwa.*,
p. 1352)라고 말한다. 이 구리판은 "고래의 몸통"에 비유된다(*ibid.*, l. 28).

244 파괴의 원리에 관해서는 앞서 언급한 바 있지만, 구리판 파괴에는 특별함이 있는 것 같
다. 콰키우틀족은 포틀래치 때마다 구리판의 일부를 조각내 파괴한다. 그들은 다른 포
틀래치에서 새로운 조각을 찾아 다시 완전한 전체를 만드는 것을 큰 명예로 여긴다. 이
러한 구리판은 더 큰 가치를 지니게 된다(Boas, *Sec. Soc.*, p. 334).

아무튼, 구리판을 소비하고 부수는 일은 그것을 죽이는 것과 같다(*Ethn. Kwa.*, p. 1285,
l. 8~9). 보통 "그것을 바다에 던진다"라는 표현이 사용되며, 이는 클링깃족에서도 마찬
가지다(*Tlingit. T. M.*, p. 63, p. 399, 43번 노래). 만약 구리판이 좌초하지 않고 가라앉
지 않는다면, 다시 말해 죽지 않는다면, 이유는 그것이 나무로 된 가짜라 물에 뜨기 때
문이다. 심시안족이 하이다족을 상대로 한 포틀래치에 대한 이야기 참조(*Tsim. Myth.*,
p. 369). 콰키우틀족은 부서진 구리판을 두고 "해변에서 죽었다"고 말한다(Boas, *Sec.
Soc.*, p. 564, no. 5).

245 콰키우틀족에게는 두 종류의 구리판이 있었던 것으로 보인다. 한편으로, 가족 밖으로
나가지 않으며 오직 다시 주조하기 위해서만 부수는 가장 중요한 구리판들이 있다. 다
른 한편에는 온전한 채로 순환되는 보다 낮은 가치의 구리판들이 있는데, 이들은 첫 번
째 구리판의 위성 역할을 하는 것 같다(ex. Boas, *Sec. Soc.*, pp. 564, 579). 콰키우틀족
에서 이러한 이차적 구리판의 소유는 아마 이류 귀족 칭호 및 서열 소유와 관련이 있을
것이다. 덜 중요한 구리판은 이렇게 칭호 · 서열과 함께 수장들과 가족들, 세대와 남녀
사이를 오간다. 반면 위대한 칭호와 구리판은 씨족 내부나 최소한 부족 내부에 고정되
어 있는 듯한데, 사실 그렇지 않기가 어려울 것이다.

246 하이다족 수장인 하야스(Hayas)의 포틀래치에 관한 신화에서 구리판은 이렇게 노래
한다. "이 물건은 너무 형편없다. 곰시와(Gomsiwa: 타운의 이름이자 신화 주인공의
이름)를 멈춰라. 작은 구리 주위에 다른 많은 구리가 있다"(*Haida Texts, Jesup*, VI, p.
760). 이는 '작은 구리'가 스스로 '커지고', 그 주위로 다른 구리들이 모인다는 이야기

다. 구리-언어에 관한 앞의 언급 참조.

247 한 동요에는 "부족장들의 명망 높은 구리판들이 그의 주위에 모일 것이다"라는 구절
이 있다(*Ethn. Kwa.*, p. 1312, l. 3, 14). 구리판들은 "저절로 수장의 집에 떨어지는"(하
이다족 수장의 이름) 것으로 여겨진다(Swanton, *Haida*, p. 274, E). 구리판들은 "집안
에서 서로 만난다." 그것들은 "집안에서 합류하는 납작한 물건들"이다(*Ethn. Kwa.*, p.
701).

248 "구리를 가져오는 자"에 관한 이야기는 초대자(Qoexsot'enox) 신화에 나온다(*Kwa.*,
Vol. III, p. 248, l. 25, 26). 동일한 구리판이 "재산을 가져오는 자"로도 불린다(Boas,
Sec. Soc., p. 415). 초대자라는 칭호를 가진 귀족의 비밀 노래는 다음과 같다.
"재산을 '가져오는 자' 덕분에, 내 이름은 '나를 향해 흐르는 재산'이 될 것이다.
구리를 '가져오는 자' 덕분에, 구리가 나에게로 향할 것이다."
콰키우틀어 원문에는 정확히 라콰길라(L'aqwagila)라고 표현되어 있는데, 이는 단순
히 '가져오는 자'가 아니라 '구리 물품을 만드는 자'를 뜻한다.

249 예컨대 클링깃족의 포틀래치 연설을 참조하라(*Tlingit. T. M.*, p. 385). 심시안족에서 구
리판은 '방패'다(*Tsim. Myth.*, p. 385).

250 입문식을 마친 아들을 위한 구리 증여 연설에서 구리는 "재산의 갑옷"으로 언급되는데
(Boas, *Sec. Soc.*, p. 557), 이는 목에 거는 구리판을 빗댄 것이다. 더욱이 젊은이의 칭호
는 야코이스(Yaqois), "재산의 운반자"다.

251 콰키우틀족이 초경을 맞은 '공주들'을 격리할 때 치르는 중요한 의례가 이러한 믿음을
잘 보여준다. 구리판과 전복껍질을 몸에 걸치는 순간 공주들은 "집안에서 서로 만나는
납작한 신물들"이라는 구리판의 칭호를 얻게 되며, 이때 "그녀들과 남편들이 쉽게 구
리판을 가질 것"이라고 말해진다.(*Ethn. Kwa.*, p. 701). "집안의 구리"는 아위케노크족
영웅의 누이가 가진 칭호다(*Kwa.*, Vol. III, p. 430). 콰키우틀 귀족 소녀의 노래도 아마
같은 의례와 관련이 있을 것이다. 일종의 스바얌바라(svayamvara, 신부가 신랑을 선
택하는 힌두식 관례)를 예고하는 이 노래는 다음과 같이 이어진다. "나는 구리판 위에
앉아 있어요. 엄마는 허리띠를 짜고 계세요. 제가 집안의 접시들을 가지게 될 때를 위
해…"(*Ethn. Kwa.*, p. 1314).

252 구리판은 흔히 정령과 동일시된다. 이는 [문장이 새겨진] 방패와 생명을 지닌 문장이라
는 잘 열려진 주제와 연결된다. 조노코아, 코미노카가 정령과 동일한 구리판에 대해서는
Ethn. Kwa., p. 860, p. 1421 참조. Boas, *Tsim. Myth.*, p. 460에서 구리판은 토템 동물
이지만, 다른 경우에는 특정한 신화적 동물을 상징하는 데 그치기도 한다. '구리 사슴'
과 '구리 사슴뿔'은 콰키우틀족 여름 축제에서 중요한 역할을 한다(Boas, *Sec. Soc.*, pp.
630, 631; cf. p. 729, "사슴 몸 위의 위대함"[축자적으로는 '사슴 몸 위의 부']). 심시안
족은 구리를 "정령의 머리카락"(Boas, *Sec. Soc.*, p. 326), "정령의 배설물"(Boas, *Tsim.*

Myth., p. 837의 주제 목록), 수달-여인의 발톱(*ibid.*, p. 563)으로 여긴다. 구리판은 정령들이 주고받는 포틀래치에서 사용된다(*Tsim. Myth.*, p. 285; *Tlingit T. M.*, p. 51). 구리판은 "그들을 기쁘게 한다." 비교를 위해서는 Boas, *Tsim. Myth.*, p. 846 참조, v. plus haut p. 56. 본문 46~47쪽 참조.

253 네카펜켐(Neqapenkem, 10쿠데[coudée, 팔꿈치에서 손가락 끝까지의 길이를 가리키는 단위로 약 50cm에 해당한다—옮긴이] 길이의 얼굴)의 노래를 보라. "나는 구리판 조각이며, 부족장들은 부서진 구리판이다"(Boas, *Sec. Soc.*, p. 482; 원문 및 축자적 번역은 p. 667 참조).

254 단달라유(Dandalayu)라는 구리판은 "집에서 투덜거리면서" 주어지길 기다린다 (Boas, *Sec. Soc.*, p. 622의 연설). 막스토슬렘(Maxtoslem)이라는 구리판은 "아무도 자기를 부수지 않는다고 불평했다." 보상으로 지불된 담요들은 "그[구리판]를 따뜻하게 해 준다"(Boas, *Sec. Soc.*, p. 572). 막스토슬렘은 "쳐다보는 다른 구리판들을 부끄럽게 만드는 자"라는 칭호를 가지고 있다. 다른 구리판은 포틀래치에 참여하고 "수치스러워 한다"(*Ethn. Kwa.*, p. 882, l. 32).

"그의 재산이 소음을 내는 자"라는 칭호를 지닌 하이다족 수장 소유의 구리판은 부서진 뒤 이렇게 노래한다(마셋, *Haïda Texts, Jesup*, VI, p. 689). "나는 여기서 썩어갈 것이다. 나는 이미 많은 이들을 끌어들였다"(포틀래치를 통해 죽음으로 끌어들였다는 의미).

255 증여자와 수증자가 담요 더미 아래 파묻히거나 그 위를 걷는 의례는 동일한 의미를 지닌다. 한 경우에는 당사자가 자기의 부보다 우월하며, 다른 경우에는 열등하다.

256 **일반적 고찰.** 우리는 북서아메리카에서 재화들이 왜 그리고 어떻게 이전되는지, 어떤 의례들을 거쳐 어떤 식으로 소비되고 파괴되는지에 대해 꽤 잘 알고 있다. 그러나 구리판을 비롯한 물건의 양도 자체가 실제로 어떤 형식을 따라 이뤄지는지에 대해서는 조사가 더 필요하다. 현재 가지고 있는 약간의 지식은 무척이나 흥미로운 것으로, 소유물과 소유자 사이의 유대를 확실하게 보여준다. 콰키우틀족은 구리판의 양도에 해당하는 행위를 놓고 어떤 이의 "이름의 그림자 아래 구리판을 두는 것"이라고 말하며, 구리판의 획득은 새 소유자에게 "무게를 더하는" 것으로 표현한다(Boas, *Sec. Soc.*, p. 349). 하이다족은 땅을 구입한다는 것을 알리기 위해 구리판을 들어 올리며(*Haïda T. M.*, p. 86), 로마법에서 그러하듯 구리판을 타악기처럼 사용하기도 한다. 구리판으로 그것을 받을 사람을 때리는 의례는 스키디깃 지역의 구전에서 확인된다(*ibid.*, p. 432). 구리판과 접촉한 물건들은 죽임을 당해 구리판에 부속된다. 이것은 '평화'와 '증여'의 의례이기도 하다.

적어도 콰키우틀족의 한 신화는 에스키모에게서 볼 수 있는 양도 의례의 흔적을 보존하고 있다(Boas, *Sec. Soc.*, pp. 383~385; cf. p. 677, l. 10). 신화의 영웅은 자기가 주는 모든 것을 깨문다. 한 하이다족 신화는 자기가 주는 것들을 "핥는" 생쥐 여인을 묘사한다(*Haïda Texts, Jesup*, VI, p. 191).

257 상징적인 카누를 파괴하는 결혼식 의례에서 사람들은 이렇게 노래한다.

"내 가서 스티븐스산(Stevens)을 산산조각 내리라. 그 돌로 내 불을 지피리라.

내 가서 카차이산(Qatsaï)을 산산조각 내리라. 그 돌로 내 불을 지피리라.

재물이 위대한 수장들로부터 그에게로 굴러오고 있다.

재물이 사방에서 그에게로 굴러오고 있다.

위대한 수장들 모두가 그에게 보호를 구하러 간다."

258 적어도 콰키우틀족에서 이 모두는 대개 동일한 것이기도 하다. 어떤 귀족들은 그들의 포틀래치와 동일시되며, 유력한 수장의 주요 칭호인 막스와(Maxwa)는 그저 "큰 포틀래치"를 뜻한다(*Ethn. Kwa.*, pp. 972, 976, 805). 해당 씨족이 보유한 "포틀래치를 주는 자" 등의 이름도 참조하라. 콰키우틀계 자와다에노쿠족의 주요 칭호 가운데 하나는 '포라스(Polas)'다. 2장 주석 209 참조. 포라스의 계보에 대해서는 *Kwa.*, Vol. III, p. 43 참조. 헤일축족의 주요 수장은 '코미노카' 정령('부자 여인')과 관계가 있으며 "부를 만드는 자"라는 이름을 갖고 있다(*ibid.*, pp. 427, 424). 카크체노쿠족(Qaqtsenoqu)의 '왕자'들은 "몸 위의 재산", "큰 재산", "재산을 가진 자", "재산의 처소" 등 전적으로 '재산'을 칭하는('*yaq*'를 포함하고 있는) 씨족명을 '여름 이름'으로 보유하고 있다(*ibid.*, p. 191; cf. p. 187, l. 14). 다른 콰키우틀계 부족인 나코아토크족은 각각 포틀래치와 재산을 뜻하는 '막스와'와 '약슬렘(Yaxlem)'을 수장의 칭호로 사용한다. 이 이름은 '돌의 몸'의 신화에 등장하는데(하이다족 재산 여신의 아들인 '돌 갈비뼈' 참조), 정령은 그에게 "너의 이름은 약슬렘이 될 것이다"라고 말한다(*Kwa.*, Vol. III, p. 215, l. 39).

이와 유사하게 하이다족의 한 수장은 "구입할 수 없는 자"(경쟁자가 구입할 수 없는 구리판)라는 이름을 가지고 있다(Swanton, *Haïda*, p. 294, XVI, I). 그의 또 다른 이름은 "뒤섞인 전부"인데, 이는 '포틀래치 회합'을 가리킨다(*ibid.*, no. 4). 앞서 언급한 "집안의 재산"이라는 칭호도 참조하라.

제3장_ 고대의 법과 경제에 남아 있는 교환—증여의 원리

1 우리는 이러한 사실들이 다른 곳에도 퍼져 있다는 것을 알고 있다(4장 주석 38 참조). 연구는 단지 잠정적으로 여기서 멈춘다.

2 앙투안 메이예(Antoine Meillet, 1866~1936. 인도유럽어족 비교언어학 분야에 크게 기여한 프랑스 언어학자-옮긴이)와 앙리 레비브륄(Henri Lévy-Bruhl, 1884~1964.

로마법 연구에 깊이 천착한 프랑스 법사회학자-옮긴이), 그리고 얼마 전 세상을 떠난 폴루이 위블랭이 이어질 논의에 대한 귀중한 조언을 해 주었다.

3 가설적으로 재구성된 12표법(기원전 5세기 중반에 제정된 고대 로마 최초의 성문법-옮긴이)과 명문(銘文)으로 남아 있는 약간의 법 조항들을 제외하면, 로마법의 초기 4세기에 관해서는 매우 빈약만 자료만이 존재한다. 그러나 우리는 랑베르(Édouard Lambert)가 『12표법 전승사(L'Histoire traditionnelle des Douze Tables)』(Mélanges Appleton)에서 그랬던 것처럼 과도하게 비판적인 입장을 취하지는 않을 것이다. 물론 로마법 학자들이 제시한 이론의 상당 부분과 심지어 로마 '고대학자'들의 이론마저도 가설로 취급되어야 한다는 점은 인정해야 한다. 우리는 기존 목록에 또 하나의 가설을 덧붙이고자 한다.

4 게르만법에 관해서는 이어질 논의를 보라.

5 넥숨에 대해서는 위블랭의 "*Nexum*," in *Dictionnaire des Antiquités*와 "Magie et droit individuel," *L'Année sociologique*, X 참조. 다음에 나오는 분석과 논의도 참조하라. *L'Année sociologique*, VII, p. 472 sq.; IX, p. 412 sq., p. 442 sq.; XII, p. 482 sq. Cf. Davy, *La foi jurée*, p. 135. 로마법 학자들의 이론과 참고문헌은 지라르(Paul Girard)의 *Manuel élémentaire de droit romain*, 7th edtion, p. 354 참조.

위블랭과 지라르의 이론은 모든 면에서 진실에 아주 근접한 듯하다. 위블랭의 이론에 대해서는 딱 하나의 보완과 이의만을 제기하고자 한다. 우리가 생각하기로는 "모욕 조항"("Magie et droit individuel," p. 28; cf. *Injuria, Mélanges Appleton*)은 그저 주술적인 것만이 아니다. 그것은 포틀래치와 관련된 옛 권리의 명확한 사례이자 흔적이다. 한쪽이 채무자이고 다른 한쪽이 채권자라는 사실은 우위에 있는 이로 하여금 신세를 진 상대방을 모욕할 수 있도록 해 준다. 이로부터 『사회학 연보』 본호가 주목한 수족[Sioux] 계열 위네바고족(Winnebago)의 농담 관계(joking relationships)를 비롯한 일련의 관계가 생겨난다.

6 Huvelin, "Magie et droit individuel," *L'Année sociologique*, X.

7 본문 132~134쪽 참조. 바디아티오(*wadiatio*, 담보 제공-옮긴이)에 대해서는 Davy, *L'Année sociologique*, XII, pp. 522~523 참조.

8 스팁스라는 단어에 대한 이러한 해석은 이시도루스 히스팔렌시스(Vol. V, pp. 24, 30)에 근거한다. Huvelin, "Stips, stipulation…," *Mélanges Fadd*a, 1906 참조. 지라르(*Manuel*, p. 507, n. 4)는 사비니(Friedrich Carl von Savigny)를 뒤따라 바로(Varron)와 페스투스(Festus)의 텍스트를 순전히 비유적인 이 해석에 반하는 것으로 제시한다. 하지만 페스투스는 불행히도 일부가 소실된 문장에서 '*stipulus*[단단한]', '*firmus*[견고한]'이라고 말한 뒤 "(…?) *defixus*[박힌]"이라고 언급하는데, 아마도 이는 땅에 박힌 막대를 말하고자 함일 것이다(땅을 팔 때 막대를 던지는 행위는 함무라비 시대 바빌로니

아의 계약 풍습이다. Cf. Cuq, "Études sur les contrats…," *Nouvelle revue historique du droit*, 1910, p. 467).

9 Huvelin, "Magie et droit individuel," p. 33.

10 우리는 로마법 학자들의 논쟁에 끼어들지 않을 것이다. 다만 넥숨에 대한 위블랭과 지라르의 관찰에 몇 가지 사항을 덧붙이고자 한다. ① 넥숨이라는 말은 *nectere*[묶다, 연결하다]에서 유래한 것인데, 이 단어와 관련해 페스투스(ad verb.; cf. s.v. *obnectere*)는 폰티펙스 사제단[고대 로마의 국가 사제단]의 희귀 문서 중 하나인 *Napuras stramentis nectito*를 보존해 전한다. 이는 분명 새끼줄 매듭으로 표시되는 소유물에 대한 금기를 암시한다. 즉 인도되는 물건은 그 자체로 표시되고 묶여 있으며, [이전 소유자와의] 이러한 연결을 간직한 채로 악키피엔스(*accipiens*, 수령자-옮긴이)에게 도달한다. 따라서 물건은 수령자를 묶을 수 있다. ② 이렇게 수령자는 넥수스(*nexus*, 묶인 자-옮긴이)가 되지만, 넥숨을 공식화하는 관례적 문구에서는 그의 상태가 *emptus*로 가정된다. 보통 '구매된'으로 번역되는 이 단어는 실제로는 *acceptus*[수락된]를 뜻한다(뒤의 논의를 보라). 물건을 받은 개인은 '구매된' 것 이상으로 대여에 의해 '받아들여진' 자다. 이는 그가 물건을 받을 뿐만 아니라 추가로 구리 주괴를 대여 받기 때문이다. 이러한 넥숨의 과정이 담나티오(*damnatio*, 유책 판결-옮긴이)와 만키파티오(*mancipatio*, 로마법에 규정된 재산 양도의 의례적 절차-옮긴이) 등을 포함하는지는 논쟁거리가 되어 왔다(Girard, *Manuel*, p. 503). 논쟁의 어느 한 편에 서는 대신, 우리 눈에는 이 용어들이 비교적 동의어로 보인다는 점을 언급해 둔다. *nexo mancipioque*[넥숨과 만키파티오에 의해]라는 표현과 *emit mancipioque accepit*[사고 만키파티오를 통해 받았다]라는 명문(노예 판매) 참조. 누군가로부터 무언가를 수령했다는 사실만으로 당신은 그에게 의무를 지게 되므로, 이러한 동의관계—*damnatus, emptus, nexus*[유책 판결을 받고, 구매되고(받아들여지고), 구속된]—보다 더 간단한 것은 없다. ③ 로마법 학자들만이 아니라 심지어 위블랭도 넥숨의 법적 절차에 속하는 세부사항 중 하나에 충분히 주목하지 않은 것 같다. 페스투스(ad verb. *nexum*)가 논의한 아에스 넥숨(*æs nexum*), 즉 넥숨이 형성될 때 트라덴스(*tradens*, 양도자)가 악키피엔스에게 주는 청동 주괴의 향방이 그것이다. 우리는 악키피엔스가 구속에서 해방되기 위해서는 약한 서비스를 완수하거나 재화 또는 금액을 전달하는 것 외에도, 동일한 아에스를 동일한 증인이 참석한 상태에서 동일한 저울로 측정해 대여자·판매자에게 돌려줘야 한다고 믿는다. 그런 다음 그는 아에스를 다시 구매해 수령한다. 이러한 넥숨의 해제(*solutio*) 의례는 가이우스(Gaius, III, p. 174)가 빈틈없이 기술하고 있다(해당 텍스트는 상당히 재구성된 것으로, 우리는 지라르가 수용한 해석[cf. *Manuel*, p. 501, n.; cf. *ibid.*, p. 751]을 채택한다). 즉시 대금이 지불되는 판매에서는 이 두 행위가 동시에 또는 매우 짧은 간격을 두고 이뤄지며, 그 결과 신용판매나 공식적인 절차를 따라 이뤄지는 대여의 경우에 비해 이중의 상징

이 덜 분명하게 가시화된다. 여기에 즉시 대금이 지불되는 판매에서도 여전히 나타나는 이중 작용이 간과된 이유가 있다[본문 115쪽 참조]. 우리의 해석이 정확하다면, 계약의 의례적 형식에서 기인하는 넥숨과 물건으로부터 비롯되는 넥숨 외에도, 계약 당사자들이 번갈아 주고받고 따라서 번갈아 묶이는 주괴, 같은 저울로 무게가 측정되는 (*hanc tibi libram primam pastremamque*) 주괴로부터 비롯되는 넥숨이 존재한다. ④ 사람들이 아직 청동 주화를 사용하지 않았고 방금 이야기한 청동 주괴도 없던 시기, 뿐만 아니라 소를 나타내는 주조된 구리 조각도 없던 시기의 로마 계약을 상상해 보자(가축을 표현한 최초의 로마 화폐는 씨족들[gentes]에 의해 주조되었는데, 이는 분명 해당 씨족의 가축에 대한 담보 증표로 사용되었을 것이다). 사람들은 아마 실제 가축이나 가축을 상징하는 다른 무엇으로 값을 치렀을 것이며, 이러한 가축-가격(betail-prix) 또는 그 상징물의 인도는 계약자들(특히 판매자와 구매자)을 가깝게 만들었을 것이다. 가축을 판매·양도하는 경우와 마찬가지로, 구매자 혹은 최종 소유자는 적어도 한동안 (치명적 결함 등이 발견될 수 있으므로) 판매자 혹은 이전 소유자와 관계를 유지한다(뒤에서 언급할 힌두법과 민간전승 사례 참조).

11 Varron, *De re rustica*, II, p. 1, 15.

12 파밀리아에 대해서는 *Dig.*, L, XVI, *de verb. sign.*, no. 195, §1. "*Familiae appellatio etc. et in res, et in personam diducitur, etc.*[파밀리아라는 명칭은 물건과 사람을 모두 포함한다]"(Ulpien) 참조. Cf. Isidore de Séville, Vol. XV, 9, 5. 매우 늦은 시기까지 로마법은 유산 분할을 "*familiae ersiscundae*[파밀리아의 분할]"라고 칭했다(*Dig.*, XI, II.). [이 표현에서 파밀리아가 레스를 가리킨다면] 역으로 레스는 파밀리아와 같다. 12표법, V, 3, "*super pecunia tutelave suae rei*[자신의 페쿠니아와 그 보호에 관하여]." Cf. Girard, *Texte de droit romain*, p. 869, n.; *Manuel*, p. 322; Cuq, *Institutions*, I, p. 37. 가이우스(Gaius, II, p. 224)는 이 텍스트를 "*super familia pecuniaque*[파밀리아와 페쿠니아에 관하여]"라고 쓰면서 되풀이한다. 유스티니아누스 법전(VI, XXX, 5)에서도 파밀리아는 레스 및 수브스탄티아(*substantia*, 재산─옮긴이)와 같다. Cf. "*familia rustica et urbana*[농촌의 파밀리아와 도시의 파밀리아]," *Dig.*, L, XVI, *de verb. sign.*, no. 166.

13 Cicero, *De Orat.*, 56; *Pro Caecina*, VII. Térence: "*Decem dierum vix mihi est familia*[나에게는 겨우 열흘 치의 파밀리아밖에 없다]."

14 Walde, *Lateinisches etymologisches Wörterbuch*, p. 70. 저자는 자신이 제안한 어원에 대해 주저하고 있지만, 전혀 그럴 필요가 없다. 더구나 가장 중요한 레스, 파밀리아의 최고 만키피움(*mancipium*, 재산─옮긴이)은 노예였으며, 노예의 다른 이름인 파물루스(*famulus*)는 파밀리아와 어원이 같다(*ibid.*).

15 파밀리아와 페쿠니아의 구분은 신성한 법(*sacratae leges*, cf. Festus, ad verb)을 비롯한 많은 원전에서 확인된다. Girard, *Textes*, p. 841, no. 2; *Manuel*, pp. 274, 263, no. 3 참

조. 명명법이 언제나 일관되게 적용되지 않았다는 것은 확실하지만, 지라르의 생각과는 달리 우리는 먼 과거에는 구분이 아주 명확했으리라고 생각한다. 같은 구분이 오스크어[기원전 1세기경 사멸한 이탈리아 남부의 고어] 표현 *famelo in eituo*[가산과 돈]에서도 확인된다(*Lex Bantia*, l. 13).

16 로마법에서 레스 만키피와 레스 넥 만키피의 구분은 서기 532년 로마 시민의 특권을 규정한 법이 공식적으로 폐지될 때 비로소 사라졌다.

17 만키파티오에 관해서는 뒤의 논의를 보라. 만키파아티오가 상당히 후대까지 요구되었거나 최소한 적법한 것으로 남았다는 사실은 파밀리아를 레스 만키피에서 제외하는 것이 얼마나 어려웠는지를 증명한다.

18 Walde, *Lateinisches etymologisches Wörterbuch*, p. 650, ad verb. 재산, 귀중품, 탈리스만을 뜻하는 *rayih* 참조. 같은 의미의 아베스타어[조로아스터교 경전인 아베스타 작성에 사용된 고대 페르시아의 언어] *rae, rayyi* 참조. '자비로운 선물'을 뜻하는 아일랜드고어 *rath* 참조.

19 오스크어에서 '레스'를 가리키는 단어는 *egmo*다(cf. *Lex Bantia*, l. 6, 11, etc.). 발데는 이를 '부족한 것'을 뜻하는 *egere*와 연결 짓는다. 이탈리아 고대 언어에서는 상반되는 두 단어, 즉 다른 사람에게 줘서 기쁘게 하는 물건인 레스와 부족하기에 기대하는 물건인 *egmo*가 짝을 이루고 있었을 가능성이 상당하다.

20 뒤의 논의를 보라.

21 Huvelin, *Furtum* (*Mélanges Girard*), pp. 159~175; *Études sur le furtum*, 1. *Les sources*, p. 272.

22 아주 오래된 법인 렉스 아티니아(*lex Atinia*)의 "*Quod subruptum erit ejus rei æterna auctoritas esto*"라는 문구에 나오는 표현으로, 아울루스 젤리우스(Aulu-Gelle, XVII, 7)가 보존해 전한다[문구의 내용은 도난당한 물건에 대해 그 원소유자가 영원한 권위를 유지한다는 것으로, 모스가 제안하는 '물건에 내재하는 힘'이라는 관념과는 일정한 거리가 있다]. Cf. 울피아누스의 발췌문(Ulpien, III, pp. 4, 6); Huvelin, "Magie et droit individuel," p. 19.

23 뒤의 논의를 보라. 하이다족에서는 도둑맞은 사람이 도둑의 집 문 앞에 접시를 놓아두기만 하면 대개 물건이 되돌아온다.

24 Girard, *Manuel*, p. 265. Cf. *Dig.*, XIX, IV, *De permut.*, 1, 2: "*permutatio autem ex re tradita initium obligationi praebet*[그러나 페르무타티오(물물교환)는 물건이 인도될 때 채무 관계의 시작을 제공한다]".

25 Mod. *Regul.*, in *Dig.*, XLIV, VII, *de Obl. et act.*, 52: "*re obligamur cum res ipsa intercedit*[물건 자체가 개입할 때 우리는 그 물건에 의해 의무를 지게 된다.]".

26 *Justinian*(서기 532년), *Code* VIII, LVI, 10.

주석

27 Girard, *Manuel*, p. 308.

28 Paul, *Dig.*, XLI, I, 31, 1.

29 *Code*, II, III, *De pactis*, 20.

30 '죄인', '책임이 있는 자'라는 레우스의 의미에 대해서는 Mommsen, *Römisches Strafrecht*, 3rd edition, p. 189 참조. 고전적 해석은 일종의 역사적 예단에서 비롯된 것으로, 대인관계에 관한 공법, 특히 형법을 원시적 법으로 놓고 대물관계에 대한 법과 계약은 근대적이고 세련된 현상으로 간주한다. 그러나 훨씬 더 간단한 방법은 계약 자체로부터 계약에 관한 법들을 도출하는 것이다.

31 레우스는 법률만이 아니라 종교적 언어에도 속한다(Wissowa, *Religion und Kultus der Römer*, p. 320, no. 3, 4 참조): *voti reus*[서약 이행의 책임이 있는 자], *Énéide*, V, 237, *reus qui volo se numinibus obligat*[서약으로 스스로를 신들에게 묶은 당사자], Servius, *Ad. Æn.*, IV, 699. 레우스와 *voti damnatus*[서약의 수인(囚人)]가 같은 뜻이라는 점은 시사하는 바가 크다. '담나투스=넥수스[유책 판결을 받은 자=구속된 자]'이며, 무언가를 맹세한 사람은 물건을 약속하거나 받은 사람과 똑같은 위치에 서 있다. 맹세한 것을 이행할 때까지 그는 담나투스다.

32 *Indogermanische Forschungen*, XIV, p. 131.

33 Walde, *Lateinisches etymologisches Wörterbuch*, p. 651, ad verb. *reus*.

34 이는 아주 오래전 로마 법률가들의 해석이기도 하다. Cf. Cicero, *De Or.*, II, 183, *Rei omnes quorum de re disceptatur*[논쟁의 대상과 관련된 모든 사물들]. 그들은 레스가 사건을 뜻한다는 것을 항상 염두에 두고 있었다. 이 해석은 레우스가 단지 피고만이 아니라 전체 사건의 두 당사자, 즉 후대의 소송법이 규정하는 바 원고(*actor*)와 피고(*reus*) 모두를 가리켰던 12표법(II, 2) 시대의 기억을 간직하고 있다는 점에서 흥미롭다. 페스투스는 12표법을 주해하면서(ad verb. *reus*; cf. "*pro utroque ponitur*[양측 앞에 놓여 있다]"라는 문구) 이에 관한 초기 로마 법학자 두 명의 진술을 인용한다. Cf. Ulpien in *Dig.*, II, XI, 2, 3, *alteruter ex litigatoribus*[소송 당사자 둘 중 한 사람]. 양쪽은 소송에 의해 똑같이 묶여 있으며, 그 이전에는 물건에 의해 똑같이 묶여 있었을 것이다.

35 '물건에 대해 책임을 지는 자', '물건에 의해 책임을 지게 된 자'라는 레우스 개념은 페스투스(ad verb.)가 인용하는 아주 오래된 로마 법률가들에게도 친숙한 것이다. "*reus stipulando est idem qui stipulator dicitur, ... reus promittendo qui suo nomine alteri qui promise*[약속을 요구하는 당사자(*reus stipulando*)는 약속 요구자라고 불리며, 약속의 당사자(*reus promittendo*)는 자기 이름을 걸고 타인에게 약속하는 사람이다]" 등의 문구 참조. 페스투스는 이러한 말의 의미가 연대책임(corrélarité)이라고 불리는 보증 제도와 관련해 변화를 겪었다는 사실을 언급하고 있지만, 옛 저자들이 말하고자 했던 바는 이와 다른 것이었다. 더구나 연대책임(Ulpien, *Dig.*, XIV, VI, 7 및 *Dig.*, XLV, II의 제

목 *de duo reis const.*[지정된 두 책임 있는 사람에 관하여])도 개인을 물건(이 경우에는 사건)에 구속시키는 해소 불가능한 유대라는 의미를 유지했으며, 이를 통해 "그의 친구와 친척들", 즉 연대책임자들 또한 함께 구속했다.

36 렉스 반티나(*Lex Bantina*, 19행)에서 오스크어 *ministreis*는 소송에서 패소한 쪽을 가리키는 *minoris partis*를 뜻한다. 이는 라틴어 단어의 본래 의미가 이탈리아 방언들에서 상실되지 않았음을 보여준다.

37 로마법 학자들은 만키파티오와 엠프티오 벤디티오(*emptio venditio*[구매-판매])의 구분을 너무 이른 시기로 소급하는 경향이 있다. 순전히 합의에 기초한 판매 계약은 12표법 시대는 물론 어쩌면 훨씬 후대에도 존재하지 않았을 것 같다. 이런 형태의 계약은 퀸투스 무키우스 스카이볼라(Q. M. Scævola, 기원전 2세기 말에서 1세기 초 사이에 활동한 로마의 법학자 · 정치가—옮긴이)의 시대에 들어서야 비로소 출현했을 가능성이 크다. 12표법은 베눔 두잇(*venum duuit*)이라는 용어로 틀림없이 만키파티오에 의해서만 가능했을 가장 엄숙한 형태의 판매(아들의 판매)를 지칭한다(XII T., IV, 2). 또 이 시기에는 적어도 레스 만키피[토지, 노예, 가축 등]의 경우 판매 계약은 전적으로 만키파티오에 의해 이뤄졌으므로, 만키파티오와 엠프티오 벤디티오는 동의어였다. 후대의 로마인들도 이러한 혼동의 기억을 간직하고 있다. 예를 들어 폼포니우스(Pomponius, *Dig.*, XL, VII, *de statuliberis*)는 "*quoniam* Lex XII, T., *emptiomnis verbo omnem alienationem complexa videatur*[12표법은 엠프티오라는 단어로 모든 소유권 이전을 포괄하는 것으로 보인다]"라고 언급한다. 역으로 법률소송(*Legis actio.* 기원전 5세기경부터 기원전 2세기 사이 사용되던 소송 절차로 엄격한 요식성을 특징으로 한다—옮긴이) 시대 이전까지만 해도 만키파티오라는 단어는 피두키아(*fiducia*, 신탁[信託]—옮긴이)처럼 순전히 합의에 기초한 행위를 가리켰다(그 결과 만키파티오와 피두키아가 혼동되기도 했다). Girard, *Manuel*, p. 545의 문서 참조: cf. p. 299. 심지어 만키파티오, 만키피움, 넥숨도 아주 오래전에는 크게 구별 없이 사용되었던 것이 분명하다.

이러한 관계를 염두에 두되, 아래에서는 울피아누스(Ulpien, XIX, 3; cf. Girard, *Manuel*, p. 303)가 보존해 전하는 "*mancipatio... propria alienatio rerum mancipi*[레스 만키피에 고유한 소유권 이전 방식인 만키파티오]"라는 원칙에 의거해 파밀리아의 일부를 이루는 레스의 만키파티오만을 고려할 것이다.

38 바로[기원전 116~27]에게 있어 엠프티오는 만키파티오를 포괄한다(Varron, *De re rustica*, II, 1, 15; II, 2, 5; II, V, 11; II, 10, 4).

39 노예가 스스로를 되사는 형식으로 이뤄지는 마누미시오(*manumissio*), 즉 노예 해방의 절차와 유사한 것이 이러한 인도에 수반되었으리라고 상상해 볼 수 있다. 만키파티오의 두 당사자가 어떤 제스처를 취했는지에 대해서는 알려진 것이 많지 않지만, 마누미시오의 절차(Festus, s.v. *puri*)가 기본적으로 가축의 엠프티오 벤디티오 방식과 동일

하다는 점은 주목할 만하다. 아마도 트라덴스는 넘겨줄 물건을 손에 든 상태에서 손바닥으로 그것을 쳤을 것이다. 이는 멜라네시아 뱅크스 제도의 부스 라베(*vus rave*), 즉 돼지 때리기나 유럽 장터에서 판매된 가축의 엉덩이를 때리는 관행과 비교될 수 있다. 하지만 이러한 가설은 가이우스의 저술을 비롯한 기존 문서들의 공백이 아니었다면 감히 제기되지 않았을 종류의 것이다. 언젠가는 다른 수고들이 발견되어 이 공백을 메울 것이다.

문장이 새겨진 구리판을 '두드리는' 하이다족의 의식(2장 주석 256 참조)과 상술한 방식 사이의 유사성도 지적해 둔다.

40 넥숨에 관한 앞의 논의를 보라.

41 Cuq, *Institutions juridiques des Romains*, Vol. II, p. 454.

42 앞의 논의를 보라. 문답계약(*stipulatio*)에서 두 당사자가 막대기를 교환하는 것은 고대의 담보에 해당할 뿐만 아니라 고대의 추가적 증여에도 해당한다.

43 Festus, *ad manumissio*.

44 Varron, *De re rustica*, 2, 1, 15; 2, 5; 2, 5, 11: *sanos*, *noxis solutos*[건강하고 죄와 무관한], etc.

45 또한 *mutui datio*['소비대차를 제공하는 행위'를 뜻한다] 등의 표현에도 주목하라. 사실 로마인들에게는 *dare*, '주다' 외에 인도(*traditio*)를 구성하는 일체의 행위들을 가리킬 다른 단어가 없었다.

46 Walde, *Lateinisches etymologisches Wörterbuch*, p. 253.

47 이 유형의 단어들에 대해서는 Ernout, *Credo-Çraddhâ*[믿음 · 신뢰를 뜻하는 라틴어-산스크리트어], *Mélanges Sylvain Lévi*, 1911 참조. 이는 레스(*res*)를 비롯한 많은 단어처럼 이탈리아켈트어파와 인도이란어파의 법률 용어가 일치하는 사례 가운데 하나다. 이 모든 단어의 태곳적 형태인 *tradere*[넘겨주다, 전달하다], *reddere*[돌려주다, 갚다]에 주목하라.

48 Walde, *ibid.*, *s.v. vendere*.

아주 오래된 용어인 *licitatio*[경매, 입찰]가 전쟁과 (입찰을 통한) 판매의 동등성을 기억하고 있을 가능성도 있다. 페스투스(ad verb. *Licitati*)도 여전히 "*Licitati in mercando sive pugnando contendentes*"[경매 또는 전투에서 서로 겨루는 자들]라고 말한다. 이는 클링깃족과 콰키우틀족이 경매와 포틀래치를 가리킬 때 쓰는 "재산 전쟁"이라는 표현과 비교될 수 있다. 2장 주석 147 참조.

49 우리는 그리스법, 정확하게는 이오니아인과 도리아인의 대규모 법전 편찬 이전에 존재했던 법의 잔존물에 대해 충분히 연구하지 못했으며, 따라서 여러 그리스 민족들이 증여의 규칙을 실제로 알고 있었는지 확인할 수 없다. 증여, 결혼, 담보(Gernet, "Ἐγγύαι," *Revue des études grecques*, 1917; cf. Vinogradoff, *Outlines of the History of*

Jurisprudence, Vol. II, p. 235), 환대, 이해관계와 계약 등 다양한 문제에 대한 문헌 전체를 다시 검토해야겠지만, 아마 그래봤자 단편적 정보밖에 얻지 못할 것이다. 그러한 것 가운데 하나로 통이 큰 시민의 공적 · 사적 지출과 의무 · 책임 문제를 다룬 『니코마코스 윤리학』의 대목이 있다(1123a). 외국 손님의 접대, 사절단, 증여와 보답(χαὶ δωρεὰς χαὶ ἀντιδωρεὰς), 공동체를 위한(εἰς τὰ χοινά) 지출 등에 대해 말한 뒤 아리스토텔레스는 다음과 같이 덧붙인다. "증여는 감사의 봉헌과 유사한 면이 있다." 2장 주석 152 참조.

인도유럽계 민족의 살아있는 법 가운데는 알바니아법과 오세티야법에서 이런 유의 제도가 나타난다. 여기서는 결혼식 · 장례식 등과 관련된 과도한 낭비를 금지하거나 제한하는 법률 · 법령이 아직도 존재한다는 사실(ex. Kovalewski, *Coutume contemporaine et loi ancienne*, p. 187, n.)만 언급해 둔다.

50 거의 모든 계약 양식이 기원전 5세기 이집트 필라이섬의 유대인들이 남긴 아람어 파피루스 문서들을 통해 확인된다. Cowley, *Aramaic Papyri*, Oxford, 1923 참조. 바빌로니아의 계약에 관한 운그나트(Arthur Ungnad)의 연구도 알려져 있다. Huvelin, *L'Année sociologique*, XII, p. 508; Cuq, "Études sur les contrats de l'époque de la 1re Dynastie babylonienne," *Nouvelle revue historique du droit*, 1910 참조.

51 고대 힌두법은 다른 경전들에 비해 상당히 늦게 작성된 두 계열의 글 모음집을 통해 알려져 있다. 그중 더 오래된 것은 『다르마수트라(*Dharmasūtra*)』로, 뷜러(Georg Bühler)는 그 연대를 불교 성립 이전으로 추정한다(*Sacred Laws, Sacred Books of the East*, Intr.). 하지만 이 수트라들 중 일부나 아니면 그것이 토대하고 있는 전통이 불교 이후의 것일 가능성도 없지 않다. 아무튼 이 글들은 힌두인들이 슈루티(Śruti), 즉 천계서라고 부른 것의 일부다. 스므리티(smṛti) 또는 전승서 계열의 다른 글들은 『다르마샤스트라(*Dharmaśāstra*)』를 이루는데, 그 가운데 가장 중요하고 유명한 것이 바로 『마누 법전』이다. 그 작성 시기는 수트라보다 약간 늦다.

하지만 우리는 이 경전들 대신 브라만 전통에서 스므리티와 샤스트라(śāstra), 즉 전승서와 교육서의 가치를 지니는 긴 서사시 자료들을 주로 활용할 것이다. 서사시집 『마하바라타(*Mahābhārata*)』의 제13권인 『아누샤사나파르바(*Anuśāsanaparva*)』는 법전들보다 증여의 도덕에 관해 훨씬 더 명확하게 설명하고 있다. 동시에 그것은 법전들과 동등한 가치를 지니고 동일한 영감을 담고 있다. 특히 『마누법전』의 근간을 이루는 마나바(Manava) 브라만 학파의 전승이 『아누샤사나파르바』 작성의 기초를 이루고 있는 것으로 보인다(Bühler, *The Laws of Manu, Sacred Books of the East*, p. LXX 이하 참조). 『마누법전』과 『아누샤사나파르바』가 서로를 인용하고 있다고 해도 과언이 아닐 정도다.

어쨌든 『아누샤사나파르바』는 말할 수 없이 큰 가치를 지닌다. 책의 삼분의 이에 상당하는 40개의 이상의 '교훈적 이야기'가 증여에 관한 장대한 서사시, 주석가가 다나다르마카타남(dānadharmakathanam, 증여의 법에 관한 이야기-옮긴이)이라고 부른 것에 할애되어 있다. 이 책은 인도에서 아주 인기가 높다. 서사시는 화살 침대에 누워 죽음을 기다리던 위대한 선지자 비슈마(Bhishma)가 다르마(법)의 화신인 유디스티라(Yudhiṣṭhira) 대왕에게 비극적으로 낭송한 이야기를 전한다.

이하에서는 『아누샤사나파르바』를 'Anuś.'로 줄여 인용하고, 가능하면 전체 절 번호와 장별 절 번호를 함께 표기할 것이다[모스는 『아누샤사나파르바』의 두 판본을 이용하는데, 켈커타판은 책 전체 절 번호를 제공하고 봄베이판은 장별 절 번호를 제공한다]. 필사본의 문자는 로마자 이탤릭체로 표기한다.

52   샤스트라와 서사시들의 작성 시기, 나아가 거기에 나타나는 규칙들의 성립 시기가 불교와의 투쟁 이후임을 시사하는 단서들이 있다. 최소한 불교에 대한 암시로 가득한 『아누샤사나파르바』의 경우 이는 확실하다(특히 120장 참조). 그 최종 편찬이 더 후대에 이뤄졌을 수 있다는 점을 감안할 때, 혹자는 증여의 이론에 관한 부분(114장 10절)을 읽으며 기독교에 대한 암시를 발견할 수 있을지도 모른다. 브야사(Vyāsa, 『마하바라타』의 편찬자로 간주되는 고대 인도의 현자-옮긴이)는 다음과 같이 첨언한다. "이것이 법의 미묘한(nipunena, 켈커타판; naipunena, 봄베이판) 가르침이다." "자신에게 반하는 것을 남에게 행하지 말라. 여기에 다르마(법)의 요체가 있다"(5673절). 그러나 수많은 경구와 격언을 만든 브라만이 이러한 표현 역시 스스로 만들어냈을 가능성도 있다. 사실 위 진술 바로 앞 절(5672절=9절)은 극히 브라만적인 울림을 가지고 있다. "다른 누군가는 욕망에 의해 인도된다(그리고 잘못 판단한다). 거절할 때나 선물할 때, 행복할 때나 불행할 때, 기쁠 때나 슬플 때 모두 그는 자신(자신의 자아)에 비추어 (사물을) 판단한다…" 명확하고 아주 독창적인 닐칸타(Nilkantha)의 해설은 기독교적이지 않다. "어떤 사람이 다른 사람에게 행하는 방식대로 (다른 사람은 그에게 행한다). 요청한 것이 거절당했을 때의 기분을 느끼고 난 뒤… 사람들은 주어야 한다는 것을 알게 된다."

53   이는 『리그베다(Rig Veda)』가 작성된 먼 고대에 북동 인도에 도착한 아리아인이 시장, 상인, 가격, 화폐, 판매를 알지 못했다는 뜻이 아니다(Zimmern, Altindisches Leben, 257 sq.; Rig Veda, IV, 24, 9). 특히 『아타르바베다(Atharva Veda)』는 이러한 경제에 익숙하다. [『리그베다』에서 신들의 왕으로 간주되는] 인드라(Indra) 자신이 상인이기도 하다(장사하러 가는 남자가 의례에서 부르는 찬가[Hymne, III, 15, Kauśika-sūtra, VII, 1, VII, 10, 12] 참조. 하지만 같은 곳 첫 줄에 나오는 다나다[dhanada, 부를 주는 자-옮긴이]와 인드라의 별칭 바진[vājin, 말을 탄 자, 힘찬, 빠른-옮긴이]도 보라).

인도의 계약이 재화 이전의 대물적, 대인적, 형식적 측면에 있어 이 같은 기원[포틀래치]만을 가지고 있으며, 가령 준(準)범죄와 같은 다른 형태의 의무가 인도에 알려져 있지 않았다고 주장하려는 것도 아니다. 우리는 단지 이러한 법 옆에 또 다른 법과 경제, 망탈리테가 존재하고 있었음을 논증하고자 할 뿐이다.

54 원주민 부족들 사이에 여전히 존재하고 있는 씨족·마을 간의 총체적 급부가 그곳에도 있었을 것이다. 브라만이 '민중들'로부터 무언가를 받는 일, 특히 그들이 제공하는 연회에 참가하는 일에 대한 금지(*Vāsiṣṭha*, 14, 10; *Gautama*, XIII, 17; Manu, IV, 217)는 분명 이런 종류의 관습과 관련이 있을 것이다.

55 *Anuś.*, 5051절, 5045절(=104장 98절, 95절): "본질이 제거된 액체는 마시지 말라… 함께 식탁에 앉은 이(해설: 그리고 자기가 자리에 앉은 사람, 같이 먹어야만 하는 사람)에게 증여하지 않고 마시지도 말라."

56 예를 들어 삭발식·입문식을 마친 젊은이의 부모나 약혼한 남녀에게 친구들이 주는 선물인 아다남(*ādānam*)은 뒤에서 논의할 게르만족의 가벤(*gaben*)과 명칭조차 유사하다 (Oldenberg, *Gṛhya-sūtra*, *Sacred Books*, 인덱스의 관련 항목 참조).

또 다른 예로는 (음식) 선물에서 비롯되는 명예가 있다. "존경받는 자는 존경을 준다. 영예로운 자는 영예를 준다"(*Anuś.*, 122장 12~14절). "여기서도 그를 증여자라고 하고, 저기서도 그렇게 말한다. 그는 모든 곳에서 존경받는다"(*Anuś.*, 5850절).

57 어원과 어의 연구는 앞서 로마법과 관련해 얻은 결과에 비견될 만한 것을 제공할 수 있다. 가장 오래된 베다 문헌의 무수한 단어들은 라틴어 용어들보다 어원이 더 명확하며, 시장이나 판매와 관련된 단어들조차도 우리가 이에 대해 말할 때 일반적으로 떠올리는 계약의 자리를 교환, 증여, 내기가 대신하고 있는 시스템을 전제한다. 보통 '주다'로 번역되는 산스크리트어 *da*와 '받다', '취하다'는 뜻의 *ada*를 비롯한 수많은 파생어가 지닌 의미의 불확실성은 익히 지적되어 왔다(이는 인도유럽어 일반에서 나타나는 현상이다).

다른 예로 기술적 행위로서 판매를 가장 잘 나타내는 베다의 단어 둘을 살펴보자. 하나는 '가격을 받고 팔다'를 뜻하는 *parada śulkaya*고, 또 하나는 *paṇi*(상인)을 비롯한 수많은 파생어를 가진 동사 *paṇ*이다. *parada*가 *da*, '주다'를 포함하고 있다면, 라틴어 *pretium*과 동일한 기술적 의미를 가진 *śulka*는 가치와 가격만이 아니라 전투의 상, 신부대, 성적 서비스의 대가, 세금, 공물 등도 의미한다. *paṇ*은 이미 『리그베다』에서 *paṇi*(상인, 구두쇠, 탐욕스러운 자, 외국인의 이름)와 화폐 명칭인 *paṇa*(훗날의 유명한 카르샤파나[*kārshāpaṇa*, 은이나 동으로 만든 고대 인도의 주화-옮긴이])를 낳았는데, 본래 '팔다'만이 아니라 '놀이하다', '내기하다', '무언가를 위해 싸우다', '주다', '교환하다', '위험을 감수하다', '감행하다', '이기다', '걸다' 등도 의미한다. 뿐만 아니라 '존경하다', '칭찬하다', '인정하다'는 뜻의 *paṇ*을 *paṇ*과 다른 동사라고 가정할 필요도 없을 것이다. 마찬가지로 *paṇa*는 '화폐'만이 아니라 파는 물건, 보수, 내기·노름의 대상, 도박장, 심지어 손님맞이를 대신하는 여인숙도 가리킨다. 오직 포틀래치 안에서만 하나로 묶이는 관념들을 표현하는 이 어휘들은 훗날 엄밀한 의미의 판매 체계를 구상하는 데 바탕이 된 본원적 체계의 존재를 드러낸다. 그러나 어원을 통한 재구성의 시도는 여기서 멈출 것인데, 한편으로 인도의 경우 그것이 필수적이지 않기 때문이고 또 한편으로는 이 시도가 결국 우리를 인도유럽 세계 밖으로 이끌 것이기 때문이다.

58 *Mahābhārata*, *Ādi Parva*, lect. 6의 서사시 요약 참조.

59 예를 들어 *Sabha Parva*, *Mahābhārata*, book II, lect. 12의 하리쉬찬드라(Harish-chandra) 전설 참조. 다른 예는 *Virāta Parva*, lect. 72 참조.

60 우리의 주요 논증 대상인 갚을 의무의 경우, 어쩌면 『마누법전』 8장 213조를 제외하고는 힌두법에서 관련 사실을 거의 찾을 수 없었다는 점을 인정해야 한다. 오히려 가장 분명하게 표명되는 것은 보답을 금하는 규칙이다. 브라만들이 크게 발전시킨 쉬라드다(*śraddhā*) 제사, 즉 죽은 조상을 위한 제물 공양은 본래 사람들이 서로 초대하고 답례하는 기회였을 테지만, 힌두법은 이런 식으로 일을 진행하는 것을 명시적으로 금한다. *Anuś.*, 4311, 4315절=XIII, 90장 43절 이하 참조. "친구들만 쉬라드다에 초대하는 자는 천국에 갈 수 없다. 친구도 적도 초대해서는 안 되며, 어느 편도 아닌 이들만 초대해야 한다… 친구 사이인 사제에게 제공되는 보수에는 피샤차(*piśāca*, 힌두 신화의 식육하는 악마—옮긴이)의 이름이 붙는다"(4316절). 일상적 관행에 비춰볼 때 이러한 금지는 진정한 혁명을 구성하며, 그리하여 [『아누샤사나파르바』를 쓴] 법률가—시인도 이를 특정 시기, 특정 학파와 연결시킨다(*Vaikhānasa Śruti*, *ibid.*, 4323절=90장 51절). 이는 교활한 브라만들이 자기가 받은 선물에 보답할 의무를 신과 조상의 혼에게 전가한 것으로, 보통 사람들은 분명 제사에 친구들을 계속 초대했을 것이다(이는 현재 인도에서도 마찬가지다). 브라만 자신은 보답하지도 초대하지도 않았으며, 심지어는 받아들이지도 않았다. 그럼에도 그들이 만든 법전에는 우리가 제기하는 사안을 예증하기에 충분한 자료가 보존되어 있다.

61 *Vas. Dharmasūtra.*, XXIX, 1, 8, 9, 11~19=Manu, IV, 229 sq. Cf. *Anuś.*, 64~69장(파라샤라[Parāśara]의 인용 포함). 해당 부분 전체는 일종의 교독문(交讀文)을 기반으로 하는 것 같다. 그것은 반쯤 점성술적인 것으로, 이런저런 별자리가 돌아올 때 누가 무엇을 누구에게 줘야 하는지를 정해 놓은 다나칼파(*dānakalpa*, 증여의 지침—옮긴이)로 시작한다(64장).

62 *Anuś.*, 3212절(=63장 13절). 개에게 주는 것, 수드라에게 주는 것, "개를 위해 요리하는 자"(개를 요리하는 자)인 스바파카(*svapāka*, 낮은 계층이나 천민, 특히 음식과 관련된 일을 하는 사람들을 경멸적으로 부르는 말—옮긴이)에게 주는 것조차 그렇다(Cf. 63장 45절=3243절, 3248절).

63 어떻게 윤회를 거치면서 전생에 줬던 것을 되찾게 되는지에 대한 일반론은 XIII, 145장, 1~8절, 23~30절 참조. 인색한 자에 대한 제재는 같은 장 15~23절에 나온다. 특히

그는 "가난한 집에서 다시 태어난다."

64 *Anuś.*, 3135절; Cf. 3162절(=62장 33절, 90절).

65 3162절(=62장 90절).

66 사실 『마하바라타』의 이 권(卷, *parvan*)의 시가 전체는 다음 질문에 대한 답변이다. 변덕스러운 행운의 여신 쉬리(Śrī)를 어떻게 손에 넣을 것인가? 첫 번째 답은 암소들이 신의 자격으로 쉬리를 자기 안에 머물도록 해줬으며, 그래서 쉬리가 암소의 똥과 오줌 속에 살고 있다는 것이다. 그래서 암소를 증여하는 일은 행복을 보장한다(82장; 3장 주석 78 참조). 근본적으로 힌두교적인 두 번째 답은 인도의 모든 도덕 교의의 바탕이 되는 것으로, 부와 행복의 비결이 재산을 간직하는 대신 주는 데 있다고 가르친다(163장). 재산을 좇는 대신 분배하면 그대로 이번 생에 되돌아오며, 다음 생에는 동일한 선행의 형태로 되돌아온다. 자기를 버리고 오직 주기 위해서만 얻는 것, 바로 이것이 자연의 법이자 진정한 이익의 원천이다. "각자는 음식을 베풂으로써 하루하루를 풍요롭게 해야 한다"(5657절=112장 27절).

67 3136절(62장 34절)은 이 구절을 [고대 힌두 시가의 한 형식인] 가타(*gāthā*)라고 부르고 있다. 즉 그것은 [8음절 4행 혹은 16음절 2행 시가인] 쉬로카(*śloka*)가 아니며, 고대의 전통에서 유래한 것이다. 뿐만 아니라 나는 절의 전반부 *"mamevadattha, mam dattha, mamdattva mamevapsyaya"*(3137절=62장 35절)[이와나미서점에서 나온 일역본 역자에 따를 때, 이 구절은 현대의 표준 로마자 전사법을 따라 다음과 같이 표기되어야 한다. *Mām evadatta, māṃ datta, māṃ dattvā mām avāpsyatha*. 그 의미는 본문의 번역과 일치한다]가 후반부와 독립적일 가능성이 높다고 생각한다. 더구나 3132절(=62장 30절)이 미리 분리를 해놓고 있다. "암소가 팽팽한 젖통에서 젖을 떨어뜨리며 송아지에게 달려가듯, 축복받은 땅은 땅의 증여자를 향해 달려가는 법이다."

68 *Baudhāyana Dharmasūtra*, 11, 18. 이 텍스트는 분명 환대 규칙만이 아니라 음식 숭배와도 동시대적이다. 음식 숭배 자체는 베다 종교의 후기 형태와 동시대적이며, 비슈누파 전통에 통합되어 지속되었다.

69 후기 베다 시대 브라만의 희생제의. Cf. *Baudhāyana Dharmasūtra*, 11, 6, 41~42. Cf. *Taittrīya*, VIII, 2.

70 이론 전체는 마이트레야(Maitreya) 리쉬와 크리슈나 드바이파야나(Kṛṣṇa Dvaipāyana)의 화신인 브야사(Vyāsa) 사이의 유명한 대화 속에 개진되어 있다(*Anuś.*, XIII, 120~121장). 브라만교와 불교 간 투쟁의 흔적을 간직하고 있는 이 대화(특히 5802절=XIII, 120장 10절)는 역사적 의의를 지닌 것으로, 크리슈나 신앙이 승리를 거둔 시대를 암시하고 있다. 하지만 대화가 가르치는 교리는 고대 브라만 신학의 것이며, 어쩌면 아리아인의 도래 이전에 이미 인도에 존재했던 민족 도덕에 속하는 것일 수도 있다.

71 *Ibid.*, 5831절(=121장 11절).

72 *Ibid.*, 5832절(=121장 12절). 봄베이판의 *artham*[부, 목적, 의미]이 아니라 캘커타판을 따라 *annam*[음식]으로 읽어야 한다. 뜻이 모호한 절의 뒷부분은 틀림없이 불완전하게 필사되었을 것이다. 하지만 거기에는 어떤 의미가 담겨 있다. "그가 먹는 이 음식, 음식을 음식으로 만드는 무엇, 무지한 자는 그것을 죽임으로써 죽임당한다." 이어지는 두 구절 역시 수수께끼 같지만 그럼에도 관념을 더 명확하게 표현하며, 어떤 리쉬의 이름을 딴 교리를 암시한다(5834절=*ibid.*, 14절). "현자, 학자는 음식을 먹으면서 그것을 재생시킨다. 그는 스승이다. 동시에 음식도 그를 재생시킨다"(5863절). "이것이 (사물의) 이치다. 주는 사람의 공덕은 받는 사람의 공덕이기도 하다(그 역 또한 참이다). 여기에는 한쪽으로만 굴러가는 바퀴 하나만 있는 것이 아니기 때문이다." 프라탑의 영역본은 상당히 의역된 것이지만[프라탑 찬드라 로이(Pratap Chandra Roy)는 실제 번역자가 아니라, 키사리 모한 강굴리(Kisari Mohan Ganguli)에게 『마하바라타』의 번역을 의뢰하고 출간(1883~1896)한 인물이다], 뛰어난 주석에 기초한 것으로서 가치가 있다(14절의 *evam janayati*[이와 같이 창조한다]와 관련된 오류를 제외한다면. 재생되는 것은 자손이 아니라 음식이다). Cf. *Ap. Dharmasūtra*, 11, 7, 3. "손님보다 먼저 먹는 자는 음식과 재산, 자손, 가축, 가족의 공덕을 소멸시킨다."

73 앞의 논의를 보라.

74 *Atharva Veda*, v. 18, 3; cf. *ibid.*, v. 19, 10.

75 I, 5, 16. (도둑맞은 레스의 항구적 권위[*æterna auctoritas*]에 대한 앞의 논의 참조.)

76 70장. 이 장은 암소 증여에 대한 것이다(관련 의례는 69장에 서술되어 있다).

77 14절 이하. "브라만의 암소가 느르가를 (죽인 것처럼), 브라만의 재산은 죽이는 것이다"(3462절=*ibid.*, 33절; cf. 3519절=71장 36절).

78 *Anuś.*, 77장 72절; 76장. 규칙은 틀림없이 이론에 불과할 믿기 어려운 세부사항과 함께 제시된다. 해당 의례는 브리하스파티(Bṛhaspati) 학파의 것으로 여겨진다(76장). 의례는 증여 이전 사흘 밤낮과 이후 사흘 동안 행해지며, 상황에 따라서는 열흘이나 계속되기도 한다(3532절=71장 49절; 3597절=73장 40절; 3517절=71장 32절).

79 그는 계속 "암소 증여(*gavam pradāna*)"를 하며 살았다(3695절=76장 30절).

80 이를 통해 암소와 증여자는 서로에게 '입문'한다[동화된다]. 이는 일종의 신비다("*upanitesu gosu*"; 3667절=76장 2절).

81 이것은 정화의 의식이기도 하다. 그는 모든 죄를 씻는다(3673절=76장 8절).

82 3670절의 사만가(*Samanga*, 사지를 다 갖춘), 바훌라(*Bahula*, 크고 살찐). Cf. 6042절. 암소들은 이렇게 말한다. "바훌라, 사만가여. 당신은 근심이 없고 평온하다. 당신은 좋은 친구다." 서사시는 이 이름들이 베다, 즉 슈루티[천계서]의 것임을 잊지 않고 언급한다. 실제로 신성한 이름들은 『아타르바베다』(V. 4, 18, l. 3~4)에서 찾아볼 수 있다.

83 정확히는 "당신의 증여자인 나는 나 자신의 증여자입니다."

84 프라티그라하나는 '잡는 행위(acte de saisir)'를 뜻하는 말로서 λαμβάνειν(*lambánein*), *accipere*, take 등과 똑같은 말이다.

85 의례는 "암소 모양으로 만든 참깨나 누린 버터 케이크", "금이나 은으로 만든 암소"를 대신 바칠 가능성을 염두에 두고 있다. 이것들은 실제 암소로 취급되었다(cf. 3523, 3839절). 의례, 특히 거래와 관련된 의례는 이처럼 보다 세련되게 발전한다. 이러한 암소에게는 의례적 이름이 주어졌는데, 개중에는 "미래"를 뜻하는 것도 있다. 암소와 함께 지내기, "암소의 서약"은 더욱 엄격해진다.

86 *Ap. Dharmasūtra*, I, 17; Manu X, 86~95. 브라만은 자신이 구입하지 않은 것은 팔 수 있다. Cf. *Ap. Dharmasūtra*, I, 19, 11.

87 Cf. *Anuś.*, 93~94장.

88 1장 주석 36, 2장 주석 21(멜라네시아, 폴리네시아); [참조 페이지 확인 불가](게르마니아) 참조; cf. *Ap. Dharmasūtra*, I, 18, 1; *Gautama Dharmasūtra*, XVII, 3.

89 *Ap. Dharmasūtra*, 1, 19; 13, 3. 해당 대목은 또 다른 브라만 학파인 칸바(Kanva) 학파를 인용하고 있다.

90 Manu, IV, p. 233.

91 거절해야 하는 물건 목록. *Ap. Dharmasūtra*, 1, 18, 1; *Gautama Dharmasūtra*, XVII. Cf. Manu. IV, 247~250.

92 *Gautama Dharmasūtra*, XVII, 6, 7. Manu IV, 253. 거절해야 하는 사람 목록. *Gautama Dharmasūtra*, XVII, 17. Cf. Manu, IV, 215~217.

93 *Baudh. Dharmasūtra*, II, 5, 8; IV, 2, 5. 타라트사만디(Taratsamandi)의 음송(=*Rig Veda*, IX, 58).

94 *Anuś.* 136장 전체를 보라. Cf. Manu, IV, p. 250; X, pp. 101, 102. *Ap. Dharmasūtra*, I, 18, 5~8, 14~15; *Gautama Dharmasūtra*, VII, 4, 5.

95 "현자의 활력과 광채는 받을(수락할, 취할) 때 감소한다." "오 왕이여, 받으려 하지 않는 이들을 조심하소서"(*Anuś.*, 2164절=35장 34절).

96 *Gautama Dharmasūtra*, XVII, 19, 12 sq. *Ap. Dharmasūtra*, I, 17, 2. 증여의 예법에 관해서는 Manu, VII, p. 86.

97 *Khrodo hanti yad danam*. "노여움은 선물을 죽인다." *Anuś.*, 36장=75장 16절.

98 *Ap. Dharmasūtra*, II, 6, 19; Manu, III, 5, 8의 부조리한 신학적 해석 참조. 그에 따르면 이 경우 "주인의 잘못을 먹게 된다." 이 해석은 브라만의 "죄 먹기"에 부과된 법적 금지를 언급하고 있는데, 이는 해서는 안 되는 것으로 여겨짐에도 여전히 행해지고 있는 브라만의 주요 직무다. 아무튼 이는 기부가 당사자 쌍방 중 누구에게도 좋은 일이 아님을 의미한다.

99 사람은 자기에게 음식을 준 이와 같은 성질을 가지고 다음 세상에 다시 태어난다. 혹은 자기 뱃속에 있는 음식 주인의 성질이나 음식 자체의 성질을 지니고 다시 태어난다.

100 이론 전체는 상당히 후대의 것으로 보이는 『아누샤사나파르바』 131장에 요약되어 있다. 이 장은 다나다르마[증여의 법]라는 명시적 표제 아래 "누가, 언제, 누구에게, 어떤 선물을 해야 하는지" 논한다(131장 3절=6278절). 거기에는 증여의 다섯 가지 동기가 잘 설명되어 있다. ① 의무(브라만에게 자발적으로 줄 때), ② 이해관심("그가 내게 준다, 그가 내게 줬다, 그가 내게 줄 것이다"), ③ 두려움("나는 그의 편이 아니고 그는 나의 편이 아니니 그가 나를 해칠 수도 있다"), ④ 사랑("그는 내게 소중하며 나도 그에게 소중하다." "그는 내게 주저 없이 준다"), ⑤ 연민("그는 가난하고 적은 것에 만족한다"). 37장도 참조하라.

101 받은 물건을 정화하는 의례도 연구할 필요가 있다. 그것은 물건을 증여자로부터 분리하기 위한 것이기도 하다. 사람들은 쿠샤(*kuśa*) 풀잎을 이용해 물건에 물을 뿌린다(음식의 경우는 *Gautama Dharmasūtra*, V. 21, 18~19, Ap. *Dharmasūtra*, II, 9, 8 참조). 채무를 정화하는 물에 관해서는 *Anuś.*, 69장 21절과 프라탑의 해설(*ad locum*, p. 313) 참조.

102 5834절. 3장 주석 72 참조.

103 관련 사실들은 꽤 후대의 기념비적 작품을 통해 알려져 있다. 에다의 서사시들은 스칸디나비아인들이 기독교로 개종한 지도 한참 지난 뒤에 편찬된 것이 사실이다. 그러나 한편으로 구전 연대와 편찬 연대 사이에는 큰 차이가 있을 수 있으며, 다른 한편으로 가장 오래된 구전 연대조차도 실제 제도의 연대와는 차이가 날 수 있다. 여기에 비평가들이 놓쳐서는 안 될 두 가지 사료 비판의 원리가 있다.

여기서 다루려는 주제와 관련해서는 아무 걱정 없이 사실들을 사용할 수 있다. 우선 우리가 기술한 법에서 큰 비중을 차지하는 증여의 일부는 게르만족의 초기 제도에 속하는 것으로 확인되었다. 타키투스는 두 종류의 증여―① 결혼과 관련된 증여 및 그것이 증여한 가족에게 돌아오는 방식(우리가 검토하려고 계획 중인 *Germania*, XVIII의 짧은 장), ② 귀족적 증여, 특히 수장의 증여와 수장에 대한 증여(*Germania*, XV)―에 대한 기록을 남겼다. 다음으로, 이러한 관습이 우리가 그 흔적을 찾을 수 있을 만큼 오랫동안 유지되었다는 사실은 그것이 게르만족의 영혼 깊숙이 뿌리 내린 견고한 관습이었음을 의미한다.

104 Schrader, *Reallexikon der indogermanischen Altertumskunde*, s.v. *Markt, Kauf* 및 언급된 문헌 참조.

105 주지하듯 *Kauf*[매매]라는 단어와 그 파생어들은 라틴어 *caupo*, '상인'에서 온 것이다. *leihen*[빌려주다, 빌리다], *lehnen*[기대다, 기대어 놓다], *lohn*[임금, 보상], *bürgen*[보증하다], *borgen*[빌리다, 빌려주다] 등의 단어가 지닌 의미상의 모호함도 잘 알려져 있는

데, 이는 이러한 단어들이 전문화된 의미로 사용된 것이 비교적 최근의 일임을 시사한다.

106 우리는 뷔허(Bücher, *Enstehung der Volkswirtschaft*)가 제기한 폐쇄적 가구경제(*geschlossene Hauswirtschaft*)에 관한 물음을 다루지 않는다. 그것은 잘못 제기된 문제로 보인다. 한 사회 내에 두 씨족이 존재하는 순간 그들은 반드시 서로 계약을 맺고, 최소한 연중 특정 시기와 삶의 특정 상황에는 여자(외혼)와 의례, 재화를 교환했다. 흔히 아주 작은 규모인 가족들은 그 외의 시간 동안에는 각자의 세계에 틀어박혀 살았지만, 이런 식의 삶이 내내 지속되었던 시대는 결코 있었던 적이 없다.

107 클루게(Friedrich Kluge)가 편찬한 사전[*Etymologisches Wörterbuch der deutschen Sprache*]을 비롯한 게르만어 어원사전에서 이 단어들을 찾아보라. 헤르만 파울(Hermann Paul)의 핸드북[*Deutsches Wörterbuch*]에서 *Abgabe, Ausgabe, Morgengabe*에 대한 폰 아미라(Von Amira)의 언급을 찾아보라(색인의 해당 페이지).

108 다음의 연구가 여전히 최상의 것으로 남아 있다. J. Grimm, "Schenken und Geben," *Kleine Schriften*, Vol. II, p. 174; Brunner, *Deutsche Rechtsbegriffe besch. Eigentum.* 또 Grimm, *Rechtsalterthümer*, Vol. I. p. 246과 *Bete*[내기에 건 것]와 *Gabe*[선물]의 동일성에 관한 p. 297의 언급 참조. 무조건적 증여에서 의무적 증여로의 이행이라는 가설은 쓸모없는 것이다. 언제나 두 종류의 증여가 있었으며, 무엇보다 이 두 성질은 게르만법에서 항상 뒤섞여 있었다.

109 "Zur Geschichte des Schenkens," *Steinhausen Zeitschrift für Kulturgeschichte*, V, p. 18 sq.

110 Em. Meyer, *Deutsche Volkskunde*, pp. 115, 168, 181, 183 등 참조. 독일 민속에 관한 모든 개설서(Wuttke 등)가 이 주제를 언급한다.

111 여기에 '신부대(bride-price)'의 주술적·법적 성격에 관해 반 오센브루겐(Van Ossenbruggen)이 제기한 질문(앞의 논의 참조)에 대한 하나의 답변이 있다. 이와 관련하여, 모로코에서 부부에게 행해지는 급부와 부부가 서로 주고받는 급부 간의 관계에 대한 베스테르마르크의 주목할 만한 이론을 참조하라(*Marriage ceremonies in Morocco*, p. 361 sq. 및 거기서 인용된 책의 다른 부분들).

112 이하의 논의는 담보를 아르(arrhes[선금, 보증금])와 구별한다. 아르는 그리스어[ἄρραβων(*arrhabon*)] · 라틴어[*arrha*] 명칭이 시사하듯 셈족에게서 유래한 것[ןוברֵע(*eravon*)]이며, 후기 게르만법은 물론 현재 프랑스법에도 알려져 있다. 특정 관습에서 아르는 고대의 증여와 혼동되기도 해서, 티롤 지방의 일부 방언에서는 *Handgeld*가 *Harren*으로 불리기도 한다[*Handgeld*, 즉 '손'에 쥐어 주는 '돈'은 오늘날 특히 고용 계약 체결 시 피고용인에게 지급되는 금액을 의미하지만, 과거에는 구두 계약이 체결될 때 상징적으로 주고받는 작은 금액을 가리켰다. 이 문장에서 모스는 자신이 고대의

증여와 등치시키는 이 같은 담보가 아르를 연상시키는 *Harren*으로 불리는 경우가 있음을 지적하고 있다].

우리는 결혼에 있어 담보 개념이 갖는 중요성에 대해서도 논하지 않을 것이다. 게르만 방언에서 '구매 대금'이 *Pfand, Wetten, Trugge, Ehethaler* 등의 이름으로 불린다는 점만 지적해 둔다.

113 *L'Année sociologique*, IX, p. 23 sq. Cf. Kovalewski, *Coutume contemporaine et loi ancienne*, p. 111 sq.

114 게르만족의 바디움에 대해서는 다음 저작을 더 참조할 수 있다. Thevenin, "Contribution à l'étude du droit germanique," *Nouvelle revue historique du droit*, IV, p. 72; Grimm, *Deutsche Rechtsalt*, Vol. I, p. 209~213; Von Amira, *Obligationen Recht*, in *Handbuch d'Hermann Paul*, pp. 254, 248.

바디아티오에 관해서는 Davy, *L'Année sociologique*, XII, p. 522 이하 참조.

115 Huvelin, p. 31.

116 Brissaud, *Manuel d'Histoire du Droit français*, 1904, p. 1381.

117 위블랭(Huvelin, p. 31, n. 4)은 원시적인 주술 의례가 퇴화해 일개 도덕적 테마가 된 것으로 이 현상을 해석한다. 그러나 이는 부분적이며 불필요한 해석일 뿐더러(본문 87~88쪽 참조) 우리가 제안하는 해석을 배제하지도 않는다.

118 *wette*[내기]와 *wedding*[결혼]이라는 단어의 친연성에 대해서는 훗날 다시 논의할 것이다. 내기와 계약의 중의성은 프랑스어에서도 확인된다. 예컨대 se défier[서로 경계하다], défier[도전하다]의 경우처럼 말이다.

119 페스투카 노타타에 관해서는 Heusler, *Institutionen*, Vol. I, p. 76 이하 참조. 위블랭(Huvelin, p. 33)은 분할 증표(tailles)를 담보물로 쓰는 관행을 간과한 것으로 보인다.

120 Huvelin, p. 36, n. 4.

121 "Gift, gift," *Mélanges Ch. Andler*, Strasbourg, 1924. 우리가 받은 질문 중 하나는 왜 *gift*의 어원을 검토하지 않았냐는 것이다. *gift*는 그리스어 δόσις(*dósis*; 복용량, 독약의 분량)를 전사(轉寫)한 라틴어 *doisis*의 번역[실제로는 의미론적 차용]으로 간주된다. 이러한 어원은 저지·고지 독일어 방언들이 일상적 물건에 대해 학문적 용어를 사용했을 것이라는 가정을 함축하는데, 이는 통상적인 의미론 법칙에 부합하지 않는다. 이에 더해 왜 *doisis*의 의미를 차용하는 데 *gift*라는 단어가 선택되었는지, 특정 게르만어들에서 왜 정반대 방향의 언어학적 금기가 *gift*의 '선물'이라는 의미에 부과되는지도[부록 「선물, 독」 참조] 설명해야만 한다. 아무튼, 라틴어와 특히 그리스어에서 *doisis*가 독이라는 의미로 쓰였다는 사실은 우리가 기술한 것과 유사한 도덕률과 관념들의 연합이 고대인들 사이에도 존재했음을 입증한다.

또 이 논문에서 우리는 *gift*라는 단어가 지닌 의미상의 불안정성을 라틴어 *venenum*[마법의 물약, 독] 및 그리스어 φίλτρον[phíltron; 사랑의 묘약, 사람을 홀리는 물질], φάρμαχον[phármakon; 약, 독약]의 모호함과 비교했는데, 여기에 산스크리트어 vanati(기쁘게 하다)와 관련이 있는 [라틴어] venia, venus, venenum과 [독일어] gewinnen, [영어] win(이기다·획득하다)과의 비교를 추가할 필요가 있을 것이다 (Bréal, Mélanges de la société linguistique, Vol. III, p. 410).

끝으로 이 자리를 빌려 인용 오류를 바로잡고자 한다. 아울루스 겔리우스가 이 단어들에 대해 논한 것은 사실이지만, 호메로스(Odyssée, IV, p. 226)를 인용한 것은 그가 아니었다. 법률가인 가이우스(Gaius)가 12표법에 관한 책(Dig., L, XVI, De verb. signif., 236)에서 호메로스를 인용했다.

122 Reginsmal, 7. 흐레이드마르의 아들 오트르(Otr)를 죽인 신들은 그의 시신을 황금 더미로 덮는 것으로 속죄해야 했다. 하지만 로키 신이 이 금에 저주를 내렸고, 흐레이드마르는 인용된 시절로 여기에 응답한 것이다. 이 정보는 모리스 카엔으로부터 얻은 것이다. 그에 따르면 3행의 "친절한 마음으로"가 원문(af heilom hug)의 일반적 번역이기는 하지만, 사실은 "행운을 부르는 마음가짐으로"를 뜻한다고 한다.

123 Revue celtique 다음 호에 "Le Suicide du chef Gaulois"라는 연구가 위베르의 주석과 함께 게재될 예정이다[실제로는 "Sur un texte de Posidonius: le suicide, contre-prestation suprême(포시도니우스의 한 텍스트에 관해: 자살, 궁극의 반대급부)"이라는 제목으로 실렸다(Revue celtique, 1925, XLII)].

124 중국의 부동산법은 게르만법과 과거 프랑스법처럼 환매의 권리를 인정한다. 특히 혈족에 의한 환매, 즉 상속계통에서 벗어나서는 안 될 재산이 매도되었을 경우 넓은 범위의 친척이 이를 다시 사들일 수 있는 권리가 인정된다. Hoang, "Notions techniques sur la propriété en Chine," Variétés sinologiques, XI, 1897, pp. 8~9 참조. 이 사실은 특별한 것이 아니다. 인류 역사 전체와 특히 중국에서 토지의 완전한 매도가 가능해진 것은 극히 최근의 일이다. 로마법은 물론 이후의 게르만법과 프랑스법에서도 토지 매도는 가구 공산주의(communisme domestique) 및 토지와 가족 간의 깊은 상호 애착에서 비롯되는 많은 제약으로 둘러싸여 있었다. 이유는 명약관화하다. 가족은 곧 집(foyer)과 토지이므로, 후자는 당연히 자본의 법과 경제를 벗어나 있어야 한다. '가족의 주거지(homestead)'에 대한 고금의 법률과 '압류 불가능한 가족 재산(bien de famille insaisissable)'에 관한 최근의 프랑스법[1909년 제정]은 과거 상태의 지속 혹은 과거로의 회귀를 의미한다. 이러한 이유로 본문에서는 동산에 대해 이야기하는 것이다.

125 Hoang, ibid., pp. 10, 109, 133 참조. 이 사실을 알게 된 것은 메스트르(Édouard Mestre)와 그라네(Marcel Granet) 덕분인데, 그들은 중국에서 직접 이를 확인했다.

126 Origin and Development of the Moral Ideas, Vol. I, p. 594. 베스테르마르크는 우리가 다루는 것과 유사한 문제를 감지했지만, 이를 환대 규칙의 관점에서만 검토했다. 그

럼에도 모로코의 관습인 라르(*l'ar*), 즉 간청하는 이가 해야 하는 제물 희생과 "신과 음식이 갚아줄 것"이라는 원칙 — 이 표현은 힌두법의 어구와 놀랄 만큼 똑같다 — 에 대한 베스테르마르크의 중요한 고찰은 읽어볼 가치가 있다. Cf. Westermarck, *Marriage Ceremonies in Morocco*, p. 365; *Anthropological Essays Presented to Edward Burnett Tylor*, p. 373 sq.

제4장_ 결론

1   *Essays*, 2nd series, V.

2   Cf. Quran, Surah II, 265; cf. Kohler in *Jewish Encyclopaedia*, Vol. I, p. 465.

3   William James, *Principles of Psychology*, Vol. II, p. 409.

4   크라우트(Kruyt, "Koopen in Midden Celebes," extract, p. 12)는 이와 유사한 셀레베스섬의 사례들을 언급한다. Cf. "De Toradja's…," *Tijd. v. Kon. Batav.* Gen., LXIII, 2. 외양간에 물소를 들이는 의례(p. 299); 개를 다리 하나하나씩, 몸의 부분 하나하나씩 사고 개밥에 침을 뱉는 의식(p. 296); 어떤 경우에도 고양이는 팔지 않고 다만 빌려주기만 한다(p. 281), 등.

5   이 법은 작품을 연이어 보유하는 이들이 얻는 이익을 부당한 것으로 보는 원칙에서 비롯된 게 아니다. 아직 이 법이 적용된 경우는 거의 없다.
     문학적 재산권에 대한 소비에트 법률과 그 변주들을 같은 관점에서 연구해도 흥미로울 것이다. 처음에는 모든 것을 국유화했지만, 그것이 작가들에게 손해를 끼칠 뿐 아니라 출판의 국가 독점에 필요한 재원을 충분히 창출하지도 못한다는 사실을 곧 깨닫게 되었다. 결국 저작권법이 회복되어, 과거 작가들을 보호했던 미흡한 러시아법이 발효되기 이전의 작품들은 물론 공공 영역에 속했던 오래된 고전들에도 적용되기에 이르렀다. 사람들은 이제 소련이 현대적인 법률을 채택했다고 말하지만, 실제로는 이 문제와 관련한 우리의 도덕이 그러하듯 소련 사람들 역시 사람에 관한 법과 물건에 관한 법 중 어떤 법을 택해야 할지 몰라 망설이고 있을 뿐이다.

6   피루(Gaëtan Pirou)가 이미 이와 유사한 지적을 한 바 있다.

7   우리가 어떠한 파괴도 옹호하지 않는다는 점은 말할 필요도 없다. 시장과 판매 및 구매를 지배하는 원칙은 자본 형성의 필수 조건으로서 새롭거나 오래된 다른 원칙들을 곁에서 존속해야 하며 존속할 수 있다.
     하지만 도덕가들과 입법가들이 소위 자연법의 원칙에 가로막혀서는 안 된다. 예를 들어 물건에 관한 법과 사람에 관한 법의 구별은 우리의 몇몇 법을 이론적으로 요약한 추

상적 개념 이상의 것으로 간주해서는 안 된다. 이 구별의 존속은 허용하되, 자기 자리를
벗어나지 않도록 해야 한다.

8   Roth, "Games, Sports, and Amusements," *North Queensland Ethnography Bulletin*, 4, p. 23.

9   도착한 씨족의 이름을 알리는 관습은 호주 동부 전역에 널리 퍼져 있는 것으로, 명예와 이름의 효력을 강조하는 체계와 연결된다.

10   이 사실은 선물교환을 통해 혼약이 맺어진다는 것을 시사한다.

11   Radin, *Winnebago Tribe*, XXXVIIth *Annual Report of the Bureau of American Ethnology*, p. 320 sq.

12   Hodge, *Handbook of American Indians*, "Etiquette" 항목 참조.

13   Radin, *Winnebago Tribe*, p. 326. 초대된 수장들 중 두 명은 예외적으로 뱀 씨족의 일원이다. 이 연설은 클링깃족의 장례식(담배 연회)에서 행해지는 매우 유사한 연설과 비교될 수 있다. Swanton, "Tlingit Myths and Texts," *Bulletin of the Bureau of American Ethnology*, no. 39, p. 372.

14   테일러 신부(Rev. Taylor, *Te Ika a Maui: or New Zealand and its Inhabitants*, p. 130, proverb 42)는 이처럼 아주 간결하게 번역했지만("give as well as take and all will be right"), 문자 그대로의 번역은 아마 다음과 같을 것이다. "마루가 준 만큼 마루가 가져가니, 이것은 좋고 또 좋다"(마루는 전쟁과 정의의 신이다).

15   뷔허(Bücher, *Enststehung der Volkswirtschaft*, 3rd edition, p. 73)는 이러한 경제 현상들을 보긴 했지만, 그것을 환대의 문제로 환원시킴으로써 그 중요성을 놓쳐 버렸다.

16   *Argonauts*, p. 167 sq.; "Primitive Economics," *Economic Journal*, March 1921. 프레이저(J. G. Frazer)가 쓴 *Argonauts*의 서문 참조.

17   언급할 수 있는 극단적 사례 중 하나는 축치인이 개를 희생시키는 경우다(1장 주석 51 참조). 때로는 가장 훌륭한 썰매개들을 소유한 사람이 개들을 전부 죽이고 새로운 개들을 사야 하는 일도 벌어진다.

18   앞의 논의 참조.

19   앞의 논의 참조.

20   Malinowski, *Argonauts*, p. 95. 프레이저의 서문 참조.

21   *Formes élémentaires de la vie religieuse*, p. 598, n. 2.

22   *Dig.*, XVIII, 1. *De Contr. Emt*. 1. 율리우스 파울루스는 '페르무타티오'가 판매[*venditio*; 벤디티오]인지 아닌지를 두고 벌어진 로마법 학자들 간의 큰 논쟁을 소개하는데, 전체 내용은 물론 호메로스의 『일리아스』(VII, 472~475)의 한 대목에 대한 해석상의 오류마저도 흥미롭다. ὀινίοντο[*oiníonto*]는 분명 '구매하다'는 뜻이지만, 그리스의 화폐는 구리, 철, 가죽이나 심지어는 암소와 노예이기도 했으며 이들 모두는 정해진 가치를 가

지고 있었다. [페르무타티오가 주로 물건 대 물건의 교환을 뜻하는 반면 벤디티오는 금전적 대가를 받는 판매 행위를 가리킨다고 할 때, 『일리아스』의 해당 구절에서 언급된 행위는 화폐에 의해 매개되는 판매-구매라기보다는 구리, 철, 가죽, 암소, 노예와 같은 물건을 다른 물건과 교환하는 행위에 가까울 수 있다. 모스는 로마법 학자들이 이 점을 인식하지 못하고 호메로스가 기술한 경제적 상호작용을 판매의 개념으로 해석하려 했음을 지적하고 있다.]

23 *Pol.*[『정치학』], livre I, 1257 a. 10 이하; μετάδοσις[*metádosis*; 분배, 전달]라는 단어에 주목하라(*ibid.*, 25).

24 아랍의 사다카를 택했어도 좋았을 것이다. 사다카는 희사, 신부대, 정의, 세금을 뜻한다. 앞의 논의 참조.

25 *Argonauts,* p. 177.

26 주목할 점은 이 경우 판매가 존재하지 않는다는 것이다. 바이구아의 교환, 즉 화폐의 교환이 없기 때문이다. 그렇다면 트로브리안드 사람들이 도달한 최고도의 경제는 교환 자체에서 화폐를 사용하는 단계에는 이르지 못한 것이 된다.

27 "Pure gift."

28 *Argonauts,* p. 179.

29 이 단어는 미혼 여성들이 하는 일종의 합법적 성매매에 대한 지불을 가리키기도 한다. Cf. *Argonauts,* p. 183.

30 앞의 논의 참조. 사갈리(cf. 하카리[*hakari*])는 분배를 뜻한다.

31 앞의 논의, 특히 노동의 대가로 처남이 매부에게 수확물을 주는 우리구부(*urigubu*) 증여 참조.

32 앞서 '와시'에 대해 언급한 부분을 보라.

33 마오리족의 경우는 앞의 논의 참조. 한 포틀래치 신화는 분업(그리고 축제를 준비하는 심시안 씨족들 사이에서 분업이 작용하는 방식)에 대한 훌륭한 묘사를 담고 있다(Boas, *Tsimshian Mythology*, 31st *Annual Report of the Bureau of American Ethnology*, pp. 274~275; cf. p. 378). 이 같은 예는 무한정 들 수 있을 텐데, 마오리족이나 심시안족에 비할 데 없이 덜 진화한 사회들에서도 이러한 경제적 제도가 존재하기 때문이다. 예컨대 호주에서 붉은 황토 매장지를 소유한 지역 집단이 차지하는 주목할 만한 위치를 참조하라(Aiston and Horne, *Savage Life in Central Australia*, London, 1924, pp. 81, 130).

34 앞의 논의 참조. 게르만어파 언어들에서 *token*[상징, 표시]과 *zeichen*[기호, 표식]이 화폐 일반을 지칭하는 어휘로 동등하게 사용된다는 사실은 이러한 제도의 흔적이다. 화폐라는 표징과 화폐가 지니는 표식, 그리고 담보로서의 화폐는 모두 하나이자 동일한 것이다[3장 주석 10 후반부 참조. 화폐 노릇을 하던 가축은 훗날 주조된 화폐에 새겨진

표식이 되는데, 이는 가축을 담보로 건다는 약속을 함축한다]. 이것은 서명이 서명한 사람의 책임을 담보하는 것과 마찬가지다.

35 Davy, *La foi jurée*, p. 344 sq. 참조. 다른 곳("Des clans aux empires," *Eléments de sociologie*, I)에서 다비는 포틀래치의 중요성을 다소 과장하고 있다. 포틀래치는 위계를 확립하는 데 도움이 되고 또 종종 위계를 확립하기도 하지만 절대적으로 필요한 것은 아니다. 포틀래치가 없거나, 별로 발달하지 않았거나, 아니면 사라져버린 아프리카의 니그리티아인과 반투족 사회는 그럼에도 불구하고 가능한 모든 형태의 정치 조직을 가지고 있다.

36 *Argonauts*, pp. 199~201; cf. p. 203.

37 *Ibid.*, p. 199. 이 노래에서 말하는 "산"은 당트르카스토 제도를 가리킨다. 카누는 쿨라에서 싣고 돌아오는 상품의 무게 때문에 가라앉을 것이다. 또 다른 주문(p. 200)과 해설이 붙어 있는 원문(p. 441) 참조. '거품이 일다(to foam)'라는 동사를 이용한 눈길을 끄는 언어 유희(p. 442) 참조. 2장 주석 257 참조.

38 우리가 연구하지 않은 지역 가운데 가장 많은 성과를 기대할 수 있는 곳은 미크로네시아다. 특히 야프섬(Yap)과 팔라우(Palaos) 군도에는 매우 중요한 화폐 및 계약 시스템이 존재한다. 인도차이나, 특히 몬-크메르[Mon-Khmer] 민족들과 아쌈의 민족들, 티베트-버마 민족들 사이에서도 같은 유형의 제도가 확인된다. 끝으로 북아프리카의 베르베르인은 타우사(*thaoussa*)라는 주목할 만한 관습을 발전시켰다(Westermarck, *Marriage Ceremonies in Morocco*, 색인의 "Present[선물]" 항목 참조). 우리보다 이 문제에 훨씬 정통한 두테(Edmond Doutté)와 모니에가 현재 관련 연구를 준비하고 있다. 셈족의 고대법과 베두인의 관습도 귀중한 자료를 제공할 것이다.

39 트로브리안드 군도의 쿨라에서 행해지는 '미의 의식'을 참조하라(Malinowski, *Argonauts*, p. 334 sq.). "파트너가 우리를 바라본다. 우리의 얼굴이 아름다운 것을 본다. 그가 우리를 향해 바이구아를 던진다"(*ibid.*, p. 336). 돈으로 몸치장을 하는 관습에 대해서는 Thurnwald, *Forschungen*, Vol. III, p. 39 참조. 돈으로 장식한 남녀를 이르는 '아름다운 나무(*Prachtbaum*)'라는 표현 참조(Vol. III, p. 144, l. 6, 13; p. 156, l. 12). 다른 곳에서는 수장을 '나무'로 일컫기도 하며(Vol. I, p. 298, l. 3), 장식한 남자를 두고 향기를 발산한다고 말하기도 한다(Vol. I, p. 192, l. 7; l. 13, 14).

40 신부 시장(marchés aux fiancées); 축제(fête), 휴일 · 성일 · 축제(*feria*), 장터(foire) 개념.

41 Cf. Thurnwald, *Forschungen*, Vol. III, p. 36.

42 *Argonauts*, p. 346.

43 *Salomo Inseln*, Vol. III, table 35, n. 2.

44 Layamon's *Brut*, l. 22736 sq.; *Brut*, l. 9994 sq.

1   특히 *L'Année sociologique,* XI, p. 296 이하 참조.

2   그라네(Granet, *La Polygynie sororale*, 1919, p. 44)는 고대 중국에도 이러한 체계가 존
    재했으리라고 여긴다.

3   Boas, *The Kwakiutl*(ext. du *Rep. U. S. Nat. Mus.*), Washington, 1897, p. 341 참조.
    Cf. p. 660.

4   이 표현은 투른발트가 부건빌섬(가젤 반도)의 부인 지역 사람들이 번갈아 가며 여
    는 다양한 축제들—그 전체가 우누(*Unu*)를 이룬다—에 관해 사용한 것이다. R.
    Thurnwald, *Forschungen auf den Salomon-Inseln*, 1912, Vol. III, p. 8.

5   우리는 멜라네시아에도 포틀래치가 확산되어 있다는 사실을 수차 강조한 바 있다.
    L'Année sociologique, XII, p. 312 이하와 p. 374 참조. Cf. *Bulletin de l'Institut français
    d'anthropologie*, 1921.

6   *L'Année sociologique*, XI, 296 이하 참조.

7   토마섹(Wilhelm Tomaschek, 원문에는 Tamaschek으로 오기—옮긴이)은 *Die Alten
    Thraker*(*Sitzungsberichte d. Ak. d. Wiss., Wien, Phil. Hist. KL*, 1898, Vol. GXXVIII, p.
    41)에서 트라키아인과 리키아인 사이의 근연성을 인정한다.

8   *Iliade*, VI, 211 sq.

9   현재로서는 호메로스의 에피소드에 묘사된 것이 바로 트라키아의 관습이었다고 확언
    할 수 없다. 증거는 너무 빈약하며, 우리는 예시의 자격으로 이 에피소드를 언급할 뿐
    이다. 그러나 벨레로폰에 대한 신화와 숭배가 트라키아인들과 긴밀하게 관련되어 있다
    는 점은 주목할 필요가 있다. 이는 특히 압데라(Abdère)에서의 전설에서 잘 나타난다
    (Tomaschek, *ibid.*, p. 41 참조).

10 *Anab.*, VII, 2, 35.

11 *Ibid.*, 2, 38.

12 다시 말해 아주 비싸게. Hérodote, V, 6 참조.

13 프로폰티스해(Propontide, 현재의 마르마라해—옮긴이)에 있는 페린투스(Périnthe)의
    서쪽.

14 *Anab.*, VII, 3, 10.

15 프로폰티스해와 접한 도시.

16 다르다니아에서 추방당한 제노폰의 참모.

17 알키비아데스(Alcibiade, 기원전 5세기 후반에 활동한 아테네의 정치가·군인—옮긴
    이)의 비산테 점령에 대한 암시다. 분명 트라키아인들에게는 요새를 차지할 장비나 군
    사 기술이 없었다.

18 이 같은 제도는 멜라네시아와 북서아메리카에도 존재한다.

19 *Anab.*, VII, 3, 26.

20 크세노폰은 뜻이 불분명한 이 연설을 잘못 이해했다. 만일 그것이 투키디데스가 트라키아의 관습과 대조했던 페르시아 관습을 암시하는 것이라면(뒤의 논의 참조) 설명이 될 수도 있다. 즉 왕이 고위층으로부터는 받고, 백성들에게는 주기만 하는 것이다. 아무튼 아테네인은 곤경을 모면했고, 크세노폰은 분명 즐거워하면서 이 회피 방식을 묘사하고 있다.

21 *Anab.*, VII, 6, 3.

22 δύναμις[*dýnamis*], 왕국의 재정적 힘, 말하자면 '수익(rendement)'.

23 여기서 투키디데스는 테레스 왕의 신민들로부터 오는 자원과 왕국 밖 이방인들과의 집단 계약 및 선물에서 비롯된 자원을 대조하고 있다.

24 앞서 그네시포스가 암시한 것이 아마도 이러한 법일 것이다.

25 *Loc. cit.*, p. 82.

26 코티스는 에게해 지역 및 일리온(Ilion, 트로이의 다른 이름-옮긴이)의 여러 트라키아 왕들의 이름이다. 그것은 트라키아인들의 어머니 여신의 이름이자(Strabon, 404) 춤의 이름이기도 하다.

   가설을 증명된 것으로 간주하지 않은 채, 이 특징을 강조하고자 한다. 그것은 여러 트라키아 부족들에 공통된 것으로 보인다. 실제로 트라키아 왕의 이름 중 하나인 시탈케스(Sitalkès)는 단순한 이름이라기보다 세습되는 칭호이며, 나아가 특정 노래(*Anab.*, VI, 1, 6), 보다 정확히는 트라키아 무용극 속에 나오는 영웅의 죽음에 대한 마임을 가리키기도 한다.

   만약 우리의 추정대로 이러한 제도가 중요한 개념들에 뿌리를 두고 있는 것이라면, 트라키아의 관습은 아메리카와 멜라네시아의 '포틀래치'와 아주 비슷한 유형이었을 것이다. 이 방대한 권리와 축제의 체계는 상당수의 의례적이면서도 심미적인 급부들을 포함한다. 멜라네시아와 북아메리카의 귀족과 수장, 의례결사 성원은 특정 정령의 이름을 지닌다. 그들은 정령의 가면을 쓰고 정령의 춤을 추면서 그를 인격화·체화하며, 그의 위계를 자기 것으로 삼는다.

27 아래 인용한 대목은 아테나이오스(Athénée)의 『식탁의 현인들(*Deipnosophistae*)』 제4권 131장을 통해 오늘에 전한다. 이 대목은 당시 희극 무대에서 유행했던 역할인 노예들의 대화에서 가져온 것으로 보이는데, 그중 하나는 트라키아 사람이었다(마지막 행에 언급되는 δεσποσύνοις δείπνοις[주인들의 연회] 참조). 전체 내용은 트라키아의 결혼 연회와 아테네의 결혼 연회를 비교하는 것이지, 크루아제(Croiset) 형제가 『그리스 문학사(*Histoire de la littérature grecque*)』에서 내비치는 것처럼(2권 620쪽) 트라키아의 연회 묘사에 국한되지 않는다. 아테네의 연회에 대한 묘사는 우리가 번역·인용한 마

지막 구절 다음에 나온다.

28 우리는 βουβαυκαλόσαυλα를 한 단어로 읽는 카이벨(Georg Kaibel)의 판독을 따른다.

29 아테네인 작가와 청중들은 이것이 '여자 구매'에 해당한다는 것을 이해하지 못한다. [본문에서 혼수로 번역한 dot은 통상 결혼할 때 신부가 가져오는 지참금을 가리키는데, 이는 고대 그리스·로마에서 일반적인 관행이었다. 반면 트라키아인은 신랑 측이 신부 측에 특정 품목의 재화—'신부대(bride price, bride-wealth)'라고 불린다—를 제공하는 반대의 관습을 가지고 있었다. 모스가 지적하는 것은 지참금 제도에 익숙한 그리스인 작가가 트라키아의 신부대 제도를 이해하지 못했다는 점이다.]

부록_ 선물, 독

1 클루게는 *vergeben*[용서하다]과 *vergiften*[독살하다]에서 일어난 것과 같은 일이 이 단어들에서도 일어났을 것이라고 생각한다. *Etymol. Wörterb.*, 1915, p. 171.

2 *Etymol. d. neuhochd. Sprache*, 1909, p. 297. 힐트가 고트어 *lubja* 및 고대 고지 독일어 *luppi*와 '*Liebe-Zaubertrank*[사랑의 묘약]'를 연결하는 것도 흥미롭고 타당하다.

3 이 문제들에 대한 간략한 개요는 Davy, *Éléments de sociologie*, I, p. 156 이하 참조.

4 Mauss, "Une forme archaïque de contrat chez les Thraces," *Rev. des etudes grecques*, 1921.

5 이 대목은 '수양(fosterage)'이나 그와 유사한 관습을 암시하는 것이다.

6 이 주제에 대한 나와 위베르의 글이 *Revue celtique*에 곧 실릴 것이다.

7 *La foi jurée(Travaux de l'Annee sociologique)*.

8 Von Amira, *Nordgermanisches Obligationenrecht*, II, pp. 362~363과 특히 Maurice Cahen, *La libation, Et. s. le vocabul. religieux, etc.*, p. 58 등 참조.

9 완전하게 하려면 남편이 아내에게 주는 물품들(paraphernalia)도 언급해야 한다. 타키투스는 『게르마니아』 제18장의 한 대목(대개 오해되지만 실제로는 아주 명확한 대목)에서 이 물품들이 가족들 사이를 어떻게 순환하는지 묘사하고 있다.

10 "Magie et droit individuel," *L'Annee sociologique* 10, p. 30 sq.

11 B. Malinowski, *Argonauts of the Western Pacific*, London, 1922, p. 473 참조. 특히 도판 XXI, LXII의 멋진 사진과 책표지의 삽화를 보라.

12 [*Noctes Atticae*,] 12, 9. 이 대목은 호메로스를 아주 적절하게 인용하고 있다.

13 *Pro Cluentio*, 148. 학설휘찬[6세기]도 여전히 "선한 것 또는 악한 것(*bonum, sive malum*)" 중 어떤 "*venenum*"이 관건인지를 명확히 해야 한다고 규정하고 있다.

14 만약 *venenum*(Walde, *Lat. étymol. Wort.* 참조)을 *Venus*[비너스] 및 산스크리트어 *van*, *vanati*[원하다, 소망하다]와 연결하는 어원이 생각처럼 정확하다면.

15 *Essays*, 2nd series.

주고받고 보답하는 행위 너머,
인간 사회의 새로운 '반석'을 찾아서

대담자

이경묵(문화인류학)
박정호(사회학)
박세진(사회인류학)

이경묵:『증여론』의 새로운 번역서 출간을 앞두고 번역자인 박세진 선생님과 '마르셀 모스 선집' 발간을 총괄하고 계신 박정호 선생님을 모시고 말씀을 나누고자 합니다. 사회를 맡은 저 역시 문화인류학 전공자로서『증여론』에 적지 않은 빚을 지고 있습니다. 새 번역의 의의에 대한 이야기로 대담을 시작하겠습니다.

박세진: 레비스트로스는『증여론』의 독서가 "가슴은 뛰고 머리는 끓어오르며, 정신은 과학의 진보에서 결정적인 한순간을 목도하고 있다는, 불가해하지만 절대적인 확신에 사로잡히는 감정"을 불러일으킨다고 말한 적이 있습니다.[1] 강도의 차이는 있겠지만,『증여론』은 많은 이들에게 유사한 감정을 자아내면서 지금까지 꾸준히 읽혀 왔고, 한국에서도 이상률 선생님의 번역을 통해 한 세대의 독

자가 모스의 사유를 접할 수 있었습니다. 이번에 제가 프랑스어판과 이상률 선생님의 번역본을 함께 펴놓고 『증여론』을 다시 옮기면서 목표로 삼은 것은 '가능한 읽기 편한 글'로 만들어보자는 것이었습니다. 그렇다고 해서 "과학의 진보에서 결정적인 한순간"을 이루는 책이 마냥 쉬운 책이 될 수는 없겠습니다만, 또 책에서 다뤄지는 사실들의 생소함이나 때로는 난삽해 보이기까지 하는 논의가 독해를 어렵게 만드는 측면이 분명 있습니다만, 최소한 한국어로 된 글로서는 너무 어렵지 않게 읽히는 글이 되길 바라면서 번역 작업을 했습니다.

박정호: 2002년에 국내에서 처음 번역 출판된 『증여론』은 우리 학계에 큰 축복이었습니다. 소문으로만 듣던 고전을 마침내 우리말로 샅샅이 살펴볼 수 있었으니까요. 이제 『증여론』을 둘러싸고 지난 20여 년 이어져 온 논의의 궤적을 되돌아볼 때가 된 것 같습니다. 고전은 장기간에 걸쳐 가치가 갱신되는 책입니다. 가치가 갱신되려면 새로운 독자층이 필요하고요. 박세진 선생님께서 번역하신 『증여론』을 통해 선물에 관한 논의가 한층 더 깊이 있게 펼쳐지길 기대합니다.

『증여론』을 다시 번역해 출간하는 의의는 이뿐만이 아닙니다. 그동안 이 책은 낱권으로만 읽혀 왔습니다. 하지만 이번에 새로 번역된 『증여론』은 '마르셀 모스 선집'에 포함된 책입니다. 그런 점에서 모스 선집에 포함될 저서들, 그중에서도 모스가 앙리 위베르와 함께 저술한 『희생제의의 본질과 기능에 관한 시론』(1899)과 『주술의 일반이론 개요』(1904)를 주목해야 합니다. 이 두 저서를 통해 『증여론』의 메시지가 더 큰 음량으로 증폭되어 또렷이 전달될 수 있으니까요. 모스와 위베르에 따르면, 희생제의란 '희생제물'을 매개로 성스러운 세계와 속된 세계의 커뮤니케이션을 확립하는 의식입니다. 이 커뮤니케이션은 증여와 답례로 재해석될 수 있습니다. 인간보다 상위에 있거나 다른 차원에 있는 존재(신, 정령, 영혼 등)가 베푼 선물, 그리고 그 선물에 대해 인간이 바치는 답례 선물(제물)이 바로 신성과 세속의 소통을 만들어냅니다. 이처럼 희생제의는 신, 죽은 자의 혼, 자연의 영을 증여의 무대로 끌어들이고, 이들을 인간세계의 다양한 증여 관계에 참여하도록 유도합니다. 이 주제가 『증여론』에서 짧게 언급되는 건 다소 아쉽습니다. 한편 『주술의 일반이론 개요』에서 다뤄지는 마나(mana)와 주술적 효력은 『증여론』에 등장하는 명예, 위세, 평판, 특히 하우(hau)를 해석하는 데 필수적입니다. 증여의 사이클이 마나의 통로이자 확장 경로라는 건 잘 알려진 사실입니다. 한편 모스와 위베르는 사람들이 마나, 주술사, 주문(呪文)의 효력을 믿는 이유를 사회에 대한 믿음, 즉 사회의 꿈이 실현되리라는 구성원 모두의 기대에서 찾습니다. 주술은 온갖 경험적 검증을 피하는 선험적 판단의 대상입니다. 오늘 우리가 이 자리에서 논의하게 될 하우, 주어진 사물에 깃든 영(靈)도 마오리족 자신의 집단적 기대이자 선험적인 판단의 산물이지요. 하우를 비과학적 요소로 치부할 수는 없습니다. 아무튼, 모스의 다른 저작들을 통해 『증여론』의 정확한 비중을 검토할 수 있게 된 점도 이번 번역의 중요한 의의라고 생각됩니다.

번역어의 문제, '증여'와 '호수성'

이경묵: 『증여론』과 이어지는 주제는 정말 다양합니다. 환대, 희생, 연대, 공동체, 그리고 최근에는 나눔에 대한 논의도 많아졌습니다. 또 '순수 선물'의 (불)가능성을 탐구하는 학자들도 있습니다. 하지만 이렇게 논의가 여러 방향으로 뻗어가다 보니 『증여론』으로부터 출발한 논의의 연결성이 명확하게 보이지 않는 면도 있는 것 같습니다. 새 번역 출간이 관련 연구자들이 함께 이야기할 수 있는 장을 마련하는 계기가 되면 아주 좋을 것 같습니다. 주요 용어의 번역에 대한 이야기로 본격적인 대담을 시작하지요. '증여론'이라는 제목부터가 문제적입니다. 왜 '선물론'이 아닌 '증여론'이어야 하는지, 먼저 박세진 선생님의 이야기를 들어보고 싶습니다.

박세진: 해당하는 프랑스어 단어는 don('동')인데, 선물을 주는 행위로서의 '증여'와 그렇게 주어진 '선물' 둘 다를 가리키는 단어입니다. 그러니 애초에 양 갈래의 선택지가 있는 셈이죠. 한국어 화자들이 '증여'를 주로 재산을 자식에게 물려주거나 사회에 기부하는 등의 법률적 행위에 한정해서 사용하는 경향이 있다는 점에서 책 제목을 '선물론'으로 하는 게 더 낫지 않을까 생각해 보기도 했

습니다. 그렇지만 모스는 don이라는 단어를 선물이라는 대상보다는 선물을 주는 행위를 가리키기 위해 더 많이 사용합니다. 모스가 이 책(원래는 논문)의 제목을 "Essai sur le don"으로 붙이면서 염두에 둔 것은 선물이 아니라 '증여에 관한 시론'이었다고 생각합니다. 게다가 우리말 증여의 사전적 의미("물품 따위를 선물로 줌")도 법률적 행위에 국한되지 않습니다. 크리스마스 선물을 주고받거나 카카오톡으로 선물을 보내는 일도 증여입니다. 또 하나, 이렇게 하나의 실천, 제가 쓰는 표현으로는 '사물이전(transfer of things)의 양식'으로서 증여에 초점을 맞춰야 교환, 나눔, 재분배, 납세 같은 다른 실천들과 증여를 비교 연구하는 지평이 분명해지기도 합니다.

이경묵: 모스가 말하는 "총체적 급부"에서 '급부'라는 단어는 어떤가요? 일상적인 한국어에서는 '반대급부' 정도를 제외하고는 잘 쓰이지 않고, 또 지나치게 경제적이고 거래적인 뉘앙스를 풍긴다는 지적이 있습니다.

박세진: 해당하는 프랑스어 단어는 prestation('프레스타시옹')입니다. 이 단어도 don처럼 주는 행위와 주어지는 대상을 동시에 가리키는데, 이는 우리말 '급부'의 경우도 마찬가지입니다. 물론 '급부'하면 금품을 주는 행위가 먼저 떠오르기 때문에 모스가 prestation으로 지칭하는 훨씬 더 광범위한 대상을 포괄하기에는 부족함이 있는 것이 사실입니다. 반면 급부와 반대급부가 쌍

을 이룬다는 점은 오히려 번역어로서 장점을 이룹니다. 모스의 생각 속에서 prestation은 보답되어야만 하는 것, 언제나 '반대급부(contre-prestation)'를 전제하는 것이니까요. 여기에 더해 '증여'와 '선물'을 뜻하는 don, 그리고 '선물'을 가리키는 cadeau('카도'), présent('프레장')과 prestation 사이의 차별성을 유지해야 할 필요도 있었기에 '급부'라는 기존 번역어를 유지하기로 결정했습니다.

그럼에도 불구하고 급부가 prestation의 독특한 뉘앙스와 용법 전체를 온전히 담아내지 못한다는 점을 늘 염두에 둬야 합니다. 한편으로는 '퍼포먼스'와 연결되는 의미가 있는데요, 가령 연극에서 "남자 배우의 prestation이 매우 좋았다"거나, 축구 선수가 기가 막힌 드리블로 골을 넣은 걸 두고 "멋진 prestation 끝에 득점했다"고 할 때가 그런 경우입니다. 이를 고려하면 모스가 물건만이 아니라 춤이나 노래 따위의 행위가 총체적 급부에 포함된다고 언급하는 부분이 쉽게 이해가 됩니다. 또 prestation은 social과 결합해 정부나 공공기관이 제공하는 다양한 형태의 '사회복지급여'를 뜻하기도 합니다. 가족수당, 실업수당, 최저생계비, 주택보조금, 교육보조금처럼 말이죠. 이것은 현대 사회에서 증여가 가지는 가능성을 모색하는 『증여론』 결론부의 논의와 연결됩니다.

박정호: 말씀하신 것처럼 don은 선물과 함께 선물을 제공하는 행위를 가리킵니다. 또한, 이 단어로부터 동맹과 환대의 의무로 제공되는 온갖 급부를 포함해 종교적 속죄와 법률적 보석의 의미도

파생되었음을 지적해야 합니다. don 안에는 서로 밀접하게 얽혀 있는 여러 관념이 있지요. 한편 prestation이라는 단어에 그런 많은 의미가 있다는 점은 놀랍습니다. 남들이 모방하기 힘든 멋진 퍼포먼스라는 뜻에서 prestation은 일종의 '한 방 먹이기'를 가리킨다고 볼 수 있겠네요. 더 중요한 점은 이 단어에 '사회복지급여'의 의미도 있다는 것입니다. 타인 앞에서 나를 과시하는 퍼포먼스가 어떻게 사회보험의 의미로 이어질까요? 이 점은 증여에 관한 아주 흥미로운 주제로 보입니다.

이경묵: 증여라는 개념과 밀접하게 연결되는 '호혜성'이라는 용어도 검토할 필요가 있습니다. 불어로는 réciprocité, 영어로는 reciprocity라고 하죠. 서로 혜택을 준다는 의미의 '호혜'라는 번역어가 과하게 윤리적인 느낌을 준다는 지적이 있습니다. 에나프의 『진리의 가격』을 번역한 김혁 선생님은 호혜성 대신 '대갚음'이라는 우리말 표현을 제안하기도 했고, 가라타니 고진의 저작에는 서로 갚는다는 뜻의 '호수(互酬)'라는 일본식 표현이 쓰입니다.

박세진: 사실 réciprocité라는 단어는 『증여론』에 한 번밖에 등장하지 않고(본문 107쪽), 간혹 나오는 형용사 réciproque도 단순히 '상호적'이나 '서로서로' 정도의 일상적 의미로 쓰이는 경우가 있습니다. 그럼에도 불구하고 réciprocité를 『증여론』의 핵심 개념이라고 말할 수 있는 이유는 그것이 모스가 서론에서 밝힌 이 책의

주제, 즉 "왜 사람들은 선물에 보답하는가?"라는 질문과 연결되기 때문입니다. 그런 점에서 réciprocité는 보답이나 갚음의 의미가 분명히 드러나도록 번역을 해줘야 합니다. 김혁 선생님이 제안한 '대갚음'이라는 역어는 형용사형으로 활용하기가 어렵기도 하고 또 어떤 원리를 가리킨다는 느낌이 아무래도 덜해서 새 번역에서는 부득이하게 '호수성'이라는 표현을 택했습니다. 덧붙여 이때 사람들이 서로 갚는 것은 경우에 따라서 '혜(惠)'가 아니라 '해(害)'가 될 수도 있습니다. "눈에는 눈, 이에는 이"처럼 말이죠.

박정호: réciprocité의 번역에는 주의가 필요하다고 생각합니다. réciprocité를 '상호성'으로 번역할 때가 있는데, 이때는 서로 상대편을 향하는 대등한 벡터량의 화살표 두 개, 그런 형식적 대칭성이 강조될 수 있습니다. 하지만 증여와 관련해 réciprocité를 우리말로 옮기려면 그런 대칭성을 넘어 서로 주고받고 갚아나가는 리드미컬한 움직임을 담아낼 필요가 있습니다. 대등하게 주고받는 것만이 아니라 어떤 넘침의 의미까지도 담아내야겠고요. 박세진 선생님께서 지적하신 것처럼, 호혜성도 만족스러운 번역어는 아닙니다. 혜택만 주고받는 것이 아니라 해로움도 주고받을 수 있으니까요. 그렇지만 호혜성이라는 단어의 불충분함이 '호수성'이란 단어의 생경함으로 극복될 수 있을지 의문입니다. 가라타니 고진이 썼던 '호수성'이 '서로 갚는다'는 뜻을 잘 전달한다면, 이 일본어 번역을 어떻게 우리말로 다시 옮길 것인가라는 문제가 남아 있습니다.

『증여론』 출간 기념 대담

한편, 호혜성이라는 단어가 불충분하다는 것도 재고할 필요가 있습니다. 호혜성에는 혜(惠)만 있고 해(害)가 없다고 말하는 것은 지나치게 이 단어의 사전적 의미를 강조한 결과로 보입니다. 우리는 호혜성을 오로지 혜택만 주고받는다는 의미로는 잘 쓰지 않지요. 이 단어는 우호적 관계를 전제로 서로 이것저것 주고받고 갚는다는 뜻으로 더 많이 사용됩니다. 그런 관례적 용법이 어느 정도 확립된 것 아닌가요? 호혜성에도 갚음의 뜻이 없는 건 아니지요. 물론 '호수'라는 단어에는 '서로 갚는다'라는 뜻이 문자 그대로 확실히 드러나 있습니다. 하지만 의미 전달의 문제가 사전적 정의로 자연스레 풀리는 건 아닙니다. 책을 읽다가 호수라는 단어가 나오면 목에 가시가 걸린 듯 멈칫하는 독자가 있을지 모릅니다.

박세진: '호수'라는 표현이 생경한 것은 사실입니다. 하지만 여기서 수(酬)는 우리가 일상적으로 사용하는 '보수'나 '응수' 같은 단어에도 포함된 낯익은 한자라, 의외로 '호수성'이라는 표현에도 금방 익숙해질 수 있지 않을까 생각합니다. 중요한 것은 『증여론』 전체의 메시지를 어떤 번역어가 더 잘 전달하는지의 문제입니다. 모스가 답하고자 한 질문은 사람들이 왜 선물에 보답하느냐는 것이었고, 그 유명한 삼중의 의무 가운데 가장 천착했던 것도 '갚을 의무(obligation de rendre)'였습니다. 그렇다면 증여의 원리도 자연히 '서로 갚음', 호수성이 되어야겠지요. 또 하나, 사람들은 "증여가 호혜적 관계를 만든다"는 식의 말을 쉽게 쓰곤 하는데 여기에는 증여

가 본질적으로 좋은 것이라는 생각이 깔려 있습니다. 하지만『증여론』을 조금만 꼼꼼히 들여다보면 이것이 증여에 대한 절반의 이해에 불과하다는 사실이 드러납니다. 모스는 쿨라의 배후에 경쟁, 과시, 위대함과 이해관심의 추구라는 동기가 깔려 있다고 말하고, 또 포틀래치를 지배하는 경쟁과 적대, 그로부터 초래되는 파괴와 물리적 충돌, 심지어 죽음에 대해서도 언급합니다. 이 같은 경우를 두고 '호혜'를 말하기는 어렵겠죠. 반면 "증여가 호수적 관계를 만든다"는 진술은 이러한 현실을 포괄하는 동시에 동맹, 유대, 평화를 가져오는 증여의 기능도 놓치지 않습니다. 이 점에서도 호수가 호혜보다 훨씬 낫습니다.

박정호: 그렇군요! 확실히 호혜성보다는 호수성이 réciprocité의 적절한 역어로 보입니다. 그런데 이렇게 되물을 수 있습니다. "réciprocité가『증여론』의 핵심 개념이라면, 모스는 왜 이 단어를 한번 밖에 사용하지 않았는가?"라고요. 우리는『증여론』의 이론적 구도를 숙지한 상태에서 réciprocité의 적절한 역어를 찾고 있습니다. 그런데『증여론』을 집필하면서 이 특정 용어를 꺼렸던 사람, 모스 자신은 정작 그 단어의 의미를 어떻게 생각했을까요? 지금 관건은 모스가 머릿속에서 떠올렸던 réciprocité, 자신이 수집한 민족지 사례를 앞에 놓고 쓰기를 망설였을 réciprocité의 의미를 1924년 모스의 포지션에서 생생하게 실감하는 일입니다. 모스가 '갚을 의무'라는 문제에 집중했으니 réciprocité를 호수성으로 옮겨야 한다

는 건 다소 지나친 해석으로 보입니다. 오히려 réciprocité가 그 문제를 제대로 풀 수 없기에 한 번밖에 쓰지 않았다고 봐야 하지 않을까요?

사실 모스가 réciprocité를 정교하게 다듬어서 활용한 텍스트는 『증여론』이 아닙니다. 『증여론』이 출간되고 한참 뒤 1931년 발표한 「다분절사회에서의 사회적 결속(La cohésion sociale dans les sociétés polysegmentaires)」이라는 논문이지요. 이 논문에서 모스는 réciprocité를 11차례 사용합니다. 모스는 직접적이고 대칭적인 réciprocité를 한편에 놓고, 다른 한편에는 간접적이고 교대로 이어지는 réciprocité, 특별히 세대 간 연대성의 망을 짜는 réciprocité를 제시합니다. 여기서 모스는 더는 '갚을 의무'라는 문제에 몰두하지 않습니다. 그 의무가 누구에게, 어느 방향으로 전달되고 세대를 가로질러 어떻게 확장되느냐가 중요하게 다뤄집니다. 이 논문은 모스 선집에 포함될 예정인데, 이때 réciprocité의 역어가 호수성인지 호혜성인지, 아니면 상호성인지는 나중에 다시 검토해 볼 일입니다.

박세진: 네, 때가 되면 다시 검토하기로 하고, 일단 『증여론』의 전체 논의 맥락과 지금까지 호혜성이라는 역어가 노정해 온 문제들을 고려할 때 réciprocité를 호수성으로 옮기는 편이 더 적절하다고 정리해 두지요. 사실 모스가 『증여론』에서 réciprocité나 réciproque라는 단어를 거의 쓰지 않은 이유는 그저 그럴 필요가

없었기 때문일 지도 모르겠습니다. '갚다(보답하다, 돌려주다)'를 뜻하는 rendre — 영역본에서는 이 단어를 reciprocate로 옮깁니다 — 를 백 번도 넘게 사용하면서 자신이 증여의 어떤 특징에 주목하고 있는지를 충분히 보여줬으니까요. 모스가 '갚을 의무'와 '보답되는 선물'에 대해 말하는 매 순간 réciprocité, 즉 호수성의 원리가 긍정되고 있다고 생각합니다.

모스가 『증여론』에서 말하고자 했던 것

이경묵: 번역의 근본적인 문제이기도 하겠지만, 어떤 역어를 택하더라도 완전히 만족스러울 수는 없을 것 같습니다. 다음 주제로 넘어가, 과연 모스가 『증여론』에서 말하고 싶었던 것은 무엇인지에 대해 논의를 이어나가도록 하겠습니다.

박세진: 『증여론』은 모스가 "태고사회"라고 부른 곳에서 관찰되는 증여 제도에 대한 시론적 연구입니다. 모스는 폴리네시아, 멜라네시아, 북서아메리카의 사회처럼 태평양 한중간에 있거나 태평양을 끼고 있는 사회, 그 가운데서도 상당한 잉여를 축적하는 부유한 사회를 주요 준거로 논의를 전개합니다. 이들 사회에서 관찰되는 증여의 제도들을 모스는 '총체적 급부 체계'라고 부릅니다. 전체로서의 집단과 집단 사이에서, 비단 물건만이 아니라 의례적 서비스, 군사적 지원, 여자, 아이, 춤, 축제 등 온갖 것들이 오간다는 점에서

이 제도는 '총체적'입니다.

　모스는 태고사회의 증여를 '물질적 이익 추구'라는 관점으로 이해할 수는 없다고 강조합니다. 그렇다고 해서 아무것도 바라지 않고 그저 관대하게, 무사무욕하게 주는 것도 아닙니다. 모스는 사람들이 주어야 하는 이유, 줄 수밖에 없는 이유를 몇 가지 차원에서 논의합니다. 증여를 거부하는 것은 전쟁을 선언하는 것과 마찬가지이므로 주고받아야 한다, 증여 행위에는 당사자의 명예와 위신이 걸려 있으므로 줄 수밖에 없다, 받은 선물에는 보답을 강제하는 '영적 힘'이 내재되어 있으므로 갚을 수밖에 없다 등의 논리가 그것입니다.

　이렇게 모스는 주고-받고-갚는 삼중의 의무를 '태고사회'에서 발견하게 됩니다. 사실은 '재발견'이라고 말하는 게 더 정확한데, 왜냐하면 그리스 신화에 등장하는 유명한 삼미신(三美神)이 각각 은혜를 베풀고, 입고, 갚는 일을 표상한다고 보는 해석이 헬레니즘 시대부터 있었기 때문입니다. 아무튼 모스는 선물을 보답과 함께, 급부를 반대급부와 함께 논하면서 이러한 연결의 원인이자 결과를 사람들 사이의 연결에서 찾습니다. 한편으로는 선물과 선물의 연결 속에서 사람들이 연결되고, 다른 한편으로는 사람들이 서로 연결되어 있기 때문에 선물을 주고, 받고, 특히 갚을 수밖에 없다는 것입니다. 이렇게 보면 사회란 선물의 매개를 통해 형성되고 재생산되는 사람들의 연결망에 다름 아닌 것이 됩니다.

　모스는 현대 사회 역시 완전한 예외가 아니라는 자신의 생각을 증여가 "인간 반석 가운데 하나"(본문 23쪽)라는 표현과 함께 『증여론』에 새겨놓습니다. 이 표현은 왜 모스가 『증여론』에서 다루는 사회를 '원시'나 '미개'가 아니라 "태고"라는 말로 수식하는지를 밝혀줍니다. 태곳적에 형성된 깊은 지층이 지금 우리가 서 있는 땅의 기반이 되듯 증여가 여전히 우리 사회의 기반을 이루고 있다면, 증여의 실천이 '총체적 급부 체계'를 만들어내고 있는 사회는 우리와 무관한 원시사회나 미개사회가 아니라 바로 우리 자신의 태곳적 사회라는 것입니다.

박정호: 『증여론』의 부제는 "태고사회의 교환 형태와 이유"입니다. 그래서인지 『증여론』은 교환과 계약의 기원을 다루는 책처럼 보입니다. 사회사상사 서적에 으레 등장하는 주제, 즉 홉스에서 로크, 루소를 거쳐 초기 사회학자들에게 이어진 사회계약론의 지적 전통을 따르는 것처럼 보이지요. 그러나 모스는 이 전통을 그대로 답습하지 않습니다. 그는 개인들 사이의 등가적 교환이나 거래에서 사회의 기원을 찾지 않습니다. 박세진 선생님께서 지적하셨듯이, 모스에게 사회의 영원한 반석이 있다면 그것은 give and take 식의 계약이 아니라 주고받고 대갚음하는 세 가지 의무의 순환으로 이뤄집니다. 이 반석이 놓인 장소는 경제학에서 금과옥조로 여기는 '시장'이 아니라, 오랜 시간 퇴적된 지층 저 밑바닥일 것입니다. 『증여론』의 핵심 주제는 바로 이 반석을 고고학적으로 발굴하는 데 있습니다.

사회를 구축한 반석을 건드린다는 점에서『증여론』은 인간 활동의 기본적 동기를 묻는 책이기도 합니다.『증여론』은 이해관계를 행위 동기로 삼는 '호모 에코노미쿠스(homo economicus)'라는 가정을 단호하게 물리치고 인간 행위의 서로 대립하는 동기들이 함께 결합해 작용한다는 사실을 알려줍니다. 모스는 증여를 통해 사심 없는 태도와 이익 추구가 역설적으로 결합한다는 점을 강조하지요. 선물은 무사심으로 이해관심(intéressé)을 실현하는 기술입니다. 그 반대도 마찬가지이고요. 어느 한쪽이 다른 한쪽의 감춰진 진실이 아닙니다. 그런데 증여로 실현되는 이해관심이란 도대체 무엇인가요? 그것은 경제적 이익만을 가리키지 않습니다. 증여로 표현되는 궁극적 이해관심은 타자와의 관계 맺기를 향합니다. 무사무욕은 무관심이 아니지요. 사심 없이 준 선물은 사실상 관계를 맺으려는 사심을 내포합니다. 선물의 너그러움은 이러한 사심을 반어법적으로 드러냅니다. 하지만 너그러움의 미덕도 언제든 오만과 착취, 지배로 뒤바뀔 수 있습니다. 어쨌든 모스가 언급했듯이 선물 안에서 무사무욕과 이해관계, 너그러움과 지배, 자유와 의무가 서로 뒤엉켜 있습니다. 모스는 증여의 '혼종성'을 강조합니다. 혼종이라는 용어는 증여로 만들어지는 인간관계가 얼마나 까다롭고 섬세한 것인가를 잘 보여줍니다. 바로 이 점도『증여론』의 독창적인 통찰 중 하나라고 생각합니다.

포틀래치와 쿨라

이경묵: 이쯤에서 『증여론』에 등장하는 중요한 사례이자 개념인 '포틀래치(potlatch)'와 '쿨라(kula)'에 대해 간략히 정리해 보면 좋겠습니다. 박세진 선생님께서 먼저 말씀해 주시죠.

박세진: 모스는 이 책에서 쿨라를 포틀래치의 일종으로 자리매김하려고 애를 씁니다만, 일반적으로는 둘을 친연성이 있는 독자적 제도로 봅니다. 포틀래치는 북서아메리카 지역의 민족들, 예컨대 태평양과 접한 캐나다 브리티시컬럼비아주의 원주민들 사이에서 찾아볼 수 있는 제도입니다. 잘 알려진 예로는 보아스가 연구한 콰키우틀족 ─ 지금은 콰콰케와크족이라고 부릅니다 ─ 이나 스원턴(John R. Swanton)이 연구한 하이다족이 있죠. 이들 부족은 '분절 사회'를 이룹니다. 부족은 씨족들로 나뉘고, 씨족은 다시 여러 확대 가족들로 나뉘는 식으로 말입니다. 포틀래치는, 예를 들면 어떤 씨족이 결혼식, 장례식, '명명식' 같은 중요한 행사에 다른 씨족을 초대해 음식을 베풀고 선물을 주는 제도를 가리킵니다. 북서아메리카 사회는 부에 대한 차별적 접근권에 따라 사람들 사이의 위계가 설정되는 사회이기 때문에, 포틀래치의 과정에서 가장 중요한 행위자로 등장하는 것은 집단의 수장(=부자)입니다. 모스의 표현을 빌리면 수장의 "체면", 수장들 사이에서의 그의 "서열"이 포틀래치에 걸려 있습니다. 이를 지키기 위한 수장의 노력은 큰 가치를 지닌 방패

모양의 구리판을 다른 수장에게 증여하는 행위(나아가 자신의 우위를 극화하기 위해 구리판을 파괴하는 행위)로 집약됩니다. 이렇게 씨족들과 수장들은 누가 더 성대한 잔치를 열고, 누구 더 귀중한 재화를 더 관대하게 주는지를 놓고 서로 경쟁합니다. 모스가 보기에 포틀래치는 말 그대로 "부의 투쟁", "재산 전쟁"입니다.

말리노프스키가 뉴기니 북동부의 트로브리안드 군도에서 관찰한 쿨라는 이웃하는 섬들을 연결하는 증여의 망입니다.[2] 쿨라는 바이구아라고 불리는 두 종류의 재화, 즉 조개껍질로 만든 목걸이와 팔찌를 반대 방향으로 순환시킵니다. 예를 들어 제가 B섬에 사는 쿨라 참여자라고 한다면, A섬에 사는 파트너에게 목걸이를 받아 일정 기간 간직한 뒤 C섬의 파트너에게 전달합니다. 그러면 C섬의 파트너가 또 얼마간 시간이 지난 후 팔찌를 제게 주고(하지만 그가 저 말고 다른 파트너 중 한 명에게 줘버릴 가능성도 있습니다), 저는 그걸 다시 A섬의 파트너에게 보내는 식입니다. 목걸이와 팔찌는 이런 식으로 여러 섬을 순환하면서 수많은 사람을 파트너 관계로 한데 묶습니다. 포틀래치가 결혼이나 장례 같은 의례적 계기에 의해 촉발되는 증여라면, 쿨라는 다른 이유 없이 존재하는 순수한 게임 같아 보입니다. 말리노프스키도 스포츠 경기와 쿨라를 비교하면서 바이구아를 트로피 같은 것이라고 말합니다. 이 바이구아-트로피는 잠시 나를 거쳐 가는 것이고, 게임의 목표는 값진(=서열이 높은) 바이구아가 최대한 많이 나를 거쳐 가게 하는 데 있습니다. 이를 통해 쿨라에 참여하는 뛰어난 '선수'는 "천둥과 같은" 명성을 트로브리안드 군도 전체에 울려 퍼뜨리게 됩니다.

이경묵: 최근에 낸시 먼의 『가와의 명성』을 다시 살펴볼 기회가 있었는데요, 이 책은 쿨라에 참여하는 가와섬 사람들에 대한 연구입니다.[3] 먼은 명성을 얻기 위한 경쟁을 부각해 자연스럽게 포틀래치를 떠올리게 합니다. 이렇게 보면 『증여론』에서 다뤄지는 두 주요 사례가 '포틀래치 같은 쿨라' 혹은 '쿨라 같은 포틀래치' 같이 뒤섞여 서로 통하는 구석이 있다는 점을 알 수 있습니다. 쿨라와 포틀래치를 극단적으로 구분해 어떤 것은 조화롭고 규칙을 따르고, 어떤 것은 경쟁에만 쏠려 있다는 식으로 이해해서는 곤란하지 않을까 싶습니다.

박세진: 맞습니다. 포틀래치가 적대적이고 경쟁적인 반면, 쿨라는 조화롭고 협력적이라는 대조는 적절하지 않습니다. 모스 자신도 당연히 그렇게 설명하지 않고요. 물론 보아스의 기술에 의존했던 모스가 포틀래치를 과도한 낭비와 파괴의 요소를 지닌 기형적인 증여 제도로 묘사했던 것이 이러한 견해를 형성하는 데 기여한 바가 있기는 할 겁니다. 하지만 바타유[4]에게 영감을 주기도 했던 포틀래치의 이러한 '과도함'이 사실은 당시 아메리카 원주민 사회가 처한 특수한 역사적 맥락에서 비롯된 것이라는 점이 훗날의 연구를 통해 밝혀졌습니다. 캐나다와 미국 정부가 전쟁을 금지하면서 집단들 간의 적대가 포틀래치로 전이된 것이 주요 원인이었고, 백인과의 교

역을 통해 막대한 부가 원주민 사회로 유입된 것도 이른바 '미친 포틀래치'가 성행하게 된 배경이 되었습니다. 물론 이러한 변수를 제거하더라도 씨족과 그 수장의 위신이 걸려 있는 이상 포틀래치에는 경쟁이 잠재해 있을 수밖에 없겠지만, 그래도 보다 절제되고 우호적인 방식으로 표현되었겠지요. 쿨라가 보여주는 것이 바로 이런 방식의 경쟁입니다. 게임에 참여하고 그 속에 머물기 위해서는 파트너들과 좋은 관계를 유지하는 게 필수적이지만, 그 가운데 각자는 파트너가 다른 사람이 아니라 바로 자신에게 바이구아를 주게끔 교묘한 영향력을 행사하면서 최고의 '선수'가 되려고 합니다.

박정호: 『증여론』을 썼을 당시 모스가 참조했던 민족지에 어떤 한계가 분명히 있었을 겁니다. 여러 인류학자가 언급했듯이 모스가 쿨라와 포틀래치를 정확하게 해석했다고 볼 수는 없습니다. 그런데 『증여론』을 저술했던 1924년경을 주목할 필요가 있습니다. 이때는 모스가 볼셰비즘에 대한 사회학적 평가를 했던 시기이기도 합니다.[5] 누군가 『증여론』에 기술된 포틀래치에 식민지적 약탈의 맥락이 빠져 있다고 지적할 때, 누군가는 볼셰비즘에 대한 비판의 맥락에서 모스의 해석을 받아들여야 한다고 주장할지도 모릅니다. 사실 당시 모스의 머릿속을 꽉 채웠던 문제는 '정치적인 것의 본질'이었습니다. 모스는 자신이 체험한 정치적 폭력과 국가 간 전쟁의 해결책 중 하나를 증여의 선순환에서 찾았고요. 따라서 그 단서로 여긴 포틀래치의 경쟁적 요소를 특별히 강조할 수밖에 없었을 겁니다.

지리적으로나 역사적으로나 벗어나 있는 쿨라를 포틀래치의 일종으로 여겼을 정도였으니까요. 모스가 말했듯이 증여는 평화를 향한 의지이며, 서로 살육하지 않으면서 대결하는 법을 배우고 희생시키지 않으면서 주는 법을 배우는 것입니다. 모스가 쿨라와 포틀래치에 대한 정치적 해석을 유보한 채 해당 지역의 민족지를 계속 뒤졌으면 어땠을까요? 그래도 모스는 최종적으로 두 관습을 당대의 정치적 맥락에서 이해하려고 했을 겁니다.

증여의 역설

이경묵: 낸시 먼은 쿨라를 논하면서, 이를 가와 사람들이 수행하는 다양한 활동 중 하나로 강조합니다. 쿨라는 일종의 토너먼트와 같고 조개껍데기는 트로피와 같은 것이라는 이야기를 했는데, 사실 쿨라는 가와 사람들이 마을에서 전통적으로 행해온 여러 의례 활동의 연속선상에 있습니다. 먼은 가와 사람들이 자신들의 세계 안에서 명성을 쌓고자 하고 그 연장선에서 쿨라 교환에 참여한다고 설명합니다. 이제 앞서 조금씩 언급되었습니다만, 『증여론』의 학문적 의의를 한번 정리해 볼까요.

박세진: 무엇보다 증여라는 '사회적 사실'을 발견한 공로를 모스에게 돌려야겠지요. 모스 이전에는 증여라는 단일한 사실이, 더 정확히 말하자면 증여라는 사실의 여러 유형이 인간 사회의 역사를

관통하고 있다는 점을 누구도 보지 못했습니다. 『증여론』이 "과학의 진보에서 결정적인 한순간"을 이룬다고 단언할 수 있는 이유가 여기에 있습니다.

모스가 발견한 증여는 앞서 언급한 것처럼 '애매한 것'입니다. 모스는 끊임없이 증여를 역설적인 것으로 형상화합니다. 선물은 관대하고 무사무욕하게 주는 것이지만, 동시에 거기에는 분명 어떤 이해관계가 걸려 있습니다. 선물은 자발적이고 자유로운 것인 동시에 강제적이고 의무적이기도 합니다. 여기서 중요한 것은 '동시에'입니다. 물론 모스는 책 서두에서 '실제로는' 강제적이자 타산적인 급부가 '겉보기에는' 자유롭고 대가 없이 제공된다는 식으로 말하기도 합니다. 하지만 이는 증여의 자발성과 무상성을 특권화하는 서구적 시각을 교정하기 위한, 이른바 '막대를 반대로 구부리는' 전략이라고 볼 수 있습니다. 본문에서 시종일관 표명되는 것은 선물이 "자유롭게 또 의무적으로" 주는 것이라는 입장, 태고사회의 증여란 무사무욕하게 이해관심을 추구하는 일이라는 관점입니다. 둘 중 하나가 다른 하나의 우위에 있는 것이 아닙니다.

또 증여는 경쟁과 적대, 협력과 동맹의 차원을 모두 가지고 있는 것이기도 합니다. 포틀래치와 쿨라의 행위자들은 분명 명예와 위신을 놓고 경쟁하지만, 보통은 어디까지나 파트너 관계 속에서 경쟁합니다. 마찬가지로 증여를 서로 도움을 주고받는 일로 축소할 수도 없습니다. 모스는 이렇게 말합니다. "주는 것은 우월성을 드러내는 행위다. 그것은 자신이 더 크고 높은 존재임을, 주인임을 보여주는 것이다"(본문 155쪽). 증여는 주는 자와 받는 자 사이에 불균형을 만들어내며, 부르디외적 의미의 상징적 폭력의 매개체가 될 수도 있습니다. 피지배자가 '권력자=증여자'에게 감사와 부채감을 느낄 때 권력관계는 정당화되고 강화되니까요. 이렇게 놓고 보면 자기 차례에 증여할 능력이 없는 이들에게 일방적으로 베푸는 일의 애매함이 분명해집니다. 모스는 자선이 그것을 받는 사람에게 상처를 준다고 말하면서 "부유한 '자선가'의 분별없고 모욕적인 후원"을 지양할 것을 권고합니다(본문 139쪽). 요컨대 『증여론』은 단순히 증여를 찬양하는 책이 아닙니다. 오히려 『증여론』은 '증여의 애매함에 대한 책'입니다. 모스가 다루는 증여는 '이것이자 이것이 아닌 것', 즉 역설로서의 증여입니다.

박정호: 중요한 걸 짚어 주셨습니다. 『증여론』의 학문적인 의의는 인간 반석의 고고학적인 탐색을 통해서 그 반석이 어떤 형태로든 현재까지도 작동하고 있음을 보여준 데 있습니다. 또 한편으로는 인간 행위의 다차원성, 즉 모호하고 혼종적인 성격을 강조한 것도 『증여론』의 중요한 의의이고요. 문제는 이 모호함이 증여의 의미를 그저 애매하게 만든다기보다 확장한다는 점입니다. 그러니까 증여가 자선이나 선행으로 환원될 수 없지만, 자선이나 선행과 무관하진 않다는 것이지요. 게다가 증여는 무사무욕을 앞세운 전략적이고 도구적인 행위로도 얼마든지 쓰일 수 있습니다.

모스가 증여를 외견상 무상인 것 같아도 그 안에 이해타산이 깔려 있다고 말했을 때, 이 언급은 서구의 편견을 교정하기 위한 시도이기도 하지만, 증여에 관한 경제주의적 해석의 밑바탕이 되기도 합니다. 포틀래치 제공자를 낭비벽 심한 자본가로 묘사하거나 쿨라를 명성을 얻기 위한 경제적 투자로 간주하는 견해가 바로 그렇지요. 좀 더 날카로운 견해는 부르디외의 해석법입니다. 부르디외는 무사무욕하다고 여겨지는 행위를 '상징적 이윤'과 '상징자본'이라는 용어로 재해석합니다. 더 나아가 그러한 이윤과 자본의 최대치를 지향하는 사회적 인간의 리비도를 파헤치지요. 반면 데리다는 정반대로 해석합니다. 데리다는 선물이 선물로 인식되는 순간, 즉 답례 관념을 불러일으키는 순간 더는 선물이 될 수 없다고 주장합니다. 아주 간단히 말하자면 이렇습니다. 부르디외는 사회적 존재의 리비도인 속물성을 전제로 선물의 의미를 파헤치는데, 데리다는 바로 그 비순수성 때문에 선물이 불가능하다고 주장합니다. 결국, 이 두 입장은 서로 뒤집힌 거울쌍 이미지처럼 잘 포개집니다. 그러나 모스에게 선물은 늘 타산적인 것도, 불가능한 것도 아닙니다. 모스는 인간 행위의 여러 동기가 분리할 수 없을 만큼 복잡하게 나타난다는 것을 강조했을 뿐입니다.

이런 의미에서 제 스승이기도 알랭 카이에(Alain Caillé)는 『증여론』의 메시지를 반공리주의(anti-utilitarisme)에서 찾습니다.[6] 반공리주의는 인간 행위의 동기를 이해관계로 해석하는 데 반대한다는 뜻이 아니라, 이해관계만 가지고 해석하는 데 반대한다는 뜻입니다. 사실 인간 행위의 동기에는 명예, 위신, 사랑, 증오, 복수심을 포함해 경제적 이익도 있지요. 타인이나 돈에 대한 관심도 있고요. 레비스트로스는 증여론을 "생생한 감각적 묘사와 중량감 있는 주석, 놀라운 박식함이 무질서하게 뒤섞인 텍스트"[7]라고 평가했습니다. 맞습니다. 『증여론』은 짜임새가 산만하고 논점의 일관성도 다소 부족해 보입니다. 그런데 『증여론』의 이 특성은 바로 증여의 특성이기도 합니다. 증여에는 일관된 의미나 동기가 없습니다. 이러한 특성이 『증여론』을 온갖 해석을 허용하고 온갖 논쟁을 유발하는 일종의 문제작으로, 유일무이한 해석을 불가능하게 만들어버리는 현대의 고전으로 만든 것이 아닐까 생각합니다.

'하우'와 제삼자

이경묵: 두 분 말씀에 동의합니다. 모스가 자신의 연구를 '시론'으로 규정했듯, 이 저작의 학문적 의의 자체에도 어느 정도의 모호함과 양의성이 내재되어 있습니다. 『증여론』은 일종의 시론이기 때문에 그것을 통해 우리 사회의 반석을 상상하는 일에는 사실 어려움이 있습니다. 반면 부르디외의 증여 분석은 매우 구체적인 상황 속에서의 전략적 실천에 초점을 맞추고 있어, 모스의 접근과는 사뭇 다른 성격을 지닙니다. 이제 『증여론』과 관련된 주요 논쟁점을 짚어 보겠습니다. '하우'에 대한 논의로 시작하면 될까요?

박세진: 네. 서론에서 모스는 다음과 같은 질문을 던집니다. "후

진적이거나 태고 유형의 사회에서 받은 선물에 대한 보답이 의무적으로 이뤄지게끔 하는 법과 이해관계의 규칙은 무엇인가?" 그리고 바로 이렇게 질문을 바꾸죠. "주어진 물건에는 어떤 힘이 있기에 수증자는 선물에 보답하게 되는 것일까?"(본문 22쪽) 모스는 마오리족 현자 라나피리가 말한 하우에서 답을 찾습니다. 하우, 즉 사물에 깃든 영(靈)이 선물을 받은 사람을 대갚음으로 이끄는 힘이라는 것입니다. 모스는 고등연구실습원(EPHE)에서 '비문명화된 민족들의 종교'를 주제로 오랫동안 강의하기도 했고, 원래 기도, 주술, 희생 등 넓은 의미의 종교적 현상을 연구하는 학자였습니다. 그는 인간의 운명을 좌우하는 신비적 힘이 단순히 인과성에 대한 주술적·종교적 표상에 그치는 게 아니라 '실효성'을 가진다는 사실을 깊이 이해하고 있었습니다. 한편 모스는 사물의 영이라는 아이디어를 마치 교향곡의 테마를 변주하듯 책 전체에 걸쳐 반복합니다. 북서아메리카의 포틀래치를 논할 때도, 고대 로마의 넥숨이나 게르만족의 담보를 다룰 때도 사물의 영을 언급하고, 심지어 사고파는 물품 안에도 영이 깃들어 있을 가능성을 상정합니다. 결론에서 모스가 노동자에 대한 생활보장의 당위성을 역설할 때 동원되는 것도 유사한 논리입니다. 노동자의 생산물에는 노동자의 생명이 깃들어 있다는 것입니다.

'하우=영적인 힘'이라는 아이디어는 훗날 많은 비판과 재해석의 대상이 됩니다. 특히 하우를 '탈신비화'하는 두 가지 해석이 널리 알려져 있습니다. 하나는 하우를 원주민의 이익 관념과 등치시

키는 마셜 살린스의 (설득력은 있지만, 저로서는 좀 재미가 없는) 입장
이고,[8] 또 하나는 레비스트로스의 문제적이면서도 흥미진진한 주
장, 즉 하우를 그 자체로는 아무런 의미를 지니지 않은 채("제로 상
징가") 상징의 바다를 떠다니면서 의미의 결여를 막아주는 기능을
수행하는 기표("부유하는 기표")로 간주하는 견해입니다.[9] 개인적으
로는 모스의 아이디어가 애초에 그렇게 신비적인 게 아닐 수도 있
다는 생각입니다. 우리가 선물을 통해 마음을 전한다고 말하듯이,
선물 안에 선물한 이의 무언가가 담겨 있다는 생각은 전혀 낯설지
않습니다. 그 무언가를 영이라고 부르건 마음이라고 부르건 정체성
이라고 부르건 간에, 선물을 준다는 것은 자기 자신의 일부를 주는
것입니다. 바로 모스가 말한 것처럼요(본문 41쪽). 그리고 그 무언가
는 선물을 받은 이에게 어떤 식으로든 영향력을 미칠 수밖에 없습
니다. 수증자는 그 무언가의 영향을 느낄 수밖에 없습니다. 은혜로
든, 감사함으로든, 기쁨으로든, 도덕적 부채로든, 도전으로든 말입
니다.

박정호: 하우와 관련한 흥미로운 논쟁거리 중 하나는 제삼자의
문제입니다. 라나피리의 이야기에는 세 사람이 등장합니다. 주어진
사물에는 어떤 영적 힘이 있고 그 힘으로 인해 나는 답례할 수밖에
없다는 것이 하우의 요지인데, 그런 이야기라면 증여자와 수증자
두 사람이면 충분합니다. 그런데 왜 라나피리는 세 사람을 등장시
켰는가, 이것이 문제라는 거지요. 그래서 어떤 이는 라나피리 이야

기에서 두 사람이 아니라 세 번째 사람까지 이어지는 간접적 호혜성을 찾고, 어떤 이는 이 이야기가 바로 하우의 널리 퍼지는 마력을 입증한다고 주장합니다. 사실 도미니크 까자쥐(Dominique Cajajus)가 내놓은 입장이 더 흥미롭습니다.[10] 그는 라나피리 이야기에 등장하는 세 사람 A, B, C 중 라나피리 자신이 바로 B라고 주장합니다. 실제로 그렇습니다. 라나피리는 인류학자 베스트(Best)에게 당신이 나한테 무언가를 줬다고 가정해보자고 말을 꺼내니까요. 따라서 라나피리는 두 사람으로 이뤄진 쌍에 한 사람을 추가한 게 아니라, 자기를 (B로서) 가운데 놓고 이쪽과 저쪽에 두 사람(A와 C)이 있다고 가정한 것입니다. 제삼자 C가 추가로 등장하는 게 아니지요. 그럼 라나피리는 도대체 왜 두 사람 사이에 끼어든 걸까요? 까자쥐의 해석에 따르면 라나피리는 A와 C 사이에서 이뤄지는 사물의 흐름 속에 개입한 존재입니다. 라나피리는 사물의 두 흐름, A→C로 가는 흐름과 C→A로 가는 흐름을 막아서는 안 되는 존재로 자신을 묘사합니다. 하우란 곧 사물을 제대로 이동하게 만드는 원리라는 거지요. 하여간 라나피리는 자기가 슬쩍 던진 말이 이렇게까지 논쟁이 될 줄은 몰랐을 겁니다.

박세진: 사실 저는 오랫동안 제삼자의 문제가 왜 그렇게까지 중요한지 잘 이해를 못 했는데요, 지난번에 이경묵 선생님이 다른 자리에서 관련 주제의 발표를 하시면서 낸시 먼이 제삼자를 '가상적 관찰자'로 규정한다는 이야기를 하신 게 기억이 납니다.

이경묵: 낸시 먼은 자신이 퍼스의 이론을 받아들인다고 말합니다. 가상적 관찰자란 주고받는 당사자들이 항상 가정하는 중간 자리와 같습니다. 먼은 증여자가 누군가에서 무언가를 줌으로써 미래를 예측 가능하게 만들고, 자신이 원하는 대로의 미래가 실현될 가능성을 높이며, 궁극적으로는 자신의 통제할 수 있는 시공간을 확장한다고 설명합니다. 하지만 영향력을 확장하려는 행위에는 위험이 따릅니다. 남에게 영향력을 끼치려는 행위가 긍정적인 가치 확장으로 간주될 경우는 명성이 쌓이고 존경받는 인물이 되지만, 부정적으로 평가될 경우에는 마녀나 마녀의 조력자로 낙인찍힐 수 있습니다. 이런 상황에서 가상의 관찰자는 행위의 결과를 평가하고 방향성을 보증하는 중간 장치로서의 역할을 맡게 됩니다. 실제 행동으로는 구분되지 않아 누가 마녀인지 확정할 수 없는 가와 사회에서는, 누군가 마녀로 낙인찍히지 않기 위해서는 항상 제삼자의 평가나 보증이 필요합니다. 교환이든 증여이든, 주고받는 양자 관계나 계약을 맺는 당사자들만 보면 소위 '사회적인 것'을 설명할 수 없게 됩니다. 증여가 사회의 기반으로 기능하려면, 논리적이든 가능성의 측면에서든 세 번째 자리로의 확장이 필요합니다. 이 문제는 두 분께서 함께 책을 한 권 쓰셔야 할 문제가 아닐까요?

박세진: 저는 항상 증여를 자기가 어떤 사람인지를 '보여주는' 문제로 생각해 왔습니다. 모스는 포틀래치를 분석하면서 그 이유를 체면과 연결 짓습니다. 포틀래치에는 씨족과 씨족을 대표하는 수장

의 명예, 명성, 명망이 걸려 있습니다. 이때의 명(名)은 물론 '이름'을 뜻하는데, 흥미롭게도 포틀래치를 하는 사회는 이름이 가장 귀중한 재산으로 간주되는 사회, 이름을 얻고, 지키고, 때로는 빼앗기위해 투쟁하는 사회입니다. 그곳에서 증여는 자기가 어떤 이름을 가지고 있는가를 보여주는 행위입니다. '부를 흩뿌리는 자'라는 영예로운 이름을 가진 사람은 실제로 부를 흩뿌림으로써 자신이 그러한 이름에 값하는 존재임을 증명하고자 합니다. 지금 우리가 행하는 증여도 이와 다른 것이 아닙니다. 부모님 효도관광 보내드리면 '효자'가 되고, 후배에게 거하게 한턱내면 "오 선배님!" 소리를 듣게 되는 것처럼 말입니다. 우리에게 있어서도 증여는 '이름을 걸고' 하는 일입니다.

그렇다면 자신이 어떤 이름에 값한다는 것을 누구한테 보여주느냐, 그저 선물을 받은 상대에게 보여주는 것이냐면 꼭 그렇지만은 않은 듯합니다. 포틀래치나 쿨라는 다른 사람들이 보는 앞에서 공개적으로 이루어지는 증여입니다. 선물을 주고받는 일 자체가 일종의 '볼거리'이고, 볼거리는 그걸 보는 관객이 있어야 성립하는 것이죠. 그렇다면 이 관객을 제삼자로 설정해 볼 수 있지 않을까요? 부모님 효도관광 보내드릴 때는 일가친지와 부모님 친구분들이 제삼자가 되고, 후배에게 한턱내는 일도 으레 다른 이들에게 알려지기 마련입니다. 아무도 모르게 하는 증여에도 가상적 관찰자로서의 제삼자가 개입합니다. "숨은 일도 보시는 하느님"이나, 내가 한 일을 평가하는 '내 마음속의 나'처럼요. 선물을 준 자신을 자찬하고

자축하는 나, 데리다가 대가 없는 '순수 증여'의 불가능성을 주장하면서 말했던 나 말입니다.[11]

박정호: 매우 중요한 점을 언급하셨습니다. 자신을 자찬하고 자축하는 시대, 내가 증여의 윤리적 의미를 점검하는 주관성의 시대는 곧 이 세계가 에나프가 말한 '의례적 증여'에서 빠져나왔음을 뜻하기도 합니다. 내면성의 거울로 증여의 윤리를 점검하는 나의 시대가 열린 것이지요. 태고사회에서는 없었을 고민거리를 우리는 떠안고 있는지도 모르겠네요. 오늘날 증여의 가치가 사회적 의례보다는 각자 내면의 윤리로 판단되는 현상은 증여의 대가와 관련해 반드시 짚고 넘어가야 할 문제입니다.

'갚을 의무'와 선물의 가치

이경묵: 대가 이야기가 나왔으니, 연결되는 주제인 '갚을 의무'에 대해 이야기해 보면 좋을 것 같습니다. 모스는 대갚음에 주목하며 증여를 논했지만, 여기에 대한 이견도 적지 않습니다.

박세진: 대표적으로는 알랭 테스타의 문제제기가 있죠.[12] 갚을 의무에 집중하면 증여와 교환의 차이가 지워진다는 것인데, 모스가 태고사회의 증여를 기술하기 위해 동원하는 그 밖의 범주들도 마찬가지의 효과를 낳습니다. 예를 들어 이자, 지불, 반환, 신용, 계

약 같은 것은 전부 (상업적) 교환의 질서에 속하는 용어니까요. 그렇지만 모스는 '증여가 교환의 일종'이라는 전제를 깔고 논의를 펼치니까, 지금 지적하고 있는 이 문제는 증여는 교환이 아니라고, 즉 '증여가 교환의 부정'이라고 여기는 사람들의 눈에만 문제라고 해야겠습니다.

저 역시 테스타와 같은 문제의식을 가지고 있고, 그래서 모스가 갚을 의무에 대해 말하는 대목을 유심히 보면서 번역을 했습니다. 인상적이었던 점은 모스는 갚을 의무를 계속 강조하는 데 반해, 주로 주석으로 처리되는 원주민들의 이야기 속에는 이에 대한 언급이 거의 없다는 것입니다. 북서아메리카 원주민들은 그저 주어야 한다, 포틀래치를 열지 않으면 안 된다는 이야기를 할 뿐입니다. 프랑스어판 『증여론』에 서문을 쓴 베베르도 같은 지적을 합니다.[13] 어떤 포틀래치도 앞선 포틀래치가 요구하는 반대급부로 간주되지 않는다고 하면서요. 그럼 쿨라의 경우는 어떨까요? 쿨라의 '선수'들도 갚아야 한다는 생각 자체를 하지 않는 것 같습니다. 사실 게임의 구조 자체가 그런 생각을 할 수 없도록 짜여 있습니다. 사람들을 사로잡는 문제는 어떻게 하면 파트너로부터 원하는 조개껍질을 되도록 빨리 얻을 수 있을 것인가, 어떻게 여기에 도움이 되는 방식으로 자신이 가진 조개껍질을 사용할 것인가일 뿐입니다. 각자는 파트너와 조개껍질의 움직임에 대한 '시공간적 통제'를 행사하려고 하는데, 이는 탁구나 테니스처럼 공을 주고받는 스포츠의 경우와 유사합니다. 선수들은 그저 공을 칠 뿐, 그러니까 상대방에게 줄 뿐 갚는 게 아닙니다. 결국, 근본적인 의문은 증여의 문제를 갚기의 문제로 설정하는 것이 과연 타당하냐는 것입니다. 왜 사람들이 선물을 주는가를 먼저 물어야 했고, 사실은 그것만 물었으면 되지 않았을까요? 갚는다는 것은 자기 차례에 주는 것일 뿐이니까요.

이경묵: 갚기와 주기의 관계를 어떻게 해석할 것인가는 제삼자 문제와 밀접하게 연결됩니다. 주고받는 당사자를 둘로 한정하면 두 번째 주기는 갚을 의무의 완수이자 주기-받기-갚기라는 사이클의 종결입니다. 그러나 제삼자가 등장하면 이야기가 달라집니다. 이제 관계는 '주는 사람(인격)→ 받고 주는 사람(인격)→ 또 다른 받고 주는 사람(인격)'으로 확장됩니다. 관계의 화살표는 계속 이어지고, 맨 마지막에는 처음 선물을 줬던 사람이 다시 받게 될 것입니다. 제삼자가 더해짐으로써 주기가 계속 이어집니다.

증여자와 수증자 둘 사이에서 제삼자가 선물과 인격의 새로운 의미로 등장한다는 식으로도 생각해 볼 여지가 있을 것 같습니다. 받은 사람이 같은 선물을 돌려주거나, 준 사람이 자신이 주었던 선물을 되돌려 달라고 한다면 어떻게 될까요? 받은 사람이 자신이 받은 선물을 준 사람에게 곧바로 되돌려준다면 그것은 갚기가 아니라 증여의 거부입니다. 받은 이는 자신이 받은 선물에 상응하는 다른 선물을 통해 적절한 시기에 준 사람에게 갚아야 합니다. 선물을 주었던 사람이 그 선물을 되찾아간다면 증여를 통해 만들어진 관계를 부정하는 셈입니다. 똑같은 선물을 돌려주지 않고 자신의 주었던 선물을 되찾아가지도 않을 때 증여는 새로운 관계와 인격을 창출합니다. 이것을 '당사자 안의 제삼자'라고 말한다면 너무 강한 표현일까요?

최근 시어머니가 돌아가신 후 며느리가 자신이 주었던 가장 비싼 혼수품을 가져간다는 이야기를 들었습니다. 시어머니는 아무런 유언도 남기지 않았지만, '내가 드린 것이므로 내가 다시 가져가겠다'라는 논리였습니다. 이게 이해가 되지 않아 대학원생들한테 물어보았더니 "교수님, 요새 다 그래요!"라는 답을 들었습니다. 매우 당혹스러웠죠. 『증여론』의 논리를 따른다면 며느리가 시어머니에게 드렸던 그 선물은 시어머니의 딸이나 손녀 같은 다른 이에게 주어야 합니다. 시간이 흘러 시어머니가 그 혼수 선물을 며느리에게 직접 주는 경우를 상상할 수도 있습니다만, 이는 시어머니가 결혼식을 할 때의 며느리가 아닌 다른 인격의 며느리에게 같은 물건이지만 다른 의미를 담아 준다고 해석할 수 있을 것입니다.

박정호: 앞에서 논의했듯이, 증여의 세 가지 의무 중 모스가 가장 강조한 것은 갚을 의무입니다. 모스에게 이 의무는 수수께끼였죠. 여기에는 아무래도 모스의 서구중심주의적 관점이 개입되었다고 봐야 할 것 같습니다. 서구인으로서 모스는 유대 기독교적인 배경에서 선물의 순수성 관념을 익숙하게 받아들였을 겁니다. 답례 없는 선물을 유독 강조하는 종교의 영향 아래서 모스는 쿨라와 포틀래치 같은 증여 현상에서 마침내 선물의 사회학적 의미를 발견

했을 테고요. 그래서 갚을 의무를 풀어야 할 수수께끼로 간주한 것이지요. 그런데 이 의무를 증여의 당사자들이 도덕적으로 의식하고 있는지, 아니면 단지 의례적 행위인지는 명확하지 않습니다. 지적하신 것처럼 증여에는 확실히 스포츠적 요소가 있습니다. 배구나 테니스에서 상대방에게 공을 넘기는 제스처는 답례해야 한다는 도덕적 의식과 무관하게 일어나는 행위인 것처럼요. 여기에는 증여자와 수증자의 포지션이 교대로 뒤바뀌는 현상이 있지요. 내가 친 공을 상대방이 다시 나에게 넘기는 행위는 갚을 의무를 이행한 것이 아닙니다. 그건 서로 번갈아 가면서 증여자와 수증자의 포지션을 맡는 행위입니다. 그러므로 호수성(reciprocité)은 곧 교대(alternance)의 원리입니다. 여기서 증여는 "자 이제 당신 차례야!"라고 외치며 게임을 유지하자는 초대이자 권유의 제스처에 가깝습니다. 함께 증여의 사이클에 들어가자, 그 안에서 서로 해치지 말고 폭력의 상징적 대체물인 테니스공을 주고받자는 것처럼요. 스포츠에는 상대방에게 응수의 기회를 건네주는 증여가 있습니다. 응수의 의무, 그것이 바로 호수성의 의무이겠군요. 이 의무는 게임을 계속 이어가야 할 의무입니다. 따라서 대갚음의 의무란 자기 차례가 오면 나도 '주어야 한다'는 의무이고요. 이를 위해서는 반드시 공을 '받아야 할 의무'도 필요합니다. 서브-리시브-스파이크의 순환, 바로 그것이 주고-받고-대갚음하는 증여의 원리이지요. 스포츠 선수들이 도덕적 의무감으로 공을 주고받는다고 볼 수는 없습니다. 그렇다고 해서 태고사회의 사람들에게 지금 우리와 같은 답례의 의무감, 부채감 등과 유사한 감정이 없었다고 단언하기는 힘듭니다.

박세진: '교대의 원리' 좋네요. 멤버 교체가 가능하다는 점, 즉 누군가로부터 받은 뒤 반드시 그 사람이 아니라 다른 사람에게 주는 것도 가능하다는 점을 더하면 이 원리가 최소한 현상적으로는 증여 일반을 포괄할 수 있을 것 같습니다.

이경묵: 결국 누군가에게 계속 주어야 한다는 의무가 매우 강하고, 이러한 증여의 흐름이 중단되어서는 안 된다는 뜻으로 보입니다. 갚을 의무는 증여라는 관계적 게임 안에서 "주는 의무를 지속하라"는 의미로 이해할 수 있을 것 같습니다. 적어도 그것이 계산서를 작성하고 정확히 빚을 갚으라는 경제적 의미는 아닐 겁니다.

박정호: 그렇습니다. 테니스 선수들에게는 게임에 참여해서 이어가야 할 의무가 있습니다. 하지만 그들에게는 '최선을 다해' 공을 넘겨야 한다는 의무감도 있습니다. 게임에 참여하고 이어가야 할 의무와 함께, 또 하나의 의무, 즉 게임을 '게임답게' 만들 의무도 있지요. 여하튼 증여에서 중요한 건 사물의 사용가치나 교환가치가 아니라 '관계가치(valeur de lien)'입니다. 관계를 맺고자 하는 가치가 일차적이지요. 앞에서 예를 든 며느리가 한 행동은 관계를 청산하자는 뜻으로 보입니다. 혼수품을 회수하는 건 결국 선물의 관계가치를 지워 없애고 거기서 사용가치나 교환가치만 남기겠다는 의

도로 보입니다.

박세진: 주기-받기-갚기를 연속적인 행위의 계기들로 보는 대신, 증여라는 단일 행위 속에 동시에 구현되는 것으로 본다면 어떨까요? 즉 내가 누군가에게 선물하는 일이 그 자체로 주기이자 받기이자 갚기가 될 수 있다는 것이죠. 이렇게 설정하면 증여로서의 주기와 다른 종류의 주기, 예를 들어 '돈 받고 물건 주기'나 '물건 받고 담보 주기'와의 차이가 일정하게 확보될 수 있지 않을까 합니다.

이런 관점에서 혼수 사례를 다시 보면, 며느리가 한 일은 애초의 주기를 증여가 아닌 다른 주기로 바꿔버린 것이라 할 수 있습니다. "원래 내 것이니까 가져간다"는 논리는 무언가를 빌려주거나 맡겨놨을 때 가능한 것이니까요. 주기-받기-갚기의 통일성이 해체되어 주기만 남게 되는 것이고, 이렇게 증여가 부정됨으로써 선물이 상징했던 인격적 관계도 함께 부정되는 것 같습니다. 그것도 지금 이후만이 아니라 과거의 관계까지 소급적으로요. 결국 처음부터 선물을 주지 않은 셈이고, 그렇다면 관계 자체도 애초부터 없었던 것이 되어버리는 셈입니다. 그래서 이 일이 스캔들처럼 받아들여지는 것이겠죠.

하지만 며느리의 입장도 생각해 보게 됩니다. '관계가치'라는 표현은 꽤 근사하게 들리지만, 관계는 정작 그것을 경험하는 사람의 입장에서는 전혀 근사한 것이 아닐 수 있습니다. 증여를 통해 형성되고 재생산되는 관계는 사람들 사이의 인격적 유대관계, '시어머니'나 '며느리'라는 이름으로 불리고 그러한 이름 아래서 행위하는 이들 사이의 관계입니다. 그런데 '유대'를 뜻하는 프랑스어 lien이 '구속'이나 '속박'을 의미하기도 한다는 사실이 보여주듯 이런 관계는 마냥 좋기만 한 관계가 아니죠. 불평등하거나, 지나친 의존성을 조장하거나, 자유를 억압하거나, 때로는 환멸을 불러일으키기도 하는 그런 관계입니다. 다시 한번 증여의 '애매함'에 대해 생각하게 됩니다.

박정호: 당연히 관계가치에는 사람을 잡아두는 구속성이 도사리고 있습니다. 어떤 점에서 지금 우리가 누리는 자유의 느낌과 어울리지 않는 측면도 있지요. 미래의 혈연관계와 비혈연관계, 특히 시어머니-며느리 사이에 어떤 이상적인 관계가치가 중요한 내기물로 제기되고 구현될 수 있을지도 모르겠군요. 하지만 모든 상품에는 사용가치와 교환가치가 있듯이, 좋든 싫든 증여와 답례는 사람들 사이의 관계를 만들어냅니다. 지나가는 김에 관계가치의 부정성에 대해 한 가지 더 언급하지요. 오래전 수업 시간에 알랭 카이에는 관계가치에 지나치게 집중하면 좋은 선물이 나오기 힘들다고 말한 적이 있습니다. 팬들의 호응에 신경을 곤두세우는 테니스 선수는 멋진 서브를 넣기 어렵고 독자의 반응에 노심초사하는 작가는 좋은 글을 쓰기 어렵다고요. 관계가치에 무사무욕할 때 탁월함을 드러내는 선물은 예술과 학문의 영역에서 쉽게 찾아볼 수 있습니다.

『증여론』의 실천적 함의

이경묵: 이제 『증여론』의 실천적 함의, 정치적·도덕적 함의로 논의를 확장해 보겠습니다. 혹자는 민족지적 자료들에 입각해 증여 체계를 분석하는 『증여론』 전반부의 논의에 대해서는 굉장히 높게 평가하는 반면, 결론에서 다뤄지는 복지나 연대, 국제동맹과 같은 주제들이 전반부의 논의와 충분히 연결되지 않는다고 느끼며 의아해하기도 합니다. 이러한 후반부의 논의를 어떻게 평가해야 할까요?

박정호: 거칠게 말하자면 『증여론』의 전반부는 인류학적 성격이, 후반부는 사회학적 성격이 강하다고 볼 수 있습니다. 한쪽은 태고사회의 민족지 영역이고 다른 한쪽은 당대 유럽의 정치적 영역이지요. 모스는 증여 도덕이 두 영역 모두를 관통한다고 생각합니다. 물론 모스는 증여 관습이 공리주의적 행위의 확대로 인해 주변화되었음을 잘 알고 있습니다. 하지만 다행히도 아직 선물의 분위기가 존재한다고 말하지요. "다행히 아직 모든 것이 구매과 판매의 관점에서만 분류되지는 않는다. 금전적 가치가 전부인 경우는 거의 없다"라고 말입니다(본문 139쪽). 그런데 이어지는 논의는 비교 인류학적 관점에서만 받아들이기 어려운 게 사실입니다. 모스는 특정 지역의 민족지에서 유럽의 도덕적, 정치적 문제로 일순간 점평합니다. 북서부 아메리카의 포틀래치가 20세기 초 유럽 노동자들의 리

스크 대비책으로 이어지니까요. 모스는 무리수를 둔 게 분명합니다. 그런데 이 입장을 변호하려면 모스가 『증여론』을 저술하게 된 배경으로 돌아가야 합니다. 모스는 볼셰비키의 러시아 혁명과 1차 세계대전의 여파로 황폐해진 정치 환경에서 『증여론』을 구상하고 집필했습니다. 그는 증여 관습의 민족지를 뒤지면서 대내외적으로 위기에 처한 프랑스 사회를, 더 나아가 유럽 사회를 재건할 단서를 시급하게 찾았습니다. 그래서 모스에게 포틀래치는 대외적으로는 유럽 정세의 난망을 풀어줄 정치적 해결책이자 대내적으로는 사회 균열을 치유해 줄 분배 방식처럼 보였을 테고요. 이 시급함은 1차 세계대전으로 중단된 『사회학 연보』의 재건이라는 또 다른 시급한 문제와 맞물립니다. 결국 『증여론』은 텍스트 구조상 균형을 맞추지 못한 채 그대로 『사회학 연보』에 실리게 되지요.

『증여론』의 정치적 결론에 대해서는 여러 시각이 있습니다. 여기서는 한 가지만 언급하는 게 좋겠습니다. 저는 『증여론』의 저술 동기가 증여의 모호성 자체보다는 그 모호성을 뛰어넘는 행위에 있다고 봅니다. 증여는 '약(藥)이자 독(毒)이고, 혜(惠)이자 해(害)'입니다. 문제는 그다음입니다. 그럼 우리는 무엇을 해야 할까요? 아마도 선물의 양가성을 앞에 두고 죄수의 딜레마에 나오는 두 죄수처럼 각자 상대방의 전략을 계산하면서 줄지 말지를 따져볼 수 있습니다. 이 딜레마에서 두 명의 죄수는 이리저리 궁리한 끝에 서로 불신하기로 마음먹고 최악의 결과를 모면하는 데 만족합니다. 완전한 신뢰가 있었다면 둘 다 형량이 줄어들었을 텐데 말이지요. 내가 주더라도 상대방이 답례하지 않으면 내가 준 선물은 손해에 불과하다! 이렇게 합리적으로 계산한 결과, 그들은 협력이 아니라 배반을 선택합니다. 그런데 증여하면 손해일 수 있으니 아무것도 주지 않는 편이 최선이라면, 이 세상에는 아무 일도 일어나지 않았을 겁니다. 『증여론』에서 모스는 우리에게 단순한 선택지를 알려줍니다. "완전한 신뢰 아니면 완전한 불신이 있을 뿐이다". 동맹 아니면 고립, 평화 아니면 전쟁이라는 것이지요.

　『증여론』의 궁극적 메시지는 증여의 모호함을 주시하고 주의하라는 게 아니라, 증여의 그 불확실성으로 뛰어들어 서로를 희생하지 않고 각자를 내어줄 수 있는 정치적 삶의 공간을 창조하라는 것입니다. 즉 서로 주고받고 답례해서 적을 친구로 혹은 라이벌로 만들어라! 바로 이것이 당시 유럽이 겪었던 무용하고 무익한 대살육의 소용돌이에서 모스가 얻어낸 증여의 정치적 결론입니다. 서로 신뢰하고 증여의 선순환을 만들어 잠재적 평화를 이뤘더라도 우리는 또다시 증여의 양면성에 직면합니다. 일순간 전쟁으로 뒤집힐 수 있는 잠재적 평화를 어떻게 유지하느냐는 오늘날 세계 곳곳에서 절체절명의 현안이 되고 있습니다.

박세진: 사회학자 모스와 사회주의자 모스가 『증여론』을 함께 썼다고 생각해도 될 것 같습니다. 모스는 조레스가 창간한 『뤼마니떼』에 깊숙이 관여하기도 했고, 정치적 활동에 대한 열정이 커서 뒤르켐이 걱정할 정도였죠. 말씀하신 것처럼 '경험적'으로 볼 때 결론

에서 모스가 제안하는 내용은 앞서 논의된 민족지적 사례들에 전혀 부합하지 않는 것이 사실입니다. 예컨대 북서아메리카 사회는 매우 위계적인 사회, 심지어 노예가 존재하는 사회, 한편에서는 '재산 전쟁'이 벌어지고 다른 한편에서는 실제로 사람이 죽어나가는 전쟁이 벌어지는 사회이고(이러한 동시성을 간과해서는 안 됩니다. 포틀래치는 살육을 막아주지 않습니다. 오히려 포틀래치는 재산을 '죽이는' 행위입니다. 이 재산에는 노예가 포함되기도 하고요), 포틀래치는 바로 그러한 사회의 '총체적 사실'이니까요. 저 역시 모스가 박정호 선생님이 말씀하신 '점프'를 하지 않았다면 어땠을까 생각하는 쪽입니다만, 그럼에도 모스의 의도를 적극적으로 이해해 보자면 이런 게 아니었을까 싶습니다. '총체적인 사회적 사실'로서의 증여는 사회적 총체성의 재생산에 중요한 계기를 이룬다, 그렇다면 증여가 우리 사회의 재생산에 어떤 식으로 기여할 수 있는지 가능성을 타진해 볼 수 있다, 새로운 증여의 제도들에 기반해 어떤 사회적 총체성이 지금 여기에서 성립할 수 있는지 탐색할 필요가 있다, 이런 식으로요.

이런 견지에서 모스는 임금노동 자체를 증여로 생각해 볼 것을 제안합니다. 노동자는 공동체와 고용주를 위해 삶과 노동을 바쳤고, 물론 이에 대한 임금을 받기는 하지만 그것만으로는 충분하지 않다는 것이죠. 공동체는 노동자에게 빚을 졌고, 이를 실업, 질병, 노령화, 사망 등에 대비한 생활보장의 형태로 갚아야 할 의무가 있다는 것입니다. 모스는 이러한 논리를 통해 당시 막 시도되고 있던 사회보장제도의 법제화에 힘을 실어주려고 했습니다. 그 밖에도 노동자들이 중심이 되는 각종 조합도 현대적 증여 제도로 주목했는데, 이는『뤼마니떼』의 협동조합란을 책임지던 그의 역할과도 연결됩니다. 한 가지 주목할 점은 모스가 여기서도 '혼종'을 찾고 있다는 점입니다. 시장경제를 극복하자, 임금노동을 철폐하자, 이런 게 아니라 거기에 증여의 제도를 접붙이자는 주장이니까요. 모스는 "시장과 판매 및 구매를 지배하는 원칙은 자본 형성의 필수 조건으로서 새롭거나 오래된 다른 원칙들 곁에서 존속해야 하며 존속할 수 있다"고 말합니다(4장 주석 7). 볼셰비키 혁명에 대한 나름의 성찰의 산물이라 할 수 있겠지요. 누군가가 보기에는 순진무구한 생각이기도 할 테고요.

주고받고 보답하는 행위를 넘어서

이경묵: 그렇다면 현재 상황에서는 어떨까요?『증여론』이 오늘날의 사회적, 경제적, 정치적 맥락에서도 여전히 유의미한 메시지를 제공한다고 보시는지 궁금합니다.

박세진: 조심스럽긴 하지만 토론을 위해 일단 회의적인 의견을 던져 보고 싶습니다. 모스가 1920년대에 지지했던 프로젝트가 2차 대전 이후 서유럽에서 실현됨으로써『증여론』이 사회보장제도의 이념적 기초를 제공하는 소임을 다했다고 볼 수 있지 않을까요? (물론 실제로 얼마나 기여했는지는 별개의 문제입니다.) 중심부 자본주의

국가들에서는 '복지국가'가 구현되었고, 지금 우리는 연대, 사회적 약자 보호, 공동선, 시장경제의 조정과 같은 생각을 『증여론』이 아니라 복지국가의 이념으로서 꽤 당연하게 받아들입니다. 동시에 모든 당연해진 이념의 운명이기도 할 테고, 서구에서는 이미 90년대부터 논해지기 시작한 복지국가의 위기와도 관련이 있을 텐데, 이런 이야기가 점점 호소력을 잃어가고 있는 것 같다는 생각도 듭니다. 특히 이른바 '요즘 세대'에게 말입니다. 다들 기억하시듯 공정이라는 말이 전 사회적으로 회자되던 시기가 있었습니다. 그런데 공정은 시장의 정의('공정거래'), 영리적인 give and take의 이념입니다. 반면 증여는 아무리 아름답게 포장을 해도 결국엔 우리끼리, 끼리끼리 하는 것, "우리가 남이가"의 정신으로 하는 것이죠(가끔은 '남'이었던 이를 '우리'로 만들기도 해주지만요). 그러니까 『증여론』 이후 한 세기의 역사를 고려할 때 지금 다시 『증여론』에서 영감을 얻는다는 생각 자체가 시대를 거스르는 것일 수 있다는 쟁점을 던져보고 싶습니다.

이경묵: 다르게 볼 여지가 있을 것 같습니다. 저는 서브컬처나 시민운동, 조합과 같은 작은 단위에서 증여가 여전히 중요한 계기로 작동한다고 생각합니다. 물론 이는 사회 전체를 아우르는 증여는 아니지만, 제한된 범위 안에서 특수한 증여의 형태가 지속되고 있다고 생각합니다. 요즘 젊은 세대가 공동체를 싫어한다는 지적도 사실 맥락이 중요합니다. 진짜로 공동체적 가치를 거부한다기보다

는 기성세대가 사용하는 공동체의 사용법을 싫어하는 것은 아닐까 생각합니다. 방 안으로 숨어든 청년들이 많다고 해도, 그들이 진짜로 혼자 있고 싶어 하는 것은 아닌 듯합니다. '공동체'나 '증여'라는 단어가 남용되면서 오염되었기 때문에, 그 의미를 다시 회복하고 재구성하는 일이 필요하다고 생각합니다. 젊은 세대가 공동체에 무관심하고, 남이 자신의 삶에 개입하는 것을 원치 않는다는 식의 결론을 내릴 수는 없습니다. 중요한 것은 그 개입의 형태와 그것에 대한 그들의 인식입니다. 이런 점에서 저는 『증여론』이 사회적 관계와 공동체적 가치를 사유하는 데 여전히 중요한 역할을 할 수 있다고 봅니다.

박세진: 사회보장 혹은 복지라는 것, 보다 넓게 국가라는 정치기구와 그 영향력하에서 살아가는 사람들 사이의 관계를 어떤 관점에서 볼 것이냐, 어떤 사물이전 양식을 모델로 해서 사고할 것인가의 문제를 고려할 필요가 있다고 생각합니다. 모스는 자선이나 시혜의 모델을 거부하면서 사회보장을 노동자의 증여에 대한 반대급부로 이해할 것을 제안했습니다. 반면 국민연금을 둘러싼 최근의 논의, 기성세대는 충분히 기여하지도 않고 혜택만 많이 받는다(즉 공정하지 않다)는 이야기 속에서 복지는 교환의 모델로 파악됩니다. 또 가라타니 고진처럼 약탈-재분배 모델로 국가가 제공하는 복지를 이해할 수도 있고요. 제 의문은 증여의 모델을 계속 미는 것이 과연 유효한가, 가령 국민연금 제도에 불만을 가진 젊은이들에

게 '세대 간 연대' 같은 이야기가 얼마나 설득력이 있을까 하는 것입니다. 우리는, 최소한 선진 자본주의 국가의 국민은 모스가 구상했던 하이브리드 속에서 살고 있고, 작금의 문제는 바로 이 하이브리드의 문제입니다. 그렇다면 이제는 다른 모델이 필요하지 않을까요? 퍼거슨[14]이나 비들록[15] 같은 인류학자들이 이야기하는 나눔(sharing)의 모델처럼 말입니다. 아무튼, 새롭게 출현하고 있는 것들, 새롭게 출현할 수 있는 것들에 대해 사고를 해야 한다고 봅니다. 고들리에가 "증여는 시간을 벌어 주지만 그것은 무엇을 위한 시간인가?"라고 물었던 것처럼,[16] 바로 이 무엇에 대해 적극적으로 생각해야 할 때입니다.

이경묵: 말씀하신 제임스 퍼거슨은 남아프리카를 전공하는 인류학자인데, 그가 논의하는 기본소득 실험은 한국에서 이루어지는 기본소득 논의와는 다른 맥락을 가지고 있습니다. 퍼거슨은 국민을 파악하는 국가의 행정적 가독성이 낮고 부정부패가 심각한 아프리카에서 현금 지급이라는 단순한 분배 방식이 예상을 뛰어넘는 효과를 가져왔음을 강조합니다. 박세진 선생님이 언급하신 것처럼 『증여론』의 복지 구상은 노동자의 기여에 대한 적극적 인정에 기반한 것으로, 노동이라는 조건(즉 증여라는 조건)을 충족하지 못한 이들까지 포괄하지는 못합니다. 반면 극빈층이나 농촌 지역의 사람들을 대상으로 한 무조건적 현금 지급에는 증여의 논리를 뛰어넘는 차원이 있습니다.

박정호: 결국 증여를 여전히 사회의 반석으로 볼 수 있는지 아니면 시효가 끝난 개념으로 받아들이고 과감히 다른 반석을 찾아야 할지, 이런 문제로도 보입니다. 저는 『증여론』이 선물의 태고 형태로 돌아가자는 복고주의와 무관하다고 생각합니다. 『증여론』을 앞으로 선물이 어떻게 이어지면 좋을지 계속 탐색하도록 권유하는 책으로 보면 어떨까요. 이 책이 태어난 지 100년이 다 됐습니다. 그동안 세계 곳곳의 내로라하는 학자들이 『증여론』에 비추어 자기 사상을 가다듬었고, 저마다 자기가 읽은 방식대로 이 책을 읽어야 한다고 주장했습니다. 하지만 이들의 명성이 『증여론』의 독해 방식을 지배해온 건 아닙니다. 『증여론』은 그 어떤 신간보다도 새로운 사고 실험을 자극하는 문제작으로 계속 읽혀 왔으니까요. 많은 이들이 이 책을 펴고 새로운 관점에서 선물 관계를 파헤쳐왔습니다. 그 결과 『증여론』은 인정 이론, 아나키즘 인류학, 탈성장론 등 여러 사상적 조류의 원천으로 재등장했지요.[17] 베풂과 공유, 환대와 돌봄, 인간과 비인간의 공생 등 더 나은 세계를 고안하려는 시도에도 신선한 아이디어를 던져주고 있고요.[18] 『증여론』은 한 시대에 갇힌 책이 아닙니다. 모스가 남긴 자산을 확보하려면, 이 책의 맥락을 뛰어넘는 경험적 사실에 흥미를 기울이고 그 사실에 기초해 『증여론』을 새로 고쳐 쓰는 일이 필요합니다. 이를 위해선 『증여론』을 미완의 책으로 받아들여야 하고요. 사회보장론의 관점에서 시의성이 있는지 없는지를 놓고 이 책의 수명을 논하는 것은 성급한 면이 있습니다.

이런 관점에서 『증여론』의 미래도 함께 생각해 봤으면 좋겠군요. 일단 우리 사회는 태고사회와는 다른 사회고, 그런 까닭에 우리는 총체적 사실로서의 증여를 체험할 기회가 매우 드물다는 점을 인정해야 합니다. 선물은 우리 주변 어디에나 있습니다만, 사람들을 촘촘히 엮어 사회를 일순간 절정에 도달하게 했던 총체적 사회적 사실로서 증여의 자리는 찾기 어렵습니다. 월드컵에서의 멋진 한 골이 사회를 들썩거리게 만들지만, 그런 긍정적 아노미로만 총체적 증여가 드러나는 건 아니지요. 전쟁이 벌어질 때 일어나는 대대적인 동원령처럼 부정적 아노미로도 사회를 뒤흔드는 증여가 나타날 수 있습니다. 하여간 현대에도 총체적 증여가 있다면, 그것은 거대한 우발적 사건으로 나타납니다. 주기적으로 사회의 반석을 상기시켰던 의례적 증여의 시대는 끝났습니다. 어떻게 보면 반석을 망각하는 것이 오늘날 증여의 작동 방식인지도 모릅니다. 따라서 총체적 증여의 자리가 사라졌음을 받아들이고, 그 부재가 가져온 사회적 삶의 공허를 어떤 형태의 증여가 채우고 있는지 분명히 기술할 필요가 있습니다.

이를 위해서는 주고받고 대갚음하는 증여의 순환을 가변적인 분석 범주로 봐야 합니다. 이 세 가지 의무를 증여의 본질인 양 절대시할 수는 없지요. 그 의무 중 무엇을 중시하는지는 사회마다 다릅니다. 어떤 사회에서는 주는 것을, 어떤 사회에서는 대갚음을 중시할 수 있습니다. 다른 한편, 증여를 '요구'하는 행위의 가치도 생각해 봐야 합니다. 저는 한 시각장애인이 소설가 한강의 책을 점자로 만들어 달라고 요청하는 것을 본 적이 있습니다. 타인의 노고를 당당히 원하면서 선물을 요청하는 것은 반드시 고려해야 할 증여의 단면입니다. 그건 부끄럽거나 무례한 일이 아니라, 품위 있는 삶을 위한 필수 조건입니다. 이런 식으로 증여의 범위를 넓혀갔으면 좋겠습니다. 흔히 증여를 정의할 때 그것과 혼동되는 개념을 소거하는 방식을 택합니다. 예를 들어 증여는 교환이 아니고 나눔이 아니고 베풂이 아니고 보살핌이 아니고 환대가 아니고 희생이 아니라는 식으로 말이지요. 물론 증여는 그 어떤 것으로도 환원되지 않습니다. 하지만 증여는 그 모든 현상과 연결될 수 있습니다. 오히려 증여는 그러한 현상들을 통해서 더 잘 드러나기도 합니다. 따라서 불순물 제거하듯 이뤄지는 정의보다는 증여 개념의 가변성을, 그리고 여러 인접 관념과의 연관성을 더 강조하는 편이 낫습니다. 바로 그때 주고받고 답례하는 행위를 넘어선 증여의 새로운 측면이 발견될 수 있습니다.

끝으로 최근 논의되는 방법론적 애니미즘과 관련해서 하나 더 언급하고자 합니다. 인간 사이의 증여를 넘어서, 자연 혹은 비인간과 인간 사이의 증여가 가능한지 고려해 보는 것은 어떨까요? 인간이 자연에 행한 착취에 맞서서 이제 자연이 우리에게 폭력적으로 되갚고 있습니다. 이 문제를 숙고하려면 자연과 비인간을 증여의 파트너로 간주하는 그런 사고의 전환이 필요하지 않을까요? 저는 최근 읽었던 『분해의 철학』을 참고하려고 합니다.[19] 이 책은 생태, 환경 같은 거창한 슬로건 대신 인간이 부패를 거쳐 비인간으로 되돌아갈 운명에 처해 있음을 상기시킵니다. 그리고 인간계와 자연계 사이 물질 순환의 관점에서 부패와 발효가 왜 중요한지를 선명하게 밝혀내지요. 저는 비인간을 증여의 파트너로 삼는 일이 악취 풍기는 오물 처리장의 한가운데에서도 가능하다고 봅니다. 이는 인간이 자연과 무엇을 주고받으며 마침내 비인간으로서 소멸하는가를 사고하는 문제와 직결됩니다.

박세진: 말씀의 취지는 십분 이해가 갑니다. 하지만 반대 방향으로도 생각해 보면 좋겠습니다. 온갖 것이 증여가 될 수 있다는 말은 증여가 아무것도 아니라는 말과 같을 수 있습니다. 모스에게도 증여는 최소한 물물교환이나 돈이 도는 시장에서의 교환과는 '다른 것'이었습니다. 앞서 이야기했듯 모스는 증여를 역설적인 것으로, '이것이자 이것이 아닌 것'으로 정의하는데, 바로 그러한 것으로서 증여는 다른 것들과 다릅니다. 모스가 증여에 부여하는 속성은 증여라는 카테고리의 확장 가능성을 제한합니다. 『증여론』이 다루는 증여는 무사무욕하게 이해관심을 추구하는 행위이고, 이때의 이해관심은 명예나 위신, '마나'나 이름과 관련됩니다. 또 증여는 하우에 의한 구속과 함께 작동하는 것이고, 모 아니면 도의 상태, 완전한 신뢰와 적대 사이에서 동요하고 있는 인간 존재에 대응하는 것입니다. 다시 한번 증여는 그러한 것으로서 증여가 아닌 것들과 차이가 납니다.

이 자리가 새 번역서 출간을 기념하는 대담 자리이니 『증여론』

의 의의를 적극적으로 탐색하는 일이 주가 되는 일은 당연하겠지요. 『증여론』은 물론 매우 훌륭한 책입니다. 하지만 어디선가 테스타가 말한 것처럼 "지나치게 유명한" 책이기도 하죠. 『증여론』은 모스가 붙인 원제 그대로 하나의 '시론'으로 간주해야 합니다. 『증여론』이 새로운 사고 실험을 자극하는 문제작임은 분명하지만, 동시에 이 지나치게 유명한 책과 후학들 사이의 유대에는 '구속'의 측면이 틀림없이 존재합니다. 특히 온갖 것을 증여처럼, 그것도 교환의 일종으로 간주된 증여처럼 보도록 한다는 점에서 그렇습니다. 부록에 실린 「선물, 독(Gift, gift)」이라는 논문의 메시지는 『증여론』 자체에도 적용될 수 있습니다. 『증여론』은 당연히 그 시대의 책입니다. 『증여론』은 현상들 사이의 경계가 민족지적으로 제대로 확립되지 않았던 시대의 책이고, 그래서 모스는 상이한 유형의 사회들을 '태고사회'라는 범주 속에 함께 묶고 상이한 사물이전의 양식들에 증여 혹은 총체적 급부라는 같은 라벨을 붙일 수가 있었습니다. 하지만 이제는 더는 그럴 수가 없죠.

『증여론』의 주된 준거를 이루는 사회들, 포틀래치나 쿨라를 하는 사회들은 축적된 부와 사회적 위계가 존재하는 사회, 말하자면 부자들이 지배하는 사회입니다. 반면 『증여론』에서 주변적으로 언급되는 안다만섬의 네그리토 사회, 호주 원주민 사회, 에스키모 사회 등은 부자도 빈자도 없는 사회, 그 지출을 통해 위세를 얻을 수 있는 부라는 것 자체가 없는 사회입니다. 그곳은 식량을 찾아 이곳저곳 옮겨 다니며 살아가는 '유동(nomad) 수렵채집민'의 세계입니다. 이동을 해야 하니 저장을 하지 않고, 저장을 하지 않으니 부라고 할 만한 것이 생기지 않죠. 앞서 언급한 나눔은 이러한 세계에서 지배적인 사물이전 양식으로 기능합니다. 박정호 선생님이 '요구'에 대해 말씀하셨는데, 나눔을 특징짓는 것 중 하나가 바로 요구입니다. "그거 나 줘"라고 요구를 하고, 그러면 "어, 알았어" 하고 주는 것이 나눔입니다. 나눔이 요구된다는 사실은 그것이 당연한 일로 간주된다는 사실을 함축합니다. 그렇다면 감사할 필요도 없겠죠. 나눔은 누구나 당연히 하는 일, 안 하면 욕을 먹지 한다고 해서 칭찬받지 않는 일, "부탁합니다"나 "감사합니다", "별것 아니지만"이나 "아이고 뭐 이런 걸" 따위의 인사치레 없이 이뤄지는 일입니다. 증여가 '이름을 걸고' 하는 일이라면, 나눔은 '이름을 초월해서' 하는 일이라고 할 수 있습니다. 그것을 통해 재생산되는 사회적 총체성의 차원에서도, 그것이 실제로 이뤄지는 양상에 있어서도 나눔은 증여와 선명하게 대비됩니다. 모스가 이 대비를 파악할 수 있는 시대를 살았다면 『증여론』은 완전히 다른 책이 되었을 것입니다.

『증여론』을 끝맺기 직전 모스는 '아서왕의 원탁' 이야기를 꺼냅니다. 그리고는 "높은 자리가 사라지면서 다툼도 사라졌다"(본문 170쪽)는 어리둥절한 교훈을 끌어내죠. 하지만 증여가 할 수 없는 일이 하나 있다면 바로 '같은 자리'를 만드는 것입니다. 포틀래치와 쿨라를 하는 곳에서 사람들은 높은 자리에 있거나 낮은 자리에 있습니다. 증여를 통해 공동체성이 길러지는 모든 곳에서 사람들은 안에 있거나 밖에 있습니다. 증여는 그것이 특별한 인격적 유대를 만들어낸다는 바로 그 이유에서 언제나 누군가는 포함하고 다른 누군가는 배제할 수밖에 없습니다. 반면 유동 수렵채집 사회의 나눔은 모두가 모두에 대해 행하는 보편주의적 실천으로서 모두를 같은 자리에 있게 해줍니다. 나아가 이 모두에는 비인간 종들도 포함됩니다. 애니미즘 이야기를 하셨는데, 데스콜라를 비롯해 새로운 애니미즘론을 개진하는 인류학자들이 근거로 삼는 사회는 부분적으로 나눔의 실천에 의해 특징되는 사회입니다.[20]

이야기가 길어졌습니다만, 결국 제가 제안하고 싶은 것은 나눔을 통해 『증여론』의 (이중의 의미에서의) 시대적 한계를 돌파하는 기획입니다. 모스가 주목한 사회는 "부로부터 비롯되는 명예, 위신, '마나'라는 요소"가 두드러지는 사회였습니다. 반면 유동 수렵채집 사회는 부가 없는 대신 모두가 '같은 자리'에 있는 사회입니다. 살린스의 유명한 표현을 빌리자면 "원초적 풍요사회"이기도 하고요.[21] 게다가 유동 수렵채집 사회야말로 진정한 '태고사회'라고 할 수 있습니다. 우리 종, 호모 사피엔스는 유동 수렵채집민으로서 지구상에 출현했으니까요. 나눔은 말하자면 '반석의 반석'입니다. 증여와 달리 나눔은 현대 사회에서 잘 보이지 않기에 어쩌면 더 새로운 가능성을 제공할 수 있는 기반이 될지도 모릅니다.

『증여론』 연구의 열린 지평

이경묵: 네, 그러면 이제 대담을 마무리하면서 각자 『증여론』과

관련해서 수행한 연구나 계획 중인 연구에 대해 간단히 이야기를 나눠 보면 좋겠습니다.

박정호: 앞에서 말씀드렸듯이, 저는 증여의 독자적 역학의 논리와 장소를 찾기보다는 그 인접 관념과 맺는 복잡한 실천의 양상에 주목해야 한다고 생각합니다. 오늘날 증여의 다면성과 복잡성을 기술하고 그 사회적 효과를 탐구하는 일이 제게는 관건이니까요. 그런 점에서 저는 『증여론』의 맥락에서 조금 벗어나 오늘날 우리가 접하는 선물의 의미를 살펴봤습니다. 먼저 희생제의와 증여의 두 관점에서 박수근 작품의 경매가를 살펴본 연구가 있습니다. 많은 이들이 박수근의 작품에 서민적 삶의 소박함이 담겨 있다고 해석합니다. 그런데 그 소박함은 엄청난 금액의 출혈 덕분에 세상에 퍼져나갈 수 있었던 가치입니다. 여기서 고가의 경매가는 작가의 궁핍한 삶과 그의 작품에 바쳐진 제물로 볼 수 있습니다. 또 다른 연구는 모스의 「집단이 암시하는 죽음 관념이 개인에게 미치는 신체적 효과」[22]라는 논문과 관련 있습니다. 이 논문의 핵심은 죽음의 암시가 실제 죽음을 불러온다는 것인데요, 이는 흔히 노시보(nocebo) 현상으로 알려져 있습니다. 저는 노시보의 반대 현상인 플라시보(placebo)가 증여의 관점에서 어떤 의미가 있는지 생각해 봤습니다. 흔히 플라시보는 가짜 약물이 일으키는 효과를 가리키지만, '기쁨을 준다'라는 뜻도 있습니다. 저는 이 플라시보 현상을 '환자를 달래는 선물', 의사와 환자 사이에서 일어나는 기쁨의 증여 관계로

재해석했지요. 또 다른 연구는 사후 장기 기증에 관련된 것입니다. 장기는 매우 특이한 선물입니다. 증여자의 죽음으로 수혜자가 생명을 얻는 매우 비대칭적 선물이지요. 증여자가 사망했으니 그에게 답례하는 건 불가능합니다. 그래서 대개 수혜자는 무상의 선물을 받았다는 사실에서 죄의식과 부채감을 갖기 마련이고요. 그러나 장기 매매에는 이런 감정이 나타날 리 없습니다. 수혜자는 죽은 타인의 흔적과 말 그대로 더불어 살아갑니다. 그런데 몸 안에 들어온 타자의 원래 소유물이 '하우'의 영향력을 발휘할 때가 있습니다. 어떤 수혜자는 죽은 기증자가 슬피 우는 꿈을 꾸기도 하고요. 더욱 심각한 건 몸에 들어온 장기가 원래 주인을 기억할 때입니다. 이때 수혜자는 신체 거부반응을 비롯해 온갖 부작용에 시달릴 뿐 아니라 심지어 죽음을 맞기도 합니다. 라나피리는 "타옹가를 간직하면 나는 병에 걸리거나 심지어 죽게 될지도 모릅니다"라고 말했는데, 장기 기증에도 이런 일이 생길 수 있습니다. 그래서 수혜자는 간접적 대갚음의 경로를 찾고 죽은 타인과 공생하는 법을 하나둘 배워나갑니다.

이경묵: 저는 증여의 변종(?)과 그 적용에 대한 연구를 진행해왔다고 할 수 있을 것 같습니다. 먼저 증여의 기본 원칙에 국가가 강하게 개입한 사례로 '김영란법'을 분석한 연구가 있습니다. 흥미로운 점은 법적 규제를 피하기 위해 사람들이 새로운 관행을 만들어냈다는 것입니다. 저는 이를 '후물(後物)'이라고 칭했는데, 예를

들어 담임 선생님께 먼저 우리 아이를 잘 봐달라고 선물을 주면 뇌물이 되니까 학년이 끝난 다음에 선물을 준다거나, 직장 상사에게 퇴임 후에 선물을 주는 방식이 그것입니다. 또 국가의 지원금이나 보조금을 국가가 주는 선물(과 같은 것)로 조명하는 글이나, 코로나 19 시기를 증여의 반대 개념인 '기식(parasite)'을 키워드 삼아 분석한 글도 썼습니다. 코로나바이러스도, 사회적 거리두기 상황에서의 타인, 마스크, 믿기 어려운 백신도 모두 선물의 반대 혹은 되돌려주지 않고 일방적으로 가져가기만 하는 기식자로 볼 수 있다는 생각이었습니다.

박세진: 역시 증여는 무궁무진한 연구 주제인 것 같습니다. 제 경우는 마스크 쓰기를 비롯해 '코로나 시국' 동안 우리가 했던 사회적 거리두기의 실천들을 증여로 간주하여 분석한 글을 쓰기도 했고, 최근에는 석사논문 심사를 하면서 아이돌 팬덤 내에서 벌어지는 많은 일이 증여의 문제틀에 들어맞는다는 점을 알게 되어 관심을 갖게 되었습니다. 하지만 기본적으로는 증여를 이론적 천착의 주제로 삼아 연구를 해왔습니다. 레비스트로스의 말처럼 『증여론』이 "과학의 진보에서 결정적인 한순간"을 이룬다면, 모스의 후학들이 해야 할 일은 『증여론』이 과학적 진보의 또 다른 순간들과 이어지도록 하는 일이라고 생각합니다. 비판할 것은 비판하고 발전시킬 것은 발전시키면서, 또 어떤 부분은 완전히 뒤엎고 새로 쓰면서 말입니다.

이런 생각을 가지고 앞으로도 증여, 교환, 나눔 등 사물이전의 양식에 대한 연구를 계속해 나가려고 합니다. 일단은 유형학을 제대로 확립해 보고 싶은데, 이는 모스가 『증여론』에서 수행한 작업의 기본이기도 합니다. 모스는 방대한 민족지적 사실들을 비교 분석하면서 하나의 일반 모델을 도출해 냅니다. 그가 '총체적 급부의 투기적 유형'이라고 부른 이 모델에 뉴기니 고산지대에서 행해지는 모카(moka)나 북아프리카의 타우사(thaoussa) 같은 제도가 부합한다는 것이 후속 연구들을 통해 드러나기도 했고요. 이처럼 사례들의 비교를 통해서 더 나아간 비교를 가능하게 해주는 모델을 만드는 작업이 요즘에는 평가절하되는 경향이 있지만, 이 자리를 빌려 인류학의 고전 중의 고전인 『증여론』이 바로 그러한 작업을 수행했다는 사실을 환기하고 싶습니다.

인간의 사회적 삶은 예나 지금이나 다양한 방식으로 무언가를 주고받는 일로 가득합니다. 『증여론』은 단지 증여에 대한 이야기가 아니라 '증여하는 인간의 사회적 삶'에 대한 이야기입니다. 『증여론』은 인간의 삶을 온갖 비인간 존재들을 통한 삶으로, 나아가 하우나 마나에 대한 지속적 언급이 보여주듯 '초인간' 존재들의 개입 속에서 영위되는 것으로 드러냅니다. 증여를 비롯한 사물이전의 양식은 곧 인간과 비인간, 초인간이 관계 맺는 양식이기도 합니다. 좀 더 거창하게 말하자면 그것은 세계의 거주자들이 상호작용하는 방식, 그 가운데 특정한 형태의 세계 자체가 산출되는 방식이라고 할 수 있습니다. 결국 『증여론』과 함께 우리는 이미 인간의 사회생활에 대한 인류학 연구의 최대치와 마주하고 있는 셈인지도 모르겠습니다.

이경묵: 네, 이제 대담을 마무리해도 될 것 같습니다. 오랫동안 『증여론』을 붙들고 연구해 온 한국의 연구자들이 함께 의견을 나눈 의미 있는 시간이었다고 생각합니다. 수고하셨습니다. 감사합니다.

대담 날짜: 2024년 10월 23일
대담 장소: 전북대 고고문화인류학과 이경묵 교수 연구실

대담자 소개

이경묵
서울대학교에서 「물 다양체와 실험실-마을: 자카르타 북부 빈민촌에서의 물 문제의 전개와 효과」라는 논문으로 문화인류학 박사 학위를 받았다. 현재 전북대학교 고고문화인류학과에 재직하면서 '행위자-연결망으로서의 기반시설'과 '정책연구의 확장'에 대해 연구하고 있다. 주요 논문으로 「개발프로젝트의 '실험실-마을'과 부분적 해결책의 실험」, 「선물, 뇌물, 기식의 절합: 「청탁금지법」과 선물의 역-발명」, 「주민참여와 역량강화의 역설을 망각하기」 등이 있다.

박정호
서강대학교에서 화학과 사회학을 공부한 뒤 프랑스 파리 10대학에서 「뒤르켐, 베버, 모스: 마나에서 구원으로의 이행에 관한 연구」라는 논문으로 사회학 박사 학위를 받았다. 현재 대구대학교 일반사회교육과에 재직하면서 선물의 사회학에 관한 문화적 담론과 실천을 연구하고 있다. 증여와 선물에 관한 다수의 논문을 발표했고, 로베르 에르츠의 『죽음과 오른손』, 클로드 레비스트로스의 『마르셀 모스 저작집 서문』(공역), 마르셀 모스 선집 1권 『몸 테크닉』을 우리말로 옮겼다.

박세진
고려대학교와 성공회대학교에서 사회학을 공부한 뒤 프랑스 사회과학고등연구원(EHESS)에서 「호미니드 진화의 사회학을 위하여: 현 자료에 입각한 인류학적 사고실험」이라는 논문으로 사회인류학 박사 학위를 받았다. 현재 전북대학교 고고문화인류학과에 재직하며 '사물이전 양식과 사회성'을 주제로 연구하고 있다. 주요 논문으로는 「증여와 사회/공동체」, 「관찰 공정으로서의 교환」, 「코로나19 앞의 사회/공동체」 등이 있으며, 『마르셀 모스 저작집 서문』을 공역했다.

1 클로드 레비스트로스, 『마르셀 모스 저작집 서문』, 박정호 · 박세진 옮김, 파이돈, 2023,
   51쪽.

2 브로니스라브 말리노브스키, 『서태평양의 항해자들』, 최협 옮김, 전남대학교 출판부,
   2013

3 Nancy Munn, *The Fame of Gawa*, Duke University Press Books, 1986.

4 조르주 바타유, 『저주받은 몫』, 최정우 옮김, 문학동네, 2022.

5 Marcel Mauss, "Appréciation sociologique du bolchevisme," in *Écrits politiques,*
   Marcel Fournier (ed.), Paris: Fayard, 1997, pp. 537~566.

6 Alain Caillé, *Théorie anti-utilitariste de l'action*. Paris: La Découverte, 2009.

7 레비스트로스, 앞의 책, 51쪽.

8 마셜 살린스, 『석기시대 경제학』, 박충환 옮김, 한울아카데미, 2014, 4장.

9 레비스트로스, 앞의 책, 79~81쪽.

10 Dominique Casajus. "L'énigme de la troisième personne," in *Différences, valeurs,*
   hiérarchie. Textes offerts à Louis Dumont, Paris: Éditions de l'EHESS, 1984. pp.
   65~78.

11 Jacques Derrida, *Donner le temps. La fausse monnaie,* Paris: Galileé, 1991, p. 26.

12 Alain Testart, "What Is a Gift?," *HAU: Journal of Ethnographic Theory*, vol. 3, no. 1,
   2013. pp. 249~261.

13 플로랑스 베베르, "『증여론』 해제: 시장 없는 급부의 민족지를 위하여," 최남주 옮김,
   『비교문화연구』, 제29집 2호, 371쪽.

14 제임스 퍼거슨, 『분배정치의 시대』, 조문영 옮김, 여문책, 2017.

15 Thomas Widlok, *Anthropology and the Economy of Sharing*, London: Routledge,
   2017.

16 모리스 고들리에, 『증여의 수수께끼』, 오창현 옮김, 문학동네, 2011, 296쪽,

17 Alain Caillé & Chritian Lazzeri (eds.), *La Reconnaissance aujourd'hui*, Paris: Editions
   du CNRS. 2009; 『베스텐트 한국판』, 연구모임 사회비판과대안, 사월의책, 2012; 데이
   비드 그레이버, 『아나키스트 인류학의 조각들』, 나현영 옮김, 포도밭출판사, 2016; 세르
   주 라투슈, 『탈성장사회, 소비사회로부터의 탈출』, 양상모 옮김, 오래된생각, 2014.

18 *La Revue du MAUSS*의 다음 호를 참조할 수 있다. *L'amour des autre. Care, compassion*
   et humanitarisme, n° 32, 2008; *Que donne la nature? L'écologie par le don*. n° 42, 2013;
   Le don d'hospitalité. Quand recevoir, c'est donner, n° 53, 2019; *En commun! Éloge des*
   institutions partagées, n° 61, 2023.

19 후지하라 다쓰시, 『분해의 철학. 부패와 발효를 생각한다』, 박성관 옮김, 사월의책, 2022.

20 Nurit Bird-David. 1999. "'Animism' Revisited: Personhood, Environment, and Relational Epistemology," *Current Anthropology* 40(S1): S67-S91.

21 살린스, 앞의 책, 1장.

22 마르셀 모스, "집단이 암시하는 죽음 관념이 개인에게 미치는 신체적 효과," 『몸 테크닉』(마르셀 모스 선집1), 박정호 옮김, 파이돈, 2023, 33~70쪽.

옮긴이의 말

『증여론』은 인류학의 고전 중에서도 첫손에 꼽히는 책이다. 고전이란 정의상 세대를 거쳐 거듭 읽히는 책이며, 외국어로 된 고전은 독자의 세대와 언어 감각이 변화함에 따라 마땅히 새롭게 번역되어야 한다. 이상률 선생님의 노고 덕분에 지난 20여 년 간 많은 한국어 독자들이 『증여론』을 접할 수 있었다. 마침 『증여론』이 긴 논문의 형태로 『사회학 연보』에 발표된 지 100년째 되는 해에 나오게 된 새 번역이 앞으로 얼마동안 같은 역할을 해내길 바란다.

번역은 레비스트로스의 논쟁적 서문[*]과 함께 출간된 모스의 저작집 『사회학과 인류학(Sociologie et anthropologie)』(1950)에 실린 글을 대본으로 삼았다. 서로 다른 미덕을 지닌 세 종의 영역본(1966, 1990, 2016)도 참조했으며, 임경택 선생님의 도움으로 일본어판(이와나미서점, 2014)과도 부분적인 대조를 진행했다. 2007년 프랑스대학출판부(PUF)에서 새로 펴낸 『증여론』의 편집 방식을 따라 원문의 무수한 각주를 모두 미주로 옮겼다는 점도 일러둔다.

---

[*] 클로드 레비스트로스, 『마르셀 모스 저작집 서문』, 박정호·박세진 옮김, 파이돈, 2023.

부록에는 『증여론』에 앞서 발표된 모스의 짧은 논문 두 편을 번역·수록했다. 두 연구는 고대 트라키아인과 게르만족 사이에서 '총체적 급부 체계'의 흔적을 발굴하려는 시도로, 역시 고대 인도유럽 세계를 무대로 전개되는 『증여론』 3장의 논의를 보충하는 한편 증여에 투영된 집단과 개인의 이해관심을 생생히 보여준다는 의의를 지닌다. 흔히 인정, 관대함, 연대성, 무사무욕의 상징으로 여겨지는 선물은 때로 '독'으로 작용할 수도 있으며, 어쩌면 그 본질상 언제나 독으로 화할 가능성을 품고 있는 것인지도 모른다.

이 책은 논리의 난해함이나 논증의 치밀함으로 독자를 어렵게 하는 책이 아니다. 복잡성은 모스가 집적해 놓은 방대하면서도 생소한 사실들 쪽에 있지만, 이 경우에도 어려움을 과장할 필요는 없다. 마오리족의 하우, 트로브리안드 군도의 쿨라, 북서아메리카의 포틀래치에 대한 논의가 『증여론』의 핵심을 이루며, 여기에 고대 로마의 계약법, 고대 인도의 증여 이론, 고대 게르만 사회의 담보에 대한 이차적 지위의 논의가 더해져 있다. 사실 진정 흥미로운 것은 이 복잡하면서도 단순한 책이 인류학 안팎에서 촉발한 전방위의 학문적·실천적 논의인데, 독자들은 책 말미에 실린 「대담」을 통해 그 일단을 엿볼 수 있을 것이다.* 증여라는 주제를 오랜 시간 탐구해 온 세 명의 연구자가 나눈 이 대담은 『증여론』의 내용과 주요 논점을 비교적 쉬운 언어로 짚어보는 한편, 앞으로도 계속될 학문

---

* 관련 논의에 대한 보다 폭넓고 상세한 검토는 오명석의 『선물론』(서울대학교출판문화원, 2024)을 참조할 수 있다.

적·실천적 논의의 지평을 얼마간 경합하는 시선으로 조망하고 있다.

힘을 쏟아 번역 작업을 했지만 부족한 부분이 적지 않으리라 생각한다. 독자 여러분의 많은 관심과 따뜻한 질정을 바란다.

2025년 2월,

전주에서

마르셀 모스 연보

1872   5월 10일 프랑스 보쥬 지방의 에피날에서 유대인 집안의 첫째 아이로 태어나다. 모친 로진느(Rosine)는 프랑스 사회학의 창시자 에밀 뒤르켐의 친누나이다.

1890   뒤르켐이 교수직을 맡고 있던 보르도 대학에 진학해 철학 교육을 받으면서 심리학과 사회학에 관심을 갖다. 알프레드 에스피나와 옥타브 아믈랭으로부터 깊은 학문적 영향을 받다. 사회주의 학생들의 모임에 참석하면서 프랑스 노동당에 가입하다.

1893~4   파리에서 철학 교수 자격시험을 준비하다.

1895   철학 교수 자격시험에 합격하다. 고등실습연구원(École pratique des hautes études)에서 역사학, 문헌학, 종교학 강의를 수강하다. 미완성 논문으로 남게 될 「기도」에 착수하면서 인도 종교학의 권위자 실뱅 레비와 언어학자 앙투안 메이예를 만나다.

1896   뒤르켐이 창간한『사회학 연보』의 종교사회학 분야를 담
            당하다. 평생의 학문적 동지가 될 앙리 위베르를 만나다.

1897~98   교수 자격시험 합격자를 위한 해외 연수 자격으로 네덜
            란드에 체류하다. 라이덴에서『사회학 연보』1권을 위한
            보고서를 작성하면서 힌두교의 수트라 번역에 매달리다.
            이후 영국에 체류하면서 에드워드 타일러, 제임스 프레
            이저와 교류하다. 파리로 돌아온 후 고등사범학교 도서
            관 사서이자 전투적 사회주의자였던 뤼시엥 에르를 만나
            학문적 · 정치적으로 큰 영향을 받다.

1899   『사회학 연보』2권에「희생제의의 본질과 기능에 관한
            시론」(앙리 위베르와 공저)을 발표해 학계에 큰 논쟁을 일
            으키다. 뒤르켐은「종교현상의 정의」를 발표하면서 모스
            와 위베르의 관점을 옹호하다.

1900~01   고등실습연구원에서 임시 강사직을 얻어 인도 종교와 힌
            두교 철학을 강의하다. 1900년 3월 소규모 사회주의 협
            동조합을 창립하고 같은 해 7월 파리에서 열린 사회주의
            협동조합 국제총회에 대한 보고서를 작성하다. 이후 조
            레스와 함께 사회주의와 협동조합주의의 조화를 실현하
            기 위한 협동조합 중앙위원회 공식 회의에 참석하다. 고
            등실습연구원에서 '비문명화된 민족들의 종교' 강의를

담당하는 교수로 임용되어 1914년까지 기도, 주술, 종교적 · 사법적 · 경제적 급부, 계약과 교환의 원시 형태 등에 관해 강의하다. 폴 포코네와 함께 대백과사전의 「사회학」 항목을 집필하다.

1903   『사회학 연보』 6권에 뒤르켐과 함께 『분류의 원시적 형태들, 집단표상 연구를 위한 기고』를 발표하다.

1904   『사회학 연보』 7권에 앙리 위베르와 함께 「주술의 일반 이론 개요」를, 『고등실습연구원 연보』에 「오스트레일리아 사회에서 주술적 힘의 기원」을 발표하다. 조레스가 대표를 맡고 있었던 『뤼마니떼 *L'Humanité*』지의 협동조합란을 책임지다.

1906   『사회학 연보』 9권에 앙리 뵈샤(Henri Beuchat)와 함께 「에스키모 사회의 계절적 변이에 관한 시론, 사회형태학 연구」를 발표하다. 러시아를 방문해 보름간 민족지학 연구를 수행하다.

1908   로베르 에르츠가 조직한 사회주의 연구 모임에 참석하면서 페이비언 사회주의에 관심을 갖다.

1909   앙리 위베르와 함께 『종교사 논문집』을 출간한 이후 기

도에 대한 연구에 몰두하다.

1911   『실뱅 레비에게 헌정된 인도학 논문집』에 「안나 비라지
        Anna-Virâj」를 발표하다.

1912   영국과 벨기에, 독일에 체류하면서 각 국가의 민족지학 관
        련 제도와 오스트레일리아 부족에 관한 자료를 연구하다.

1914   1차 세계대전이 발발하다. 7월 장 조레스가 저녁 식사 도
        중 암살당하다. 8월 프랑스에 총동원령이 내려지자 자
        원입대해 영국군 통역병으로 1919년까지 근무하다.

1915   막심 다비드(1914년 전사), 앙투안 비앙코니, 장 레이니,
        로베르 에르츠 등 뒤르켐 학파의 젊은 학자 다수가 전사
        하다. 같은 해 겨울 뒤르켐의 아들 앙드레가 전쟁에서 입
        은 부상으로 사망하다.

1917   에밀 뒤르켐이 59세의 일기로 파리에서 타계하다.

1920   고등실습연구원에서 비문명화된 민족들의 종교에 대한
        강좌를 다시 개설하면서 뒤르켐의 미출간 원고들을 정리
        해 발표하다. 포틀래치를 주제로 강의를 시작하다.

1921 『그리스 연구 논집』에「트라키아인에게 계약의 태고 형
태」를, 프랑스 심리학회에서「감정 표현의 의무」를 발
표하다.

1922 에르츠의 박사학위 논문 원고를 정리해「미개사회에서
의 죄와 속죄」라는 제목으로『종교사 논집』에 발표하다.
이후 1932~1936년 동안 콜레주 드 프랑스에서「미개사
회에서의 죄와 속죄」를 연속 강의하다.

1923 프랑스 심리학회 회장직을 맡다. 전쟁으로 중단된『사회
학 연보』를 재간행하기 위한 모임과 후원을 조직하다.
「폭력에 대한 성찰」을 발표하다.

1924 프랑스 심리학회에서「심리학과 사회학의 실질적이고
실천적인 관계」를 발표하다.
재간행된『사회학 연보』에「증여론」을 발표하고, 같은 해
11월 프랑스 심리학회에서「집단이 암시하는 죽음 관념
이 개인에게 미치는 신체적 효과」를 발표하다.「볼셰비즘
에 대한 사회학적 평가」를 발표하다.

1925 「선물, 독(Gift, Gift)」을 발표하고, 같은 해 12월 뤼시엥
레비브륄, 폴 리베 등과 함께 파리 대학에 민족학 연구소
를 창설하다.「사회주의와 볼셰비즘」을 발표하다.

1926	록펠러 재단의 후원으로 미국 여행을 떠나 인류학 박물관과 여러 연구기관을 방문하다. 여행 중 프란츠 보아스, 브로니슬라브 말리노프스키, 에드워드 사피어, 로버트 파크, 존 듀이 등과 교류하다.
1927	평생의 학문적 동지였던 앙리 위베르가 타계하다.
1928	로베르 에르츠의 논문을 모아 『종교사회학과 민속학 논문집』을 출간하다.
1930	「문명, 요소와 형식」을 발표하다.
1931	콜레주 드 프랑스의 사회학 교수로 임용되다. 뒤르켐의 시민윤리와 직업윤리에 관한 학설, 에르츠의 「미개사회에서의 죄와 속죄」, 게르만 법과 종교 등을 강의하다.
1932	「다분절사회의 사회통합」을 발표하다.
1934	프랑스 심리학회에서 「몸 테크닉」을 발표하다. 마르트 뒤프레와 결혼하다.
1938	고등실습연구원의 종교학 분과 학장으로 선출되다. 코펜하겐에서 열린 '인류학과 민족학 국제총회'에 부회장 자

격으로 초청되어 「사회적 사실과 성격의 형성」이라는 발
표문을 제출하다. 「인간 정신의 범주: 사람과 자아의 개
념」을 발표하다.

1939   2차 세계대전이 발발하다. 고등실습연구원의 교수직을
        사임하다.

1940   비시 정부의 대학 내 유대인의 근무 정지 조치로 콜레주
        드 프랑스에 사표를 제출하다. 이후 장기간 학문적 활동
        을 중지하고 칩거에 들어가다.

1950   2월 10일 77세의 일기로 파리에서 타계하다.

찾아보기

주요 개념 및 용어

주요 저작명

주요 인명

찾아보기

> **"받은 만큼 주어라. 그러면 모든 일이 잘될 것이다."**
> -마오리 족 속담

dlsem	No Reason	zrabbit	강성철	곽정승
권종현	권쵀	금동혁	금성룡	김다슬
김도언	김도영	김동휘	김만석	김명인
김민아	김민영	김신록	김영은	김영재
김용현	김재명	김재문	김진윤	김태완
김현구	김형석	김희경(경북대)	노현경	레나 이동은
류수현	마루	문성환	박다하	박동수
박두진	박리라	박영준	박종우	박준영(산업인류학연구)
박준태	박하신	박훈덕	백동현	백수영
백종복여사	선옥수	설승민	성채	손민석
손준원	손지상	송미경	신민정	신준규
양승훈	예림	우공	유기훈	이동현
이동훈	이성권	이소윤	이승민	이영술
이예슬	이용권	이윤열	이은미	이재석
이종철	이주현	이지훈	이충범	이해솔
이해인	이혜선	임연주	장민석	장민지
장정윤	장현식	전영준	전의령	정문수
정보근	정요한	정우연	정의삼	정해영
정헌목	정현기	조윤숙	주인하여	지동섭
지오	최순철	최우석	최원석	최인영
최정상	최하랑	최혁규	토마토	허숙정
현염 김민재				

• 마르셀 모스의 『증여론』 출간을 후원해 주신 모든 분에게 감사의 말씀을 드립니다.